Die Bibel

Das Buch fürs Leben

ausgewählt und mit Erläuterungen versehen von
Hermann-Josef Frisch

Patmos

Umschlagbild:
René Magritte, Das Versprechen, 1959

Zu diesem Buch

Der Text:
Grundlage ist die Einheitsübersetzung. Die einzelnen Abschnitte sind nicht weiter ausgeschmückt und gedeutet worden. Die Texte der Bibel haben ihre eigene Kraft – diese Kraft soll unverfälscht vermittelt werden.
Allerdings war es nötig, die Bibeltexte an vielen Stellen zu kürzen. Dabei wurden Nebenerzählstränge herausgenommen und Doppelungen vermieden; oft entstand eine sprachliche Konzentration, die das Wesentliche des Textes (seinen Kerngedanken) klarer herausstellt.
Es gibt in der Bibel eine Vielzahl von Textsorten: »geschichtliche« Texte, Prophetentexte, Weisheitstexte, Hymnen, Evangelien und Briefe der Apostel ... Aus allen Textsorten sind wichtige Beispiele ausgewählt worden. Auswahl heißt hier etwa: Exemplarisch einzelne Gestalten herausstellen, also etwa eine Richterin (Debora) und einen Richter (Gideon) statt vieler Richtergeschichten.
Die Psalmen wurden über das Buch verteilt jeweils anderen Texten zugeordnet. So wird deutlich, dass sie das Beten Israels in ganz bestimmten Situationen darstellen – ein Modell auch für Beten heute in vergleichbaren Situationen.
Den Bibeltexten sind eine Reihe von erklärenden Texten beigefügt zu den biblischen Büchern (jeweils mit farbigem Raster unterlegt), zu Personen und Orten, zu Grundthemen der biblischen Botschaft. Solche Erläuterungen verstehen sich als Lesehilfen.

Die Bilder:
Bilder der Kunst der klassischen Moderne (also etwa die Zeit ab 1880 bis zur Gegenwart) deuten die biblischen Texte auf ihre Weise. Dahinter steht die Überzeugung, dass Kunst, gleich welcher Zeit und Kultur, die großen Menschheitsfragen ebenso aufgreift, wie es die Texte der Bibel tun. Es geht also nicht um bunte Illustrationen, sondern um weiterführende, interpretierende oder auch korrigierende Impulse. Die Kunst der klassischen Moderne ist dafür besonders geeignet, weil sie sich nicht länger dem reinen Abbilden von Wirklichkeit verpflichtet sieht, sondern Tieferes sichtbar machen will.
Sie eröffnet an vielen Stellen auch den bekannten Bibelstellen neue, ungeahnte Perspektiven und ermuntert zum Weiterdenken und zur Meditation der Texte und der darin angeschnittenen Grundfragen menschlichen Lebens.
Hinzu kommen eine Reihe von Karten und einige Sachzeichnungen, die Hilfen zum Verständnis und Orientierung geben.

Texte und Bilder sollen jungen Lesern (wie Erwachsenen) Wege in die Bibel zeigen, in das Buch, das einen Schatz für Glauben und Leben darstellt – für Juden und Christen, aber ebenso für die ganze Menschheit.

Hermann-Josef Frisch

Bild des Innentitels:
Marc Chagall, Exodus, 1952-66

Inhalt

Die Bibel – das Buch der Bücher   8

Das Erste, Alte Testament   13

Menschengeschichten:
Was ist mit Gott und Mensch – am Anfang und heute?   16

16 Erste Schöpfungserzählung • 17 Das Lob des Schöpfers • 18 Zweite Schöpfungserzählung • 19 Die Schuld des Menschen • 20 Kain und Abel • 21 Noach und die Sintflut • 22 Der Bund mit Noach • 23 Der Turmbau zu Babel

Vätergeschichten:
Gottes Bund mit Abraham, Isaak, Jakob und Josef   24

24 Abram • 25 Die Verheißung • Der Bund Gottes mit Abraham • 26 Hagar und Ismael • 27 Gott zu Gast bei Abraham • 28 Isaak und Ismael • 29 Abrahams Opfer • 30 Esau und Jakob • Der Erstgeburtssegen • Gott sei uns gnädig • 32 Jakobs Traum von der Himmelsleiter • 33 Jakobs Kampf mit Gott • 34 Josef und seine Brüder • 36 Josef im Gefängnis • Der Traum des Pharao • 38 Josefs Brüder in Ägypten

Befreiungsgeschichten:
Gott führt Mose und Israel   40

40 Die Unterdrückung in Ägypten • 41 Mose • Ein Fremder in deinem Land • 42 Gott begegnet dem Mose • 44 Das Pascha • 45 Der Weg in die Freiheit • 46 Das Lied des Mose • Brot vom Himmel • 47 Wasser aus dem Felsen • 48 Der Bundesschluss am Sinai • 49 Das Goldene Kalb • 50 Gott mitten unter seinem Volk • Der Aaronitische Segen • Höre, Israel • 51 Nur meinen Rücken kannst du sehen • 52 Gott verheißt das Land • Mose setzt Josua ein • 53 Der Tod des Mose

Verheißungsgeschichten:
Das Land, das Gott versprochen hat   54

54 Der Herr ist mit Josua • Die Erneuerung des Bundes • 56 Die Richterin Debora • 57 Der Richter Gideon • 58 Simson • 59 Gott, unsere Burg • 60 Die Familie Ruts • 60 Rut • 61 Ich will den Herrn loben

Königsgeschichten:
Gott ist mit Saul, David und Salomo   62

62 Die Geburt Samuels • 63 Gott ruft Samuel • Das Danklied der Hanna • 64 Der Herr ist König • Samuel salbt Saul • 65 Samuel salbt David • Der Herr ist mein Hirte • 66 David und Goliat • 67 Saul und David, Sauls böser Geist • David und Jonatan • 68 Die Worte Davids • David wird König • 69 David in Jerusalem • 70 Gott, sei mir gnädig • David und Batseba, Natans Gleichnis • 72 Salomo wird König • 73 Die Weisheit Salomos • 74 Wie liebenswert ist deine Wohnung • Der Tempel in Jerusalem • 76 Der Zerfall des Reiches • 77 Hiskija

Prophetengeschichten:
Gottes Wort für sein Volk   78

78 Ahab und Elija • 79 Elija in Sarepta • Der Sohn der Witwe • 80 Jahwe ist der wahre Gott • 81 Elija am Horeb • Gott und die Götter • 82 Die Berufung Elischas • Die Entrückung Elijas • 83 Die Totenerweckung • 84 Die Brotvermehrung • 85 Die Anklage des Amos • Der wahre Hunger • Die Verheißung des Heils • 86 Gottes Auftrag an Hosea • Gottes große Liebe zu Israel • 87 Der neue Bund • Das Bußgebet des Volkes • Die Botschaft des Micha • 88 Die Berufung Jesajas zum Propheten • 89 Die Kritik Jesajas • Die Verheißung Jesajas • Die Wüste wird zum Garten • Friede und Glück für Israel • 90 Ein König wie David • Die Berufung Jeremias zum Propheten • 91 Die Tempelrede • Ich werde ihr Gott sein

Völker geschichten:
Exil und Rückkehr — 92

92 Die Zerstörung Jerusalems • 93 Gefangen ist Juda im Elend • Klage über Jerusalem • Erinnerung an Jerusalem • 94 Ein neuer Geist • Die Vision von der Auferweckung Israels • 95 Die Hoffnung des Deuterojesaja • Die Hoffnung des Tritojesaja • 96 Heimkehr aus dem Exil • Das Volk nimmt das Gesetz Gottes neu an • 97 Sacharjas Aufruf an die Verbannten in Babylon • Das Danklied der Erlösten • 98 Der Herr ist König • Daniel am Hof des Königs • Nebukadnezzars Traum • 99 Dem Herrn gehört die Erde • 100 Der Lobgesang der drei jungen Männer im Feuerofen • Die drei jungen Männer im Feuerofen • 101 Daniel in der Löwengrube

Weisheitsgeschichten:
Leben mit Gott und den Menschen — 102

102 Die Erzählung von Ijob • 103 Neues Glück • 104 In tiefer Not • Klage und Anklage • Die Gottesrede • 105 Ijob antwortet • Alles hat seine Zeit • Meine Gedanken sind nicht eure Gedanken • 106 Jonas Flucht • 107 Die Rettung • Dank für die Rettung • 108 Der Mensch vor Gott • Jona in Ninive • Der Prophet muss lernen • 110 Schön bist du, meine Freundin • 111 Mein Geliebter kommt • Ich bin krank vor Liebe • Stark wie der Tod ist die Liebe • 112 Sprichwörter Israels • Der Segen der Weisheit • 113 Das Lob der Freundschaft • Mit Gott und den Menschen leben • Gott, der Freund des Lebens • 114 Tobits Erblindung • Der Reisegefährte • 115 Der Fisch • Sara • 116 Tobias und Sara • Die glücklichen Brautleute • Die Heimkehr • 117 Rafael – Gott heilt • Tobit lobt Gott • 118 Ester • 120 Ein Loblied auf Gott • Die beiden Wege • 121 Der Herr ist mein Licht • Gott, die sichere Zuflucht • 122 Der Herr ist gütig • Ein Loblied auf den Schöpfer • Unter dem Schutz des Höchsten • 123 Dank für Gottes Hilfe • Halleluja

Hoffnungsgeschichten:
Gute Worte zum Leben — 124

124 Er besiegt den Tod • 125 Das erste Lied vom Gottesknecht • Dein König kommt zu dir • Der Geist Gottes ruht auf mir • 126 Man übt nicht mehr für den Krieg • Der Geist Gottes erfüllt ihn • Der Geist Gottes erfüllt alle • 127 Ein Kind wird uns geboren • Das Heil kommt

Das Neue, Christliche Testament — 129

Das Markusevangelium:
Zum Geheimnis finden — 132

132 Johannes der Täufer und die Taufe Jesu • 133 Glaubt an das Evangelium • Die ersten Apostel • Die wahren Verwandten Jesu • Die Zwölf • 134 Die Heilung des Aussätzigen • Die Heilung des Gelähmten • Die Heilung von Kranken • 136 Die Heilung am Sabbat • Die Heilung des Taubstummen • 137 Die Tochter des Jaïrus • 138 Die Heilung des blinden Bartimäus • 139 Die Heilung des besessenen Jungen • Du bist der Messias • 140 Die Aussendung der Jünger • Die große Speisung • 141 Der Sturm auf dem See • Jesus wird in seiner Heimat abgelehnt • 142 Das Gleichnis vom Sämann • 143 Das Gleichnis vom Senfkorn • Vom Reichtum und der Nachfolge • Das Gleichnis vom Wachsen der Saat • Der folge mir nach • 144 Der Rangstreit der Jünger • Die Segnung der Kinder • Vom Herrschen und Dienen • 145 Die Verklärung • Die Ankündigung von Leiden und Auferstehung • 146 Der Einzug in Jerusalem • 147 Die Tempelreinigung • Der Beschluss, Jesus zu töten • Die Salbung in Betanien • 148 Die Vorbereitung des Mahls • Das Abendmahl • 149 Getsemani • Der Verrat des Judas • Die Gefangennahme • 150 Die Verleugnung durch Petrus • Das Verhör vor dem Hohen Rat • Die Verhandlung vor Pilatus • Die Verspottung • 151 Die Kreuzigung • Das Begräbnis Jesu • 152 Die Botschaft des Engels

Das Matthäusevangelium:
In Gemeinschaft glauben   154

   154 Die Geburt Jesu • 155 Die Sterndeuter • 156 Der Kindermord in Betlehem • Die Flucht nach Ägypten • Die Rückkehr aus Ägypten • 157 Die Versuchung Jesu • Die Verkündigung Jesu • 158 Die Seligpreisungen • Salz der Erde – Licht der Welt • 159 Vom Töten • Von der Feindesliebe • 160 Die Goldene Regel • Von der Vergebung • Vom Almosen • Vom Beten • Vom Richten • 161 Das Gleichnis vom Hausbau • 162 Das Bekenntnis des Petrus • Habt Vertrauen • Ich bin bei euch • 163 Johannes der Täufer • Der Tod des Johannes • 164 Vom Sinn der Gleichnisse • Das Gleichnis vom Unkraut • 165 Vom Senfkorn, vom Sauerteig, vom Schatz und der Perle • Das Gleichnis von den Jungfrauen • 166 Das Gleichnis vom unbarmherzigen Gläubiger • Das Gleichnis von den Arbeitern im Weinberg • 168 Das Gleichnis von den Talenten • 169 Vom Weltgericht • 170 Der Tod Jesu • Die Botschaft des Engels • 171 Der Auftrag Jesu

Das Lukasevangelium:
Leben aus dem Glauben   172

   172 Die Verheißung der Geburt des Johannes • 173 Die Verheißung der Geburt Jesu • Magnificat • 174 Lobgesang des Zacharias • Die Geburt des Johannes • Die Geburt Jesu • 176 Darstellung Jesu im Tempel • 177 Der zwölfjährige Jesus im Tempel • 178 Jesus in der Synagoge von Nazaret • 179 Aus der Feldrede Jesu • Der Jüngling von Naïn • Vom Richten • 180 Der barmherzige Samariter • 181 Das Gleichnis vom Festmahl • Von der Sorge um das Leben • 182 Das Reich Gottes ist unter euch • Vom verlorenen Schaf und der verlorenen Drachme • Vom guten Vater und verlorenen Sohn • 184 Pharisäer und Zöllner • Zachäus • 185 Das Gleichnis von den bösen Winzern • Dein Glaube hat dir geholfen • 186 Das Abendmahl • 187 Die Kreuzigung • 188 Die Emmausjünger • 189 Zu Gott emporgehoben

Das Johannesevangelium:
Wort Gottes mitten unter uns   190

   190 Überschriftslied • Der Kern des Evangeliums • 191 Die ersten Jünger • Die Hochzeit in Kana • 192 Nikodemus • Die samaritische Frau • 194 Zu wem sollen wir gehen? • Die große Speisung • 195 Ich bin das Brot des Lebens • 196 Der gute Hirte • Jesus und die Ehebrecherin • 197 Die Heilung des Blindgeborenen • 198 Die Auferweckung des Lazarus • 200 Die Fußwaschung • Aus den Abschiedsreden Jesu • 202 Der Tod Jesu • 203 Das leere Grab • Maria von Magdala • 204 Jesus und Petrus • Die Beauftragung der Jünger • Jesus und Thomas • Der Auferstandene am See • 205 Abschluss des Evangeliums

Die Apostelgeschichte:
Unterwegs mit dem Wort   206

   206 Die Himmelfahrt Jesu • 207 Die Wahl des Matthias • 208 Pfingsten • 209 Die Pfingstpredigt des Petrus • Das Leben der jungen Gemeinde • Die Urgemeinde • 210 Die Wahl der Sieben • Stephanus • 211 Verfolgung der Urgemeinde • 212 Die Bekehrung des Saulus • 213 Die Kirche in Judäa • 214 Die Taufe des Kornelius • 215 Paulus predigt bei Kornelius • 216 Die Gemeinde in Antiochia • Die Hinrichtung des Jakobus • 217 Die Befreiung des Petrus • Paulus in Antiochia • 218 Paulus kommt nach Europa • Paulus in Athen • 219 Paulus in Rom

Die Briefe:
Leben nach dem Wort   220

   220 Einleitung des Römerbriefs • 221 Leben aus dem Geist • Auf seinen Tod getauft • Die Liebe Gottes • 222 Seid einmütig • Die vielen Geistesgaben • 223 Das Hohelied der Liebe • Die Auferweckung von den Toten • Der Gekreuzigte • 224 Jesus Christus ist der Herr • Ihr alle seid einer in Christus • Die Frucht des Geistes • 225 Gott ist in uns aufgeleuchtet • Freut euch allezeit • Die Hoffnung der Christen • 226 Der neue Mensch • Christus, das Ebenbild Gottes • 227 Christus, der Eckstein • Gott ist die Liebe • 228 Das Lamm • Gott wohnt unter den Menschen • 229 Das neue Jerusalem • Heilig ist der Herr

Register   232

   232 Schriftstellenregister • 236 Stichwortregister • 236 Karten • 237 Bildregister

Die Bibel – das Buch der Bücher

Viele Religionen kennen ein oder mehrere Bücher als Grundlage und Mitte ihres Glaubens. In solchen »Heiligen Schriften« wird berichtet, wie der glaubende Mensch Gott begegnet, seine Nähe erfährt, Trost, Kraft und Halt gewinnt. Eine »Heilige Schrift« verbindet auch die Menschen eines Glaubens, oft über Völkergrenzen und soziale Unterschiede hinweg. Für Juden und Christen ist die Bibel die »Heilige Schrift« (in unterschiedlicher Weise). Juden und Christen vernehmen in ihr Gottes Wort an die Menschen und orientieren deshalb ihr Leben grundlegend an der Bibel. Von da aus ist die Bibel für jüdischen und christlichen Glauben unverzichtbar. Sie stellt einen Zuspruch Gottes an den Menschen dar und fordert den Menschen zugleich auf zu einer Antwort des Glaubens und der Liebe.

Ernst Barlach, Lesender Klosterschüler

Die Bibel ist Gotteswort und zugleich ist sie Menschenwort. In ihr sind Erfahrungen gesammelt, die Menschen über lange Zeiten hinweg mit Gott und der Welt gemacht haben. Die Grundfragen menschlichen Lebens werden aufgegriffen; es werden Antworten des Glaubens gesucht. Dabei ist die Bibel natürlich wie alle Bücher an die Zeit, Ort und Kultur ihrer Entstehung gebunden. Die Vorstellungen und Gedanken der biblischen Schriftsteller, auch ihre persönlichen Vorlieben fließen in die Bibel ein. Die Bibel, Gottes Wort, ist notwendigerweise eingebunden in menschliches Wort.

Die Bibel erscheint auf den ersten Blick als christliches (und jüdisches) Buch. Doch gehört die Bibel nicht nur glaubenden Juden und Christen. Sie hat darüber hinaus Einfluss auf Menschen anderer Religionen und Weltanschauungen, sie ist für alle suchenden und fragenden Menschen wichtig. Die Bibel ist ein Schatz, der der ganzen Menschheit gehört, sie hat in der Geschichte aller Menschen »Geschichte« gemacht.

Die Bibel ist das Buch der Bücher.

Der Name Bibel: Eine Stadt im Libanon, in der früher Papyrus gehandelt wurde, hieß bei den Griechen »Byblos«. Der Name »biblos« wurde deshalb auch für aus Papyrus gefertigte Blätter und für Sammlungen solcher Blätter, also Bücher, gebraucht. »Biblos« heißt somit »Buch«. Als die »Heiligen Schriften« der Juden und Christen ins Lateinische übersetzt wurden, wurden sie »biblia« genannt. Daraus entstand das deutsche Wort »Bibel« – das Buch der Bücher.

Viele Bücher in einem Buch

Die Bibel wird in zwei Hauptteile unterteilt:
– das Erste, das Alte Testament (AT)
– das Neue, das Christliche Testament (NT).
Das Wort »Testament« bedeutet Bund. Die beiden Testamente verweisen auf den Bund zwischen Gott und den Menschen, einen Bund der Freundschaft, der Liebe und der Gerechtigkeit.
Das *Alte Testament*, der Alte Bund, erzählt vor allem über den Weg, den Gott mit dem Volk Israel geht, es sind Geschichten vom Bund Gottes mit Noach, mit Abraham, mit Mose, mit David und mit vielen anderen Männern und Frauen. In diesen Erzählungen sind die Gotteserfahrungen aufgenommen, die viele Menschen im Volk Israel über Jahrhunderte hinweg gemacht haben; sie sprechen von Gott, der die Menschen aus der Unterdrückung befreit, der ihr Heil will, der ihnen zu einem gelingenden Leben verhelfen will.
Die Schriften des Ersten, Alten Testaments sind zum einen die Bibel der Juden bis auf den heutigen Tag, zum anderen der erste Teil der Bibel der Christen. Nur geringfügig unterscheidet sich die Zusammenstellung: Einige spät entstandene Schriften sind nicht in die Jüdische Bibel aufgenommen worden (vgl. die Zusammenstellung auf Seite 15), die evangelischen Christen folgen dieser Einordnung.
Das *Neue Testament*, der Neue Bund, erzählt vor allem von Jesus und seinen Jüngern, über die ersten christlichen Gemeinden und die Verbreitung ihres Glaubens. Diese Schriften sind nur auf dem Hintergrund des Ersten, Alten Testaments zu verstehen, denn Jesus und seine Jünger waren Juden, ihre Bibel war die Jüdische (Hebräische) Bibel. Doch führen die neutestamentlichen Schriften über das Alte Testament hinaus, weil sie den Heilswillen Gottes für alle Völker, nicht nur für das jüdische, stärker betonen, und vor allem, weil sie das Heil der Menschen mit Jesus verbinden. Ihn, den Mann aus Nazaret, bekennen die ersten Christen als Lebenden, als Gesalbten und Gesandten Gottes (als »Messias« und »Christus«), ja als Retter und Sohn Gottes. Wer ihm nachfolgt, erhält selbst Leben in Fülle.
Die 27 Schriften des Neuen Testaments (vgl. den Überblick auf Seite 131) werden von allen christlichen Kirchen als Grundlage ihres Glaubens verstanden. Sie werden – zusammen mit Texten aus dem Alten Testament – in Gottesdiensten vorgetragen, aber auch im privaten Raum gelesen.
Die Bibel ist also nicht ein einheitliches Buch, sondern eine Buchsammlung von über siebzig Büchern, sie ist auch unter diesem Blickwinkel das Buch der Bücher.

Bibelausgaben

Die Bibel ist das am weitesten verbreitete Buch der Welt. Sie ist inzwischen in über 2 300 Sprachen übersetzt worden – fast alle Menschen können die Bibel in ihrer Muttersprache lesen. Die Gesamtauflage der Bibel geht in die Milliarden. Für viele Millionen Menschen ist die Bibel das wichtigste Buch, das ihnen Halt und Kraft gibt, das Buch der Bücher.
Dabei gibt es sehr unterschiedliche Bibelausgaben. Wissenschaftliche Ausgaben enthalten oft den Text in Hebräisch und Griechisch, den Ursprachen der Bibel, dazu Anmerkungen und Kommentare.
Zu unterscheiden sind Vollbibeln und Teilbibeln. Vollbibeln enthalten den vollständigen Text aller Schriften des Alten und Neuen Testaments. Das ist dann ein sehr umfangreiches Buch. Teilbibeln enthalten entweder nur einige der biblischen Schriften, oder sie wählen aus unterschiedlichen Schriften die wichtigsten Texte aus. So ist das etwa in Kinderbibeln, die nur einen Teil des biblischen Textes abdrucken, ihn aber mit Illustrationen und Erklärungen versehen, so dass er besser zu verstehen ist. Dies ist auch der Weg dieser Bibel.

Die Sprachen der Bibel

Das Erste, Alte Testament, die Jüdische Bibel, ist in Hebräisch geschrieben. Hebräisch ist eine Mischung aus der im Vorderen Orient früher weit verbreiteten Sprache Aramäisch und einem Dialekt, der in Kanaan gebräuchlich war. Zur Zeit Jesu wurde in Israel wieder aramäisch gesprochen, auch Jesus und seine Jünger taten dies. Das Hebräische war zur Zeit Jesu allein die Sprache der Gelehrten und des Gottesdienstes – und natürlich der heiligen Schriften der Juden, der Bibel.

Einige Spätschriften des Alten Testaments sind in Griechisch geschrieben, ebenso alle Schriften des Neuen, Christlichen Testaments. Dies verwundert nicht, denn in der Entstehungszeit dieser Schriften war Griechisch die internationale Sprache im ganzen Mittelmeerraum.

Die meisten europäischen Länder hat die Bibel allerdings in einer lateinischen Übersetzung erreicht, die durch Hieronymus im vierten Jahrhundert angefertigt wurde.

Erste Übersetzungen von Teilen der Bibel in deutsche Dialekte gab es bereits im 8. Jahrhundert, ein erster Druck der Bibel in deutscher Sprache erfolgte 1466. Martin Luther übersetzte 1534 nicht mehr aus der lateinischen Sprache (also aus einer Übersetzung) heraus, sondern nutzte die Originalsprachen der Bibel (Hebräisch und Griechisch) für seine deutsche Bibel.

Die Entstehung der Bibel

Die Bibel ist nicht ein Buch, sondern besteht aus vielen einzelnen Büchern, die über einen sehr langen Zeitraum (etwa von 1 000 vor Christus bis 120 nach Christus) entstanden sind, zudem an verschiedenen Orten, in unterschiedlichen Kulturen und auch unter unterschiedlichen Bedingungen. Es gab unter den biblischen Verfassern Schreiber am Königshof, Priester am Jerusalemer Tempel oder im babylonischen Exil, Schriftgelehrte aus späterer Zeit, herausragende Gestalten der ersten christlichen Gemeinden und viele andere. Zugleich aber wurden auch Sprüche, Volksweisheiten, Lieder und Gebete aufgenommen, die bereits lange Zeit im Volk mündlich weitergegeben wurden.

Nur einige der alttestamentlichen Bücher stammen von einem einzigen Verfasser. Oft sind Texte von verschiedenen Verfassern (aus verschiedenen Quellen) in einem langen Redaktionsprozess zusammengestellt worden. Durch eine neue Einordnung konnte der Sinn eines Textstückes verändert werden – die Bibelwissenschaft untersucht solche Entstehungsprozesse. Im Neuen Testament gibt es ebenfalls solche unterschiedliche Quellen. Die Evangelisten konnten auf verschiedene Textstücke zurückgreifen und daraus ihr Evangelium zusammenstellen.

Oft gab es bei einzelnen Texten innerhalb eines Buches auch nicht nur eine Fassung, sondern in einem langen Prozess wurde ein Text immer wieder neu bedacht und auf dem Hintergrund neuer Erfahrungen umgeschrieben. So ist die Bibel ein vielstimmiges Buch, das eine Fülle von Erfahrungen in sich birgt, die Menschen zu unterschiedlichen Zeiten und Kulturen mit Gott gemacht haben. Die Bibel ist das Buch der Bücher.

Die Textsorten der Bibel

Menschen brauchen unterschiedliche Textsorten: Ein Comic ist kein Kochbuch, ein Mathematikbuch etwas anderes als ein Roman. Unterschiedliche Textsorten haben unterschiedliche Ziele: mal Unterhaltung, mal Information, mal Schulung und Ausbildung. Unterschiedliche Textsorten finden sich auch in der Bibel. Es gibt dort: Legende, Sage, prophetischer Text, Namenslisten, geschichtliche Erzählung, Gebet, Lied (vom Liebeslied bis zum Leichenlied), Sprichwort, Segensspruch, Mythos, Gleichnis, Gesetzessammlung und viele andere Textsorten.

Dies zu erkennen ist deshalb wichtig, weil sich aus der Textsorte die Aussageabsicht ergibt. So ist etwa die erste Schöpfungserzählung in Genesis 1 (vgl. Seite 16) kein naturwissenschaftlicher oder historischer Bericht über den Anfang der Erde (wie auch?), sondern ein Loblied auf Gott als Schöpfer von Himmel und Erde. Die meisten Texte der Bibel handeln nicht von geschichtlichen Ereignissen und Tatsachen – oder nur in geringem Maß – sondern sie deuten Mensch und Welt, Situationen und Erfahrungen auf Gott hin. Nur deshalb sind die Texte der Bibel auch zu »Menschheitstexte« geworden, die über Zeiten und Kulturen hinweg von Bedeutung sind.

Die Themen der Bibel

Worüber nun spricht die Bibel? Kurz gesagt: Sie ist ein Buch, das von Gott und den Menschen handelt. Dabei gibt sie kein einheitliches Bild wieder, sondern ähnelt eher einer Farbpalette mit vielen hellen und dunklen Farben. Die Bibel erzählt von Gott, sammelt Erfahrungen, die Menschen mit Gott gemacht haben, deutet solche Erfahrungen oder bedenkt sie in einer neuen Zeit und Situation. Die Bibel erzählt aber nicht allein von Gott, sondern sie wendet sich in Gebeten und Liedern unmittelbar an ihn. *Die Bibel ist ein Buch, das von Gott spricht*.

Die Bibel erzählt ebenso von den Menschen. Sie greift menschliches Leben in allen Bereichen auf und erzählt von Liebe und Glück, von Trauer und Enttäuschung, von Zeugung, Geburt und Tod. Sie macht die schlimmen Seiten des Menschen deutlich und erzählt von Schuld und Sühne, von Krankheit und Elend, von Krieg und Streit. Ebenso schildert sie die staunenswerten Seiten des Menschen und erzählt von Versöhnung und Gemeinschaft, von Liebe und Fürsorge, von Treue und Erbarmen.

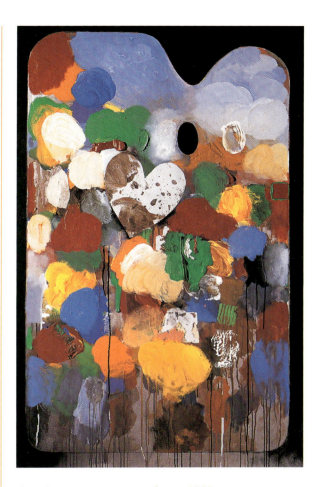

Jim Dine, Vergnügungspalette, 1969

Die biblischen Gestalten erleben alle Höhen und Tiefen menschlichen Lebens. *Die Bibel ist ein Buch, dass von den Menschen spricht*.

So aber, als Buch von Gott und von den Menschen, hat die Bibel unser Leben, unsere Geschichte und unsere Kultur bis heute geprägt. Es macht den Reichtum der Bibel aus, dass sie mit ihrer bunten Palette von Gedanken und Erzählungen jedem etwas zu sagen hat: Die Bibel bleibt auch heute und morgen das Buch der Bücher.

Das Erste,
das Alte Testament

Das Erste, Alte Testament

Das Erste, Alte Testament in der Bibel der Christen, der erste große Hauptteil der Christlichen Bibel also, entspricht weithin der Hebräischen Bibel der Juden. Das Erste Testament war und ist die Bibel, die Menschen jüdischen Glaubens als ihr heiliges Buch verehren. Das Erste Testament war auch die Bibel des Juden Jesus und ebenso die Bibel der Apostel, die Bibel von Paulus und den ersten Christen.

Das Neue, Christliche Testament, das über Jesus und die Apostel erzählt, ist der zweite Teil der christlichen Bibel, der aber nicht ohne den ersten zu verstehen ist. Anders gesagt: Das Neue, Christliche Testament baut auf dem Ersten, Alten Testament auf. Deshalb bleibt das Alte Testament wichtig – für Juden *und* für Christen. Ohne die Botschaft des Alten Testaments gleicht das Neue Testament einem Baum ohne Wurzeln, einem Haus ohne Fundament.

Das Erste, Alte Testament erzählt vor allem die Geschichte des Volkes Israel, es erzählt von den großen Gestalten des Volkes, angefangen von den Vätern und Müttern, die am Anfang standen, dann die große Geschichte von Mose und der Befreiung aus Ägypten, gefolgt vom Leben des Volkes Israel im Land Kanaan, von der Königszeit, besonders von David, von den Königen nach David und vom Untergang des Reiches. Es erzählt von der Not der Gefangenschaft in Babylon, von einem neuen Anfang nach dem Exil und vom Wiederaufbau Jerusalems und des Tempels.

All diese Geschichten aber machen das Erste, Alte Testament nicht zu einem Geschichtsbuch. Es bleibt ein Buch, das vor allem anderen vom Glauben sprechen will, von den vielen und sehr unterschiedlichen Erfahrungen, die Menschen mit Gott gemacht haben, von ihrer Suche nach Gott und vom Glück und zugleich der Betroffenheit, wenn sie ihm begegnen. Es bleibt ein Buch, das das Ringen der Menschen um den Glauben immer wieder zur Sprache bringt, ihre Fragen und ihr Zweifeln, ihr Suchen und ihre Klage über die Unbegreiflichkeit Gottes. Es bleibt bei allen Geschichten ein Buch des Gebets, der Antwort des Menschen auf die Erfahrung Gottes. Die Bibel – und das gilt für das Alte wie für das Neue Testament – ist ein Buch des Glaubens.

Damit aber hat auch das Erste, Alte Testament Bedeutung nicht nur für Menschen einer bestimmten Zeit und Kultur und nicht nur für Juden. Auch die Schriften im ersten Teil der Bibel gehören zu einem »Menschheitsbuch«, zu einem Buch, das allen Menschen zu allen Zeiten und in allen Völkern Hilfe, Halt und Trost geben kann. Es geht in der Bibel – und das wird gerade im Alten Testament immer wieder deutlich – um die großen Fragen der Menschen, die immer wiederkehren: Es geht um Geburt und Sterben, um Freundschaft und Enttäuschung, um Glück und Leid, um Hoffnung und Enttäuschung, um Mut und Angst, um Gemeinschaft und Einsamkeit ... Es geht um die großen Fragen: Woher kommen wir, kommen Welt und Menschen? Wozu leben wir, wie kann unser Leben gelingen? Wohin gehen wir, was ist das Ziel unseres Lebens?

Auf all diese Fragen bieten die Schriften von Altem (und Neuem) Testament keine fertigen Antworten, keine Patentrezepte, wie das Leben gelingen kann, wohl aber Anregungen zum Nachdenken, Impulse zur Besinnung, gesammelte Erfahrungen von vielen Menschen, die mit eigenen Erfahrungen verglichen werden können. Insgesamt bieten die Schriften der Bibel Wege zu Gott hin, sie sind Orientierung und Wegweiser zugleich.

Bild Seite 13: Wassily Kandinsky, Berg, 1908
Im Ersten, Alten Testament sind die Gotteserfahrungen vieler Menschen gesammelt. Die Suche nach Gott gleicht einem Weg auf einen hohen Berg, mühsam und anstrengend. Doch oben wartet goldenes Licht wie ein kostbarer Schatz. Die Schriften der Bibel sind uns bei der Suche nach Gott und unserem Lebensziel eine Hilfe.

Die Schriften des Alten Testaments sind in hebräischer Sprache geschrieben, nur wenige aus späterer Zeit (3. – 1. Jahrhundert vor Christus) in griechischer Sprache. Diese Spätschriften werden von den Juden nicht als zur Bibel gehörend anerkannt. Auch evangelische Christen verstehen sie als nachgeordnete, nicht zur ursprünglichen Bibel gehörende Schriften. Sie sind in der nachfolgenden Liste mit einem * gekennzeichnet.

Die Schriften des Alten Testaments lassen sich in vier große Gruppen aufteilen:

Die fünf Bücher des Mose
    Genesis (Gen)
    Exodus (Ex)
    Levitikus (Lev)
    Numeri (Num)
    Deuteronomium (Dtn)

Diese Bücher werden von den Juden als Tora (Thora = Weisung) bezeichnet, sie sind die wichtigsten Schriften der Jüdischen Bibel und werden im Synagogengottesdienst vorgelesen.

Die Bücher der Geschichte des Volkes Gottes
    Josua (Jos)
    Richter (Ri)
    Rut (Rut)
    1 Samuel (1 Sam)
    2 Samuel (2 Sam)
    1 Könige (1 Kön)
    2 Könige (2 Kön)
    1 Chronik (1 Chr)
    2 Chronik (2 Chr)
    Esra (Esra)
    Nehemia (Neh)
    Tobit (Tob) *
    Judit (Jdt) *
    Ester (Est) *
    1 Makkabäer (1 Makk) *
    2 Makkabäer (2 Makk) *

Die Bücher der Lehrweisheit und die Psalmen
    Ijob (Ijob)
    Psalmen (Ps)
    Das Buch der Sprichwörter (Spr)
    Das Buch Kohelet (Koh)
    Das Hohelied (Hld)
    Das Buch der Weisheit (Weish) *
    Das Buch Jesus Sirach (Sir) *

Die Bücher der Propheten
    Jesaja (Jes)
    Jeremia (Jer)
    Die Klagelieder (Klgl)
    Baruch (Bar) *
    Ezechiel (Ez)
    Daniel (Dan) *
    Hosea (Hos)
    Joël (Joël)
    Amos (Am)
    Obadja (Odb)
    Jona (Jona)
    Micha (Mi)
    Nahum (Nah)
    Habakuk (Hab)
    Zefanja (Zef)
    Haggai (Hag)
    Sacharja (Sach)
    Maleachi (Mal)

Das Alte Testament entstand in einem Zeitraum von 900 Jahren, etwa von 1000 bis 100 vor Christus. Etwa einhundert Jahre vor Jesus liegen die Schriften des AT vor.

Marc Chagall, Jude mit Thora, 1925

Schöpfung: Die in der Bibel gesammelten Gotteserfahrungen stimmen darin überein, dass Gott ein »Freund des Lebens« ist, der barmherzig den Lebensweg der Menschen begleitet. Das bezog man auch auf den Anfang der Welt: Gott schenkt Leben und segnet es: Gott ist der Schöpfer von allem.

Solche Texte fragen nicht wie die Naturwissenschaften danach, *wie* der Anfang und die Entwicklung allen Lebens erfolgen konnte, sondern sie bedenken den Grund von allem: Gott ist derjenige, der Leben schenkt und es erhält – in der Vergangenheit wie heute und in der Zukunft.

Die Grundfragen menschlichen Lebens werden so beantwortet, dass von einem Anfang erzählt wird, der für alle Zeiten Gültigkeit hat. Dies nennt man einen »mitlaufenden Anfang«. Wenn Gott am Anfang Leben und Segen schenkt, dann bedeutet dies ebenso, dass Gott zu allen Zeiten Leben und Segen gibt – auch zu unserer Zeit und in Zukunft. Dieser Segen Gottes stellt für den Menschen auch eine Verpflichtung dar: Er trägt Verantwortung für das Leben auf der Erde, er soll es schützen und bewahren.

Sabbat: Das Schöpfungslied Genesis 1 ist im 6. Jahrhundert vor Christus von jüdischen Priestern im babylonischen Exil geschrieben worden. Ihnen war neben ihrem Glauben an Gott auch wichtig, den siebten Tag, den Sabbat, als Ruhetag zu feiern, an ihm Gott zu loben und sich darauf zu besinnen, dass alles aus seiner Hand kommt. Deshalb formten sie die Strophen ihres Schöpfungsliedes so, dass sich sieben Tage ergeben.

> **Genesis (Gen):** griechisch »Ursprung, Anfang« – das erste Buch der Bibel mit Erzählungen vom Anfang, von Abraham, Isaak, Jakob und Josef.

Menschengeschichten: Was ist mit Gott und Mensch – am Anfang und heute?

Die ersten elf Kapitel des Buches Genesis am Anfang der Bibel werden als »Urgeschichte« bezeichnet. Dabei geht es nicht um geschichtliche Berichte vom Anfang der Welt und von den ersten Menschen, sondern um grundsätzliche Aussagen über Welt, Menschen und Gott, die für alle Zeiten und Kulturen gelten. Es geht um Fragen wie: »Woher kommen wir? Wie haben wir uns zu verstehen? Wozu leben wir? Was ist mit Schuld und Versagen bis hin zum Mord?« Die »Urgeschichte« beginnt mit zwei Schöpfungserzählungen.

Erste Schöpfungserzählung

Am Anfang schuf Gott Himmel und Erde.
Die Erde aber war wüst und wirr,
Finsternis lag über der Urflut,
doch der Geist Gottes schwebte über dem Wasser.
Gott sprach: »Es werde Licht!«
Und es wurde Licht.
Gott sah, dass das Licht gut war.
Gott schied das Licht von der Finsternis,
und Gott nannte das Licht Tag und die Finsternis Nacht.
Es wurde Abend, und es wurde Morgen: »*erster Tag*«.
Gott sprach: »Ein Gewölbe entstehe mitten im Wasser!«
Gott machte das Gewölbe und nannte es Himmel.
Es wurde Abend, und es wurde Morgen: »*zweiter Tag*«.
Gott sprach: »Das Wasser unterhalb des Gewölbes sammle sich an einem Ort, damit das Trockene sichtbar werde!«
So geschah es.
Das Trockene nannte Gott Land und das Wasser Meer.
Gott sah, dass es gut war.
Gott sprach: »Das Land lasse junges Grün wachsen,
alle Arten von Pflanzen, die Samen tragen,
und von Bäumen, die Früchte bringen!«
So geschah es.
Gott sah, dass es gut war.
Es wurde Abend, und es wurde Morgen: »*dritter Tag*«.
Gott sprach: »Lichter sollen am Himmelsgewölbe sein,
die über die Erde leuchten, um Tag und Nacht zu scheiden.
So geschah es.

Gott machte die beiden großen Lichter, das größere, das über den Tag herrscht, das kleinere, das über die Nacht herrscht, auch die Sterne.
Gott sah, dass es gut war.
Es wurde Abend, und es wurde Morgen: »*vierter Tag*«.
Gott sprach: »Das Wasser wimmle von lebendigen Wesen, und Vögel sollen über dem Land am Himmel dahinfliegen!«
Gott schuf alle Arten von Seetieren und alle Arten von Vögeln.
Gott sah, dass es gut war.
Gott segnete sie.
Es wurde Abend, und es wurde Morgen: »*fünfter Tag*«.
Gott sprach: »Das Land bringe alle Arten von lebendigen Wesen hervor, von Vieh, von Kriechtieren und von Tieren des Feldes!«
So geschah es.
Gott machte alle Arten von Tieren des Feldes, alle Arten von Vieh und alle Arten von Kriechtieren.
Gott sah, dass es gut war.
Gott sprach: »Lasst uns Menschen machen nach unserem Bild! Sie sollen herrschen über die Fische des Meeres, über die Vögel des Himmels, über das Vieh, über die ganze Erde.
Gott schuf also den Menschen nach seinem Bild.
Als Mann und Frau schuf er sie.
Gott segnete sie und sprach zu ihnen:
»Seid fruchtbar und vermehrt euch, bevölkert die Erde, unterwerft sie euch, und herrscht über alle Tiere.
Hiermit übergebe ich euch alle Pflanzen auf der ganzen Erde.
Euch sollen sie zur Nahrung dienen.«
Gott sah alles an, was er gemacht hatte: Es war sehr gut.
Es wurde Abend, und es wurde Morgen: »*sechster Tag*«.
So wurden Himmel und Erde vollendet.
Am *siebten Tag* vollendete Gott das Werk und er ruhte.
Und Gott segnete den siebten Tag und erklärte ihn für heilig.
aus Genesis 1,1-2,4

Richard Baus, Schöpfungsmorgen, 2002

Das Lob des Schöpfers
Herr, unser Herrscher,
wie gewaltig ist dein Name
auf der ganzen Erde;
über den Himmel breitest du
deine Hoheit aus.
Aus dem Mund der Kinder und
Säuglinge schaffst du dir Lob.
Seh ich den Himmel, das Werk
deiner Hände, Mond und Sterne,
die du befestigt:
Was ist der Mensch, dass du an
ihn denkst, des Menschen Kind,
dass du dich seiner annimmst?
Du hast ihn als Herrscher eingesetzt
über das Werk deiner Hände,
hast ihm alles zu Füßen gelegt.
aus Psalm 8

Adam: (hebräisch »aus Erde, Mensch, Menschheit«) Adam ist kein Eigenname, sondern eine Bezeichnung für die ganze Menschheit, für das, was alle Menschen angeht. Was von Adam gesagt wird, gilt von allen Menschen: Der Mensch ist von Gott erschaffen und als sein Abbild lebendig. Der Mensch ist als Mann und Frau geschaffen.

Marc Chagall, Das Paradies

Eva: (hebräisch »die Lebendige, Mutter aller Lebenden«) Wie bei Adam geht es bei Eva nicht um eine einzelne Person am Anfang der Geschichte. Es geht um grundsätzliche Aussagen über die Menschheit überhaupt – etwa darüber, dass und wie Mann und Frau zusammengehören.

Zweite Schöpfungserzählung

Als Gott, der Herr, Erde und Himmel machte, gab es auf der Erde noch keine Pflanzen; denn Gott, der Herr, hatte es noch nicht regnen lassen. Es gab auch noch keinen Menschen, der den Ackerboden bestellte.

Da formte Gott, der Herr, den Menschen aus Erde vom Ackerboden und blies in seine Nase den Lebensatem. So wurde der Mensch zu einem lebendigen Wesen.

Dann legte Gott, der Herr, in Eden, im Osten, einen Garten an und brachte den Menschen dorthin. Gott, der Herr, ließ aus dem Ackerboden allerlei Bäume wachsen, mit köstlichen Früchten, in der Mitte des Gartens aber den Baum des Lebens und den Baum der Erkenntnis von Gut und Böse.

Gott, der Herr, setzte den Menschen in den Garten, damit er ihn bebaue und hüte. Dann gebot er dem Menschen: »Von allen Bäumen des Gartens darfst du essen, doch vom Baum der Erkenntnis von Gut und Böse darfst du nicht essen; sonst wirst du sterben.«

Dann sprach Gott, der Herr: »Es ist nicht gut, dass der Mensch allein bleibt. Ich will ihm eine Hilfe machen, die ihm entspricht.« Gott, der Herr, formte aus dem Ackerboden alle Tiere des Feldes und alle Vögel des Himmels und führte sie dem Menschen zu. Und wie der Mensch jedes lebendige Wesen benannte, so sollte es heißen.

Der Mensch gab Namen allem Vieh, den Vögeln des Himmels und allen Tieren des Feldes. Aber eine Hilfe, die ihm entsprach, fand er nicht.

Da ließ Gott, der Herr, einen tiefen Schlaf auf den Menschen fallen, nahm eine seiner Rippen und verschloss ihre Stelle mit Fleisch. Gott, der Herr, baute aus der Rippe eine Frau und führte sie dem Menschen zu.

Und der Mensch sprach: »Das endlich ist Bein von meinem Bein und Fleisch von meinem Fleisch. Frau soll sie heißen, denn vom Mann ist sie genommen.«

Darum verlässt der Mann Vater und Mutter und bindet sich an seine Frau und sie werden ein Fleisch. Beide, Adam und seine Frau, waren nackt, aber sie schämten sich nicht voreinander.

aus Genesis 2,4-25

Die Schuld des Menschen

Die Schlange war schlauer als alle Tiere des Feldes. Sie sagte zu der Frau: »Hat Gott wirklich gesagt: Ihr dürft von keinem Baum des Gartens essen?«
Die Frau entgegnete der Schlange: »Von den Früchten der Bäume im Garten dürfen wir essen; nur von den Früchten des Baumes, der in der Mitte des Gartens steht, hat Gott gesagt: Davon dürft ihr nicht essen.«
Darauf sagte die Schlange zur Frau: »Nein, ihr werdet nicht sterben. Sobald ihr davon esst, werdet ihr wie Gott und erkennt Gut und Böse.«
Da nahm die Frau von den Früchten des Baumes und aß; sie gab auch ihrem Mann, und auch er aß. Da gingen beiden die Augen auf und sie erkannten, dass sie nackt waren. Sie hefteten Feigenblätter zusammen und machten sich einen Schurz. Als sie Gott, den Herrn, im Garten einherschreiten hörten, versteckten sie sich vor ihm.
Gott, der Herr, rief Adam zu: »Wo bist du?«
Er antwortete: »Ich habe dich im Garten kommen hören; da geriet ich in Furcht, weil ich nackt bin, und versteckte mich.«
Darauf fragte er: »Wer hat dir gesagt, dass du nackt bist? Hast du von dem Baum gegessen, von dem zu essen ich dir verboten habe?«
Adam antwortete: »Die Frau, die du mir beigesellt hast, sie hat mir von dem Baum gegeben und so habe ich gegessen.«
Gott, der Herr, sprach zu der Frau: »Was hast du getan?«
Die Frau antwortete: »Die Schlange hat mich verführt, und so habe ich gegessen.«
Da sprach Gott, der Herr, zur Frau: »Viel Mühsal bereite ich dir, sooft du schwanger wirst. Unter Schmerzen gebierst du Kinder. Dein Mann wird über dich herrschen.«
Zu Adam sprach er: »Weil du auf deine Frau gehört und von dem Baum gegessen hast, von dem zu essen ich dir verboten hatte: So ist verflucht die Erde deinetwegen. Im Schweiße deines Angesichts sollst du dein Brot essen alle Tage deines Lebens. Denn Staub bist du, zum Staub musst du zurück.«
Gott, der Herr, machte Adam und seiner Frau Röcke aus Fellen und bekleidete sie damit.
Gott, der Herr, vertrieb den Menschen aus dem Garten von Eden.

aus Genesis 3

Paradies/Garten Eden: Ein Paradies ist ein Ort des umfassenden Glücks, in dem die Menschen untereinander und mit Gott verbunden sind. Die Bibel versteht unter Paradies die Welt am Anfang, ebenso aber auch die Welt am Ende, in der von Gott geschenkten Zukunft. Für die Nomadenvölker der Wüste und Steppe gab es kein besseres Paradies als ein großer Garten mit viel Wasser darin. So stellten sie sich »Eden« (sumerisch »Steppe«) vor, einen von Gott geschaffenen Garten. Von ihm gehen Flüsse aus, die der ganzen Welt Leben schenken. Die Bibel erzählt von einem solchen Garten Eden, aber auch davon, wie die Menschen durch Ungehorsam und Schuld diesen Garten verlieren. Doch die Sehnsucht nach einem solchen Paradies bleibt – auch bei uns.

Schuld des Menschen und Fürsorge Gottes: Viele Texte am Anfang des Buches Genesis sprechen von der Schuld des Menschen, die sich nicht an Gott und seinem Willen orientieren, sondern aus eigener Kraft das Leben beherrschen wollen. Dies führt zu Leid und Tod.
Ebenso wie von der Schuld des Menschen spricht die Bibel aber auch von der bleibenden und treuen Fürsorge Gottes, der den Menschen auch dann nahe bleibt, wenn sie sich über seinen Willen hinwegsetzen und schuldig werden. Dass Gott Adam und Eva Kleidung aus Fellen gibt, ist ebenso ein bildhaftes Erzählen dieser Fürsorge Gottes für den Menschen wie das Schutzzeichen, das Kain erhält (vgl. Seite 21).

George Grosz,
Kain oder Hitler
in der Hölle,
1944

Ein Erschlagener auf dem Feld, ein Mensch mit dem Gesicht Adolf Hitlers daneben, oben Explosionen und Krieg, unten ein Berg von Skeletten – so weit kann es mit dem Menschen kommen. George Grosz malte dieses Bild im Zweiten Weltkrieg, aber es ist ein Bild für alle Zeiten: Immer wieder gibt es Hass und Streit, Krieg und Mord unter Menschen. Davon erzählt auch die Bibel.
Doch mehr als um die Beschreibung des Leids geht es der Bibel um eine Botschaft der Hoffnung: Gott setzt auch in Schuld und Leid einen Neubeginn und lässt den Menschen nicht allein. Selbst der Mörder Kain erhält ein Schutzzeichen – auch ihm bleibt Gott nahe.

Kain und Abel

Was ist mit dem Bösen? Was mit Schuld? – Das sind Grundfragen der Menschen. Die Bibel erzählt eine rätselhafte Geschichte von Kain und Abel, in der es um das Böse geht. Aber vieles bleibt offen: Warum sieht Gott nur das Opfer des Abel? Woher kommt das Böse, das Kain plötzlich packt? Ist die Schöpfung Gottes nicht gut? Solche Fragen werden nicht beantwortet. Wohl aber wird gesagt: Zum Menschen gehört die Möglichkeit Böses zu tun, selbst so Schlimmes wie Mord. Kain, das ist nicht ein Mensch am Anfang, Kain, das können wir alle sein. Diese »Urgeschichte« ist unsere Geschichte.

Adam erkannte Eva, seine Frau; sie wurde schwanger und gebar Kain. Sie gebar ein zweites Mal, nämlich Abel, seinen Bruder. Abel wurde Schafhirt und Kain Ackerbauer.
Nach einiger Zeit brachte Kain dem Herrn ein Opfer von den Früchten des Feldes dar; auch Abel brachte eines dar von den Tieren seiner Herde. Gott, der Herr, schaute auf Abel und sein Opfer, aber auf Kain und sein Opfer schaute er nicht. Da überlief es Kain ganz heiß und sein Blick senkte sich.
Hierauf sagte Kain zu seinem Bruder Abel: »Gehen wir aufs Feld!« Als sie auf dem Feld waren, griff Kain seinen Bruder Abel an und erschlug ihn.

Da sprach der Herr zu Kain: »Wo ist dein Bruder Abel?« Er entgegnete: »Ich weiß es nicht. Bin ich der Hüter meines Bruders?«
Der Herr sprach: »Was hast du getan? Das Blut deines Bruders schreit zu mir vom Ackerboden. So bist du verbannt vom Ackerboden. Wenn du den Ackerboden bestellst, wird er dir keinen Ertrag mehr bringen. Rastlos und ruhelos wirst du auf der Erde sein.«
Kain antwortete dem Herrn: »Zu groß ist meine Schuld. Du hast mich heute vom Ackerland verjagt; rastlos und ruhelos werde ich auf der Erde sein und wer mich findet, wird mich erschlagen.«
Der Herr aber machte dem Kain ein Schutzzeichen, damit ihn keiner erschlage, der ihn finde. Dann ging Kain weg und ließ sich im Land Nod nieder, östlich von Eden.

aus Genesis 4,1-16

Noach und die Sintflut

Die Gewalt und das Böse auf der Erde waren grenzenlos. Die Menschen waren böse und verdorben. Gott sah sich die Erde und die Menschen an: Böses überall. Doch gab es einen, der gerecht war, ein Mensch, der seinen Weg mit Gott ging: Noach.
Da sprach Gott zu Noach: »Ich sehe, das Ende aller Lebewesen ist da, denn durch die Menschen ist die Erde voller Gewalttat. Deshalb will ich eine Flut über die Erde bringen, um alles, was lebendig ist, zu verderben.
Mit dir aber schließe ich meinen Bund. Mach dir eine Arche, ein Schiff aus Zypressenholz. Statte sie mit Kammern aus, und dichte sie innen und außen mit Pech; dreihundert Ellen lang, fünfzig Ellen breit und dreißig Ellen hoch soll sie sein. Dann geh in die Arche, du und deine Familie. Von allem, was lebt, führe je zwei mit hinein, damit sie mit dir am Leben bleiben; je ein Männchen und ein Weibchen.«
Noach tat alles genau so, wie ihm Gott aufgetragen hatte.
Dann kam das Wasser der Flut über die Erde. Alle Quellen der gewaltigen Urflut brachen auf, und die Schleusen des Himmels öffneten sich. Der Regen ergoss sich vierzig Tage und vierzig Nächte auf die Erde. Das Wasser auf der Erde stieg und hob die Arche. Das Wasser stieg immer höher, bis es auch die höchsten Berge bedeckte. Da verendeten alle Lebewesen auf der Erde, alles kam um. Übrig blieb nur Noach und was mit ihm in der Arche war.

aus Genesis 6-7

Noach: (hebräisch »Ruhe«) Noach wird als ein gerechter Mann angesehen, der den Willen Gottes tut. Als alles Leben auf der Erde durch die Bosheit der Menschen bedroht ist, entgeht er zusammen mit seiner Familie der großen Flut. Der Untergang der vielen wird als Gottes Strafgericht über die Menschen angesehen. Doch die Rettung des Noach bedeutet, dass Gott um eines Gerechten willen die Welt bewahrt – das Werk der Schöpfung geht weiter. Deshalb sind auch die Tiere mit in der rettenden Arche: Auch die Vielfalt des Lebens geht nicht verloren, sondern erhält einen neuen Anfang.

Sintflut: (mittelhochdeutsch »große Flut«; das Wort hat nichts mit »Sünde« zu tun) Erzählungen über große Fluten, die die Menschheit bedrohen, gibt es in vielen Kulturen. Die Erzählung der Bibel zielt aber weniger auf die Vernichtung der Menschen, sondern auf die Rettung menschlichen und tierischen Lebens auf der Erde. Gott zeigt sich als »Freund des Lebens«, der auch nach der Flutkatastrophe neue Lebensmöglichkeit eröffnet und Segen spendet.
Die Erzählung von der großen Flut erinnert daran, dass das Leben der Menschen immer bedroht und auf vielerlei Weise gefährdet ist. Was über die Menschen am Anfang erzählt wird, gilt für die Menschen aller Zeiten: Wir sind uns unseres Lebens nicht sicher. Zum Menschen gehört auch die Möglichkeit des (selbstverschuldeten) Untergangs.

René Magritte, Das Versprechen, 1959

Der Bund mit Noach

Da dachte Gott an Noach und an alle Lebewesen, die mit ihm in der Arche waren. Die Quellen der Urflut und die Schleusen des Himmels schlossen sich. Das Wasser verlief sich allmählich von der Erde. Die Arche setzte im Gebirge Ararat auf.
Nach vierzig Tagen öffnete Noach das Fenster der Arche und ließ eine Taube heraus. Gegen Abend kam die Taube zurück und siehe da: In ihrem Schnabel hatte sie einen frischen Olivenzweig.
Jetzt wusste Noach, dass nur noch wenig Wasser auf der Erde stand.
Da sprach Gott zu Noach: »Komm heraus aus der Arche, du und deine Familie. Bring mit dir alle Tiere heraus. Auf der Erde soll es von ihnen wimmeln; sie sollen fruchtbar sein und sich auf der Erde vermehren.«
Da kamen Noach und seine Familie aus der Arche. Auch alle Tiere kamen, alles, was sich auf der Erde regt.
Dann segnete Gott Noach und seine Söhne und sprach zu ihnen: »Ich will künftig nicht mehr alles Lebendige vernichten. Solange die Erde besteht, sollen nicht aufhören Aussaat und Ernte, Kälte und Hitze, Sommer und Winter, Tag und Nacht.
Ihr aber, seid fruchtbar, vermehrt euch und bevölkert die Erde!
Hiermit schließe ich meinen Bund mit euch und mit euren Nachkommen und mit allen Lebewesen bei euch: Nie wieder sollen alle Lebewesen vom Wasser der Flut ausgerottet werden.
Und das ist das Zeichen des Bundes, den ich stifte zwischen mir und euch und den lebendigen Wesen bei euch für alle kommenden Generationen: Meinen Bogen setze ich in die Wolken; er soll das Bundeszeichen sein zwischen mir und der Erde. Steht der Bogen in den Woken, so werde ich auf ihn sehen und des ewigen Bundes gedenken zwischen Gott und allen Lebewesen.«

aus Genesis 8-9

Viele Erzählungen der Bibel sind *Hoffnungsgeschichten*, auch die von Noach und der großen Flut. Es geht letztlich nicht um Verderben, sondern um Rettung, es geht nicht um Unheil, sondern um Heil, es geht nicht um Angst, die Menschen verzweifeln lässt, sondern um Hoffnung, die Mut macht. Die *Taube* ist dafür ein Symbol. Sie ist Zeichen für einen Neubeginn, für Frieden und Harmonie, für »Schalom«, wie das hebräische Wort für umfassenden Frieden heißt. Die Taube ist das Symbol für Gottes Zuwendung zu den Menschen.
Ebenso ist auch der *Regenbogen* ein Symbol. Er verbindet Himmel und Erde, Gott und die Menschen. Er ist das Zeichen des Bundes, den Gott den Menschen anbietet. Er erinnert uns an Gottes Menschenfreundlichkeit: Gott ist der Freund des Lebens.

Der Turmbau zu Babel

Alle Menschen hatten die gleiche Sprache und gebrauchten die gleichen Worte. Sie lebten im Land Schinar.
Sie sagten zueinander: »Auf, formen wir Lehmziegel und brennen wir sie zu Backsteinen.«
Dann sagten sie: »Auf, bauen wir uns eine Stadt und einen Turm mit einer Spitze bis zum Himmel und machen wir uns damit einen Namen, dann werden wir uns nicht über die ganze Erde zerstreuen.«
Da stieg der Herr herab, um sich Stadt und Turm anzusehen, die die Menschen bauten. Er sprach: »Seht nur, ein Volk sind sie und eine Sprache haben sie alle. Und das ist erst der Anfang ihres Tuns. Auf, steigen wir hinab und verwirren wir dort ihre Sprache, sodass keiner mehr die Sprache des anderen versteht.«
Der Herr zerstreute sie von dort aus über die ganze Erde und sie hörten auf, an der Stadt zu bauen. Darum nannte man die Stadt Babel (Wirrsal), denn dort hat der Herr die Sprache aller Welt verwirrt, und von dort aus hat er die Menschen über die ganze Erde zerstreut.

aus Genesis 11,1-11

Babel: (hebräisch »Tor der Götter«, auch Babylon genannt) Babel, am Fluss Eufrat gelegen (vgl. die Karte auf Seite 26), wurde bereits im 19. Jahrhundert vor Christus gegründet; später war die Stadt die mächtige Hauptstadt des babylonischen Reiches. Für die Israeliten war die Weltmacht Babylonien mit der Hauptstadt Babel erschreckend groß, bedrohlich und mächtig. Die mächtige Stadt mit ihrem Tempelturm steht für den Hochmut von Menschen, die im Vertrauen auf eigene Kraft ins Grenzenlose streben und sich gegen Gott wenden. Der so erbaute Tempelturm wird hier gerade als ein Zeichen dafür genommen, dass die Menschen ohne Gott leben wollen. Doch das Ergebnis ist der Zerfall menschlicher Einheit, die Verwirrung der Sprachen. Die Erzählung erinnert daran, dass der Mensch Gottes Geschöpf ist und seine Grenzen nicht überschreiten soll.

Modell eines Tempelturms in Babel

Abraham: (hebräisch »Vater der Menge«) Eine der wichtigsten Gestalten der Bibel. Zuerst heißt er Abram (hebräisch »Der Vater ist erhaben«); dann ändert Gott seinen Namen in Abraham. Er wird in der Bibel als »Freund Gottes« bezeichnet (Jes 41,8). Vorbildlich ist sein Glaube und sein Vertrauen. Er folgt Gottes Auftrag, auch wenn das, was Gott von ihm erwartet, schwer und unverständlich ist. So verlässt er seine Heimat – und gewinnt ein neues Land. Er ist bereit, seinen Sohn herzugeben – und gewinnt überreiche Nachkommenschaft. Abraham ist so nicht nur Vater vieler Völker, sondern Vater des Glaubens und Vorbild für alle Menschen, die sich um den Glauben bemühen.

Abrahamitische Religionen: Abraham wird »als Vater des Glaubens« von Juden, Christen und Muslimen verehrt; seine Gestalt ist eine Brücke zwischen den drei großen Religionen. Juden und Christen ziehen eine Linie von Abraham über seinen Sohn Isaak hin zum Volk Israel in späterer Zeit und damit auch zu Jesus. Muslime nennen Abraham »Ibrahim«. Sie berufen sich auf den ersten Sohn Abrahams, auf Ismael, als Stammvater der arabischen Völker. In beiden Söhnen, Ismael und Isaak, und den aus ihnen hervorgehenden Völkern erfüllt sich die Verheißung Gottes.

Nomaden, Wandmalerei aus Ägypten, um 1800 vor Christus

Vätergeschichten:
Gottes Bund mit Abraham, Isaak, Jakob und Josef

Nach den grundlegenden Menschengeschichten der »Urgeschichte« erzählt die Bibel von großen Gestalten, die am Anfang des Volkes Israel stehen. Sie werden »Väter Israels« genannt, Patriarchen: Abraham, Isaak, Jakob und Josef. Sie werden von Gott gesegnet und können zum Segen für andere werden. Die Väter machen Erfahrungen mit Gott, die für Israel zu allen Zeiten wichtig werden: Gott begleitet auf dem Weg. Er führt alles, selbst das Böse, letztlich zum Guten. Er spendet Segen und Leben.

Abram

Der Herr sprach zu Abram: »Zieh weg aus deinem Land, von deiner Verwandtschaft und aus deinem Vaterhaus in das Land, das ich dir zeigen werde. Ich werde dich zu einem großen Volk machen, dich segnen und deinen Namen groß machen. Ein Segen sollst du sein. Ich will segnen, die dich segnen. Durch dich sollen alle Geschlechter der Erde Segen erlangen.«
Da zog Abram weg, wie der Herr ihm gesagt hatte. Abram war fünfundsiebzig Jahre alt, als er aus Haran fortzog. Abram nahm seine Frau Sarai mit, seinen Neffen Lot und alle ihre Habe, die sie erworben hatten, und die Knechte und Mägde, die sie in Haran gewonnen hatten. Sie wanderten nach Kanaan aus, wo die Kanaaniter lebten.
Der Herr erschien Abram und sprach: »Deinen Nachkommen gebe ich dieses Land.«
Dort baute Abram dem Herrn, der ihm erschienen war, einen Altar und rief den Namen des Herrn an.

Genesis 12,1-7

Vincent van Gogh, Sternennacht, 1889

Die Verheißung

Abram war schon alt, als Gott zu ihm sprach: »Fürchte dich nicht, Abram, ich bin dein Schild; dein Lohn wird sehr groß sein.«
Abram antwortete: »Herr, was willst du mir schon geben. Ich gehe doch kinderlos dahin, du hast mir ja keine Nachkommen gegeben.«
Da führte Gott ihn hinaus und sprach: »Sieh doch zum Himmel hinauf, und zähl die Sterne, wenn du sie zählen kannst. So zahlreich werden deine Nachkommen sein.«
Abrahm glaubte dem Herrn, und der Herr rechnete es ihm als Gerechtigkeit an.

aus Genesis 15

Der Bund Gottes mit Abraham

Gott sprach zu Abram: »Ich bin Gott, der Allmächtige. Geh deinen Weg vor mir, und halte dich an mich! Ich will einen Bund stiften zwischen mir und dir und dich sehr zahlreich machen. Du wirst Stammvater einer Menge von Völkern. Man wird dich nicht mehr Abram nennen. Abraham wirst du heißen, denn ich lasse Völker aus dir entstehen; Könige werden von dir abstammen.
Das ist das Zeichen des Bundes, den ihr halten sollt: Alles, was männlich ist unter euch, muss an der Vorhaut beschnitten werden.«

aus Genesis 17,1-12

Nomaden: Wandernde Hirtenstämme, die mit ihren Herden (meist Kleinvieh wie Schafe und Ziegen) und Zelten durch Wüsten und Steppen ziehen – immer auf der Suche nach Wasserstellen und Weideland. Zu den wandernden Nomaden gehörten zu Beginn auch die Stämme, die später zum Volk Israel zusammenwuchsen. Das Gegenteil nomadischen Lebens ist die Sesshaftigkeit, also das Leben als Ackerbau betreibende Bauern in festen Häusern. Halbnomaden verbringen einen Teil des Jahres an einem festen Ort und den anderen auf Wanderschaft.

Nachkommenschaft: Für die Völker der alten Zeit, auch die im Orient, ist eine reiche Nachkommenschaft lebenswichtig. Nur so konnte das Leben angesichts hoher Kindersterblichkeit durch Krankheiten, Unfälle und Naturereignisse weitergegeben werden. Viele Nachkommen galten als ein Zeichen göttlichen Segens.

Beschneidung: Alle orientalischen Völker praktizieren die Beschneidung bei Jungen, die Entfernung der Vorhaut am Penis. Dies dient nicht allein der Hygiene, sondern ist oft ein religiöses Zeichen. Weil Abraham beim Bundesschluss von Gott aufgefordert wurde, »alles Männliche« zu beschneiden, ist die Beschneidung für Juden und für Muslime ein Zeichen ihrer Zugehörigkeit zum Bund mit Gott.

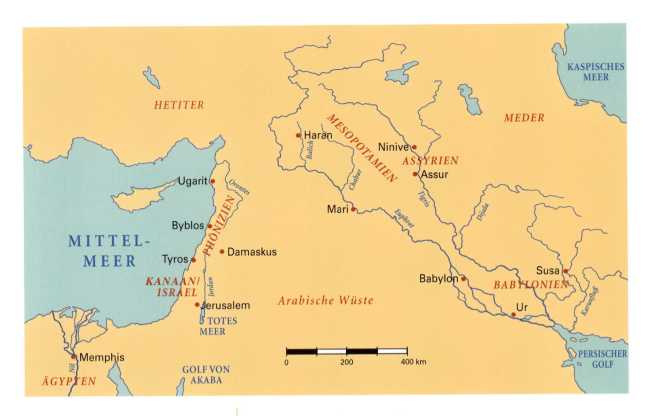

Der Vordere Orient im 1. Jahrtausend vor Christus

Vorderer Orient: Bezeichnung für die Länder im »vorderen« Teil Asiens östlich des Mittelmeeres; Kanaan/Israel gehört dazu. Besonders wichtig waren die beiden Großmächte Ägypten und im mesopotamisch-babylonischen Raum Assyrien. Wenn diese Großmächte in Kriegen aufeinander trafen, geschah dies meist in Kanaan/Israel – das kleine Land wurde zum Spielball der beiden Nachbarländer im Südwesten und im Osten.

Hagar und Ismael

Sara, Abrams Frau, hatte ihm keine Kinder geboren. Sie hatte aber eine ägyptische Magd namens Hagar. Sara sagte zu Abram: »Der Herr hat mir Kinder versagt. Geh zu meiner Magd! Vielleicht komme ich durch sie zu einem Sohn.«
Abram hörte auf sie. Er ging zu Hagar, und sie wurde schwanger. Als Hagar merkte, dass sie schwanger war, verachtete sie Sara. Sara beklagte sich bei Abram. Er entgegnete ihr: »Sie ist in deiner Hand. Tu mit ihr, was du willst.« Da behandelte Sara sie so hart, dass ihr Hagar davonlief.
Der Engel des Herrn fand Hagar an einer Quelle in der Wüste. Er sprach: »Hagar, woher kommst du und wohin gehst du?«
Sie antwortete: »Ich bin meiner Herrin davongelaufen.«
Da sprach der Engel des Herrn zu ihr: »Geh zurück zu deiner Herrin und ertrag ihre harte Behandlung! Deine Nachkommen will ich so zahlreich machen, dass man sie nicht zählen kann. Du bist schwanger, du wirst einen Sohn gebären und ihn Ismael (Gott hört) nennen; denn der Herr hat auf dich gehört in deinem Leid.«
Hagar gebar dem Abram einen Sohn, und Abram nannte den Sohn, den ihm Hagar gebar, Ismael.

aus Genesis 16

Gott zu Gast bei Abraham

Der Herr erschien Abraham in der Gestalt von drei Männern bei den Eichen von Mamre.
Abraham saß zur Zeit der Mittagshitze am Zelteingang. Er blickte auf und sah vor sich drei Männer stehen. Als er sie sah, warf er sich zur Erde nieder und sagte: »Mein Herr, wenn ich dein Wohlwollen gefunden habe, geh doch an deinem Knecht nicht vorbei! Man wird etwas Wasser holen; dann könnt ihr euch die Füße waschen und euch unter dem Baum ausruhen. Ich will einen Bissen Brot holen.«
Sie erwiderten: »Tu, wie du gesagt hast.«
Da lief Abraham ins Zelt zu Sara und rief: »Schnell rühr Mehl an und backe Brotfladen!«
Er lief weiter zum Vieh, nahm ein zartes Kalb und übergab es dem Jungknecht, der es schnell zubereitete. Dann nahm Abraham Butter, Milch und das Kalb und setzte es ihnen vor. Er wartete ihnen unter dem Baum auf, während sie aßen.
Sie fragten ihn: »Wo ist deine Frau Sara?«
»Dort im Zelt«, sagte er.
Da sprach der Herr: »In einem Jahr komme ich wieder zu dir, dann wird deine Frau Sara einen Sohn haben.«
Sara hörte am Zelteingang zu. Abraham und Sara waren schon alt. Sara erging es längst nicht mehr, wie es Frauen zu ergehen pflegt. Sie lachte daher und dachte: »Ich bin doch schon alt und verbraucht und soll noch das Glück der Liebe erfahren? Auch ist mein Herr doch schon ein alter Mann!«
Da sprach der Herr zu Abraham: »Warum lacht Sara und sagt: Soll ich wirklich noch Kinder bekommen, obwohl ich so alt bin? Ist beim Herrn etwas unmöglich? Nächstes Jahr um diese Zeit werde ich wieder zu dir kommen; dann wird Sara einen Sohn haben.«

Genesis 18,1-14

Gastfreundschaft: Die Gastfreundschaft hat im Vorderen Orient und damit in Israel besondere Bedeutung: Mit wem man sein Brot gebrochen hat, mit dem kann man nicht mehr Feind sein. Wen man in sein Haus aufnimmt, der steht unter besonderem Schutz. Im Gast nimmt man Gott selber auf.

Engel: Die Bibel erwähnt Engel vor allem dann, wenn man aus Ehrfurcht vor Gott den Gottesnamen selbst nicht nennen möchte. Dann werden Engel erwähnt, die »Boten Gottes« sind. Sie begegnen in alltäglicher Gestalt. Sie richten den Menschen eine Botschaft Gottes aus, können diese als Wegbegleiter schützen oder sie ermöglichen besondere Erfahrungen mit Gott.

Marc Chagall, Abraham empfängt die drei Engel, 1931

Sara: (auch Sarai, hebräisch »Prinzessin, Herrin«) Frau des Abraham und erst in hohem Alter Mutter des verheißenen Sohns Isaak.

Isaak: (hebräisch »dass [Gott] lache«) Sohn Abrahams und Saras. Er ist der von Gott verheißene Sohn, zweiter Stammvater des Volkes Israel. Isaak heiratet Rebekka, ihre Söhne sind die Zwillinge Esau und Jakob.

Hagar: Aus Ägypten stammende Magd von Sara. Da Sara (zuerst) keine Kinder bekommt, zeugt Abrahm entsprechend dem damaligen Brauch mit Hagar einen Sohn, Ismael.

Ismael: (hebräisch »Gott hört«) Der Sohn Abrahams und Hagars wird zum Stammvater der arabischen Stämme. Einer dieser Stämme, die Ismaeliter, sind nach ihm benannt.

Bund: (lateinisch »testamentum«) Das Wort »Bund« ist ein Schlüsselbegriff der Bibel. Gott wendet sich den Menschen zu und bietet ihnen einen Bund der Freundschaft an. Dieses Entgegenkommen Gottes erfordert vom Menschen eine Antwort: Er soll ebenso treu zu diesem Bund stehen, Gottes Willen tun und andere Götter nicht verehren.
In der Bibel wird an vielen Stellen vom Bund Gottes mit den Menschen gesprochen – vom Bund mit Noach, mit Abraham, mit Mose, mit Israel. Das Neue Testament spricht vom Neuen Bund Gottes in Jesus.

Isaak und Ismael

Der Herr nahm sich Saras an. Sara wurde schwanger und gebar dem Abraham noch in seinem Alter einen Sohn. Abraham nannte ihn Isaak. Als Isaak acht Tage alt war, beschnitt ihn Abraham.
Sara aber sagte: »Gott ließ mich lachen. Wer hätte Abraham zu sagen gewagt, Sara werde noch Kinder stillen? Und nun habe ich ihm noch in seinem Alter einen Sohn geboren.«
Das Kind wuchs heran. Eines Tages beobachtete Sara, wie Ismael, der Sohn, den Hagar Abraham geboren hatte, umhertollte. Da sagte sie zu Abraham: »Verstoß diese Magd und ihren Sohn! Denn der Sohn dieser Magd soll nicht zusammen mit meinem Sohn Isaak Erbe sein.«
Das verdross Abraham sehr, doch Gott sprach zu Abraham: »Sei wegen des Knaben und deiner Magd nicht verdrossen! Hör auf alles, was dir Sara sagt! Denn nach Isaak sollen deine Nachkommen benannt werden. Aber auch den Sohn der Magd will ich zu einem großen Volk machen, weil auch er dein Nachkomme ist.«
Am Morgen stand Abraham auf, nahm Brot und einen Schlauch mit Wasser, übergab beides Hagar, übergab ihr das Kind und entließ sie. Sie zog fort und irrte in der Wüste von Beerscheba umher.
Als das Wasser im Schlauch zu Ende war, warf sie das Kind unter einen Strauch, ging weg und setzte sich in der Nähe hin; denn sie sagte: Ich kann nicht mit ansehen, wie das Kind stirbt. Sie weinte laut.
Gott hörte den Knaben schreien; da rief der Engel Gottes Hagar zu: »Was hast du, Hagar? Fürchte dich nicht, Gott hat den Knaben schreien gehört. Steh auf, nimm den Knaben und halt ihn fest an deiner Hand; denn zu einem großen Volk will ich ihn machen.«
Gott öffnete ihr die Augen und sie erblickte einen Brunnen. Sie ging hin, füllte den Schlauch mit Wasser und gab dem Knaben zu trinken. Gott war mit dem Knaben. Er wuchs heran, ließ sich in der Wüste nieder und wurde ein Bogenschütze. Er ließ sich in der Wüste nieder.

aus Genesis 21,1-21

Abrahams Opfer

Gott stellte Abraham auf die Probe. Er sprach zu ihm: »Abraham!« Er antwortete: »Hier bin ich.« Und Gott sprach: »Nimm deinen Sohn Isaak, geh in das Land Morija und bring ihn dort auf einem Berge als Brandopfer dar.«
Frühmorgens stand Abraham auf, holte seinen Sohn Isaak und machte sich auf den Weg zu dem Ort, den ihm Gott genannt hatte.
Als Abraham am dritten Tag aufblickte, sah er den Ort von weitem. Da nahm er das Holz für das Brandopfer und lud es Isaak auf. Er selbst nahm das Feuer

und das Messer in die Hand. So gingen beide miteinander. Nach einer Weile sagte Isaak zu seinem Vater Abraham: »Mein Vater!«
Und er antwortete: Hier bin ich, mein Sohn!«
Und Isaak sprach: »Hier ist Feuer und Holz. Wo aber ist das Lamm für das Brandopfer?«
Abraham entgegnete: »Gott wird sich das Opferlamm aussuchen, mein Sohn.« Und beide gingen miteinander weiter.
Als sie an den Ort kamen, den ihm Gott genannt hatte, baute Abraham den Altar, schichtete das Holz auf, fesselte seinen Sohn Isaak und legte ihn auf den Altar, oben auf das Holz. Schon streckte Abraham seine Hand aus und nahm das Messer, um seinen Sohn zu schlachten.
Da rief ihm der Engel des Herrn vom Himmel her zu: »Abraham, streck deine Hand nicht gegen den Knaben aus, und tu ihm nichts zuleide! Denn jetzt weiß ich, dass du Gott fürchtest; du hast mir deinen einzigen Sohn nicht vorenthalten. Weil du das getan hast, will ich dir Segen schenken in Fülle und deine Nachkommen zahlreich machen wie die Sterne am Himmel und den Sand am Meeresstrand.«
Als Abraham aufschaute, sah er: Ein Widder hatte sich hinter ihm im Gestrüpp verfangen. Abraham nahm ihn und brachte ihn statt seines Sohnes als Brandopfer dar.

aus Genesis 22

Marc Chagall, Isaaks Opferung
Isaak wird in diesem Bild als Symbol für jedes Leid verstanden. Deshalb findet sich im Hintergrund auch das Kreuz, das bei Chagall weniger auf Jesus als auf das Leid des Menschen verweist.

Gott prüft Abraham
Die Geschichte von Abrahams Opfer erscheint uns als unfassbar. Es gab allerdings in manchen Völkern den Brauch, den Göttern Kinder zu opfern. Daran knüpft die Geschichte an. Doch dann kommt die Wende: Der Gott Abrahams (und damit der Gott Israels, der Juden, der Christen und der Muslime) will kein Menschenopfer, nicht den Tod, sondern Rettung und Heil. Gott ist ein Freund des Lebens. Dennoch bleibt die Erzählung von Abrahams Opfer schwierig: Warum verlangt Gott so etwas von Abraham? Dazu gibt der Text keine Erklärung. Er drückt nur aus, dass Abraham Gott vertraut.

Segen: Oft wird in den Vätergeschichten, aber auch in anderen Teilen der Bibel von Segen gesprochen. Was ist damit gemeint?
Segen bedeutet den Zuspruch von Heil, Wohlergehen, Kraft und »Schalom« (umfassenden Frieden). Ein so verstandener Segen kann von Menschen an andere Menschen weitergegeben werden, etwa wenn Isaak seine Söhne Esau und Jakob segnet.
Segen wird aber vor allem von Gott geschenkt, etwa wenn Gott Abraham ein Leben in Fülle zusagt. Weil Gott sich barmherzig den Menschen zuwendet, deshalb will er Heil und Glück für sie. Der Segen ist der Zuspruch Gottes an den Menschen – ein Zeichen von Gottes Liebe.

Gott sei uns gnädig
und segne uns.
Er lasse sein Angesicht
über uns leuchten,
damit auf Erden
sein Weg erkannt wird
und unter allen Völkern sein Heil.
Das Land gab seinen Ertrag.
Es segne uns unser Gott.
Alle Welt fürchte und ehre ihn.
Psalm 67,1-3.7-8

Esau und Jakob

Isaak war vierzig Jahre alt, als er Rebekka zur Frau nahm. Als Rebekka schwanger war, stießen die Söhne einander im Mutterleib. Der Herr sprach zu ihr: »Zwei Völker sind in deinem Leib. Ein Stamm ist dem andern überlegen, der ältere muss dem jüngeren dienen.«
Als die Zeit ihrer Niederkunft gekommen war, zeigte es sich, dass sie Zwillinge in ihrem Leib trug. Der erste, der kam, war rötlich, über und über mit Haaren bedeckt wie mit einem Fell. Man nannte ihn Esau. Darauf kam sein Bruder; seine Hand hielt die Ferse Esaus fest. Man nannte ihn Jakob (Fersenhalter). Isaak war sechzig Jahre alt, als sie geboren wurden.
Die Knaben wuchsen heran. Esau wurde ein Jäger. Jakob dagegen blieb bei den Zelten.
Einst hatte Jakob ein Gericht zubereitet, als Esau erschöpft vom Feld kam. Da sagte Esau zu Jakob: »Gib mir doch etwas zu essen von dem Roten da, ich bin ganz erschöpft.«
Jakob gab zur Antwort: »Dann verkauf mir jetzt sofort dein Erstgeburtsrecht!«
»Schau, ich sterbe vor Hunger«, sagte Esau, »was soll mir da das Erstgeburtsrecht?« Und Esau verkaufte sein Erstgeburtsrecht an Jakob. Darauf gab Jakob dem Esau Brot und Linsengemüse; er aß und trank, stand auf und ging seines Weges. Vom Erstgeburtsrecht aber hielt Esau nichts.
aus Genesis 25,19-34

Der Erstgeburtssegen

Als Isaak alt geworden und nicht mehr sehen konnte, rief er seinen älteren Sohn Esau und sagte: »Ich bin alt geworden. Ich weiß nicht, wann ich sterbe. Nimm dein Jagdgerät, geh aufs Feld und jag mir ein Wild! Bereite mir dann ein leckeres Mahl, damit ich dich segne, bevor ich sterbe.«
Rebekka hatte das Gespräch mit angehört. Sie sagte zu Jakob: »Ich habe gehört, wie dein Vater zu deinem Bruder Esau gesagt hat: ›Hol mir ein Wild und bereite mir ein leckeres Mahl zum Essen; dann will ich dich vor dem Herrn segnen.‹ Nun hör genau zu, mein Sohn: Geh zur Herde und bring mir zwei schöne Ziegenböckchen! Ich will ein leckeres Mahl zubereiten. Du bringst es dann deinem Vater zum Essen, damit er dich vor seinem Tod segnet.«
Jakob antwortete seiner Mutter Rebekka: »Mein Bruder Esau ist aber behaart und ich habe eine glatte Haut. Vielleicht

betastet mich mein Vater; dann könnte er meinen, ich hielte ihn zum Besten, und ich brächte Fluch über mich statt Segen.«

Seine Mutter entgegnete: »Dein Fluch komme auf mich, mein Sohn. Hör auf mich, geh und hol mir die Böckchen!«

Da ging er hin und brachte sie seiner Mutter. Sie bereitete ein leckeres Mahl zu. Dann holte Rebekka die Feiertagskleider ihres älteren Sohnes Esau und zog sie Jakob an. Die Felle der Ziegenböckchen legte sie um seine Hände und um seinen glatten Hals. Dann übergab sie das leckere Essen und das Brot Jakob. Er ging zu seinem Vater hinein und sagte: »Mein Vater!«

»Ja«, antwortete er, »wer bist du?«

Jakob entgegnete seinem Vater: »Ich bin Esau, dein Erstgeborener. Ich habe getan, wie du mir gesagt hast. Setz dich auf, iss von meinem Wildbret und dann segne mich!«

Da sagte Isaak zu seinem Sohn: »Wie hast du nur so schnell etwas finden können, mein Sohn?«

Er antwortete: »Der Herr, dein Gott, hat es mir entgegenlaufen lassen.«

Da sagte Isaak zu Jakob: »Komm näher heran! Ich will dich betasten, ob du wirklich mein Sohn Esau bist.«

Jakob trat zu seinem Vater Isaak hin. Isaak betastete ihn und sagte: »Die Stimme ist zwar Jakobs Stimme, die Hände aber sind Esaus Hände.«

Er erkannte ihn nicht, denn Jakobs Hände waren behaart wie die seines Bruders Esau. Da sagte Isaak: »Ich will essen und dich dann segnen.«

Jakob brachte ihm das Wildbret und Isaak aß. Dann reichte er ihm auch Wein und Isaak trank. Nun sagte sein Vater Isaak zu ihm: »Komm näher und küss mich, mein Sohn!«

Er trat näher und küsste ihn. Isaak roch den Duft seiner Kleider, er segnete ihn und sagte: »Ja, mein Sohn duftet wie das Feld, das der Herr gesegnet hat. Gott gebe dir vom Tau des Himmels, vom Fett der Erde, viel Korn und Most. Dienen sollen dir die Völker, Stämme sich vor dir niederwerfen, Herr sollst du über deine Brüder sein. Verflucht, wer dich verflucht. Gesegnet, wer dich segnet.«

aus Genesis 27

Richard Baus, Stufen, 1997
Menschen der Bibel erfahren, dass Gott sich ihnen zuwendet, ihnen entgegenkommt. Himmel und Erde, Gott und die Menschen sind verbunden. Im Bild der Stufen wird diese Annäherung deutlich.

Erstgeborener/Erstgeburt: Der erste Sohn hatte in Israel und den umliegenden Völkern besondere Rechte. Der Erstgeborene übernahm die Nachfolge des Vaters und ist der Haupterbe. Einige Völker im Umfeld Israels kennen auch die Opferung der Erstgeborenen, um sie den Göttern zurückzugeben (vgl. auch die Erzählung von Abrahams Opfer auf Seite 29). Israel opferte nur bei Tieren das Erstgeborene, der erste Sohn wird durch ein Geldopfer »ausgelöst«, befreit.

**Marc Chagall,
Jakobs Traum**

Jakob, im roten Gewand, träumt am Fuß der Leiter, die Engel umschweben. Rechts erscheint in hellerem, himmlischen Blau gleichsam das Ziel: ein Engel mit vier, in Kreuzform angeordneten Flügeln, der einen siebenarmigen Leuchter trägt – Symbol für Gott, der nicht darzustellen ist. Das Licht Gottes überstrahlt die Szenen menschlichen Leids.

Himmelsleiter: Jakobs Traum von der Himmelsleiter ist ein Gegenbild zum Turm von Babel (vgl. Seite 23). Dort versuchen die Menschen aus eigener Kraft den »Himmel zu erreichen« und wie Gott zu werden. Dies scheitert und führt zu Streit und Unfrieden. Das Bild der Himmelsleiter macht deutlich, dass Gott selbst in Situationen der Angst und Not den Menschen entgegenkommt, er wendet sich ihnen zu: Gott will mit den Menschen Freund sein, einen Bund der Freundschaft schließen. Die Himmelsleiter verbindet Oben und Unten, Himmel und Erde, Gott und Menschen. Sie ist ein ähnliches Symbol wie *Berg*, *Baum*, *Regenbogen*.

Bet-El: (hebräisch »Haus Gottes«) Stadt zwischen Jerusalem und Sichem. Bereits vor den Vätern Israels gab es hier ein Heiligtum. Auch Abraham errichtet hier einen Altar.

Jakobs Traum von der Himmelsleiter

Jakob zog aus Beerscheba weg und ging nach Haran. Unterwegs übernachtete er, denn die Sonne war untergegangen. Er nahm einen von den Steinen dieses Ortes, legte ihn unter seinen Kopf und schlief dort ein.

Da hatte er einen Traum: Er sah eine Treppe, die auf der Erde stand und bis zum Himmel reichte. Auf ihr stiegen Engel Gottes auf und nieder.

Und siehe, der Herr stand oben und sprach: »Ich bin der Herr, der Gott deines Vaters Abraham und der Gott Isaaks. Das Land, auf dem du liegst, will ich dir und deinen Nachkommen geben.

Deine Nachkommen werden zahlreich sein wie der Staub auf der Erde. Durch dich und deine Nachkommen werden alle Geschlechter der Erde Segen erlangen. Ich bin mit dir, ich behüte dich, wohin du auch gehst.«

Jakob erwachte und sagte: »Wirklich, der Herr ist an diesem Ort. Hier ist nichts anderes als das Haus Gottes und das Tor des Himmels.«

Er nahm den Stein, den er unter seinen Kopf gelegt hatte, stellte ihn als Steinmal auf und goss Öl darauf. Dann gab er dem Ort den Namen Bet-El (Gotteshaus).

Genesis 28,10-19

Jakob flieht aus Angst vor seinem Bruder nach Osten, er kommt zu Laban, dem Bruder seiner Mutter. Am Brunnen trifft er Rahel, Labans jüngste Tochter und gewinnt sie lieb. Als er sie zur Frau nehmen will, muss er Laban erst sieben Jahre dienen. Doch nach diesen sieben Jahren wird Jakob, der Betrüger, selber betrogen. Laban gibt ihm statt Rahel seine ältere Tochter Lea zur Frau, die keineswegs so hübsch ist wie ihre Schwester. Noch einmal dient Jakob sieben Jahre, dann erst kann er Rahel heiraten. Nach einiger Zeit zieht er mit seinen beiden Frauen, mit seinen Kindern und mit einer großen Herde zurück in seine Heimat. Unterwegs hat er ein unbegreifliches Erlebnis.

Jakobs Kampf mit Gott

In derselben Nacht stand Jakob auf, nahm seine beiden Frauen, seine beiden Mägde sowie seine elf Söhne und durchschritt die Furt des Flusses Jabbok. Er nahm sie und ließ sie den Fluss überqueren. Dann schaffte er alles hinüber, was ihm sonst noch gehörte.
Als nur noch er allein zurückgeblieben war, rang mit ihm ein Mann, bis die Morgenröte aufstieg.
Als der Mann sah, dass er Jakob nicht beikommen konnte, schlug er ihn aufs Hüftgelenk. Jakobs Hüftgelenk renkte sich aus, als er mit ihm rang.
Der Mann sagte: »Lass mich los; denn die Morgenröte ist aufgestiegen.«
Jener fragte: »Wie heißt du?«
»Jakob«, antwortete er.
Da sprach der Mann: »Nicht mehr Jakob wird man dich nennen, sondern Israel (Gottesstreiter); denn mit Gott und Menschen hast du gestritten und hast gewonnen.«
Nun fragte Jakob: »Nenne mir doch deinen Namen!«
Jener entgegnete: »Was fragst du mich nach meinem Namen?« Dann segnete er ihn dort.
Jakob gab dem Ort den Namen Penuël (Gottesgesicht) und sagte: »Ich habe Gott von Angesicht zu Angesicht gesehen und bin doch mit dem Leben davongekommen.«

Genesis 32,23-31

Gott erfahren
Die Bibel erzählt von Gott, und sie erzählt von den Menschen. Das Besondere an ihr ist, dass sie beides verbindet, immer wieder in bildhaften und manchmal schwer verständlichen Geschichten davon erzählt, wie Gott und die Menschen einander begegnen. Dabei zeigt sich: Man kann Gott nicht erkennen, wie man die Dinge und Lebewesen der Erde erkennt. Gott bleibt geheimnisvoll, fremd, dunkel und unbegreiflich. Dennoch ist er dem Menschen nahe und voll Liebe zugewandt.
So finden sich in der Bibel eine Fülle von unterschiedlichen Gotteserfahrungen, die nicht alle einfach übereinstimmen, sondern die sich gegenseitig ergänzen wie die vielen Steine eines Mosaiks oder eines Puzzles. Die Erfahrung, dass Gott in unbegreiflicher Weise in das Leben der Menschen eingreift, muss auch Jakob machen. Er erfährt, dass Gott ihn führt und ihm Heil schenkt (eine große Familie mit vielen Kindern, Wohlstand und große Herden, ein langes Leben). Er erfährt aber auch, dass Gott eine gewaltige, ja unheimliche Macht ist, die sich dem menschlichen Verstehen entzieht. Der Reichtum der biblischen Geschichten liegt gerade darin, dass ein solch vielfältiges Bild von Gott vermittelt wird: Menschen können Gott immer wieder neu erfahren – sie können Gott »lernen« ein Leben lang, sich ihm immer wieder annähern.

Israel: (hebräisch »Möge Gott kämpfen, sich stark erweisen«) Der Name Israel wird Jakob als Beinamen gegeben. Von ihm geht dieser Name dann auf die zwölf Stämme über, die nach seinen zwölf Söhnen benannt sind. Der Zusammenschluss dieser Stämme ergibt schließlich das Volk Israel.

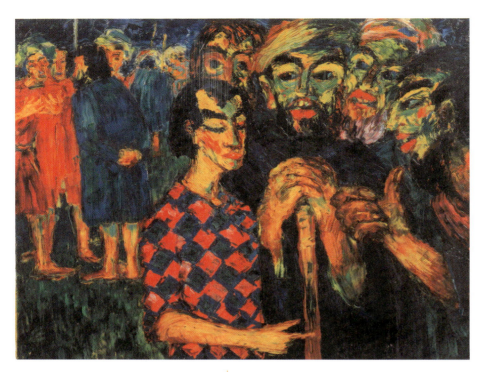

Emil Nolde, Josef erzählt seine Träume, 1910
Zweimal erzählt Josef seinen Brüdern von seinen Träumen, ihre Gesichter sind grün vor Neid, als sie von ihm hören, dass sie sich vor ihrem jüngeren Bruder verneigen werden.

Die Josefsgeschichte
In den Kapiteln 37-50 des Buches Genesis wird von Josef, dem zweitjüngsten Sohn Jakobs, und seinen Brüdern berichtet. Die sprachlich schöne Erzählung ist wie ein kleiner Roman (eine Novelle), der, unabhängig entstanden, erst in späterer Zeit mit den anderen Vätergeschichten verbunden wurde. Grundlegendes Thema sind Schuld und Versöhnung. Menschliches Fehlverhalten wird breit erzählt: Jakob zieht Josef vor, der prahlt vor seinen Brüdern. Sie sind erfüllt von Hass, wollen ihn töten, verkaufen ihn aber dann in die Sklaverei an Potifar. Seine Frau verleumdet Josef ... Doch all dies Böse wird letztlich deshalb überwunden, weil Gott alles zum Guten führt. Am Ende sagt Josef zu seinen Brüdern: »Ihr habt Böses gegen mich im Sinn gehabt. Gott aber hatte dabei Gutes im Sinn, um viel Volk am Leben zu erhalten« (Genesis 50,20).

Josef und seine Brüder

Jakob hatte zwölf Söhne, doch liebte er Josef unter allen am meisten, weil er ihm noch in hohem Alter geboren worden war. Er ließ ihm einen Ärmelrock machen. Als seine Brüder sahen, dass ihr Vater ihn mehr liebte als alle seine Brüder, hassten sie ihn.

Einst hatte Josef einen Traum: »Hört, was ich geträumt habe: Wir banden Garben mitten auf dem Feld. Meine Garbe richtete sich auf und blieb auch stehen. Eure Garben umringten sie und neigten sich tief vor meiner Garbe.«

Da sagten seine Brüder zu ihm: »Willst du etwa König über uns werden oder dich als Herr über uns aufspielen?« Und sie hassten ihn noch mehr wegen seiner Träume und seiner Worte.

Er hatte noch einen anderen Traum. Er erzählte ihn seinen Brüdern und sagte: »Ich träumte noch einmal: Die Sonne, der Mond und elf Sterne verneigten sich tief vor mir.«

Als er davon seinem Vater und seinen Brüdern erzählte, schalt ihn sein Vater und sagte zu ihm: »Was soll das, was du da geträumt hast? Sollen wir vielleicht, ich, deine Mutter und deine Brüder, kommen und uns vor dir zur Erde niederwerfen?« Seine Brüder waren eifersüchtig auf ihn, sein Vater aber vergaß die Sache nicht.

Als seine Brüder fortgezogen waren, um das Vieh ihres Vaters bei Sichem zu weiden, sagte Israel zu Josef: »Deine Brüder weiden das Vieh. Geh doch hin und sieh, wie es deinen Brüdern und dem Vieh geht, und berichte mir!«

So schickte er ihn aus dem Tal von Hebron fort und Josef fand seine Brüder in Dotan. Sie sahen ihn von weitem. Bevor er jedoch nahe an sie herangekommen war, fassten sie den Plan, ihn umzubringen. Sie sagten zueinander: »Dort kommt ja dieser Träumer. Jetzt aber auf, erschlagen wir ihn und werfen wir ihn in eine der Zisternen. Sagen wir, ein wildes Tier habe ihn gefressen. Dann werden wir ja sehen, was aus seinen Träumen wird.«

Ruben hörte das und wollte ihn aus ihrer Hand retten. Er sagte: »Begehen wir doch keinen Mord. Vergießt kein Blut! Werft ihn in die Zisterne da in der Steppe, aber legt nicht Hand an ihn!« Er wollte ihn nämlich aus ihrer Hand retten und zu seinem Vater zurückbringen.

Als Josef bei seinen Brüdern angekommen war, zogen sie ihm sein Gewand aus, den Ärmelrock, packten ihn und warfen ihn in die Zisterne. Die Zisterne war leer; es war kein Wasser darin.

Als sie dann beim Essen saßen und aufblickten, sahen sie, dass gerade eine Karawane von Händlern aus Gilead kam. Sie waren unterwegs nach Ägypten. Da schlug Juda seinen Brüdern vor: »Was haben wir davon, wenn wir unseren Bruder erschlagen? Kommt, verkaufen wir ihn den Ismaelitern. Wir wollen aber nicht Hand an ihn legen, denn er ist doch unser Bruder und unser Verwandter.«

Seine Brüder waren einverstanden. Da zogen sie Josef aus der Zisterne heraus und verkauften ihn für zwanzig Silberstücke an die Ismaeliter. Diese brachten Josef nach Ägypten.

Die Brüder aber nahmen Josefs Gewand, schlachteten einen Ziegenbock und tauchten das Gewand in das Blut. Dann schickten sie den Ärmelrock zu ihrem Vater und ließen ihm sagen: »Das haben wir gefunden. Sieh doch, ob das der Rock deines Sohnes ist oder nicht.«

Als er ihn angesehen hatte, sagte er: »Der Rock meines Sohnes! Ein wildes Tier hat ihn gefressen. Zerrissen, zerrissen ist Josef.«

Jakob zerriss seine Kleider, legte Trauerkleider an und trauerte um seinen Sohn viele Tage. Alle seine Söhne und Töchter machten sich auf, um ihn zu trösten. Er aber beweinte ihn.

Die Händler aus Gilead verkauften Josef nach Ägypten an Potifar, einen Hofbeamten des Pharao, den Obersten der Leibwache.

aus Genesis 37

Josef in Ägypten

Josef wurde nach Ägypten gebracht und an Potifar, einen Hofbeamten des Pharaos, als Sklave verkauft. Potifar machte ihn zum Verwalter seines Hauses. Gott war mit Josef und so glückte ihm alles.

Josef war schön von Gestalt und Aussehen. Deshalb wollte Potifars Frau ihn verführen und mit ihm schlafen. Doch Josef weigerte sich und sagte: »Wie könnte ich ein solches Unrecht begehen und gegen Gott und Potifar sündigen?« Josef hörte nicht auf Potifars Frau.

Eines Tages, als sie mit Josef allein im Haus war, packte sie ihn an seinem Gewand. Doch Josef ließ sein Gewand in ihrer Hand zurück und lief hinaus. Da schrie Potifars Frau um Hilfe. Als ihre Dienerinnen kamen, zeigte sie das Gewand Josefs und sagte: »Josef ist zu mir gekommen und wollte mit mir schlafen. Seht den Beweis – hier ist sein Gewand.«

Als Potifar nach Hause kam, erzählte sie ihm die gleiche Geschichte: »Dieser hebräische Sklave ist zu mir gekommen und wollte mit mir schlafen. Als ich um Hilfe schrie, ist er geflüchtet. Aber er hat sein Gewand zurückgelassen.«

Da wurde Potifar zornig. Er ließ Josef ins Gefängnis werfen.

(nach Genesis 39)

Ägypten: (ägyptisch »Haus des Gottes Ptah«) Großes und schon früh besiedeltes Land am Unterlauf des Flusses Nil, geteilt in Ober- und Unterägypten. Bereits dreitausend Jahre vor Christus gab es hier eine hohe Kultur, einen gut organisierten Staat mit einem König (dem Pharao) an der Spitze und einer Beamtenschaft. Entlang des Nils ist das Land sehr fruchtbar, im Westen und Osten des Nilgebiets liegen Wüsten. Die Großmacht Ägypten hat für Israel immer eine wichtige Rolle gespielt. Israel lag zwischen Ägypten und der zweiten Großmacht des Vorderen Orients: Assyrien und Babylonien in Mesopotamien. Deshalb war Israel oft umkämpft.

Pharao: (ägyptisch »Großes Haus«) Titel des Königs von Ägypten. Die Bibel erzählt in der Josefsgeschichte und der Mosegeschichte (vgl. Seite 40 und 43) von einem Pharao. In der Josefsgeschichte erscheint der Pharao eher am Rand. In der Mosegeschichte aber ist er der Gegenspieler Gottes, der versucht, den von Gott beschlossenen Auszug Israels aus Ägypten zu verhindern. Auch später in der Königszeit erscheinen Ägypten und Pharaonen als Feinde Israels und als Gegenmacht Gottes.

Josef im Gefängnis

Der königliche Mundschenk verging sich gegen den Pharao. Dieser gab ihn in den Kerker, wo Josef gefangen war. Nach einiger Zeit hatte er einen Traum.

Am Morgen erzählte der Mundschenk Josef seinen Traum: »Im Traum sah ich einen Weinstock. Am Weinstock waren drei Ranken und es war mir, als triebe er Knospen. Seine Blüten wuchsen und schon reiften die Beeren an seinen Trauben. Ich hatte den Becher des Pharao in meiner Hand. Ich nahm die Beeren, drückte sie in den Becher des Pharao aus und gab dem Pharao den Becher in die Hand.«

Da sprach Josef zu ihm: «Das ist die Deutung: Die drei Ranken sind drei Tage. Noch drei Tage, dann wird der Pharao dich wieder in dein Amt einsetzen. Du wirst dem Pharao den Becher reichen, wie es früher deine Aufgabe war. Doch denk an mich, wenn es dir gut geht. Erzähl dem Pharao von mir und hol mich aus diesem Haus heraus!«

Drei Tage darauf setzte der Pharao den Mundschenk wieder in sein Amt ein; er durfte dem Pharao den Becher reichen. Er dachte aber nicht mehr an Josef und vergaß ihn.

aus Genesis 40

Der Traum des Pharao

Zwei Jahre später hatte der Pharao einen Traum: Er stand am Nil. Aus dem Nil stiegen sieben gut aussehende, wohlgenährte Kühe. Nach ihnen stiegen sieben andere Kühe aus dem Nil; sie waren hässlich und mager. Sie stellten sich neben die wohlgenährten Kühe und fraßen sie auf. Dann erwachte der Pharao.

Er träumte ein zweites Mal: An einem Halm wuchsen sieben Ähren, prall und schön. Nach ihnen wuchsen sieben kümmerliche, ausgedörrte Ähren. Die kümmerlichen Ähren verschlangen die sieben prallen, vollen Ähren.

Am Morgen fühlte er sich beunruhigt; er ließ alle Wahrsager und Weisen Ägyptens rufen. Der Pharao erzählte ihnen seine Träume, doch keiner konnte sie ihm deuten.

Da sagte der Mundschenk zum Pharao: »Als der Pharao mich in Haft gab, hatte ich einen Traum. Dort war mit uns zusammen ein junger Hebräer mit Namen Josef. Ich erzählte ihm den Traum und er legte ihn aus. Wie er es gedeutet hatte, so geschah es: Mich setzte man wieder in mein Amt ein.«

Da schickte der Pharao hin und ließ Josef rufen. Man holte ihn schnell aus dem Gefängnis, und er kam zum Pharao.

Marc Chagall, Josef deutet die Träume Pharaos, 1931

Der Pharao sagte: »Ich hatte einen Traum, doch keiner kann ihn deuten. Von dir habe ich aber gehört, du brauchst einen Traum nur zu hören, dann kannst du ihn deuten.«
Josef antwortete: »Nicht ich, sondern Gott wird eine Antwort geben.« Da erzählte der Pharao Josef seine Träume.
Darauf sagte Josef zum Pharao: »Der Traum des Pharao ist ein und derselbe. Gott sagt dem Pharao an, was er vorhat: Die sieben schönen Kühe und die sieben schönen Ähren sind sieben gute und fruchtbare Jahre. Die sieben mageren und hässlichen Kühe und die sieben leeren, vom Ostwind ausgedörrten Ähren sind sieben Jahre Hungersnot. Sieben Jahre kommen, da wird großer Überfluss in ganz Ägypten sein. Nach ihnen aber werden sieben Jahre Hungersnot heraufziehen: Da wird das Land auszehren. Dass aber der Pharao gleich zweimal träumte, bedeutet: Die Sache steht bei Gott fest und Gott wird sie bald ausführen.
Nun sehe sich der Pharao nach einem weisen Mann um und setze ihn über Ägypten. Der soll alles Brotgetreide der kommenden guten Jahre in Speichern sammeln. Das Brotgetreide soll dem Land als Rücklage dienen für die sieben Jahre der Hungersnot, die über Ägypten kommen werden.«

aus Genesis 41,1-36

Josef wird zum Herrn über Ägypten
Der Vorschlag Josefs gefiel dem Pharao und er setzte Josef zum Herrn über ganz Ägypten ein. Er gab ihm einen Siegelring als Zeichen seiner Würde. Auch gab er ihm Asenat zur Frau. Als Josef Herr über Ägypten wurde, war er dreißig Jahre alt.
Es folgten sieben Jahre mit reicher Ernte, so wie Josef es vorhergesagt hatte. In diesen Jahren des Überflusses ließ Josef Brotgetreide in ganz Ägypten sammeln und speicherte es – wie Sand am Meer.
In diesen Jahren des Überflusses wurden Josef von Asenat zwei Söhne geboren: Josef nannte den Erstgeborenen Manasse (»Vergessling«), denn er sagte: »Gott hat mich all meine Sorge vergessen lassen.« Den anderen Sohn nannte er Efraim (»Fruchtbringer«), denn er sagte: »Gott hat mich fruchtbar werden lassen in aller Not.«
Nach den sieben guten Jahren kamen sieben Hungerjahre, so wie Josef es vorhergesagt hatte. Eine Hungersnot brach über alle Länder herein, nur in Ägypten gab es Brot, denn Josef öffnete die Speicher und ließ Getreide verkaufen. Da kamen die Menschen nicht nur aus Ägypten, sondern aus allen Ländern, um bei Josef Getreide zu kaufen.

(nach Genesis 41,37-57)

Seht doch,
wie gut und schön ist es,
wenn Brüder miteinander
in Eintracht wohnen.
Das ist wie der Tau des Hermon,
der auf den Berg Zion niederfällt.
Denn dort spendet der Herr
Segen und Leben in Ewigkeit.

aus Psalm 133

Ernst Wilhelm Nay,
Sonnenzirkel, 1956

Das Bild von Wilhelm Nay zeigt keine Personen oder Gegenstände. Und doch passen die Stimmung und die Farben dieses Bildes ausgezeichnet zum Ziel der Josefsgeschichte und damit der Vätergeschichten: »Gott aber hatte Gutes im Sinn, um viel Volk am Leben zu erhalten« (Genesis 50,20).

Josefs Brüder in Ägypten

Auch in Kanaan gab es Hungersnot, Jakob und seine Familie litten großen Hunger. Da hörte Jakob, dass es in Ägypten Getreide zu kaufen gab, und er sagte zu seinen Söhnen: »Zieht nach Ägypten, und kauft dort Getreide, damit wir am Leben bleiben und nicht sterben müssen.«

Zehn Brüder Josefs zogen also nach Ägypten. Benjamin, den jüngsten Bruder Josefs, ließ Jakob nicht mitziehen, denn er dachte, es könnte ihm ein Unglück zustoßen.

In Ägypten verwaltete Josef das Land und verkaufte allen Leuten Getreide. So kamen Josefs Brüder und warfen sich vor ihm nieder. Als Josef seine Brüder sah, erkannte er sie. Aber er gab sich ihnen nicht zu erkennen. Er wollte sie prüfen und fuhr sie hart an: »Was wollt ihr hier? Ihr seid Spione, die das Land erkunden wollen.«

Sie antworteten ihm: »Wir sind ehrliche Leute, alle Söhne ein und desselben Vaters. Zwölf Brüder waren wir. Der Jüngste ist bei unserem Vater geblieben, und ein Bruder ist nicht mehr.«

Josef aber sagte: »Es bleibt dabei: Ihr seid Spione. Wenn ihr ehrliche Leute seid, dann soll einer von euch hier im Gefängnis bleiben. Ihr anderen aber geht und bringt das gekaufte Getreide heim. Dann schafft mir euren jüngsten Bruder her, damit sich eure Worte als wahr erweisen.«

Dann wandte sich Josef ab. Er ließ Simeon fesseln. Dann befahl er, ihr Geld oben in die Getreidesäcke zu legen.

Die Brüder reisten zurück. Sie kamen zu ihrem Vater nach Kanaan und berichteten ihm alles, was ihnen zugestoßen war. Jakob sagte zu ihnen: »Ihr bringt mich um meine Kinder. Josef ist nicht mehr, Simeon ist nicht mehr, und Benjamin wollt ihr mir auch noch nehmen.«

Der Hunger lastete schwer auf dem Land, und Jakob sagte zu seinen Söhnen: »Geht noch einmal, und kauft Getreide«. Juda antwortete ihm: »Lass Benjamin mit uns ziehen, sonst können wir nicht gehen. Ich verbürge mich für ihn mit meinem Leben.«

So zogen die Brüder zusammen mit Benjamin wiederum nach Ägypten. Josef ließ sie an seinem Tisch Platz nehmen. Dann fragte er sie, wie es ihnen gehe, und er fragte sie nach ihrem Vater. Er sah Benjamin und fragte: »Ist das euer jüngster Bruder, von dem ihr erzählt habt?«

Dann befahl Josef seinem Verwalter: »Fülle die Getreidesäcke der Männer mit so viel Brotgetreide, wie hineinpasst. Meinen Silberbecher aber lege in den Sack des Jüngsten.« Der Verwalter tat, wie Josef befohlen hatte. Dann ließ man die Männer abreisen.

Als sie noch nicht weit von der Stadt entfernt waren, ließ Josef ihnen nachsetzen. Der Hausverwalter sagte zu ihnen: »Warum habt ihr Gutes mit Bösem vergolten und den Silberbecher meines Herrn gestohlen? Bei wem sich der Becher findet, der soll mein Sklave sein, die anderen bleiben straffrei.«

Er durchsuchte alles, beim Ältesten begann er, und beim Jüngsten hörte er auf. Der Becher fand sich im Sack Benjamins. Da kehrten sie in die Stadt zurück.

Josef sagte zu ihnen: »Derjenige, bei dem der Becher gefunden wurde, soll mein Sklave sein.«

Da trat Juda vor ihn: »Lass mich an Stelle Benjamins dein Sklave sein. Den Jungen aber lass heimkehren, sein Vater liebt ihn besonders.«

Da vermochte sich Josef nicht mehr zu halten und gab sich seinen Brüdern zu erkennen: »Ich bin Josef, euer Bruder, den ihr nach Ägypten verkauft habt. Aber grämt euch nicht, denn um Leben zu erhalten, hat mich Gott vor euch hergeschickt. Er hat mich zum Herrn über ganz Ägypten gemacht. Ihr habt Böses gegen mich im Sinn gehabt. Gott aber hatte dabei Gutes im Sinn, um viel Volk am Leben zu erhalten. Zieht eiligst zu meinem Vater hinauf und sagt ihm: Komm her zu mir. Beeilt euch, und bringt meinen Vater her!«

Die Brüder zogen nach Kanaan hinauf und kamen zu ihrem Vater Jakob. Sie berichteten ihm alles, und ihr Vater lebte wieder auf.

Er sagte: »Mein Sohn Josef lebt noch. Ich will hingehen und ihn sehen, bevor ich sterbe. Gott hat alles zum Guten gewendet.« Und er brach mit seiner ganzen Familie auf und kam nach Ägypten.

nach Genesis 42-45

Vätergeschichten: Das erste Buch der Bibel, das Buch Genesis, besteht aus drei Hauptteilen: Der »Urgeschichte« in Kapitel 1-11, den Vätergeschichten in Kapitel 12-36 und der Josefsgeschichte in Kapitel 37-50. Die Vätergeschichten bilden den Hauptteil dieses ersten Buches der Bibel, die Josefsgeschichte ist in späterer Zeit mit den Vätergeschichten verknüpft worden; sie passt inhaltlich gut dazu. Noch später wurden den Geschichten von Abraham, Isaak, Jakob und Josef die Erzählungen der »Urgeschichte« vorangestellt, die grundsätzliche Aussagen über Welt, Menschen und Gott machen.

Bei den Erzählungen über die Väter (und Mütter wie Sara, Rachel ...), über die großen Gestalten am Anfang des Volkes Israel, geht es nicht um eine Lebensbeschreibung bestimmter Personen, sondern es geht um Grundthemen des Glaubens:

– Es geht um Erfahrungen, die Menschen mit Gott machen: Gott zeigt sich als Wegbegleiter (Abrahams, auch Josefs), bleibt ihnen aber unbegreiflich (Opferung Isaaks, Jakobs Kampf mit Gott).

– Es geht um den Aufbruch von Menschen aus ihrer bisherigen Heimat in ein neues Land: Aus dem Vertrauen zu Gott heraus können Menschen aufbrechen und neue Wege gehen. Von Gott gesegnet können sie einander zum Segen werden.

– Es geht um die Beziehung von Gott und Menschen: Gott spricht Menschen immer wieder an und diese geben ihm eine Antwort des Glaubens: Sie vertrauen sich ihm an, ganz und gar. Dadurch aber erhalten sie Leben, Hoffnung und Zukunft.

Mose: (vom ägyptischen »mos« = »Sohn«, aber auch vom hebräischen »maschah« = »herausziehen« [Anspielung auf die Rettung des Säuglings Mose, der aus den Wassern des Nils herausgezogen wurde])

Mose gehört zu den wichtigsten Gestalten des Alten Testaments. Dabei bleiben die geschichtlichen Fakten unsicher. Doch der Rückblick späterer Zeiten auf den Anfang des Volkes Israel führt zu Erzählungen, die historisch verstanden werden und deren Kernaussagen wie folgt lauten:

Etwa im 13. Jahrhundert vor Christus setzt sich Mose, von Gott berufen, an die Spitze der in Ägypten unterdrückten hebräischen Gruppen und führt sie in die Freiheit (Ex 4-15). Mose kann dies tun, weil sich Gott ihm in der Wüste als der offenbart hat, der die Klagen seines Volkes hört und für sie da ist (Jahwe = »Ich-bin-da-für-euch«, Ex 3, vgl. Seite 42).

Nach dem Durchzug durch das Schilfmeer und der damit verbundenen Befreiung führt Mose Israel auf einem langen Weg durch die Wüste. Diese Erfahrung der Befreiung wird zusammen mit dem Mose-Bund am Sinai und der Übergabe des Gesetzes zum einheitsstiftenden Element des Volkes Israel.

Mose selber erreicht das Verheißene Land nicht, sondern kann es nur aus der Ferne sehen.

Mose ist in der Bibel das Urbild eines Mittlers zwischen Gott und den Menschen, weil »Gott ihm sein Antlitz zuwendet.« Er ist das Urbild des Anführers und Befreiers und er ist das Urbild des Propheten.

Exodus (Ex): griechisch »Auszug, Weggang«, das zweite Buch der Bibel mit Erzählungen über Mose und die Befreiung Israels.

Befreiungsgeschichten: Gott führt Mose und Israel

Nach Genesis, dem ersten Buch der Bibel, mit grundlegenden Erzählungen über Gott und die Menschen folgen ab dem Buch Exodus Erzählungen, die den Grund für die Geschichte des Volkes Israel legen: Die Erfahrung, dass Gott Israel aus der Unterdrückung in Ägypten befreit hat, ist prägend für das jüdische Volk bis auf den heutigen Tag. Mehr noch: Diese Erfahrung stellt für alle glaubenden Menschen, auch für Christen, eine Botschaft der Hoffnung und zugleich einen Anspruch dar: Gott ist ein Freund des befreiten Lebens; Menschen sollen sich deshalb ebenso für Freiheit und gelingendes Leben aller einsetzen. Nichts anderes bedeutet der Bund Gottes mit den Menschen.

Die Unterdrückung in Ägypten

Josef, alle seine Brüder und seine Zeitgenossen waren gestorben. Aber die Söhne Israels vermehrten sich und wurden überaus stark; sie bevölkerten das Land.

In Ägypten kam ein neuer König an die Macht, der Josef nicht gekannt hatte. Er sagte zu seinem Volk: »Seht nur, das Volk der Israeliten ist größer und stärker als wir. Gebt Acht! Wir müssen überlegen, was wir gegen sie tun können, damit sie sich nicht weiter vermehren. Wenn ein Krieg ausbricht, können sie sich unseren Feinden anschließen, gegen uns kämpfen und sich des Landes bemächtigen.«

Da setzte man Fronvögte über sie ein, um sie durch schwere Arbeit unter Druck zu setzen. Sie mussten für den Pharao die Städte Pitom und Ramses als Vorratslager bauen. Je mehr man sie aber unter Druck hielt, umso stärker vermehrten sie sich und breiteten sie sich aus, sodass die Ägypter vor ihnen das Grauen packte. Daher gingen sie hart gegen die Israeliten vor und machten sie zu Sklaven. Sie machten ihnen das Leben schwer durch harte Arbeit mit Lehm und Ziegeln und durch alle möglichen Arbeiten auf den Feldern. So wurden die Israeliten zu harter Sklavenarbeit gezwungen.

Doch das Volk Israel vermehrte sich weiter. Daher gab der Pharao seinem ganzen Volk den Befehl: »Alle Knaben, die den Hebräern geboren werden, werft in den Nil! Die Mädchen dürft ihr alle am Leben lassen.«

Exodus 1,1-14.22

Mose

Ein Mann der Israeliten ging hin und nahm eine Frau. Sie wurde schwanger und gebar einen Sohn. Drei Monate lang verbarg sie es. Als sie es nicht mehr verborgen halten konnte, nahm sie ein Binsenkästchen, dichtete es mit Pech und Teer ab, legte den Knaben hinein und setzte ihn am Nilufer im Schilf aus. Seine Schwester blieb in der Nähe stehen, um zu sehen, was mit ihm geschehen würde.
Die Tochter des Pharao kam herab, um im Nil zu baden. Ihre Dienerinnen gingen unterdessen am Nilufer auf und ab. Auf einmal sah sie im Schilf das Kästchen und ließ es durch ihre Magd holen. Als sie es öffnete und hineinsah, lag ein weinendes Kind darin. Sie bekam Mitleid mit ihm und sie sagte: »Das ist ein Hebräerkind.«
Da sagte seine Schwester zur Tochter des Pharao: »Soll ich zu den Hebräerinnen gehen und dir eine Amme rufen, damit sie dir das Kind stillt?«
Die Tochter des Pharao antwortete ihr: »Ja, geh!« Das Mädchen ging und rief die Mutter des Knaben herbei.
Die Tochter des Pharao sagte zu ihr: »Nimm das Kind mit und still es mir! Ich werde dich dafür entlohnen.« Die Frau nahm das Kind zu sich und stillte es.
Als der Knabe größer geworden war, brachte sie ihn der Tochter des Pharao. Diese nahm ihn als Sohn an, nannte ihn Mose und sagte: »Ich habe ihn aus dem Wasser gezogen.«
Die Jahre vergingen und Mose wuchs heran. Eines Tages ging er zu seinen Brüdern hinaus und schaute ihnen bei der Fronarbeit zu. Da sah er, wie ein Ägypter einen Hebräer schlug, einen seiner Stammesbrüder. Mose sah sich nach allen Seiten um, und als er sah, dass sonst niemand da war, erschlug er den Ägypter und verscharrte ihn im Sand.
Doch die Sache wurde bekannt. Der Pharao hörte von diesem Vorfall und wollte Mose töten; Mose aber entkam ihm. Er floh nach Midian.
Dort blieb er beim Priester Jitro, und dieser gab ihm seine Tochter Zippora zur Frau. Ihren Sohn nannte er Gerschom (»Fremdland«) und sagte: »Gast bin ich in fremdem Land.«

aus Exodus 2

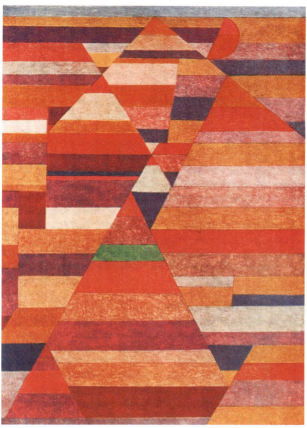

Paul Klee, Nekropolis, 1929
Die Pyramiden Ägyptens werden im Zusammenhang der Moseerzählungen zum Symbol der Unterdrückung und des Todes (Nekropolis, griechisch »Stadt des Todes«). Doch der Zuspruch der Bibel für glaubende Menschen lautet: Gott führt heraus aus dem Land des Todes und schenkt neue Lebensmöglichkeiten.

Wenn bei dir ein Fremder
in eurem Land lebt,
sollt ihr ihn nicht unterdrücken.
Der Fremde, der sich bei euch
aufhält, soll euch wie ein
Einheimischer gelten und
du sollst ihn lieben wie dich selbst;
denn ihr seid selbst Fremde
in Ägypten gewesen.
Ich bin der Herr, euer Gott.

Levitikus 19,33-34

Horeb/Sinai: Die Bibel spricht an vielen Stellen von einem »Gottesberg«, einem Ort in der Wüste, an dem in besonderer Weise die Nähe Gottes zu erfahren ist. Dieser Berg wird manchmal Horeb, manchmal Sinai genannt. Hier, am Horeb/Sinai, erscheint Gott dem Mose, hier schließt Gott mit dem Volk Israel einen Bund (vgl. Seite 48), hierhin kommt der Prophet Elija auf seiner Flucht vor der Königin Isebel (vgl. Seite 81).
Mit dem Namen Sinai wird auch die Halbinsel zwischen Ägypten und Kanaan bezeichnet.

Gott begegnet dem Mose

Mose weidete die Schafe und Ziegen seines Schwiegervaters Jitro, des Priesters von Midian. Eines Tages trieb er das Vieh über die Steppe hinaus und kam zum Gottesberg Horeb. Dort erschien ihm der Engel des Herrn in einer Flamme, die aus einem Dornbusch emporschlug. Er schaute hin: Da brannte der Dornbusch und verbrannte doch nicht.
Mose sagte: »Ich will dorthin gehen und mir das ansehen. Warum verbrennt denn der Dornbusch nicht?«
Als der Herr sah, dass Mose näher kam, rief Gott ihm aus dem Dornbusch zu: »Mose, Mose!«
Er antwortete: »Hier bin ich.«
Der Herr sagte: »Komm nicht näher heran! Leg deine Schuhe ab; denn der Ort, wo du stehst, ist heiliger Boden.«
Dann fuhr er fort: »Ich bin der Gott deines Vaters, der Gott Abrahams, der Gott Isaaks und der Gott Jakobs.«
Da verhüllte Mose sein Gesicht; denn er fürchtete sich, Gott anzuschauen.
Der Herr sprach: »Ich habe das Elend meines Volkes in Ägypten gesehen und ihre laute Klage habe ich gehört. Ich kenne ihr Leid. Ich bin herabgestiegen, um sie der Hand der Ägypter zu entreißen und aus jenem Land hinaufzuführen in ein schönes, weites Land, in

Marc Chagall,
Der brennende Dornbusch, 1966
Im Lichtkreis über dem Dornbusch erscheinen die hebräischen Buchstaben für Jahwe (von rechts nach links gelesen: J H W H). Über Moses Kopf sind zwei Lichtstrahlen zu sehen: Er ist der von Gott auserwählte Prophet und Führer des Volkes.

ein Land, in dem Milch und Honig fließen, in das Gebiet der Kanaaniter. Und jetzt geh! Ich sende dich zum Pharao. Führe mein Volk aus Ägypten heraus!«

Mose antwortete Gott: »Wer bin ich, dass ich zum Pharao gehen und die Israeliten aus Ägypten herausführen könnte?«

Gott aber sagte: »Ich bin mit dir.«

Da sagte Mose zu Gott: »Gut, ich werde also zu den Israeliten kommen und ihnen sagen: Der Gott eurer Väter hat mich zu euch gesandt. Da werden sie mich fragen: Wie heißt er? Was soll ich ihnen darauf sagen?«

Da antwortete Gott dem Mose: »Ich bin der ›Ich-bin-da‹. So sollst du zu den Israeliten sagen: Der ›Ich-bin-da‹ hat mich zu euch gesandt.«

Weiter sprach Gott zu Mose: »Wenn sie auf dich hören, so geh mit den Ältesten Israels zum König von Ägypten; sagt ihm: ›Jahwe, der Gott der Hebräer, ist uns begegnet. Und jetzt wollen wir drei Tagesmärsche weit in die Wüste ziehen und Jahwe, unserem Gott, Schlachtopfer darbringen.‹ Ich weiß, dass euch der König von Ägypten nicht ziehen lässt, es sei denn, er würde von starker Hand dazu gezwungen. Erst wenn ich meine Hand ausstrecke und Ägypten niederschlage mit allen meinen Wundern, die ich in seiner Mitte vollbringe, wird er euch ziehen lassen.

Darauf kehrte Mose zu seinem Schwiegervater Jitro zurück. Er sagte: »Ich will zu meinen Brüdern nach Ägypten zurückkehren. Ich will sehen, ob sie noch am Leben sind.«

Jitro antwortete Mose: »Geh in Frieden!«

Da holte Mose seine Frau und seine Söhne, setzte sie auf einen Esel und trat den Rückweg nach Ägypten an.

aus Exodus 3,1-4,20

Mose und sein Bruder Aaron gingen zum Pharao und sagten: »So spricht Jahwe, der Gott Israels: Lass mein Volk ziehen!« Doch der Pharao antwortete: »Wer ist Jahwe, dass ich auf ihn hören sollte?« Und er gab seinen Aufsehern den Befehl, die Israeliten noch stärker zu unterdrücken und noch mehr Sklavenarbeit von ihnen zu verlangen. Da beklagte sich Mose beim Herrn. Doch Gott sprach zu ihm: »Ich bin der ›Ich-bin-da‹. Ich nehme euch als mein Volk an und werde euer Gott sein. Ich führe euch in das Land, das ich euch versprochen habe.«

Jahwe: Jahwe ist der wichtigste Name für Gott im Alten Testament. Griechische Übersetzungen nennen »kyrios« (= »Herr«) für Jahwe, doch trifft diese Übersetzung nicht genau das, was gemeint ist. Eine Erklärung findet sich im Buch Exodus in der Erzählung, in der Gott dem Mose im brennenden Dornbusch begegnet. Gott sendet Mose zurück nach Ägypten zum Volk Israel. Da damals viele verschiedene Götter verehrt wurden, ist die Frage des Mose verständlich: »Was soll ich den Israeliten sagen, wenn sie mich fragen: ›Wie heißt der Gott?‹« Gott antwortet mit dem Gottesnamen: »Ich bin der ›Ich-bin-da‹«.

Dieser Name sagt mehreres aus:
– Gott ist, er ist nicht geworden, sondern ist ein ewiger Gott, steht über allen Zeiten und Räumen.
– Er ist der Geheimnisvolle, der Unbegreifliche, der Unzugängliche. Anders als in den damals umliegenden Religionen, wo Menschen glaubten, mit der Nennung des Namens ihres Gottes diesen Gott zu etwas zwingen zu können, bleibt Jahwe für den Menschen unverfügbar.
– Dennoch ist Jahwe nah und den Menschen zugewandt. Dies ist für Mose und Israel, in der Folge aber für alle Juden und auch Christen der wichtigste Aspekt dieses Gottesnamens: Gott ist nicht der Ferne, sondern er kümmert sich um die Menschen. Deshalb ist der genaue Sinn des Namens Jahwe: »Ich-bin-da-für-euch«.

Im Hebräischen wurden ursprünglich nur die Konsonaten eines Wortes geschrieben, bei Jahwe sind dies J H W H. In späterer Zeit wurde der Gottesname Jahwe aus Ehrfurcht nicht mehr ausgesprochen. Man sprach dann vom Herrn, vom Allmächtigen, vom Barmherzigen, vom Himmel ...

Die zehn Plagen

Das Volk Israel betrachtete seine Geschichte immer aus der Sicht des Glaubens. Deshalb wurde alles, was geschah, Gutes ebenso wie Schlechtes, mit Gott in Verbindung gebracht: Gott greift in die Geschichte der Menschen ein, und oft tut er dies unmittelbar. Rückblickend auf die Befreiung aus Ägypten stellte man sich deshalb vor, dass manches, was damals in Ägypten passierte, durch das Wirken Gottes geschah. Viel Unglück gab es in jener Zeit im Land – das Volk Israel glaubte, dass Gott dadurch den Pharao dazu bringen wollte, Israel freizulassen.

Die Bibel erzählt von zehn Plagen, die Ägypten trafen: Schlechtes Wasser im Nil, Frösche, die das Land bedecken, Stechmücken, Ungeziefer, eine Seuche, eine andere Krankheit mit Geschwüren, Hagel, der die Ernte zerstörte, Heuschrecken, eine Sonnenfinsternis und schließlich als letzte und schlimmste Plage das Sterben der Erstgeborenen bei Mensch und Tier (vgl. Exodus 7-12). Solches Unheil kann natürliche Gründe haben, doch die Summe dieser Plagen verstand man als den Willen Gottes: Weil sich der Pharao gegen den Willen Gottes stellt und Israel unterdrückt, deshalb wird das ägyptische Volk von großer Not getroffen.

Heute können wir uns nicht mehr vorstellen, dass Gott solches Unheil über Menschen bringt. Doch es gibt soviel Not und Krankheit, die nicht zu erklären ist. Gott und sein Wirken in der Welt bleiben geheimnisvoll und unbegreiflich – damals wie heute.

Das Pascha

Der Herr sprach zu Mose und Aaron in Ägypten: »Jeder soll ein Lamm für seine Familie holen, ein Lamm für jedes Haus. Nur ein fehlerfreies, männliches, einjähriges Lamm darf es sein. Gegen Abend sollt ihr die Lämmer schlachten. Nehmt etwas von dem Blut und bestreicht damit die beiden Türpfosten und den Türsturz an euren Häusern. Noch in der gleichen Nacht soll man das Fleisch essen zusammen mit ungesäuertem Brot und Bitterkräutern.

So aber sollt ihr es essen: eure Hüften gegürtet, Schuhe an den Füßen, den Stab in der Hand. Esst es hastig! Es ist die Paschafeier für den Herrn. In dieser Nacht gehe ich durch Ägypten und erschlage in Ägypten jeden Erstgeborenen bei Mensch und Vieh. Das Blut an euren Häusern soll ein Zeichen zu eurem Schutz sein. Wenn ich das Blut sehe, werde ich an euch vorübergehen.«

Da rief Mose alle Ältesten Israels zusammen und sagte zu ihnen, was der Herr ihm aufgetragen hatte. Die Israeliten taten, was der Herr Mose und Aaron befohlen hatte.

Es war Mitternacht, als der Herr alle Erstgeborenen in Ägypten erschlug, vom Erstgeborenen des Pharao, der auf dem Thron saß, bis zum Erstgeborenen des Gefangenen im Kerker, und jede Erstgeburt beim Vieh.

Da standen der Pharao und alle Ägypter auf und großes Wehgeschrei erhob sich bei ihnen; denn es gab kein Haus, in dem nicht ein Toter war. Der Pharao ließ Mose und Aaron noch in der Nacht rufen und sagte: »Auf, verlasst mein Volk, ihr beide und die Israeliten! Geht weg von hier.«

Die Israeliten brachen von Ramses nach Sukkot auf. Der Herr führte sie aus Ägypten heraus.

aus Exodus 12

Marc Chagall, Israeliten essen das Pessach-Lamm, 1931 (Ausschnitt)

Der Weg in die Freiheit

Die Israeliten zogen aus Ägypten hinaus. Der Herr zog vor ihnen her, bei Tag in einer Wolkensäule, um ihnen den Weg zu zeigen, bei Nacht in einer Feuersäule, um ihnen zu leuchten. So konnten sie Tag und Nacht unterwegs sein.
Als man dem König von Ägypten meldete, das Volk sei geflohen, sagte er: »Wie konnten wir nur Israel aus unserem Dienst entlassen!« Die Ägypter jagten mit allen Pferden und Streitwagen des Pharao hinter ihnen her und holten sie ein, als sie gerade am Meer lagerten.
Als der Pharao sich näherte, erschraken die Israeliten sehr und schrien zum Herrn. Zu Mose sagten sie: »Warum hast du uns aus Ägypten herausgeführt?«
Mose aber sagte zum Volk: »Fürchtet euch nicht! Der Herr kämpft für euch.«
Der Herr sprach zu Mose: »Was schreist du zu mir? Sag den Israeliten, sie sollen aufbrechen. Und du heb deinen Stab hoch, streck deine Hand über das Meer und spalte es, damit die Israeliten auf trockenem Boden in das Meer hineinziehen können. Ich aber will das Herz der Ägypter verhärten, damit sie hinter ihnen hineinziehen. So will ich am Pharao und an seiner Streitmacht meine Herrlichkeit erweisen.«
Die Wolkensäule erhob sich und trat zwischen das Lager der Ägypter und das Lager der Israeliten. Mose streckte seine Hand über das Meer aus und der Herr trieb das Meer durch einen starken Ostwind fort. Er ließ das Meer austrocknen und das Wasser spaltete sich. Die Israeliten zogen auf trockenem Boden ins Meer hinein, während rechts und links von ihnen das Wasser wie eine Mauer stand.
Die Ägypter zogen hinter ihnen ins Meer hinein. Am Morgen brachte der Herr die Ägypter in Verwirrung. Er hemmte die Räder an ihren Wagen und ließ sie nur schwer vorankommen. Da sagten die Ägypter: »Wir müssen vor Israel fliehen; denn Jahwe kämpft auf ihrer Seite.«
Darauf sprach der Herr zu Mose: »Streck deine Hand über das Meer, damit das Wasser zurückflutet.«
Mose streckte seine Hand über das Meer und das Wasser kehrte zurück und bedeckte Wagen und Reiter, die ganze Streitmacht des Pharao. Keiner von ihnen blieb übrig.
So rettete der Herr an jenem Tag Israel aus der Hand der Ägypter. Als Israel sah, dass der Herr mit mächtiger Hand an den Ägyptern gehandelt hatte, fürchtete das Volk den Herrn. Sie glaubten an den Herrn und an Mose, seinen Knecht.

aus Exodus 13,17-14,31

Der Gott der Befreiung

Die Erzählung von der Befreiung Israels aus Ägypten, vom rettenden Durchzug durch das Meer und vom anschließenden Weg bis ins verheißene Land bildet das Fundament alttestamentlichen Glaubens. Die Vätergeschichten sind dem vorgeschaltet und davor noch einmal die »Urgeschichte«. Grundlage des Alten, Ersten Testaments ist also die »Exodus-Tradition« (Exodus = Auszug). Sie drückt die Grunderfahrung Israels, damit auch des jüdisch-christlichen Glaubens aus. Gott ist kein Sklavenhalter, kein Gott der Unterdrückung und der Knechtschaft, sondern ein Gott der Befreiung, der Freiheit und des gelingenden Lebens. Dieser Gott der Befreiung hat die kleine, unterdrückte Gruppe der Hebräer gegen den Widerstand der Ägypter aus der Knechtschaft herausgeführt. Dieser Gott der Befreiung hat die Fliehenden am Schilfmeer auf wunderbare Weise gerettet. Dieser Gott der Befreiung hat sein Volk auf einem langen Weg durch die Wüste beschützt und geführt. Dieser Gott der Befreiung hat dem Volk das Gelobte Land gegeben, die Hoffnung auf ein gelingendes und heiles Leben in Frieden.
Was hier vom Anfang der Geschichte erzählt wird, war auch zu späteren Zeiten immer wieder die Erfahrung Israels und der Juden. Gerade in der größten Not zeigt sich Gott den Menschen und eröffnet neue Wege in die Freiheit. Aus solchen Erfahrungen wächst ein tiefes Vertrauen auf Gott. Der Gottesname »Jahwe« stellt also eine Zusammenfassung der Gotteserfahrungen Israels dar. »Ich bin da. Ich bin da für euch. Ich werde immer für euch da sein – helfend, stärkend, rettend, befreiend.«

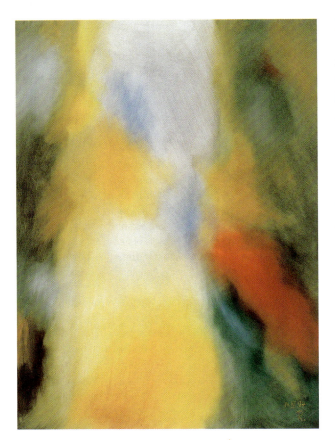

Richard Baus, Exodus, 1994

Exodus: (griechisch »Auszug, Weggang«) Mit Exodus wird in der Bibel und im Glauben der Juden und Christen der Auszug des Volkes Israel aus Ägypten bezeichnet: Aus der Unterdrückung in Ägypten kommt Israel in das von Gott verheißene Land Kanaan. Die Erzählungen vom Auszug haben für Israel und für den jüdisch-christlichen Glauben eine grundsätzliche Bedeutung. An ihnen zeigt sich, dass Gott auf das Rufen der Armen und Unterdrückten hört und ihnen Befreiung schenkt. Immer wieder haben Menschen deshalb die Auszugsgeschichten als Trost in Situationen der Bedrängnis erfahren (etwa die Juden im babylonischen Exil, vgl. Seite 92-93).

Das Lied des Mose

»Ich singe dem Herrn ein Lied,
denn er ist hoch und erhaben.
Rosse und Wagen warf er ins Meer.
Meine Stärke und mein Lied ist der Herr,
er ist für mich zum Retter geworden.
Er ist mein Gott, ihn will ich preisen.
Der Herr ist ein Krieger, Jahwe ist sein Name.
Pharaos Wagen und seine Streitmacht
warf er ins Meer.
Der Herr ist König für immer und ewig.«
Die Prophetin Mirjam, die Schwester des Mose und des Aaron, nahm die Pauke in die Hand und alle Frauen zogen mit Paukenschlag und Tanz hinter ihr her. Mirjam sang ihnen vor:
»Singt dem Herrn ein Lied,
denn er ist hoch und erhaben!
Rosse und Wagen warf er ins Meer.«
aus Exodus 15,1-21

Brot vom Himmel

Mose ließ Israel vom Schilfmeer aufbrechen und sie zogen zur Wüste Schur weiter. Dort sagte Gott zum Volk: »Wenn du auf die Stimme des Herrn, deines Gottes, hörst und tust, was in seinen Augen gut ist, wird es dir gut gehen. Denn ich bin der Herr, dein Arzt.«
Dann kamen sie in die Wüste Sin. Die Israeliten murrten in der Wüste gegen Mose und Aaron und sagten: »Wären wir doch in Ägypten durch die Hand des Herrn gestorben, als wir an den Fleischtöpfen saßen und Brot genug zu essen hatten. Ihr habt uns nur deshalb in diese Wüste geführt, um alle an Hunger sterben zu lassen.«
Da sprach der Herr zu Mose: »Ich will euch Brot vom Himmel regnen lassen.«
Da sagten Mose und Aaron zu allen Israeliten: »Morgen werdet ihr die Herrlichkeit des Herrn schauen; denn er hat euer Murren gegen ihn gehört. Der Herr wird euch heute Abend Fleisch zu essen geben und euch am Morgen mit Brot sättigen.«

Am Abend kamen die Wachteln und bedeckten das Lager. Am Morgen lag eine Schicht von Tau rings um das Lager. Als sich die Tauschicht gehoben hatte, lag auf dem Wüstenboden etwas Feines, Knuspriges, fein wie Reif.
Als das die Israeliten sahen, sagten sie zueinander: »Was ist das?« Denn sie wussten nicht, was es war.
Da sagte Mose zu ihnen: »Das ist das Brot, das der Herr euch zu essen gibt. Das ordnet der Herr an: Sammelt davon so viel, wie jeder zum Essen braucht.«
Die Israeliten taten es und sammelten ein, der eine viel, der andere wenig. Israel nannte das Brot Manna. Es war weiß wie Koriandersamen und schmeckte wie Honigkuchen. Die Israeliten aßen vierzig Jahre lang Manna, bis sie in bewohntes Land kamen. Sie aßen Manna, bis sie die Grenze von Kanaan erreichten.

aus Exodus 15,22-16,35

Wasser aus dem Felsen

Die ganze Gemeinde der Israeliten zog von der Wüste Sin weiter, von einem Rastplatz zum andern, wie es der Herr jeweils bestimmte. In Refidim schlugen sie ihr Lager auf.
Weil das Volk kein Wasser zu trinken hatte, geriet es mit Mose in Streit und sagte: »Gebt uns Wasser zu trinken!«
Mose aber antwortete: »Was streitet ihr mit mir? Warum stellt ihr den Herrn auf die Probe?«
Das Volk dürstete dort nach Wasser und murrte gegen Mose. Sie sagten: »Warum hast du uns überhaupt aus Ägypten hierher geführt? Um uns, unsere Söhne und unser Vieh verdursten zu lassen?«
Mose schrie zum Herrn: »Was soll ich mit diesem Volk anfangen? Es fehlt nur wenig und sie steinigen mich.«
Der Herr antwortete Mose: »Geh am Volk vorbei und nimm einige von den Ältesten Israels mit; nimm deinen Stab und geh! Dort drüben auf dem Felsen am Horeb werde ich vor dir stehen. Dann schlag mit dem Stab an den Felsen! Es wird Wasser herauskommen und das Volk kann trinken.«
Das tat Mose vor den Augen der Ältesten Israels.
Den Ort nannte er Massa und Meriba (Probe und Streit), weil die Israeliten Streit begonnen und den Herrn auf die Probe gestellt hatten, indem sie sagten: »Ist der Herr in unserer Mitte oder nicht?«

aus Exodus 17,1-7

Mirjam: (hebräisch »Seherin, Herrin«) Schwester von Mose und Aaron, Prophetin. Sie führt zusammen mit ihren Brüdern das Volk aus Ägypten. »Gott spricht zu Israel: Ich habe Mose vor dir hergesandt und Aaron und Mirjam« (Micha 6,4).

Aaron: Bruder des Mose und der Mirjam. Da Mose sich mit Sprechen schwer tut, nimmt er seinen Bruder als »seinen Mund« mit zum Pharao. Aaron hilft Mose, das Volk aus Ägypten zu führen. Aaron zählt in der Bibel und im Judentum als erster Priester Israels, als Hoherpriester, der die Verehrung Gottes im Volk leitet und Opfer darbringt.

Manna: Von Gott geschenkte Speise in der Wüste. Am Morgen liegt etwas Knuspriges auf dem Boden. Die Israeliten fragen: »Man hu?« = »Was ist das?« Meist wird Manna als Harz von den Blättern der Manna-Tamariske erklärt – für den Glaubenden ist es wie alles Brot von Gott geschenktes Brot zum Leben.

Brot und Wasser: Grundsymbole menschlichen Lebens, die in allen Kulturen und Religionen wichtig sind. Die Wundererzählungen der Bibel vom Manna und vom Wasser aus dem Felsen greifen die allgemeine Bedeutung (Brot und Wasser als das Lebensnotwendige) auf und verbinden es mit dem Glauben an Gott: Gott schenkt den Menschen das Lebensnotwendige, er sorgt treu und barmherzig für sein Volk Israel.

Zehn Gebote: (auch griechisch »Dekalog« genannt oder »Zehnwort«) Der Text findet sich in Exodus 20,2-17 und (mit kleinen Unterschieden) in Deuteronomium 5,6-21.

Das »Zehnwort vom Sinai« (christlich als »Zehn Gebote« bezeichnet) ist im Zusammenhang mit dem Bundesschluss zu sehen. Dieser ergibt sich aus der barmherzigen Zuwendung Gottes zu seinem Volk, vor allem aus der Rettung aus der Unterdrückung in Ägypten: »Ich bin Jahwe, dein Gott, der dich aus Ägypten geführt hat, aus dem Sklavenhaus« (Ex 20,2).

Die Zuwendung Gottes zu Israel ist das Erste, die Zehn Worte folgen dann als Richtschnur, wie sich der Mensch auf diesen Bund mit Gott einstellen kann. Sie sind Wegweiser, durch die der Mensch das von Gott geschenkte Leben bewahren und schützen kann.

Die Zehn Gebote sind nicht als allgemeine Weisungen für »alle Zeiten« entstanden, sondern als konkrete Wegweisung für Israel in einer ganz bestimmten geschichtlichen Situation: In Kanaan brauchte man »Regeln des Zusammenlebens«, um der neu entstehenden staatlichen Ordnung eine Grundlage aus dem Glauben heraus zu geben. Dabei griff man auf Mose und seine Autorität zurück, um dieser Ordnung eine stärkere Verbindlichkeit zu geben.

Die Zahl Zehn ist als Vollkommenheitszahl zu werten: Es geht um das Gesamt der Gebote Gottes, die sich in diesem Text widerspiegeln.

Die Zehn Gebote haben in der Glaubensgeschichte der Christen eine hohe Bedeutung. In ähnlicher Form finden sich solche Gebote auch in anderen Religionen: »Du sollst nicht töten, du sollst nicht stehlen, du sollst nicht lügen ...«

Der Bundesschluss am Sinai

Die Israeliten kamen in der Wüste Sinai an. Dort lagerte Israel gegenüber dem Berg Sinai.
Mose stieg zu Gott hinauf.
Da rief ihm der Herr zu: »Das sollst du den Israeliten verkünden: Ihr habt gesehen, was ich den Ägyptern angetan habe, wie ich euch auf Adlerflügeln getragen und hierher zu mir gebracht habe. Jetzt aber, wenn ihr auf meine Stimme hört und meinen Bund haltet, werdet ihr unter allen Völkern mein besonderes Eigentum sein.«
Mose rief das Volk zusammen und legte ihm alles vor, was der Herr ihm aufgetragen hatte. Das ganze Volk antwortete einstimmig und erklärte: »Alles, was der Herr gesagt hat, wollen wir tun.« Mose überbrachte dem Herrn die Antwort des Volkes.
Am dritten Tag, im Morgengrauen, begann es zu donnern und zu blitzen. Schwere Wolken lagen über dem Berg und gewaltiger Hörnerschall erklang. Das Volk begann zu zittern. Mose führte es aus dem Lager hinaus Gott entgegen. Unten am Berg blieben sie stehen. Der Sinai war in Rauch gehüllt, denn der Herr war im Feuer auf ihn herabgestiegen.
Der Herr war auf den Sinai, auf den Gipfel des Berges, herabgestiegen. Er hatte Mose zu sich auf den Gipfel des Berges gerufen und Mose war hinaufgestiegen.
Da sprach der Herr zu Mose alle diese Worte:
»Ich bin Jahwe, dein Gott, der dich aus Ägypten geführt hat, aus dem Sklavenhaus.
Du sollst neben mir keine anderen Götter haben.
Du sollst dir kein Gottesbild machen und keine Darstellung von irgendetwas am Himmel droben, auf der Erde unten oder im Wasser unter der Erde.
Du sollst den Namen des Herrn, deines Gottes, nicht missbrauchen; denn der Herr lässt den nicht ungestraft, der seinen Namen missbraucht.
Gedenke des Sabbats: Halte ihn heilig! Sechs Tage darfst du schaffen und jede Arbeit tun. Der siebte Tag ist ein Ruhetag, dem Herrn, deinem Gott, geweiht. An ihm darfst du keine Arbeit tun: du, dein Sohn und deine Tochter, dein Sklave und deine Sklavin, dein Vieh und der Fremde, der in deinen Stadtbereichen Wohnrecht hat. Denn in sechs Tagen hat der Herr Himmel, Erde und Meer gemacht und alles, was dazugehört; am siebten Tag ruhte er. Darum hat der Herr den Sabbattag gesegnet und ihn für heilig erklärt.
Ehre deinen Vater und deine Mutter, damit du lange lebst in dem Land, das der Herr, dein Gott, dir gibt.

Du sollst nicht morden.
Du sollst nicht die Ehe brechen.
Du sollst nicht stehlen.
Du sollst nicht falsch gegen deinen Nächsten aussagen.
Du sollst nicht nach dem Haus deines Nächsten verlangen. Du sollst nicht nach der Frau deines Nächsten verlangen, nach seinem Sklaven oder seiner Sklavin, seinem Rind oder seinem Esel oder nach irgendetwas, das deinem Nächsten gehört.«

aus Exodus 19-20

Marc Chagall, Mose empfängt die Gesetzestafeln

Das Goldene Kalb

Nachdem der Herr zu Mose auf dem Berg Sinai alles gesagt hatte, übergab er ihm die beiden Tafeln der Bundesurkunde, steinerne Tafeln, auf die der Finger Gottes geschrieben hatte.

Das Volk wartete inzwischen auf Mose. Es sagte zu Aaron: »Komm, mach uns Götter, die vor uns herziehen. Denn dieser Mose – wir wissen nicht, was mit ihm geschehen ist.« Aaron antwortete: »Nehmt euren Frauen, Söhnen und Töchtern die goldenen Ringe ab und bringt sie her!« Und er goss daraus ein Kalb. Da sagten sie: »Das sind deine Götter, Israel, die dich aus Ägypten heraufgeführt haben.«

Aaron baute vor dem Kalb einen Altar und rief aus: »Morgen ist ein Fest zur Ehre des Herrn.« Am folgenden Morgen standen sie zeitig auf und brachten Brandopfer dar.

Da sprach der Herr zu Mose: »Geh, steig hinunter, denn dein Volk, das du aus Ägypten heraufgeführt hast, läuft ins Verderben. Sie haben sich ein Kalb aus Metall gegossen und werfen sich vor ihm zu Boden.«

Mose kehrte um und stieg den Berg hinab, die zwei Tafeln der Bundesurkunde in der Hand, die Tafeln, die auf beiden Seiten beschrieben waren. Als Mose das Kalb und den Tanz sah, entbrannte sein Zorn. Er schleuderte die Tafeln fort und zerschmetterte sie am Fuß des Berges. Dann packte er das Kalb, das sie gemacht hatten, verbrannte es im Feuer und zerstampfte es zu Staub.

aus Exodus 31,18-32,20

Goldenes Kalb: Im Vorderen Orient begegnet der Stier als Symbol der Stärke oft in der Gottesverehrung. Auch Israel war von solchen Riten nicht frei, die Erzählung vom Goldenen Stierkalb und dem Tanz des Volkes darum erinnert daran. In späterer Zeit, als auch die Erzählung vom Goldenen Kalb rückblickend aufgeschrieben wurde, war der Stierkult das Symbol dafür, dass sich der Mensch gegen Gott stellt und selbst geschaffene Götzen verehrt. Deshalb wird der Stierkult scharf bekämpft.

Der Berg Sinai

Bundeslade: Die Bundeslade ist ein hölzerner Kasten (Schrein) in der Zeit des Wüstenzuges Israels. In ihr werden die Gesetzestafeln aufbewahrt, die Gott Mose übergeben hat. Später hatte die Bundeslade ihren Platz im Allerheiligsten des Jerusalemer Tempels bis zu seiner Zerstörung.
Die Bundeslade ist symbolisch zu verstehen als ein Zeichen der Nähe Gottes mitten unter den Menschen: Die Lade vergegenwärtigt Gott mitten unter seinem Volk. Sie ist ein Zeichen seines Erbarmens und seiner Liebe zu den Menschen.
Die Bundeslade begleitet Israel auf seinem Weg durch die Wüste und auch später noch in Kanaan: Gott ist mit seinem Volk. Er ist der »Ich-bin-da-für-euch«.

Gott mitten unter seinem Volk

Am Tag bedeckte eine Wolke das Zelt der Bundesurkunde. Am Abend legte sie sich wie ein Feuerschein über die Wohnstätte und blieb dort bis zum Morgen. Jedes Mal, wenn sich die Wolke über dem Zelt erhob, brachen die Israeliten auf, und wo sich die Wolke niederließ, dort schlugen die Israeliten ihr Lager auf. Solange die Wolke über der Wohnstätte lag, blieben sie im Lager.

Numeri 9,15-18

Die Bundeslade

Der Aaronitische Segen

Der Herr sprach zu Mose: »Sag zu Aaron und seinen Söhnen: So sollt ihr die Israeliten segnen; sprecht zu ihnen: ›Der Herr segne dich und behüte dich.
Der Herr lasse sein Angesicht über dich leuchten und sei dir gnädig.
Der Herr wende sein Angesicht dir zu und schenke dir Heil.‹
So sollen sie meinen Namen auf die Israeliten legen und ich werde sie segnen.«

Numeri 6,22-27

Höre, Israel

Mose sagte zum Volk: »Das ist das Gebot, das ich euch im Auftrag des Herrn lehren soll:
Wenn du den Herrn, deinen Gott, fürchtest, indem du auf alle seine Gebote dein ganzes Leben lang achtest, wirst du lange leben. Deshalb, Israel, sollst du hören, damit es dir gut geht in dem Land, wo Milch und Honig fließen.
Höre, Israel! Jahwe, unser Gott, Jahwe ist einzig. Darum sollst du den Herrn, deinen Gott, lieben mit ganzem Herzen, mit ganzer Seele und mit ganzer Kraft.
Diese Worte, auf die ich dich heute verpflichte, sollen auf deinem Herzen geschrieben stehen. Du sollst sie deinen Söhnen wiederholen. Du sollst von ihnen reden, wenn du zu Hause sitzt und wenn du auf der Straße gehst, wenn du dich schlafen legst und wenn du aufstehst. Du sollst sie als Zeichen um das Handgelenk binden. Sie sollen zum Schmuck auf deiner Stirn werden. Du sollst sie auf die Türpfosten deines Hauses und in deine Stadttore schreiben.
Wenn dich morgen dein Sohn fragt: Warum achtet ihr auf die Gebote Gottes?, dann sollst du deinem Sohn antworten: ›Wir waren Sklaven des Pharao in Ägypten und der Herr hat uns mit starker Hand aus Ägypten geführt. Er hat uns herausgeführt, um uns in das Land, das er unseren Vätern mit einem Schwur versprochen hatte, hineinzuführen und es uns zu geben. Der Herr hat uns verpflichtet, alle diese Gesetze zu halten und den Herrn, unseren Gott, zu fürchten, damit es uns das ganze Leben lang gut geht und er uns Leben schenkt, wie wir es heute haben.‹«

Deuteronomium 6,1-9.20-24

Nur meinen Rücken kannst du sehen

Mose sagte zum Herrn: »Lass mich deine Herrlichkeit sehen!«
Der Herr gab zur Antwort: »Ich will meine ganze Schönheit vor dir vorüberziehen lassen. Doch du kannst mein Angesicht nicht sehen; denn kein Mensch kann mich sehen und am Leben bleiben. Hier, stell dich an diesen Felsen! Wenn meine Herrlichkeit vorüberzieht, halte ich meine Hand über dich, bis ich vorüber bin. Dann ziehe ich meine Hand zurück und du wirst meinen Rücken sehen. Mein Angesicht aber kann niemand sehen.«

aus Exodus 33,18-23

Richard Baus, Feuerwand, 2000

Feuer und Wolke: Feuer ist an manchen Stellen der Bibel ein Symbol für Gottes Nähe, für seine Kraft und Herrlichkeit, aber auch für seine Unverfügbarkeit: Der Mensch kann nicht über Gott bestimmen. Ein ähnliches Symbol ist die Wolke: Gott der Nahe und Menschenfreundliche ist zugleich der Ferne und Unbegreifliche.

Die fünf Bücher des Mose: Die ersten fünf Bücher der Bibel werden auch als die fünf Bücher Mose bezeichnet: Genesis (Gen), Exodus (Ex), Levitikus (Lev), Numeri (Num) und Deuteronomium (Dtn).

Man vermutete nämlich lange Zeit Mose als Verfasser dieser Bücher, weil in ihnen die Geschichte von Anfang der Welt bis zu Moses Tod erzählt wird. Außerdem wird Mose als der große Gesetzgeber verstanden, der die von Gott erhaltenen Gesetze eigenhändig aufgeschrieben hat. Inzwischen hat die Bibelwissenschaft herausgefunden, dass diese fünf Bücher in einem langen Prozess entstanden sind und ihre Endfassung erst in der Exilszeit, also sechshundert Jahre nach Mose zusammengestellt wurde.

Ein anderer Fachausdruck für diese Bücher ist Pentateuch (griechisch »fünf Schriftrollen«).

Levitikus (Lev): Das dritte Buch der Bibel besteht vor allem in Anweisungen für den Tempelkult am Jerusalemer Tempel, für den die Priester aus dem Stamm Levi (deshalb Levitikus) verantwortlich waren. Zudem gibt es viele Anweisungen für das tägliche Leben.

Numeri (Num): Das vierte Buch führt zu Beginn lange Zahlenlisten der Stämme Israels auf (deshalb sein Name »Numeri« = »Zahlen«). Dann aber geht es vor allem um den Bund Israels mit Gott.

Deuteronomium (Dtn): griechisch »Zweites Gesetz« Im letzten der fünf Bücher Mose verkündet Mose eine Zusammenfassung des ganzen Gesetzes. In Teilen ähnelt es dem Buch Exodus.

Gott verheißt das Land

Mose sagte zu dem Volk: »So spricht Gott, der Herr. Er wird dich in das Land, das deine Väter in Besitz genommen haben, zurückbringen. Dann wirst du den Herrn, deinen Gott, mit ganzem Herzen und ganzer Seele lieben können, damit du Leben hast. Der Herr, dein Gott, wird dir Gutes schenken im Überfluss, bei jeder Arbeit deiner Hände, bei der Frucht deines Leibes, bei der Frucht deines Viehs und bei der Frucht deines Ackers. Liebe den Herrn, deinen Gott, hör auf seine Stimme, und halte dich an ihm fest; denn er ist dein Leben.«

aus Deuteronomium 30

Mose setzt Josua ein

Mose trat vor ganz Israel hin und sprach diese Worte: »Ich bin jetzt hundertzwanzig Jahre alt. Ich kann nicht mehr in den Kampf ziehen.«

Er rief Josua herbei und sagte vor den Augen ganz Israels zu ihm: »Empfange Macht und Stärke: Du sollst mit diesem Volk in das Land hineinziehen, von dem du weißt: Der Herr hat ihren Vätern geschworen, es ihnen zu geben. Du sollst es an sie als Erbbesitz verteilen. Der Herr selbst zieht vor dir her. Er ist mit dir. Er lässt dich nicht fallen und verlässt dich nicht. Du sollst dich nicht fürchten und keine Angst haben.«

aus Deuteronomium 31,1-8

Der Tod des Mose

Mose stieg auf den Gipfel des Nebo gegenüber Jericho, und der Herr zeigte ihm das ganze Land. Er zeigte ihm Gilead bis nach Dan hin, ganz Naftali, das Gebiet von Efraim und Manasse, ganz Juda bis zum Mittelmeer, den Negeb und die Jordangegend, den Talgraben von Jericho bis Zoar.
Der Herr sagte zu ihm: »Das ist das Land, das ich Abraham, Isaak und Jakob versprochen habe: ›Deinen Nachkommen werde ich es geben.‹ Ich habe es dich mit deinen Augen schauen lassen. Hinüberziehen wirst du nicht.«
Danach starb Mose. Man begrub ihn im Tal, in Moab, gegenüber Bet-Pegor. Bis heute kennt niemand sein Grab.
Josua, der Sohn Nuns, war vom Geist der Weisheit erfüllt, denn Mose hatte ihm die Hände aufgelegt. Die Israeliten hörten auf ihn.
Niemals wieder ist in Israel ein Prophet wie Mose aufgetreten. Keiner ist ihm vergleichbar, wegen all der Zeichen und Wunder, die er vor ganz Israel vollbracht hat.

aus Deuteronomium 34

Mit dem Tod des Mose endet die Exodustradition, die große Geschichte der Befreiung. Diese Geschichte stellt den Kern der Tora, der fünf Bücher Mose, dar und damit der Hebräischen Bibel, des Alten, Ersten Testaments. Die Erzählungen über die Befreiung aus Ägypten, über den Bundesschluss am Sinai und über den langen Weg Israels durch die Wüste bis nach Kanaan haben ein Grundthema: Gott ist mit den Menschen, er begleitet sein Volk, er befreit und schützt die Menschen. Er ist Jahwe, der »Ich-bin-da-für-euch«. An die Befreiungsgeschichten schließen sich in der Bibel nun Geschichten an, die vom Land Kanaan sprechen, vom Land, das Gott Israel versprochen hat – *Verheißungsgeschichten*.

Marc Chagall, Das Leben

Verheißungsgeschichten:
Das Land, das Gott versprochen hat

Nach der Befreiung aus Ägypten hatte Israel einen langen Weg durch die Wüste vor sich, einen Weg, dessen Ziel das von Gott verheißene Land war: ein Land, das bereits den Vätern versprochen wurde und in dem Israel Heimat und gelingendes Leben finden soll. Einige Bücher der Bibel schildern, wie Israel dieses Land in Besitz nimmt (Josua, Richter). Sie sind rückblickend in späterer Zeit geschrieben und verstehen den langsamen Prozess der Landnahme als kriegerische Eroberung, bei dem Gott sein Volk unterstützt. Um ein Leben im verheißenen Land geht es auch in der kleinen Erzählung des Buches Rut.

Josua: (lateinische Schreibweise des hebräischen »Jehoschua« oder »Jeschua« = »Gott rettet, Gott ist Hilfe«) Josua, mit ursprünglichem Namen Hoschea, war Begleiter und Diener des Mose. Er ist einer der Kundschafter, die das Land Kanaan erkunden (Num 13,8.16). Nach dem Tod des Mose übernimmt Josua die Führung des Volkes und bringt es über den Jordan nach Kanaan in das von Gott verheißene Land. Die Bibel erzählt, dass Josua nach der Besitznahme des Landes das Volk zu einer großen Versammlung in Sichem zusammenruft, um den Bund mit Gott zu erneuern (Jos 24,1-28).

> **Josua (Jos):** Das Buch Josua schließt an den Tod des Mose an und schildert, wie Israel unter der Führung Josuas Kanaan erobert. Dies geschieht aus der glaubenden Sicht des Verfassers letztlich durch Gott, denn Gott löst seine Verheißungen ein.

Der Herr ist mit Josua

Nachdem Mose gestorben war, sagte der Herr zu Josua: »Wie ich mit Mose war, will ich auch mit dir sein. Ich lasse dich nicht fallen und verlasse dich nicht. Denn du sollst diesem Volk das Land zum Besitz geben, das ich ihren Vätern verheißen habe. Sei nur mutig und stark! Fürchte dich nicht, und hab keine Angst; denn der Herr, dein Gott, ist mit dir bei allem, was du unternimmst.«

aus Josua 1,1-9

Landnahme: Die Eroberung Kanaans, wie im Buch Josua beschrieben, ist wohl eine Deutung späterer Zeiten. Josua soll mit seinem aus den zwölf Stämmen (vgl. Seite 33) bestehenden Heer zuerst Jericho, dann andere Städte erobert haben. Dann habe Josua das Land in zwölf Teile aufgeteilt und den zwölf Stämmen als Erbbesitz übergeben.
Wahrscheinlich aber war die Gruppe von Israeliten, die in Ägypten befreit wurde, klein. Sie drang in Kanaan ein, doch nicht so kriegerisch wie geschildert. Im Land vermischten sich die Einwanderer mit anderen Volksgruppen. Erst in der Richterzeit wuchs ein Verbund dieser Stämme. Diesem Verbund deutete man dann durch einen Bezug auf die zwölf Söhne Jakobs als einen von Gott gewollten Verbund von zwölf Stämmen.

In der Darstellung der Bibel nahm Israel in langen Kämpfen die Stadt Jericho am Fluss Jordan ein und dann Stück für Stück das ganze Land. Schließlich kommt das Volk in Sichem zusammen, um den Bund mit Gott zu erneuern.

Die Erneuerung des Bundes

Josua versammelte alle Stämme Israels in Sichem, und sie traten vor Gott hin. Josua sagte zum Volk: »So spricht der Herr, der Gott Israels: ›Ich hole euren Vater Abraham von jenseits des Stroms und ließ ihn durch das ganze Land Kanaan ziehen. Ich schenkte ihm zahlreiche Nachkommenschaft und gab ihm Isaak. Dem Isaak gab ich Jakob und Esau. Jakob aber und seine Söhne zogen nach Ägypten hinab. Dann sandte ich Mose und Aaron und strafte Ägypten durch das, was ich in Ägypten tat. Danach habe ich euch herausgeführt aus

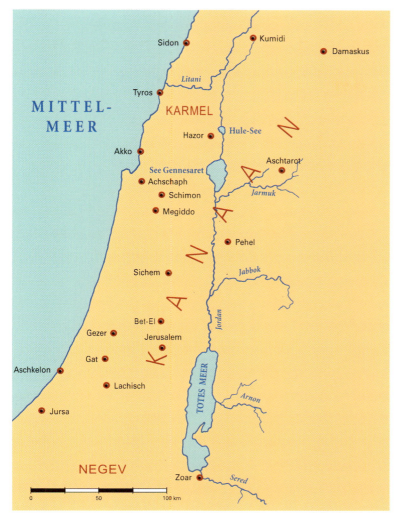

Ägypten und ihr seid ans Meer gekommen. Die Ägypter aber verfolgten eure Väter bis zum Schilfmeer. Doch ich ließ das Meer über sie kommen, sodass es sie überflutete. Dann habt ihr den Jordan durchschritten und seid nach Jericho gekommen. Ich gab euch ein Land, um das ihr euch nicht bemüht hattet, und Städte, die ihr nicht erbaut hattet.‹ Fürchtet also jetzt den Herrn und dient ihm in vollkommener Treue.«
Das Volk antwortete: »Wir wollen dem Herrn dienen; denn er ist unser Gott. Wir wollen auf seine Stimme hören.«
So schloss Josua an jenem Tag einen Bund für das Volk und gab dem Volk Gesetz und Recht in Sichem. Josua schrieb alle diese Worte in das Buch des Gesetzes Gottes und er nahm einen großen Stein und stellte ihn in Sichem unter der Eiche auf, die im Heiligtum des Herrn steht.
Dann entließ Josua das Volk.

aus Josua 24

Kanaan/Palästina/Das gelobte Land: Im Hebräischen heißt Kanaan »Purpurland«. Kanaan ist der alte Name des Landes, das Israel auf seinem Weg durch die Wüste als Ziel, als »Gelobtes Land« hatte. Später wird Kanaan geografisch auch Palästina genannt, politisch und religiös meist Israel oder Juda.
Kanaan erstreckt sich vom Mittelmeer bis zum Fluss Jordan, vom Karmelgebirge bis zur Wüste Negev. Ursprünglich war Kanaan von unterschiedlichen Völkern besiedelt, kanaanäische Völker sind etwa Amoriter, Kanaaniter, Hetiter, Hiwiter, Jebusiter, Perisiter. Mit diesen Völkern hat sich Israel teilweise vermischt. Dies barg immer auch die Gefahr, dass kanaanäische Götter Einfluss in Israel gewannen – eine Gefahr, der die Propheten mit dem Verweis auf die Treue zu Jahwe entgegentraten.
Israel glaubte, das Land Kanaan gehöre allein Jahwe, dem Schöpfer. Deshalb war das Land heiliges Land, Gottes-Land, das nur zum Gebrauch überlassen wird, aber nicht Israels Eigentum sein kann. Auch verbindet sich mit dem Stichwort Land die große Sehnsucht Israels noch aus der Zeit der Unterdrückung in Ägypten und des Wüstenzuges: in ein Land zu gelangen, in dem Schalom, umfassender Frieden zwischen allen Lebewesen und vor allem zwischen den Menschen und Gott herrscht.

Verheißung: In der Bibel geht es oft um Gottes Verheißungen für eine gute Zukunft des Menschen. Verheißungen sind feierliche Zusagen von Segen, Heil und Nachkommenschaft. In den Vätergeschichten richten sich Verheißungen an Einzelpersonen (etwa an Abraham), denen eine reiche Nachkommenschaft, aber auch Landbesitz in Kanaan zugesprochen wird. In der Exoduserzählung geht es für das Volk Israel vor allem um die Verheißung des Landes. Die Propheten verstehen die Verheißungen als einen neuen Bund mit Gott.

Richter: Als Richter und Richterinnen werden Menschen bezeichnet, die von Gott berufen und von Gottes Geist gestärkt in der ersten Zeit nach der Landnahme Führungsaufgaben in Israel übernahmen. Sie sollten das Volk gegen Feinde schützen (gegen Feinde von außerhalb, aber auch gegen die Volksstämme, die vor den Israeliten in Kanaan lebten und die sich gegen die Besetzung des Landes durch Israel wehrten). Zu den Leitungsaufgaben in Israel konnte auch die Rechtsprechung gehören (deshalb der Name »Richter«). Bei den verschiedenen Richtergeschichten findet sich immer ein Erzählschema (vgl. Richter 2,11-23): Am Beginn wird davon berichtet, dass die Israeliten Gottes Bund brechen und tun, was Gott missfällt. Das führt dann dazu, dass »Gottes Zorn entbrennt« und Israel in die Hand von Feinden und Räubern gegeben wird. Wenn Israel dann über die Unterdrückung klagt und erneut zum Herrn ruft, setzt Gott aus Mitleid einen Richter ein, der mit machtvollen und wunderbaren Taten die Not wendet. Die Erzählungen von den Richtern sind dabei manchmal recht drastisch: Krieg und Gewalt, List und Tücke werden erzählerisch genutzt, um zu zeigen, dass Gott Herr nicht allein über Israel ist, sondern auch Israel vor Feinden zu schützen versteht.

Richter, Buch der (Ri): Das Buch Richter erzählt von der Zeit nach der Landnahme und besteht wesentlich aus »Heldenlegenden« über die großen Gestalten der Richterzeit.

Die Richterin Debora

Die Israeliten taten, was dem Herrn missfiel. Darum lieferte sie der Herr der Gewalt des Königs von Kanaan aus. Sein Heerführer war Sisera. Da schrien die Israeliten zum Herrn, denn Sisera besaß neunhundert eiserne Kampfwagen. Damals war Debora, eine Prophetin, Richterin in Israel. Sie hatte ihren Sitz zwischen Rama und Bet-El und die Israeliten kamen zu ihr, um sich Recht sprechen zu lassen.

Debora schickte Boten zu Barak und sagte zu ihm: »Der Herr, der Gott Israels, befiehlt: Geh hin, zieh auf den Berg Tabor! Ich aber werde Sisera mit seiner Streitmacht in deine Hand geben.« Und Debora machte sich auf und ging zusammen mit Barak zum Tabor. Zehntausend Mann folgten Barak hinauf.

Als man nun Sisera meldete, dass Barak auf den Berg Tabor gezogen sei, beorderte Sisera sein ganzes Heer dorthin. Da sagte Debora zu Barak: »Auf! Denn das ist der Tag, an dem der Herr den Sisera in deine Gewalt gibt. Ja, der Herr zieht selbst vor dir her.«

Und der Herr brachte Sisera, alle seine Wagen und seine ganze Streitmacht in große Verwirrung. Sisera sprang vom Wagen und floh zu Fuß. Barak verfolgte die Wagen und das Heer. Das ganze Heer Siseras fiel unter dem scharfen Schwert; nicht ein einziger Mann blieb übrig.

Sisera war zu Fuß zum Zelt der Jaël, der Frau des Keniters Heber, geflohen. Jaël ging Sisera entgegen und sagte zu ihm: »Kehr ein, Herr, kehr ein bei mir, hab keine Angst!« Da begab er sich zu ihr ins Zelt und sie deckte ihn mit einem Teppich zu.

Er sagte zu ihr: »Gib mir doch etwas Wasser zu trinken, ich habe Durst.« Sie öffnete einen Schlauch mit Milch und gab ihm zu trinken; danach deckte sie ihn wieder zu.

Dann holte Jaël einen Zeltpflock, nahm einen Hammer in die Hand, ging leise zu Sisera hin und schlug ihm den Zeltpflock durch die Schläfe, sodass er noch in den Boden drang. So fand Sisera den Tod.

Da erschien gerade Barak, der Sisera verfolgte. Jaël ging ihm entgegen und sagte: »Komm, ich zeige dir den Mann, den du suchst.«

Er ging mit ihr hinein; da sah er Sisera tot am Boden liegen, mit dem Pflock in seiner Schläfe. Dann hatte das Land vierzig Jahre lang Ruhe.

aus Richter 4

Der Richter Gideon

Die Israeliten taten, was dem Herrn missfiel. Da gab sie der Herr in die Gewalt Midians, sieben Jahre lang. Midian vernichtete die Ernte des Landes und Israel verarmte. Die Israeliten schrien zum Herrn.

Der Herr erhörte ihr Rufen. Er sagte zu Gideon: »Geh und befrei Israel aus der Faust Midians! Ja, ich sende dich. Weil ich mit dir bin, wirst du Midian schlagen.«

Da brach Gideon mit seinen Leuten auf, und sie errichteten bei der Harod-Quelle ihr Lager.

Der Herr sagte zu Gideon: »Die Leute, die du bei dir hast, sind zu zahlreich. Sonst könnte sich Israel rühmen und sagen: ›Meine eigene Hand hat mich gerettet.‹ Ruf deshalb: ›Wer Angst hat, soll umkehren.‹«

Darauf kehrten von den Leuten zweiundzwanzigtausend um, während zehntausend bei ihm blieben. Doch der Herr sagte zu Gideon: »Die Leute sind immer noch zu zahlreich. Führ sie hinab ans Wasser. Stell alle, die das Wasser mit der Zunge auflecken, wie es ein Hund tut, auf einen besonderen Platz, und ebenso alle, die sich zum Trinken hinknien.«

Die Zahl derer, die das Wasser aufleckten, betrug dreihundert Mann. Alle übrigen knieten sich hin, um das Wasser zu trinken, indem sie es mit der Hand zum Mund führten.

Der Herr sagte zu Gideon: »Durch die dreihundert Mann will ich Midian in deine Gewalt geben. Alle übrigen Leute sollen nach Hause gehen.« Gideon entließ also alle Israeliten, nur die dreihundert Mann behielt er bei sich. Das Lager Midians lag unterhalb von ihm in der Ebene.

Gideon teilte die dreihundert Mann in drei Abteilungen und gab allen Männern Widderhörner und leere Krüge in die Hand; in den Krügen waren Fackeln. Sie gelangten zu Beginn der mittleren Nachtwache an den Rand des Lagers der Midianiter; man hatte gerade die Wachen aufgestellt. Sie bliesen das Widderhorn und zerschlugen die Krüge, die sie in der Hand hatten. Sie schrien: »Das Schwert für den Herrn und Gideon!«

Im Lager liefen alle durcheinander, schrien und flohen. Der Herr richtete im ganzen Lager das Schwert des einen gegen den andern. Alle im Lager flohen. Und Israel wurde gerettet durch die Hand des Herrn.

aus Richter 6-7

Johannes Itten, Begegnung, 1916
Wie in vielen Texten der Bibel geht es auch im Buch Richter um die Begegnung von Gott und Mensch. Gott greift in das Leben der Menschen ein, er reicht dem Menschen seine Hand.

Krieg: In den Büchern Josua und Richter wird nicht nur von Kampf und Krieg erzählt, sondern militärische Gewalt gegen andere Völker auch als Auftrag Gottes verstanden. Ja, Gott selber wird als »Krieger« verstanden. Heute ist eine solche Auffassung abzulehnen. Sie erwuchs aus der späteren Erfahrung Israels, anderen Völkern unterlegen zu sein und deshalb um sein Überleben fürchten zu müssen. Zugleich stehen die anderen Völker und ihre Religionen gegen Jahwe, den Gott Israels. So schien mit dem Einsatz für den Glauben an Jahwe auch ein Kampf gegen andere Völker und Religionen vereinbar – ein aus unserer Sicht falsches Verständnis Gottes und unverantwortliches Handeln.

Philister: Ein »Seevolk«, das sich, von Kreta und den griechischen Inseln kommend, im 12. Jahrhundert v.Chr. an der Küste Kanaans niederließ. Der Name »Palästina« leitet sich von den Philistern ab. Besonders in der Richterzeit und zu Beginn der Königszeit waren die Philister eine Gefahr für Israel, die erst von König David endgültig gebannt wurde. Die Philister kannten bereits früh das Eisen und hatten dadurch mächtige Waffen, so dass sie für Israel gefährlich wurden. Heute entspricht das Gebiet der Philister etwa dem Gazastreifen.

Arik Brauer, Simson zerreißt den Löwen, 1983

Simson

Die Israeliten taten, was dem Herrn missfiel. Deshalb gab sie der Herr vierzig Jahre lang in die Gewalt der Philister. Damals lebte ein Mann namens Manoach; seine Frau war unfruchtbar. Der Engel des Herrn erschien der Frau und sagte: »Du sollst schwanger werden und einen Sohn gebären. Es darf kein Schermesser an seine Haare kommen; denn der Knabe wird Gott geweiht sein. Er wird Israel aus der Gewalt der Philister befreien.«

Die Frau gebar einen Sohn und nannte ihn Simson; der Knabe wuchs heran und der Herr segnete ihn mit großer Kraft. Überall kämpfte Simson gegen die Philister.

Eines Tages kam ihm ein brüllender junger Löwe entgegen. Simson zerriss den Löwen mit bloßen Händen, als würde er ein Böckchen zerreißen.

Simson kam nach Gaza und übernachtete dort. Als man den Leuten von Gaza berichtete: »Simson ist hier!«, lauerten sie ihm am Stadttor auf. Simson aber schlief bis gegen Mitternacht. Dann stand er auf, packte die Flügel des Stadttors und riss sie heraus. Er lud sie auf seine Schultern und trug sie auf den Gipfel des Berges, der Hebron gegenüberliegt.

Simson verliebte sich in eine Frau mit Namen Delila. Die Philister kamen zu ihr und sagten: »Versuch herauszufinden, wodurch er so große Kraft besitzt und wie wir ihn überwältigen können. Wir geben dir dann elfhundert Silberstücke.«
Darauf sagte Delila zu Simson: »Sag mir doch, wodurch du so große Kraft besitzt.
Simson sagte zu ihr: »Wenn man mich mit sieben frischen Sehnen fesselt, werde ich schwach.«
Die Fürsten der Philister brachten ihr also sieben frische Sehnen, und sie fesselte ihn damit. Er aber zerriss die Sehnen, wie ein Zwirnfaden reißt. Doch das Geheimnis seiner Kraft wurde nicht bekannt.
Darauf sagte Delila zu Simson: »Du hast mich getäuscht und mir etwas vorgelogen. Du hast mir nicht gesagt, wodurch du so große Kraft besitzt.«
Da sagte er zu ihr: »Ein Schermesser ist mir noch nicht an die Haare gekommen; denn ich bin von Geburt an Gott geweiht. Würden mir die Haare geschoren, dann würde meine Kraft mich verlassen, und ich würde schwach.«
Delila schickte zu den Philisterfürsten: »Kommt her! Diesmal hat er mir alles offenbart.« Die Philisterfürsten kamen zu ihr herauf und brachten das Geld mit.
Delila ließ Simson auf ihren Knien einschlafen, und schnitt dann die sieben Locken auf seinem Kopf ab. So wich seine Kraft von ihm. Und die Philister packten ihn und stachen ihm die Augen aus. Sie führten ihn nach Gaza hinab und fesselten ihn mit Ketten. Doch sein Haar, fing wieder an zu wachsen.
Die Fürsten der Philister versammelten sich, um ihrem Gott Dagon ein Opfer darzubringen und ein Freudenfest zu feiern. Sie sagten: »Unser Gott hat unseren Feind Simson in unsere Gewalt gegeben.« Und sie ließen Simson aus dem Gefängnis holen, damit er ihr Spaßmacher sei. Sie stellten ihn zwischen die Säulen. Das Haus war voll von Menschen; alle Fürsten der Philister waren da und auf dem Flachdach saßen etwa dreitausend Männer und Frauen.
Simson aber rief zum Herrn und sagte: »Herr und Gott, denk doch an mich und gib mir nur noch dieses eine Mal die Kraft.« Dann packte er die beiden Säulen, von denen das Haus getragen wurde, und stemmte sich gegen sie. Das Haus stürzte über allen Leuten, die darin waren, zusammen. So war die Zahl derer, die er bei seinem Tod tötete, größer als die, die er während seines Lebens getötet hatte.
Die Familie seines Vaters kam, brachte ihn heim und begrub ihn. Simson war zwanzig Jahre lang Richter in Israel.

aus Richter 13-16

Gott, unsere Burg
Gott ist uns Zuflucht und Stärke,
ein bewährter Helfer in aller Not.
Darum fürchten wir uns nicht,
wenn die Erde auch wankt,
wenn Berge stürzen
in die Tiefe des Meeres,
wenn seine Wasserwogen
tosen und schäumen
und vor seinem Ungestüm
die Berge erzittern.
Der Herr ist mit uns,
der Gott Jakobs ist unsre Burg.

Völker toben, Reiche wanken,
es dröhnt sein Donner,
da zerschmilzt die Erde.
Kommt und schaut
die Taten des Herrn.
Er setzt den Kriegen ein Ende;
er zerbricht die Bogen,
zerschlägt die Lanzen,
im Feuer verbrennt er die Schilde.
»Erkennt, dass ich Gott bin,
erhaben über die Völker.«
Der Herr ist mit uns,
der Gott Jakobs ist unsre Burg.

aus Psalm 46

Die Familie Ruts

Zu der Zeit, als die Richter regierten, kam eine Hungersnot über das Land.
Da zog ein Mann mit seiner Frau und seinen beiden Söhnen aus Betlehem in Juda fort, um sich als Fremder im Grünland Moabs niederzulassen.
Der Mann hieß Elimelech, seine Frau Noomi, und seine Söhne hießen Machlon und Kiljon;
sie kamen aus Betlehem in Juda.
Als sie im Grünland Moabs ankamen, blieben sie dort.
Elimelech, der Mann Noomis, starb, und sie blieb mit ihren beiden Söhnen zurück.
Diese nahmen sich moabitische Frauen, Orpa und Rut,
und so wohnten sie dort etwa zehn Jahre lang.
Dann starben auch Machlon und Kiljon und Noomi blieb allein, ohne ihren Mann und ohne ihre beiden Söhne.

Rut 1,1-5

Moab/Moabiter: Gebiet und Volk östlich des Toten Meeres, das heutige Jordanien. Die Moabiter sollen von Lot abstammen, dem Neffen Abrahams. Von Moab aus schaut Mose in das Gelobte Land Kanaan. In der Richter- und Königszeit gibt es immer wieder kriegerische Auseinandersetzungen zwischen Israel und Moab

Rut: Das kleine Buch ist eine wunderschön erzählte Geschichte über eine Frau, die durch die Führung Gottes zur Urgroßmutter Davids wird. Rut stammt nicht aus Israel, sondern aus Moab. Dennoch gliedert sie Gott in seinen Heilsplan ein – er zeigt sich als ein Gott für alle Völker. Rut hat auch einen Platz im Stammbaum Jesu gefunden (vgl. Matthäus 1,5).

Rut

Noomi brach mit ihren Schwiegertöchtern auf, um aus dem Grünland Moabs heimzukehren. Als sie nun auf dem Heimweg in das Land Juda waren, sagte Noomi zu ihren Schwiegertöchtern: »Kehrt doch beide heim zu eurer Familie.«
Damit küsste sie beide zum Abschied. Auch Orpa gab ihrer Schwiegermutter den Abschiedskus, während Rut laut zu weinen begann: »Nein, ich will mit dir zu deinem Volk gehen. Wohin du gehst, dahin gehe auch ich, und wo du bleibst, da bleibe auch ich. Dein Volk ist mein Volk und dein Gott ist mein Gott.«
Als Noomi sah, dass Rut darauf bestand, mit ihr zu gehen, redete sie nicht länger auf sie ein. So zogen sie miteinander bis Betlehem. Zu Beginn der Gerstenernte kamen sie in Betlehem an.
Noomi hatte einen Verwandten von ihrem Mann her, einen Grundbesitzer; er hieß Boas. Eines Tages sagte Rut zu Noomi: »Ich möchte aufs Feld gehen und Ähren lesen, wo es mir jemand erlaubt.«
Rut ging hin und las auf dem Feld hinter den Schnittern her. Dabei war sie auf ein Grundstück des Boas geraten. Boas von Betlehem kam dazu und fragte seinen Knecht: »Wem gehört dieses Mädchen da?«
Der Knecht antwortete: »Es ist eine junge Moabiterin, die mit Noomi aus dem Grünland Moabs gekommen ist.«
Boas sagte zu Rut: »Höre wohl, halte dich an meine Mägde, und geh hinter ihnen her! Ich werde meinen Knechten befehlen, dich nicht anzurühren. Hast du Durst, so darfst du zu den Gefäßen gehen und trinken.«
Rut sagte: »Du bist sehr gütig zu mir, Herr. Du hast mir Mut gemacht.« So sammelte sie auf dem Feld bis zum Abend. Als sie ausklopfte, was sie aufgelesen hatte, war es etwa ein Efa Gerste. Sie hob es auf, ging in die Stadt und brachte es ihrer Schwiegermutter.
Ihre Schwiegermutter fragte: »Wo hast du heute gelesen und gearbeitet?«
Rut antwortete: »Der Mann, bei dem ich heute gearbeitet habe, heißt Boas.«
Da sagte Noomi zu ihrer Schwiegertochter: »Der Mann ist mit uns verwandt.«
Ihre Schwiegermutter Noomi sagte zu ihr: »Meine Tochter, ich möchte dir ein Heim verschaffen, in dem es dir gut geht. Nun ist ja Boas ein Verwandter von uns. Heute Abend worfelt er die Gerste auf der Tenne. Wasch dich, salbe dich und zieh dein Obergewand an, dann geh zur Tenne! Wenn er

sich niederlegt, so deck den Platz zu seinen Füßen auf und leg dich dorthin! Er wird dir dann sagen, was du tun sollst.«

Rut ging zur Tenne und tat genauso, wie ihre Schwiegermutter ihr aufgetragen hatte.

Als Boas gegessen und getrunken hatte und es ihm wohl zumute wurde, ging er hin, um sich neben dem Getreidehaufen schlafen zu legen. Nun trat sie leise heran, deckte den Platz zu seinen Füßen auf und legte sich nieder.

Um Mitternacht schrak der Mann auf, beugte sich vor und fand eine Frau zu seinen Füßen liegen. Er fragte: »Wer bist du?«

Sie antwortete: »Ich bin Rut, deine Magd.«

Da sagte er: »Gesegnet bist du vom Herrn, meine Tochter. Reich mir das Tuch, das du umgelegt hast.«

Sie hielt es hin und er füllte sechs Maß Gerste hinein und lud es ihr auf. Dann ging er zur Stadt.

Boas nahm Rut zur Frau und ging zu ihr. Der Herr ließ sie schwanger werden und sie gebar einen Sohn.

Da sagten die Frauen zu Noomi: »Gepriesen sei der Herr, der es dir heute nicht hat fehlen lassen. Sein Name soll in Israel gerühmt werden. Du wirst jemand haben, der dein Herz erfreut und dich im Alter versorgt; denn deine Schwiegertochter, die dich liebt, hat ihn geboren, sie, die mehr wert ist als sieben Söhne.«

Und sie gaben dem Kind den Namen Obed. Er ist der Vater Isais, des Vaters Davids.

aus Rut 1,6-4,17

Marc Chagall,
Rut zu Füßen von Boas

Ich will den Herrn loben, solange ich lebe, meinem Gott singen und spielen, solange ich da bin.
Den Hungernden gibt er Brot;
der Herr befreit die Gefangenen.
Er öffnet den Blinden die Augen,
er richtet die Gebeugten auf.
Der Herr beschützt die Fremden
und verhilft den Waisen und Witwen zu ihrem Recht.

aus Psalm 146

Die Bücher Samuel (1 Sam, 2 Sam): Zusammen mit den beiden Büchern der Könige bilden die Samuelbücher ein Gesamtwerk zur Königszeit Israels. Die beiden Bücher sind nach dem Richter und Propheten Samuel benannt und erzählen von Samuel und den beiden ersten Königen Israels, von Saul und David.

Pablo Picasso,
Mutter und Kind am Meer, 1902

Königsgeschichten:
Gott ist mit Saul, David und Salomo

In der Richterzeit fanden die Stämme Israels zu einem Volk zusammen. So entstand aus der Notwendigkeit eines organisierten Abwehrkampfes heraus der Wunsch, wie andere Völker einen König zu haben, der das Land eint. Der Prophet Samuel salbt Saul zum ersten König von Israel (1020-1000 vor Christus). Ihm folgt König David (1000-961), dann Davids Sohn Salomo (961-931). Nach Salomos Tod wird Israel in ein Nordreich mit Namen Israel und in ein Südreich mit Namen Juda aufgeteilt. Das Nordreich besteht bis 722 vor Christus, das Südreich wird 587 zerstört.

Die Geburt Samuels

Einst lebte ein Mann mit Namen Elkana, seine Frau hieß Hanna. Hanna aber hatte keine Kinder. Elkana zog Jahr für Jahr von seiner Stadt nach Schilo hinauf, um Gott anzubeten und ihm zu opfern. Dort war Eli Priester des Herrn.
Nachdem man in Schilo gegessen und getrunken hatte, stand Hanna auf und trat vor den Herrn. Der Priester Eli saß an den Türpfosten des Tempels des Herrn auf seinem Stuhl. Hanna war verzweifelt, betete zum Herrn und weinte sehr. Sie machte ein Gelübde und sagte: »Herr der Heere, wenn du das Elend deiner Magd wirklich ansiehst und mir einen männlichen Nachkommen schenkst, dann will ich ihn für sein ganzes Leben dir überlassen.«
So betete sie lange vor dem Herrn. Eli beobachtete sie und sagte: »Geh in Frieden! Der Gott Israels wird dir die Bitte erfüllen, die du an ihn gerichtet hast.«
Sie sagte: »Möge deine Magd Gnade finden vor deinen Augen.« Dann ging sie weg; sie aß wieder und hatte kein trauriges Gesicht mehr.
Am nächsten Morgen standen sie früh auf und beteten den Herrn an. Dann machten sie sich auf den Heimweg und kehrten in ihr Haus nach Rama zurück. Elkana erkannte seine Frau Hanna, und Hanna wurde schwanger.
Als die Zeit abgelaufen war, gebar sie einen Sohn und nannte ihn Samuel (»Sein Name ist Gott«), denn sie sagte: »Ich habe ihn vom Herrn erbeten.«

aus 1 Samuel 1

Gott ruft Samuel

Einige Jahre später brachte Hanna ihren Sohn Samuel zu Eli in den Tempel. Dort diente Samuel dem Herrn.

Der junge Samuel versah den Dienst des Herrn unter der Aufsicht Elis. In jenen Tagen waren Worte des Herrn selten; Visionen waren nicht häufig.
Eines Tages geschah es: Eli schlief auf seinem Platz; seine Augen waren schwach geworden und er konnte nicht mehr sehen. Die Lampe Gottes war noch nicht erloschen und Samuel schlief im Tempel des Herrn, wo die Lade Gottes stand.
Da rief der Herr den Samuel und Samuel antwortete: »Hier bin ich.«
Dann lief er zu Eli und sagte: »Hier bin ich, du hast mich gerufen.«
Eli erwiderte: »Ich habe dich nicht gerufen. Geh wieder schlafen!«
Da ging er und legte sich wieder schlafen.
Der Herr rief noch einmal: »Samuel!«
Samuel stand auf und ging zu Eli und sagte: »Hier bin ich, du hast mich gerufen.«
Eli erwiderte: »Ich habe dich nicht gerufen, mein Sohn. Geh wieder schlafen!«
Samuel kannte den Herrn noch nicht und das Wort des Herrn war ihm noch nicht offenbart worden. Da rief der Herr den Samuel wieder, zum dritten Mal. Er stand auf und ging zu Eli und sagte: »Hier bin ich, du hast mich gerufen.«
Da merkte Eli, dass der Herr den Knaben gerufen hatte. Eli sagte zu Samuel: »Geh, leg dich schlafen! Wenn er dich wieder ruft, dann antworte: ›Rede, Herr; denn dein Diener hört.‹«
Samuel ging und legte sich an seinem Platz nieder.
Da kam der Herr, trat zu ihm heran und rief wie die vorigen Male: »Samuel, Samuel!«
Und Samuel antwortete: »Rede, denn dein Diener hört.«
Samuel wuchs heran und der Herr war mit ihm und ließ keines von all seinen Worten unerfüllt.
Ganz Israel von Dan bis Beerscheba erkannte, dass Samuel als Prophet des Herrn beglaubigt war. Auch weiterhin erschien der Herr in Schilo: Der Herr offenbarte sich Samuel in Schilo durch sein Wort.

aus 1 Samuel 3

Samuel: (hebräisch »sein [Gottes] Name ist El«) Samuel ist der letzte der Richter und zugleich einer der großen Propheten Israels. Sein Wirken begleitet die Wende zur Königszeit. Obwohl er selber vor einem Königtum in Israel warnt, salbt er im Auftrag Gottes sowohl Saul zum König (1 Sam 10,1) als auch David (1 Sam 16,13). In der Bibel wird Samuel häufig als eine große Gestalt in der Glaubensgeschichte Israels erwähnt, ein Loblied auf Samuel findet sich im Buch Jesus Sirach (Sir 46,13-20).

Das Danklied der Hanna
Hanna betete. Sie sagte:
»Mein Herz ist voll Freude
über den Herrn,
große Kraft gibt mir der Herr.
Weit öffnet sich mein Mund
gegen meine Feinde;
denn ich freue mich
über deine Hilfe.
Niemand ist heilig, nur der Herr;
denn außer dir gibt es keinen Gott;
keiner ist ein Fels wie unser Gott.
Die Satten verdingen sich um Brot,
doch die Hungrigen
können feiern für immer.
Die Unfruchtbare
bekommt sieben Kinder,
doch die Kinderreiche welkt dahin.
Der Herr macht tot und lebendig.
Der Herr macht arm
und macht reich,
er erniedrigt und er erhöht.
Den Schwachen hebt er empor
aus dem Staub
und erhöht den Armen,
der im Schmutz liegt;
er gibt ihm einen Sitz
bei den Edlen,
einen Ehrenplatz weist er ihm zu.
Ja, dem Herrn gehört die Erde.«

aus 1 Samuel 2,1-8

Saul: (hebräisch »von Gott Erbetener«) Erster König Israels. Saul kommt aus dem kleinen Stamm Benjamin. Der Prophet Samuel salbt ihn zum König. Nach einer anderen Tradition wird er vom Volk durch das Los zum König bestimmt (1 Sam 10,17-25). Als König setzt Saul das Werk der Richter fort: Nach außen hin schützt er das Volk vor Feinden, nach innen spricht er Recht. Nach anfänglichen Erfolgen geht es mit Saul bergab, er wird depressiv und feindlich gegenüber den Menschen seines Umfeldes. Darunter muss besonders der junge David leiden, dem Saul voller Eifersucht begegnet. Mehrfach versucht Saul, David zu töten, so dass David fliehen muss. Als Saul in einer entscheidenden Schlacht gegen die Philister verwundet wird und seine Söhne getötet werden, begeht er Selbstmord; David wird sein Nachfolger.

Der Herr ist König,
bekleidet mit Hoheit;
der Herr hat sich bekleidet
und mit Macht umgürtet.
Der Erdkreis ist fest gegründet,
nie wird er wanken.
Dein Thron steht fest
von Anbeginn,
du bist seit Ewigkeit.
Fluten erheben sich, Herr,
Fluten erheben ihr Brausen,
Fluten erheben ihr Tosen.
Gewaltiger als das Tosen
vieler Wasser,
gewaltiger als die Brandung
des Meeres
ist der Herr in der Höhe.
Deine Gesetze sind fest
und verlässlich;
Herr,
deinem Haus gebührt Heiligkeit
für alle Zeiten.

Psalm 93

Samuel salbt Saul

Damals lebte in Benjamin ein Mann namens Kisch. Er hatte einen Sohn namens Saul; kein anderer unter den Israeliten war so schön wie er; er überragte alle um Haupteslänge.
Eines Tages begegnete Saul dem Propheten Samuel. Der Herr aber hatte einen Tag, bevor Saul kam, zu Samuel gesagt: »Morgen um diese Zeit schicke ich einen Mann aus dem Gebiet Benjamins zu dir. Ihn sollst du zum Fürsten meines Volkes Israel salben. Er wird mein Volk aus der Gewalt der Philister befreien.«
Als Samuel Saul sah, sagte der Herr zu ihm: »Das ist der Mann. Der wird über mein Volk herrschen.«
Samuel sagte zu Saul: »Geh vor mir her! Du sollst heute mit mir essen. Auf wen aber richtet sich die ganze Sehnsucht Israels? Gilt sie nicht dir und dem Haus deines Vaters?«
Da antwortete Saul: »Bin ich nicht ein Benjaminiter, also aus dem kleinsten Stamm Israels? Ist meine Sippe nicht die geringste von allen Sippen des Stammes Benjamin? Warum sagst du so etwas zu mir?«
Samuel nahm Saul mit, führte ihn in das Haus und wies ihm einen Ehrenplatz unter den Eingeladenen an; es waren etwa dreißig Männer versammelt.
Da nahm Samuel den Ölkrug und goss Saul das Öl auf das Haupt, küsste ihn und sagte: »Hiermit hat der Herr dich zum Fürsten über sein Erbe gesalbt.«

aus 1 Samuel 9-10

Marc Chagall, Saul empfängt von Samuel die Salbung zum König, 1931-39

Samuel salbt David

Saul regierte über Israel als König. Er kämpfte gegen die Philister, gegen Moab und Edom. Wohin er sich auch wandte, war er siegreich, denn der Herr war mit ihm. Nach einigen Jahren aber achtete Saul nicht mehr auf das, was Gott von ihm erwartete. Da reute es den Herrn, Saul zum König gemacht zu haben.

Der Herr sagte zu Samuel: »Ich habe Saul verworfen; er soll nicht mehr als König über Israel herrschen. Fülle dein Horn mit Öl und mach dich auf den Weg! Ich schicke dich zu dem Betlehemiter Isai; denn ich habe mir einen von seinen Söhnen als König ausersehen.«
Samuel tat, was der Herr befohlen hatte. Als er nach Betlehem kam, ging er zu Isai und seinen Söhnen.
Als die Söhne kamen und er den Eliab sah, dachte er: »Gewiss ist das der Gesalbte.«
Der Herr aber sagte zu Samuel: »Sieh nicht auf sein Aussehen und seine stattliche Gestalt, denn ich habe ihn verworfen; Gott sieht nämlich nicht auf das, worauf der Mensch sieht. Der Mensch sieht, was vor den Augen ist, der Herr aber sieht das Herz.«
Nun rief Isai den Abinadab und ließ ihn vor Samuel treten. Dieser sagte: »Auch ihn hat der Herr nicht erwählt.«
So ließ Isai sieben seiner Söhne vor Samuel treten, aber Samuel sagte zu Isai: »Diese hat der Herr nicht erwählt.«
Und er fragte Isai: »Sind das alle deine Söhne?«
Er antwortete: »Der jüngste fehlt noch, aber der hütet gerade die Schafe.«
Samuel sagte zu Isai: »Schick jemand hin und lass ihn holen.«
Isai schickte also jemand hin und ließ ihn kommen. David war blond, hatte schöne Augen und eine schöne Gestalt. Da sagte der Herr: »Auf, salbe ihn! Denn er ist es.«
Samuel nahm das Horn mit dem Öl und salbte David mitten unter seinen Brüdern. Und der Geist des Herrn war über David von diesem Tag an. Samuel aber brach auf und kehrte nach Rama zurück.

aus 1 Samuel 16,1-12

David gelangte schon bald als Diener an den Hof Sauls und wurde sein Waffenträger. Auch spielte David am Königshof die Zither. Dann fühlte Saul sich gut.

David: David ist die meistgenannte Person der ganzen Bibel, 1150 Mal wird sein Name erwähnt. Er ist ein junger Schafhirt aus Betlehem, als ihn Samuel salbt und damit als Nachfolger von Saul bezeichnet. Danach kommt er an den Königshof, er spielt Zither und gewinnt die Freundschaft von Jonatan, dem Sohn Sauls. Saul wird auf ihn eifersüchtig und versucht ihn zu töten, aber David kann mit Jonatans Hilfe fliehen. Nach dem Tod Sauls wird David in Hebron zum König über Israel eingesetzt. Er nimmt die Stadt Jerusalem ein und macht die »Davidsstadt« zur Hauptstadt. 40 Jahre lang regierte er. Er wird als mustergültiger König angesehen, der wie ein guter Hirte für sein Volk sorgt. David wird auch als Dichter und Liedersänger geschildert. Viele Psalmen werden David zugeschrieben.

[Ein Psalm Davids.]
Der Herr ist mein Hirte,
nichts wird mir fehlen.
Er lässt mich lagern
auf grünen Auen
und führt mich zum Ruheplatz
am Wasser.
Er stillt mein Verlangen;
er leitet mich auf rechten Pfaden,
treu seinem Namen.
Muss ich auch wandern
in finsterer Schlucht,
ich fürchte kein Unheil;
denn du bist bei mir,
dein Stock und dein Stab
geben mir Zuversicht.
Du deckst mir den Tisch
vor den Augen meiner Feinde.
Du salbst mein Haupt mit Öl,
du füllst mir reichlich den Becher.
Lauter Güte und Huld werden
mir folgen mein Leben lang
und im Haus des Herrn
darf ich wohnen für lange Zeit.

Psalm 23

König: (hebräisch »melech«) Die unterschiedlichen Stämme Israels haben erst auf einem langen Weg zur Einheit des Volkes gefunden. In der Richterzeit gab es zwischen den Stämmen nur lose Bündnisse für die Zeit, in der man gegen einen gemeinsamen Feind kämpfen musste. Doch bald kam man zu der Auffassung, dass es für das Volk besser sei, wie die anderen Völker rund um Israel einen eigenen König zu haben. Der Prophet Samuel warnt vor einem solchen Schritt: Für ihn ist allein Jahwe König (1 Samuel 12,12). Er warnt auch davor, dass der König sein Volk ausnutzen und ausbeuten kann.

Dennoch wird Saul erster König Israels (1 Samuel 10,17-27). Sein Nachfolger ist David, dann folgt Davids Sohn Salomo. Nach Salomos Tod trennen sich Nordreich und Südreich (Israel). In beiden Reichen gibt es Könige, bis das Nordreich 722 und das Südreich 587 zerstört wird.

Der König wurde in Israel nicht allein als politischer und militärischer Herrscher verstanden, sondern immer auch in religiösem Sinn: Er war der »Sohn Gottes«, der wie ein guter Hirt für sein Volk sorgen sollte. In diesem Sinne wird auch Jesus »König der Juden« (Matthäus 2,2) und »Sohn Gottes« genannt (»Du bist mein geliebter Sohn« Psalm 2,7 und Markus 1,11).

David und Goliat

Die Philister kämpften gegen die Männer Israels. Da trat aus dem Lager der Philister ein Vorkämpfer namens Goliat hervor. Er war riesengroß. Auf seinem Kopf hatte er einen Helm aus Bronze, und er trug einen Schuppenpanzer aus Bronze. Er hatte ein Sichelschwert aus Bronze.

Goliat rief zu den Reihen der Israeliten hinüber: »Wählt euch einen Mann aus! Er soll zu mir kommen. Wenn er mich im Kampf erschlagen kann, wollen wir eure Knechte sein. Wenn ich ihn erschlage, dann sollt ihr unsere Knechte sein.« Als die Israeliten dies hörten, hatten sie große Angst.

David war der Sohn Isais aus Betlehem in Juda. Die drei ältesten Söhne Isais waren zusammen mit Saul in den Krieg gezogen. Eines Tages sagte Isai zu David: »Nimm für deine Brüder diese zehn Brote, und bring sie ihnen ins Lager.«

David ging, wie es ihm Isai befohlen hatte. Als er zum Lager kam, stellten sich Israel und die Philister gerade zum Kampf auf. Da trat Goliat hervor. Als die Israeliten den Mann sahen, hatten sie alle große Angst vor ihm und flohen.

David fragte die Männer, die bei ihm standen: »Was wird man für den Mann tun, der diesen Philister erschlägt und die Schande von Israel wegnimmt?«

Und David ging zu Saul und sagte: »Ich werde hingehen und mit diesem Philister kämpfen. Der Herr, der mich aus der Gewalt des Löwen gerettet hat, wird mich auch aus der Gewalt dieses Philisters retten.«

Er nahm seinen Stock in die Hand und suchte sich fünf glatte Steine. Die Schleuder in der Hand ging er auf Goliat zu. Voll Verachtung blickte Goliat ihn an; denn David war noch sehr jung, er war blond und von schöner Gestalt. Er sagte: »Bin ich ein Hund, dass du mit einem Stock zu mir kommst? Komm nur her zu mir, ich werde dein Fleisch den wilden Tieren zum Fraß geben.«

David antwortete ihm: »Du kommst zu mir mit Schwert und Speer, ich aber komme zu dir im Namen des Gottes Israels. Heute werde ich dich erschlagen und dir den Kopf abhauen. Alle Welt soll erkennen, dass Israel einen Gott hat.«

David griff in seine Hirtentasche, nahm einen Stein heraus, schleuderte ihn ab und traf den Philister an der Stirn. Der Stein drang in die Stirn ein und der Philister fiel zu Boden. Dann lief David hin und trat neben den Philister. Er ergriff sein Schwert, zog es aus der Scheide, schlug ihm den Kopf ab und tötete ihn. Als die Philister sahen, dass ihr starker Mann tot war, flohen sie.

aus 1 Samuel 17

Otto Dix, Saul und David, 1950

Saul und David, Sauls böser Geist

Der Geist des Herrn war von Saul gewichen; jetzt quälte ihn ein böser Geist. Einer seiner Diener sagte: »Ich kenne einen Sohn des Isai aus Betlehem, der Zither zu spielen versteht. Und er ist tapfer und wortgewandt, von schöner Gestalt. Sobald dich der böse Geist Gottes überfällt, soll er auf der Zither spielen; dann wird es dir wieder gut gehen.«
So kam David zu Saul und trat in seinen Dienst; Saul gewann ihn sehr lieb, und David wurde sein Waffenträger. Sooft nun ein Geist Gottes Saul überfiel, nahm David die Zither und spielte darauf. Dann fühlte sich Saul erleichtert, es ging ihm wieder gut, und der böse Geist wich von ihm.
Am folgenden Tag kam über Saul wieder ein böser Geist, sodass er in Raserei geriet. David aber spielte wie jeden Tag. Saul hatte den Speer in der Hand. Saul dachte: »Ich will David an die Wand spießen!«, und schleuderte den Speer, aber David wich ihm zweimal aus. Und Saul begann sich vor David zu fürchten, weil der Herr mit David war, Saul aber verlassen hatte.

aus 1 Samuel 16,14-23; 18,10-16

David und Jonatan

David zog ins Feld und überall hatte er Erfolg. Als er nach einem Sieg über die Philister heimkehrte, zogen ihm die Frauen Israels singend und tanzend entgegen: »Saul hat Tausend erschlagen, David aber Zehntausend.«
Saul wurde darüber sehr zornig. Er sprach darüber, dass er David töten wolle.
Sauls Sohn Jonatan aber hatte David sehr gern; er liebte David wie sein eigenes Leben und schloss mit ihm einen Bund. Deshalb berichtete er David von den Plänen seines Vaters: »Mein Vater Saul will dich töten. Verbirg dich in einem Versteck! Ich aber will mit meinem Vater über dich reden.«
Jonatan redete also zugunsten Davids mit seinem Vater und sagte zu ihm: »Versündige dich nicht an David; denn er ist für dich sehr nützlich gewesen. Er hat sein Leben aufs Spiel gesetzt und den Philister erschlagen.«
Saul hörte auf Jonatan und schwor: »So wahr der Herr lebt: David soll nicht umgebracht werden.«
Jonatan berichtete David alles. Dann führte er David zu Saul und David war wieder in Sauls Dienst wie vorher.
Doch wieder kam ein böser Geist über Saul, und er warf seinen Speer auf David. David floh und brachte sich in Sicherheit. Wieder sprach Jonatan mit seinem Vater, doch er konnte ihn nicht umstimmen, Sauls Raserei blieb bestehen. Ja, er schleuderte seinen Speer selbst gegen seinen eigenen Sohn. Da suchte Jonatan David auf, um ihn zu warnen und von ihm Abschied zu nehmen.

aus 1 Samuel 18-20

Die Worte Davids

»Spruch Davids, des Sohnes Isais,
Spruch des hochgestellten Mannes,
des Gesalbten des Gottes Jakobs,
des Lieblingshelden Israels:
Der Geist des Herrn sprach
durch mich,
sein Wort war auf meiner Zunge.
Der Gott Israels sprach,
zu mir sagte der Fels Israels:

›Wer gerecht
über die Menschen herrscht,
wer voll Gottesfurcht herrscht,
der ist wie das Licht am Morgen,
wenn die Sonne aufstrahlt
an einem Morgen ohne Wolken,
der nach dem Regen grünes Gras
aus der Erde hervorsprießen
lässt.‹

Ist nicht mein Haus
durch Gott gesichert?
Weil er mir
einen ewigen Bund gewährt hat,
ist es in allem wohlgeordnet
und gut gesichert.
All mein Heil und alles,
was ich begehrte,
ließ er es nicht aufsprießen?«

aus 2 Samuel 23,1-5

David wird König

Alle Stämme Israels kamen zu David nach Hebron und sagten: »Wir sind doch dein Fleisch und Bein. Schon früher, als noch Saul unser König war, bist du es gewesen, der Israel in den Kampf und wieder nach Hause geführt hat. Der Herr hat zu dir gesagt: ›Du sollst der Hirt meines Volkes Israel sein, du sollst Israels Fürst werden.‹«
Alle Ältesten Israels kamen zum König nach Hebron; der König David schloss mit ihnen in Hebron einen Vertrag vor dem Herrn, und sie salbten David zum König von Israel. David war dreißig Jahre alt, als er König wurde, und er regierte vierzig Jahre lang. In Hebron war er sieben Jahre und sechs Monate König von Juda und in Jerusalem war er dreiunddreißig Jahre König von ganz Israel und Juda.

2 Samuel 5,1-5

Walter Habdank, König David, 1994

Die Altstadt von Jerusalem heute, gesehen vom Ölberg.
Die Gebäude und auch die große Mauer stammen nicht aus der Davidszeit, nur ganz links sieht man einen Teil der Ausgrabungen der Davidstadt. In der Mitte des Bildes ist der muslimische Felsendom mit seiner goldenen Kuppel.

David in Jerusalem

König David zog mit seinen Männern nach Jerusalem gegen die Jebusiter, die in dieser Gegend wohnten.
Die Jebusiter aber sagten zu David: »Du kommst hier nicht herein; die Blinden und Lahmen werden dich vertreiben.« Das sollte besagen: David wird nicht nach Jerusalem eindringen können.
Dennoch eroberte David die Burg Zion; sie wurde die Stadt Davids. David ließ sich in der Burg nieder und nannte sie die Stadt Davids. Und David begann ringsum die Burg die Stadt auszubauen.
David wurde immer mächtiger und der Herr, der Gott der Heere, war mit ihm. Hiram, der König von Tyrus, schickte eine Gesandtschaft zu David und ließ ihm Zedernholz überbringen; auch Zimmerleute und Steinmetzen schickte er und sie bauten für David einen Palast.
So erkannte David, dass der Herr ihn als König von Israel bestätigt hatte und dass der Herr sein Königtum wegen seines Volkes Israel zu hohem Ansehen gebracht hatte.

aus 2 Samuel 5,6-12

Jerusalem: (hebräisch »Jeruschala-jim« = »vom Gott Schalem gegründet«; das Wort »Schalom« = »Frieden« klingt mit) Hauptstadt Israels. Bereits in alter Zeit gegründet wurde Jerusalem von David erobert, der Jerusalem zur Hauptstadt seines Königreiches (Davidsstadt) machte. Sein Sohn Salomo erbaute in Jerusalem den ersten jüdischen Tempel, in dem die Bundeslade aufbewahrt wurde. Jerusalem wird auch *Zion* genannt, nach einem Gebirge mit diesem Namen, oder *Tochter Zion* (weil der »Zionsberg« nur ein Teil dieses Gebirges ist). Mit dem Namen Zion verbindet sich der Gedanke, dass Jerusalem von Gott auserwählt ist – eine heilige Stadt. Im Jahr 587 vor Christus zerstörte der babylonische König Nebukadnezzar Jerusalem; nach der Rückkehr aus dem Exil bauten die Juden Stadt und Tempel wieder auf. Im Jahr 70 nach Christus wurden Jerusalem und der Tempel von den Römern zerstört. Ein kleiner Teil der Tempelmauer aber blieb erhalten und dient bis heute Juden als Gebetsstätte, die »Klagemauer«.
Heute ist Jerusalem Hauptstadt des Staates Israel und Hauptstadt der Palästinenser. Jerusalem ist eine heilige Stadt für drei Religionen: für Juden, Christen und Muslime.

Ein Psalm Davids,
als der Prophet Natan zu ihm kam, nachdem David schuldig geworden war.

Gott,
sei mir gnädig nach deiner Huld,
tilge meine Frevel
nach deinem reichen Erbarmen!
Wasch meine Schuld von mir ab
und mach mich rein
von meiner Sünde!
Denn ich erkenne
meine bösen Taten,
meine Sünde steht mir
immer vor Augen.
Gegen dich allein
habe ich gesündigt,
ich habe getan, was dir missfällt.
Entsündige mich,
dann werde ich rein;
wasche mich,
dann werde ich weißer als Schnee.
Sättige mich mit Entzücken
und Freude!
Erschaffe mir, Gott, ein reines Herz
und gib mir einen neuen,
beständigen Geist!
Verwirf mich nicht
und nimm deinen Geist
nicht von mir!
Mach mich wieder froh
mit deinem Heil!

aus Psalm 51

David und Batseba, Natans Gleichnis

David schickte den Joab mit seinen Männern und ganz Israel aus und sie führten Krieg gegen die Ammoniter und belagerten Rabba. David selbst aber blieb in Jerusalem.

Als David einmal zur Abendzeit von seinem Lager aufstand und auf dem Flachdach des Königspalastes hin- und herging, sah er von dort aus eine Frau, die badete. Die Frau war sehr schön anzusehen. David erkundigte sich nach ihr. Man sagte ihm: »Das ist Batseba, die Frau des Urija.«

Darauf schickte David Boten zu ihr und ließ sie holen; sie kam zu ihm, und er schlief mit ihr. Dann kehrte sie in ihr Haus zurück. Batseba war aber schwanger geworden und schickte deshalb zu David und ließ ihm mitteilen: »Ich bin schwanger.«

Darauf sandte David einen Boten zu Joab: »Schick Urija zu mir!«

Und Joab schickte Urija zu David. Als Urija zu ihm kam, fragte David, ob es Joab und dem Volk gut gehe und wie es mit dem Kampf stehe. Dann sagte er zu Urija: »Geh in dein Haus hinab!«

Urija aber legte sich am Tor des Königshauses bei den Knechten nieder und ging nicht in sein Haus hinab.

Dies berichtete man David. Darauf sagte David zu Urija: »Warum bist du nicht in dein Haus hinuntergegangen?«

Urija antwortete David: »Mein Herr Joab und seine Krieger lagern auf freiem Feld; da soll ich in mein Haus gehen, um zu essen und zu trinken und bei meiner Frau zu liegen? Das werde ich nicht tun.«

Am anderen Morgen schrieb David einen Brief an Joab und ließ ihn durch Urija überbringen. Er schrieb: »Stellt Urija nach vorn, wo der Kampf am heftigsten ist, dann zieht euch von ihm zurück, sodass er getroffen wird und den Tod findet.«

Joab hatte die Stadt beobachtet und er stellte Urija an einen Platz, von dem er wusste, dass dort besonders tüchtige Krieger standen. Als dann die Leute aus der Stadt gegen Joab kämpften, fielen einige von den Kriegern Davids; auch Urija fand den Tod.

Joab schickte einen Boten zu David und ließ ihm berichten, dass Urija tot war. Der Bote ging fort, kam zu David und berichtete ihm alles, was Joab ihm aufgetragen hatte.

Da sagte David zu dem Boten: »Das Schwert frisst bald hier, bald dort.«

Als Batseba hörte, dass ihr Mann tot war, hielt sie für ihn die Totenklage. Sobald die Trauerzeit vorüber war, ließ David

sie zu sich in sein Haus holen. Sie wurde seine Frau und gebar ihm einen Sohn.
Dem Herrn aber missfiel, was David getan hatte. Darum schickte der Herr den Natan zu David; dieser ging zu David und erzählte ihm das Gleichnis vom reichen und armen Mann:
»In einer Stadt lebten einst zwei Männer; der eine war reich, der andere arm.
Der Reiche besaß sehr viele Schafe und Rinder, der Arme aber besaß nichts außer einem einzigen kleinen Lamm, das er gekauft hatte. Er zog es auf und es wurde bei ihm zusammen mit seinen Kindern groß. Es aß von seinem Stück Brot und es trank aus seinem Becher, in seinem Schoß lag es und war für ihn wie eine Tochter.
Da kam ein Besucher zu dem reichen Mann und er brachte es nicht über sich, eines von seinen Schafen oder Rindern zu nehmen, um es für den zuzubereiten, der zu ihm gekommen war. Darum nahm er dem Armen das Lamm weg und bereitete es für den Mann zu, der zu ihm gekommen war.«
Da geriet David in heftigen Zorn über den Reichen und sagte zu Natan: »So wahr der Herr lebt: Der Mann, der das getan hat, verdient den Tod.«
Da sagte Natan zu David: »Du selbst bist der Mann. So spricht der Herr, der Gott Israels: Ich habe dich zum König von Israel gesalbt. Ich habe dir das Haus Israel und Juda gegeben. Warum hast du etwas getan, was dem Herrn missfällt? Du hast den Hetiter Urija mit dem Schwert erschlagen und hast dir seine Frau zur Frau genommen.«
Darauf sagte David zu Natan: »Ich habe gegen den Herrn gesündigt.«
Natan antwortete David: »Der Herr hat dir deine Sünde vergeben; du wirst nicht sterben.«
Dann ging Natan nach Hause. Der Herr aber ließ das Kind, das die Frau des Urija dem David geboren hatte, schwer krank werden. Am siebten Tag starb das Kind.
David tröstete seine Frau Batseba; er ging zu ihr hinein und schlief mit ihr. Und sie gebar einen Sohn und er gab ihm den Namen Salomo. Der Herr liebte Salomo.

aus 2 Samuel 11-12

Marc Chagall, Ein Lied Davids

Ammon/Ammoniter: Land und Volk östlich des Flusses Jordan, zusammen mit den Moabitern (vgl. Seite 60) etwa das Gebiet des heutigen Jordanien. Zusammen mit den Moabitern gelten sie als Feinde Israels, mit denen es in der Zeit der Richter und Könige oft Krieg gab. Die Verehrung der ammonitischen Götter wird in Israel streng abgelehnt.

Salomo wird König

Als David gestorben war, wurde sein Sohn Salomo König. Er regierte sein Volk mit großer Weisheit.

Marc Chagall, Der Psalm Salomos

In Gibeon erschien der Herr dem Salomo nachts im Traum und forderte ihn auf: »Sprich eine Bitte aus, die ich dir gewähren soll.« Salomo antwortete: »Du hast deinem Knecht David, meinem Vater, große Huld erwiesen; denn er lebte vor dir in Treue, in Gerechtigkeit und mit aufrichtigem Herzen. Du hast ihm einen Sohn geschenkt, der heute auf seinem Thron sitzt.

So hast du jetzt, Herr, mein Gott, deinen Knecht anstelle meines Vaters David zum König gemacht. Doch ich bin noch sehr jung und weiß nicht, wie ich mich als König verhalten soll. Dein Knecht steht aber mitten in deinem Volk, das du erwählt hast: einem großen Volk, das man wegen seiner Menge nicht zählen und nicht schätzen kann.

Verleih daher deinem Knecht ein hörendes Herz, damit er dein Volk zu regieren und das Gute vom Bösen zu unterscheiden versteht. Wer könnte sonst dieses mächtige Volk regieren?«

Es gefiel dem Herrn, dass Salomo diese Bitte aussprach. Daher antwortete ihm Gott: »Weil du gerade diese Bitte ausgesprochen hast und nicht um langes Leben, Reichtum oder um den Tod deiner Feinde, sondern um Einsicht gebeten hast, werde ich deine Bitte erfüllen. Sieh, ich gebe dir ein so weises und verständiges Herz. Aber auch das, was du nicht erbeten hast, will ich dir geben: Reichtum und Ehre, sodass zu deinen Lebzeiten keiner unter den Königen dir gleicht. Wenn du auf meinen Wegen gehst, meine Gesetze und Gebote befolgst wie dein Vater David, dann schenke ich dir ein langes Leben.«

Da erwachte Salomo und merkte, dass es ein Traum war.

aus 1 Könige 3,5-15

Die Bücher der Könige (1 Kön, 2 Kön): Die beiden Bücher führen die beiden Bücher Samuel fort und erzählen, beginnend mit dem Tod Davids, von Salomo und dann abwechselnd von den Königen des Nordreiches Israel und des Südreiches Juda. Wichtig sind im ersten Buch der Könige die Erzählungen über den Propheten Elija und seinen Schüler Elischa.

Die Weisheit Salomos

Damals kamen zwei Frauen und traten vor den König. Die eine sagte: »Bitte, Herr, ich und diese Frau wohnen im gleichen Haus, und ich habe dort in ihrem Beisein geboren. Am dritten Tag nach meiner Niederkunft gebar auch diese Frau. Wir waren beisammen; kein Fremder war bei uns im Haus, nur wir beide waren dort. Nun starb der Sohn dieser Frau während der Nacht; denn sie hatte ihn im Schlaf erdrückt. Sie stand mitten in der Nacht auf, nahm mir mein Kind weg, während deine Magd schlief, und legte es an ihre Seite. Ihr totes Kind aber legte sie an meine Seite. Als ich am Morgen aufstand, um mein Kind zu stillen, war es tot. Als ich es aber am Morgen genau ansah, war es nicht mein Kind, das ich geboren hatte.«

Da rief die andere Frau: »Nein, mein Kind lebt und dein Kind ist tot.«

Doch die erste entgegnete: »Nein, dein Kind ist tot und mein Kind lebt.« So stritten sie vor dem König.

Da begann der König: »Diese sagt: ›Mein Kind lebt und dein Kind ist tot!‹ und jene sagt: ›Nein, dein Kind ist tot und mein Kind lebt.‹ Holt mir ein Schwert!« Man brachte es vor den König. Nun entschied er: »Schneidet das lebende Kind entzwei und gebt eine Hälfte der einen und eine Hälfte der anderen!«

Doch nun bat die Mutter des lebenden Kindes den König – es regte sich nämlich in ihr die mütterliche Liebe zu ihrem Kind: »Bitte, Herr, gebt ihr das lebende Kind und tötet es nicht!«

Doch die andere rief: »Es soll weder mir noch dir gehören. Zerteilt es!«

Da befahl der König: »Gebt jener das lebende Kind und tötet es nicht; denn sie ist seine Mutter.«

Ganz Israel hörte von dem Urteil, das der König gefällt hatte, und sie schauten mit Ehrfurcht zu ihm auf; denn sie erkannten, dass die Weisheit Gottes in ihm war, wenn er Recht sprach.

1 Könige 3,16-28

Salomo: (hebräisch »der Friedfertige«) Sohn und Nachfolger König Davids und dessen Frau Batseba, König von Gesamtisrael von 961–931. Salomo wird als unermesslich reicher König dargestellt (1 Kön 10,24-29), zugleich aber auch als weiser und gerechter Mensch. Schon vor seinem Amtsantritt hat er um Weisheit gebeten. Gott gewährt ihm diese Bitte, und schon bald kann Salomo ein »salomonisches Urteil« fällen: Im Streit von zwei Frauen um ein Kind findet er heraus, wer die wirkliche Mutter ist: »Die Weisheit Gottes war in ihm, wenn er Recht sprach.« Die entscheidende Leistung seiner Regierungszeit war neben einem weiteren Ausbau Jerusalems und einer Zeit des Friedens und Wohlstands für das Volk der Bau des Jerusalemer Tempels. Salomos Sohn Rehabeam wird sein Nachfolger.

Weisheit: Weisheit stellt den Versuch des Menschen dar, Einsicht in die Ordnung der Welt und die Lebenszusammenhänge zu gewinnen. Für Israel geht dies nicht ohne den Glauben an Gott: »Gottesfurcht ist der Anfang der Erkenntnis (der Weisheit)« (Sprüche 1,7). Die Weisheit wird als schöpferische Kraft angesehen, die den Menschen erfüllen kann.

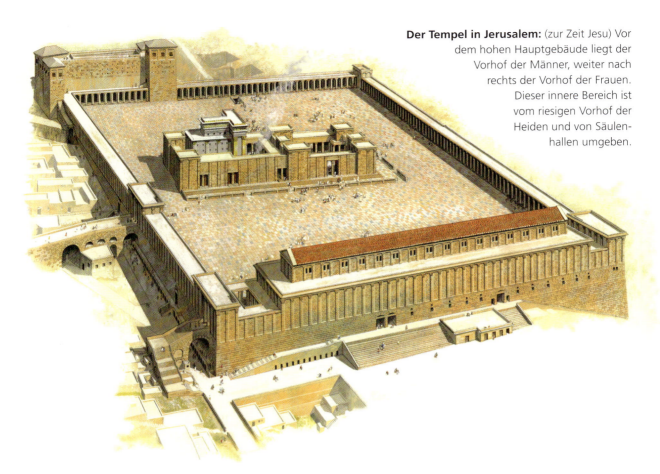

Der Tempel in Jerusalem: (zur Zeit Jesu) Vor dem hohen Hauptgebäude liegt der Vorhof der Männer, weiter nach rechts der Vorhof der Frauen. Dieser innere Bereich ist vom riesigen Vorhof der Heiden und von Säulenhallen umgeben.

Wie liebenswert ist deine
Wohnung, Herr der Heerscharen!
Meine Seele verzehrt sich
in Sehnsucht nach dem Tempel
des Herrn.
Mein Herz und mein Leib jauchzen
ihm zu, ihm, dem lebendigen Gott.
Wohl denen,
die wohnen in deinem Haus,
die dich allezeit loben.
Wohl den Menschen,
die Kraft finden in dir,
wenn sie sich zur Wallfahrt rüsten.
Denn Gott der Herr
ist Sonne und Schild.
Er schenkt Gnade und Herrlichkeit;
der Herr versagt denen,
die rechtschaffen sind, keine Gabe.
Herr der Heerscharen,
wohl dem, der dir vertraut!
aus Psalm 84

Der Tempel in Jerusalem

Im vierhundertachtzigsten Jahr nach dem Auszug der Israeliten aus Ägypten, im vierten Jahr der Regierung Salomos über Israel begann Salomo das Haus des Herrn zu bauen. Es war sechzig Ellen lang, zwanzig Ellen breit und dreißig Ellen hoch. Beim Bau des Hauses wurden Steine verwendet, die man schon im Steinbruch fertig behauen hatte. Als er den Bau des Hauses vollendet hatte, überdeckte er es mit Balken und Brettern aus Zedernholz.

Das Wort des Herrn erging an Salomo: »Dieses Haus, das du baust, – ich werde inmitten der Israeliten wohnen und mein Volk Israel nicht verlassen.«

So vollendete Salomo den Bau des Hauses; sieben Jahre hatte man an ihm gebaut. Er täfelte seine Innenwände mit Zedernholz aus; vom Fußboden bis zu den Balken der Decke ließ er eine Holzvertäfelung anbringen. Den Fußboden belegte er mit Zypressenholz.

Zwanzig Ellen vor der Rückseite des Hauses errichtete er vom Fußboden bis zum Gebälk eine Wand aus Zedernholz und schuf so die Gotteswohnung, das Allerheiligste. Vierzig

Ellen lang war der davorliegende Hauptraum. Im Innern hatte das Haus Zedernverkleidung mit eingeschnitzten Blumengewinden und Blütenranken. Er richtete die Gotteswohnung ein, um die Bundeslade des Herrn aufstellen zu können. Das Innere des Hauses ließ Salomo mit bestem Gold auskleiden.

In der Gotteswohnung ließ er zwei Kerubim aus Olivenholz anfertigen. Ihre Höhe betrug zehn Ellen. Ihre Flügel waren so ausgespannt, dass der Flügel des einen Kerubs die eine Wand, der Flügel des zweiten Kerubs die andere Wand, die Flügel in der Mitte des Raumes aber einander berührten. Er ließ die Kerubim mit Gold überziehen.

Er legte den inneren Hof an und umgab ihn mit einer Mauer aus drei Lagen Quadern und einer Lage Zedernbalken.

Dann versammelte Salomo alle Führer und Ältesten Israels, um die Bundeslade des Herrn aus der Stadt Davids heraufzuholen. Priester nahmen die Lade, brachten sie hinauf und stellten sie an ihren Platz in die Gotteswohnung des Hauses, in das Allerheiligste, unter die Flügel der Kerubim.

In der Lade befanden sich nur die zwei steinernen Tafeln, die Mose am Horeb hineingelegt hatte, die Tafeln des Bundes, den der Herr mit den Israeliten beim Auszug aus Ägypten geschlossen hatte.

Als dann die Priester aus dem Heiligtum traten, erfüllte die Wolke das Haus des Herrn. Die Herrlichkeit des Herrn erfüllte das Haus des Herrn.

Dann wandte sich der König um, segnete die ganze Versammlung Israels und betete: »Herr, Gott Israels, im Himmel oben und auf der Erde unten gibt es keinen Gott wie du. Wohnt denn Gott wirklich auf der Erde? Siehe, selbst der Himmel fasst dich nicht, wie viel weniger dieses Haus, das ich gebaut habe. Doch halte deine Augen offen über diesem Haus, von dem du gesagt hast, dass dein Name hier wohnen soll. Dann werden alle Völker der Erde dich erkennen. Sie werden dich fürchten, wie dein Volk Israel dich fürchtet.«

Salomo erhob sich und rief mit lauter Stimme: »Der Herr, unser Gott, sei mit uns, wie er mit unseren Vätern war. Er lenke unsere Herzen zu sich hin, damit wir auf seinen Wegen gehen. Mögen alle Völker der Erde erkennen, dass niemand Gott ist als der Herr allein.«

Dann brachten der König und ganz Israel dem Herrn Opfer dar, sieben Tage lang. Am achten Tag entließ Salomo das Volk. Sie priesen den König und gingen zu ihren Zelten, frohen Mutes und voll Freude über all das Gute, das der Herr Israel getan hatte.

aus 1 Könige 6; 8

Tempel: Der Tempel in Jerusalem war über tausend Jahre das religiöse Zentrum des Volkes Israel und der Juden. König David hatte Jerusalem zur Hauptstadt gemacht. Aber erst sein Sohn Salomo errichtete einen ersten Tempel, in dessen Allerheiligstem die Bundeslade aufbewahrt wurde. Dies war für Israel der Ort, wo Gott nahe war, an dem man ihm Opfer darbringen konnte, an dem sich das Volk zum Gebet versammelte – das »Haus des Herrn«: »Das Herz geht mir über, wenn ich daran denke: Wie ich zum Haus Gottes zog in festlicher Schar, mit Jubel und Dank in feiernder Menge« (Psalm 42,5).

Der erste, salomonische Tempel wurde zusammen mit der Stadt Jerusalem 587 vor Christus durch das Heer Babylons zerstört. Nach der Rückkehr aus dem Exil wurde der Tempel in kleinerer Form wieder aufgebaut. Das Allerheiligste blieb allerdings leer, da die Bundeslade verschollen war.

Herodes der Große ließ diesen kleinen Tempel ab dem Jahr 20 vor Christus erheblich vergrößern – der herodianische Tempel war das Tempelgebäude zur Zeit Jesu. Dieser Tempel wurde im Jahr 70 nach Christus von den Römern zerstört und nicht wieder aufgebaut. Nur ein kleiner Teil der westlichen Stützmauer ist erhalten geblieben, er wird »Klagemauer« genannt und ist für Juden eine wichtige Stätte des Gebetes.

Der Tempel bestand aus dem hohen Hauptgebäude mit dem darum gelegenen Vorhof der Männer, dem Vorhof der Frauen und dem riesigen Vorhof der Heiden. Dort waren auch Händler und Geldwechsler. Das eigentliche Tempelgebäude durfte nur von den Priestern, das darin befindliche Allerheiligste nur vom Hohenpriester betreten werden.

Der Zerfall des Reiches

Nach dem Tod Salomos wurde sein Sohn Rehabeam König. Rehabeam begab sich nach Sichem; denn dorthin war ganz Israel gekommen, um ihn zum König zu machen.

Jerobeam sagte zu Rehabeam: »Dein Vater hat uns ein hartes Joch auferlegt. Erleichtere du jetzt den harten Dienst. Dann wollen wir dir dienen.«

König Rehabeam beriet sich mit den älteren Männern, die zu Lebzeiten seines Vaters Salomo in dessen Dienst gestanden hatten. Er fragte sie: »Welchen Rat gebt ihr mir? Was soll ich diesem Volk antworten?«

Sie sagten zu ihm: »Wenn du heute auf sie hörst und freundlich mit ihnen redest, dann werden sie immer deine Diener sein.«

Doch Rehabeam verwarf diesen Rat und gab dem Volk eine harte Antwort: »Mein Vater hat euer Joch schwer gemacht. Ich werde es noch schwerer machen. Mein Vater hat euch mit Peitschen gezüchtigt, ich werde euch mit Skorpionen züchtigen.«

Als die Israeliten sahen, dass der König nicht auf sie hörte, gaben sie ihm zur Antwort: »Was haben wir mit dir zu schaffen? Kümmere du dich um dein Haus, David!«

So begab sich Israel zu seinen Zelten. Nur über die Israeliten, die in Juda wohnten, blieb Rehabeam König. Der Stamm Juda allein hielt noch zum Haus David. Israel fiel vom Haus David ab und ist abtrünnig bis zum heutigen Tag.

Als die Israeliten erfuhren, dass Jerobeam zurückgekehrt war, ließen sie ihn zur Versammlung rufen und machten ihn zum König über Israel. Jerobeam baute Sichem im Gebirge Efraim aus und ließ sich dort nieder.

Jerobeam dachte bei sich: »Wenn dieses Volk hinaufgeht, um im Tempel in Jerusalem Opfer darzubringen, wird sich sein Herz wieder dem König Rehabeam von Juda zuwenden. Mich werden sie töten.«

Er ließ zwei goldene Kälber anfertigen und sagte zum Volk: »Ihr seid schon zu viel nach Jerusalem hinaufgezogen. Hier ist dein Gott, Israel, der dich aus Ägypten heraufgeführt hat.«

Er stellte das eine Kalb in Bet-El auf, das andere brachte er nach Dan. Dies wurde Anlass zur Sünde.

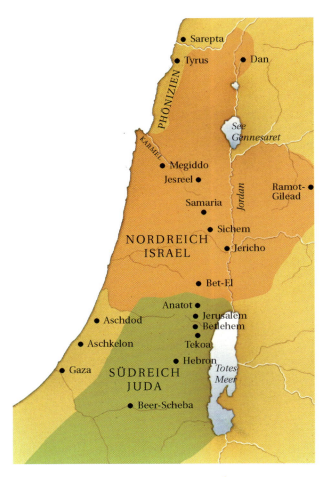

Nordreich – Südreich: Während der Königszeit Davids und Salomos war Israel ein Reich und hatte durch die Siege Davids eine große Ausdehnung erhalten. Nach dem Tod Salomos zerfiel das Reich in zwei Hälften. Das *Gebiet im Norden* wird ein eigenes Königreich und behält den Namen Israel. Jerobeam wird der erste König des Nordreiches. Das Reich im Süden heißt von nun an Juda (nach dem Stamm Juda), Jerusalem ist seine Hauptstadt. Das Nordreich Israel wird 722 von den Assyrern zerstört.
Nach dem Untergang des Nordreiches versteht sich Juda allein als Volk Gottes. Das Südreich wird 587 von den Babyloniern zerstört, nach dem Exil in Babylon aber wieder erneuert.

aus 1 Könige 12

Hiskija

Hiskija wurde König von Juda. Er regierte neunundzwanzig Jahre in Jerusalem. Genau wie David tat er, was dem Herrn gefiel und setzte sein Vertrauen auf den Herrn, den Gott Israels. Er schaffte die Kulthöhen der fremden Götter ab und zerbrach die Steinmale. Unter allen Königen Judas, die nach ihm kamen oder vor ihm lebten, war keiner wie er. Daher war der Herr mit ihm.
Hiskija fiel vom König von Assur ab und war ihm nicht länger untertan. Sanherib, der König von Assur, zog deshalb gegen alle befestigten Städte Judas und nahm sie ein. Hiskija schickte Boten zu Sanherib und ließ ihm sagen: »Lass ab von mir! Alles, was du mir auferlegst, will ich tragen.«
Hiskija musste alles Geld abliefern, das sich im Haus des Herrn und in den Schatzkammern des königlichen Palastes befand. Er legte ein Trauergewand an und sandte einen Boten zu dem Propheten Jesaja, dem Sohn des Amoz: »Bete für den Rest, der noch übrig ist.«
Jesaja antwortete: »Sagt zu eurem Herrn Folgendes: So spricht der Herr: Fürchte dich nicht vor dem König von Assur. Seht, ich lasse ihn in sein Land zurückkehren.«
Hiskija betete vor dem Herrn: »Herr, Gott Israels, du allein bist der Gott aller Reiche der Erde. Wende mir dein Ohr zu, Herr, und höre! Es ist wahr, Herr, die Könige von Assur haben die Völker vernichtet, ihre Länder verwüstet und ihre Götter ins Feuer geworfen. Aber das waren Werke von Menschenhand, aus Holz und Stein; darum konnte man sie vernichten. Du aber, Herr, unser Gott, rette uns aus der Hand Sanheribs, damit alle Reiche der Erde erkennen, dass du, Jahwe, Gott bist, du allein.«
Jesaja aber ließ Hiskija sagen: »So spricht der Herr über den König von Assur: Er wird nicht in diese Stadt eindringen. Ich werde diese Stadt beschützen und retten, um meinetwillen und um meines Knechtes David willen.«
In jener Nacht zog der Engel des Herrn aus und erschlug im Lager der Assyrer hundertfünfundachtzigtausend Mann. Da brach Sanherib, der König von Assur, auf und kehrte in sein Land nach Ninive zurück.

aus 2 Könige 18-20

Der Untergang des Nordreiches:
Hoschea wurde in Samaria König von Israel. Er regierte neun Jahre. Gegen ihn zog Salmanassar, der König von Assur. Hoschea musste sich ihm unterwerfen und Abgaben entrichten. Dann aber erfuhr der König von Assur, dass Hoschea an einer Verschwörung beteiligt war. Der König von Assur rückte gegen Samaria vor und belagerte es drei Jahre lang. Er eroberte die Stadt, verschleppte die Israeliten nach Assur und siedelte sie in den Städten der Meder an.
Die Bibel deutet dieses Geschehen vom Glauben her: Wer von Gott und dem Glauben an ihn abfällt, geht unter. Die Vernichtung des Nordreiches geschah demnach, weil die Israeliten sich gegen ihren Gott versündigten und fremde Götter verehrten. Darum wurde Gott über Israel zornig und verstieß es, sodass der Stamm Juda allein übrig blieb.
Der König von Assur brachte Leute aus Babel in das Land und siedelte sie anstelle der Israeliten in den Städten Samariens an. Sie nahmen Samarien in Besitz. Sie schufen sich eigene Götter und stellten sie in Höhentempeln auf, die von den Bewohnern Samariens erbaut worden waren (2 Könige 17).

Die Bücher der Chronik (1 Chr, 2 Chr): Die beiden Bücher beschreiben ebenso wie die Bücher Samuel und die Bücher der Könige die Königszeit Davids, Salomos und ihrer Nachfolger. Die Chronik ist wahrscheinlich 400-300 vor Christus von Tempeldienern in Jerusalem geschrieben worden.

Prophet: (hebräisch »nabi« = »Rufer«, griechisch »Vorhersager, Verkünder«) Bei Propheten geht es nicht um eine Vorhersage der Zukunft (»Ich prophezeie dir, dass dieses oder jenes eintreten wird ...«), sondern um eine Deutung des Willens Gottes für die Gegenwart. Dies geschieht aus der Erfahrung der Vergangenheit heraus. Die Deutung für die Gegenwart wird dann allerdings in die Zukunft verlängert. Die Funktion der biblischen Prophetie ist es also, den Menschen zu sagen, was Gott von ihnen erwartet.

Ein Prophet meint in vielen Religionen einen Menschen, der von Gott oder einer göttlichen Macht ergriffen ist und der gleichsam außer sich selbst gestellt mit Visionen und oft in Ekstase etwas außerhalb des normal Erfahrbaren aussagt. Das hebräische »nabi« meint dagegen einen von Gott Gerufenen, der selber das Volk rufen und ihm den Willen Gottes verkünden soll. Insofern können auch große Gestalten wie Mose Prophet genannt werden, nicht nur die »eigentlichen« Propheten wie Elija, Elischa, Jesaja, Jeremia, Amos und viele andere.

Elija: (hebräisch »mein Gott [El] ist Jahwe«) Einer der bedeutendsten Propheten des Alten Testaments, auch wenn es von ihm kein prophetisches Buch gibt. Elija lebt im 9. Jahrhundert zur Zeit des Königs Ahab im Nordreich Israel. Elija kämpft mit aller Kraft dafür, dass allein Jahwe als Gott verehrt wird. Die Verehrung von Baal, Aschera, Astarte und anderen Göttern ist für ihn Götzendienst und Abfall vom wahren Gott, die bestraft wird. Allein Jahwe ist Gott, dafür setzt sich Elija ein.

Prophetengeschichten:
Gottes Wort für sein Volk

Eine besondere Aufgabe haben in Israel die Propheten. Sie sind Rufer Gottes, Verkünder von Gottes Wort. Immer wieder treten Propheten auf, die Rat geben und deutlich machen, was zum Glauben an Gott gehört und wie das Leben in Israel vom Bund mit Gott her gestaltet werden soll. Die Propheten sind das Gewissen Israels, sie verweisen in Wort und Tat, in ihrer Botschaft und in Zeichenhandlungen, darauf, dass Gott die Mitte des Volkes ist und bleiben soll. Die Propheten machen einen wichtigen Teil der Glaubensgeschichte Israels aus.

Ahab und Elija

Ahab wurde König von Israel. Er tat, was dem Herrn missfiel, mehr als alle seine Vorgänger. Er nahm Isebel, die Tochter Etbaals, des Königs der Sidonier, zur Frau, ging hin, diente dem Baal und betete ihn an. Im Baalstempel, den er in Samaria baute, errichtete er einen Altar für den Baal.
Der Prophet Elija aus Tischbe in Gilead sprach zu Ahab: »So wahr der Herr, der Gott Israels, lebt, in dessen Dienst ich stehe: In diesen Jahren sollen weder Tau noch Regen fallen, es sei denn auf mein Wort hin.«

Walter Habdank, Der Prophet, 1980

Da wurden Ahab und Isebel zornig auf den Propheten. Doch erging das Wort des Herrn an Elija: »Geh weg von hier, wende dich nach Osten und verbirg dich am Bach Kerit östlich des Jordan! Aus dem Bach sollst du trinken und den Raben habe ich befohlen, dass sie dich dort ernähren.«

Elija ging weg und tat, was der Herr befohlen hatte; er begab sich zum Bach Kerit östlich des Jordan und ließ sich dort nieder. Die Raben brachten ihm Brot und Fleisch am Morgen und ebenso Brot und Fleisch am Abend und er trank aus dem Bach. Nach einiger Zeit aber vertrocknete der Bach; denn es fiel kein Regen im Land.

aus 1 Könige 16,29-17,7

Elija in Sarepta

Da erging das Wort des Herrn an Elija: »Mach dich auf und geh nach Sarepta, das zu Sidon gehört, und bleib dort! Ich habe dort einer Witwe befohlen, dich zu versorgen.«

Elija machte sich auf und ging nach Sarepta. Als er an das Stadttor kam, traf er dort eine Witwe, die Holz auflas. Er bat sie: »Bring mir in einem Gefäß ein wenig Wasser zum Trinken!«

Als sie wegging, um es zu holen, rief er ihr nach: »Bring mir auch einen Bissen Brot mit!«

Doch sie sagte: »So wahr der Herr, dein Gott, lebt: Ich habe nichts mehr vorrätig als eine Hand voll Mehl im Topf und ein wenig Öl im Krug. Ich lese hier ein paar Stücke Holz auf und gehe dann heim, um für mich und meinen Sohn etwas zuzubereiten. Das wollen wir noch essen und dann sterben.«

Elija entgegnete ihr: »Fürchte dich nicht! Geh heim und tu, was du gesagt hast. Nur mache zuerst für mich ein kleines Gebäck und bring es zu mir heraus! Danach kannst du für dich und deinen Sohn etwas zubereiten; denn so spricht der Herr, der Gott Israels: Der Mehltopf wird nicht leer werden und der Ölkrug nicht versiegen bis zu dem Tag, an dem der Herr wieder Regen auf den Erdboden sendet.«

Sie ging und tat, was Elija gesagt hatte. So hatte sie mit ihm und ihrem Sohn viele Tage zu essen. Der Mehltopf wurde nicht leer und der Ölkrug versiegte nicht, wie der Herr durch Elija versprochen hatte.

1 Könige 17,8-16

Der Sohn der Witwe

Nach einiger Zeit erkrankte der Sohn der Witwe, der das Haus gehörte. Die Krankheit verschlimmerte sich so, dass zuletzt kein Atem mehr in ihm war.

Da sagte sie zu Elija: »Was habe ich mit dir zu schaffen, Mann Gottes? Du bist nur zu mir gekommen, um an meine Sünde zu erinnern und meinem Sohn den Tod zu bringen.«

Er antwortete ihr: »Gib mir deinen Sohn!« Und er nahm ihn von ihrem Schoß, trug ihn in das Obergemach hinauf, in dem er wohnte, und legte ihn auf sein Bett.

Dann rief er zum Herrn und sagte: »Herr, mein Gott, willst du denn auch über die Witwe, in deren Haus ich wohne, Unheil bringen und ihren Sohn sterben lassen?«

Hierauf streckte er sich dreimal über den Knaben hin, rief zum Herrn und flehte: »Herr, mein Gott, lass doch das Leben in diesen Knaben zurückkehren!«

Der Herr erhörte das Gebet Elijas. Das Leben kehrte in den Knaben zurück und er lebte wieder auf.

Elija nahm ihn, brachte ihn vom Obergemach in das Haus hinab und gab ihn seiner Mutter zurück mit den Worten: »Sieh, dein Sohn lebt.«

Da sagte die Frau zu Elija: »Jetzt weiß ich, dass du ein Mann Gottes bist und dass das Wort des Herrn wirklich in deinem Mund ist.«

1 Könige 17,17-24

Götter: Auf einem langen Weg hat Israel zum Glauben an den Einen Gott gefunden, der seinen Namen mit »Jahwe«, »Ich-bin-da-für-euch« angibt. Die umliegenden Völker Israels haben andere Götter angebetet, meist mehrere. Oft, vor allem in der frühen Zeit, ist der Glaube an die Götter der umliegenden Völker auch nach Israel gekommen. Besonders die Propheten wandten sich mit aller Kraft gegen solche Strömungen.
In der alten Zeit verehrte man Mutter- und Fruchtbarkeitsgöttinnen (Aschera, Astarte, Artemis), Sonnen- und Mondgötter (etwa Marduk in Babylonien, Aton in Ägypten), aber auch Stammesgottheiten. Namen von wichtigen Göttern sind in Kanaan: Aschera, Baal, Moloch; in Babylon: Ischtar, Marduk; in Ägypten: Amon, Aton, Horus, Ptah, Re; in Griechenland: Artemis, Athene, Zeus, Dionysos; in Rom: Jupiter.

Baal: (hebräisch »Herr, Eigentümer«) Baal ist bei den alten Völkern des Vorderen Orients eine allgemeine Bezeichnung für Gott. Viele Völker verehren unterschiedliche Götter, unterschiedliche »Baale«: einen Himmelsgott, einen Gott, der für die Fruchtbarkeit der Erde zuständig ist …
Im Umfeld Israels und auch in Israel selbst wurden dieser Fruchtbarkeitsgott Baal und seine Partnerin Aschera verehrt. Für gläubige Juden war dies Götzendienst, nur Jahwe, der einzige Gott Israels durfte verehrt werden. Deshalb wandten sich die Propheten, allen voran Elija, gegen den Baalskult.

Jahwe ist der wahre Gott

Die Hungersnot war groß in Samaria. Da sprach Gott zu Elija: »Geh zu Ahab! Ich will Regen auf die Erde senden.« Als Ahab Elija sah, rief er: »Bist du es, Verderber Israels?« Elija entgegnete: »Nicht ich habe Israel ins Verderben gestürzt, sondern du, weil du die Gebote des Herrn übertreten hast und den Baalen nachgelaufen bist. Doch jetzt versammle mir ganz Israel auf dem Berg Karmel, auch die vierhundertfünfzig Propheten des Baal.«
Ahab ließ die Propheten auf dem Karmel zusammenkommen. Elija trat vor das Volk und rief: »Wie lange noch schwankt ihr nach zwei Seiten? Wenn Jahwe der wahre Gott ist, dann folgt ihm! Wenn aber Baal es ist, dann folgt diesem!«
Doch das Volk gab ihm keine Antwort. Da sagte Elija zum Volk: »Ich allein bin als Prophet des Herrn übrig geblieben; die Propheten des Baal aber sind vierhundertfünfzig. Man gebe uns zwei Stiere. Sie sollen einen auf das Holz legen, aber kein Feuer anzünden. Ich werde den andern auf das Holz legen und kein Feuer anzünden. Dann sollt ihr den Namen eures Gottes anrufen und ich werde den Namen des Herrn anrufen. Der Gott, der mit Feuer antwortet, ist der wahre Gott.«
Da rief das ganze Volk: »Der Vorschlag ist gut.«
Nun sagte Elija zu den Propheten des Baal: »Ruft ihr zuerst den Namen eures Gottes an, entzündet aber kein Feuer!«
Sie nahmen den Stier, den er ihnen überließ, und bereiteten ihn zu. Dann riefen sie vom Morgen bis zum Mittag den Namen des Baal an und schrien: »Baal, erhöre uns!« Doch es kam kein Laut. Sie tanzten hüpfend um den Altar. Um die Mittagszeit verspottete sie Elija und sagte: »Ruft lauter! Vielleicht schläft euer Gott und wacht dann auf.« Sie schrien nun mit lauter Stimme. Doch es kam keine Antwort.
Nun baute Elija den zerstörten Altar Jahwes wieder auf. Er nahm zwölf Steine, nach der Zahl der Stämme der Söhne Jakobs. Er legte den Stier auf den Altar und rief: »Herr, Gott Abrahams, Isaaks und Israels, heute soll dieses Volk erkennen, dass du, Herr, der wahre Gott bist.«
Da kam das Feuer des Herrn herab und verzehrte das Brandopfer. Das ganze Volk sah es, warf sich auf das Angesicht nieder und rief: »Jahwe ist Gott, Jahwe ist Gott!«
Elija sagte zu Ahab: »Geh, ich höre das Rauschen des Regens.« Es dauerte nicht lange, da verfinsterte sich der Himmel durch Sturm und Wolken und es fiel ein starker Regen.

aus 1 Könige 18

Elija am Horeb

Ahab erzählte seiner Frau Isebel alles, was Elija getan hatte. Sie ließ ihm sagen: »Ich werde dich töten.« Elija geriet in Angst und ging weg, um sein Leben zu retten. Er ging eine Tagereise weit in die Wüste hinein.
Dort setzte er sich unter einen Ginsterstrauch und wünschte sich den Tod. Er sagte: »Nun ist es genug, Herr. Nimm mein Leben; denn ich bin nicht besser als meine Väter.« Dann legte er sich unter den Ginsterstrauch und schlief ein. Doch ein Engel rührte ihn an und sprach: »Steh auf und iss!«
Als Elija um sich blickte, sah er neben seinem Kopf Brot, das in glühender Asche gebacken war, und einen Krug mit Wasser. Er aß und trank und legte sich wieder hin.
Doch der Engel des Herrn kam zum zweiten Mal, rührte ihn an und sprach: »Steh auf und iss! Sonst ist der Weg zu weit für dich.«
Da stand er auf, aß und trank und wanderte, durch diese Speise gestärkt, vierzig Tage und vierzig Nächte bis zum Gottesberg Horeb.
Dort ging er in eine Höhle, um darin zu übernachten. Doch das Wort des Herrn erging an ihn: »Was willst du hier, Elija?« Er sagte: »Mit leidenschaftlichem Eifer bin ich für den Herrn, den Gott der Heere, eingetreten, weil die Israeliten deinen Bund verlassen, deine Altäre zerstört und deine Propheten mit dem Schwert getötet haben. Ich allein bin übrig geblieben und nun trachten sie auch mir nach dem Leben.«
Der Herr antwortete: »Komm heraus und stell dich auf den Berg vor den Herrn!«
Da zog der Herr vorüber: Ein starker, heftiger Sturm, der die Berge zerriss und die Felsen zerbrach, ging dem Herrn voraus. Doch der Herr war nicht im Sturm. Nach dem Sturm kam ein Erdbeben. Doch der Herr war nicht im Erdbeben. Nach dem Beben kam ein Feuer. Doch der Herr war nicht im Feuer. Nach dem Feuer kam ein sanftes, leises Säuseln. Als Elija es hörte, hüllte er sein Gesicht in den Mantel, trat hinaus und stellte sich an den Eingang der Höhle.

1 Könige 19,1-13

Jyoti Sahi, Licht des Lebens

Gott und die Götter
Die Götzen der Völker
sind nur Silber und Gold,
ein Machwerk von Menschenhand.
Sie haben einen Mund
und reden nicht,
Augen und sehen nicht;
sie haben Ohren und hören nicht,
eine Nase und riechen nicht;
mit ihren Händen
können sie nicht greifen,
mit den Füßen nicht gehen.
Die sie gemacht haben,
sollen ihrem Machwerk gleichen,
alle, die den Götzen vertrauen.
Israel, vertrau auf den Herrn!
Er ist für euch Helfer und Schild.

aus Psalm 115

Elischa: (hebräisch »Gott hat geholfen«) Schüler und Nachfolger des großen Propheten Elija. Ebenso wie von Elija werden von Elischa viele Wunder berichtet. Er vermehrt Brot, er heilt einen Aussätzigen, er weckt einen Toten auf. Christen verstehen ihn durch diese Wunder als Vorläufer Jesu.

Marc Chagall,
Der Sonnenwagen, 1977

Die Berufung Elischas

Elija traf Elischa, den Sohn Schafats beim Pflügen. Im Vorbeigehen warf Elija seinen Mantel über ihn. Sogleich verließ Elischa die Rinder, eilte Elija nach und bat ihn: »Lass mich noch meinem Vater und meiner Mutter den Abschiedskuss geben; dann werde ich dir folgen.«
Elija antwortete: »Geh, aber komm dann zurück! Bedenke, was ich an dir getan habe.«
Elischa ging von ihm weg, nahm seine zwei Rinder und schlachtete sie. Mit dem Joch der Rinder kochte er das Fleisch und setzte es den Leuten zum Essen vor. Dann stand er auf, folgte Elija und trat in seinen Dienst.

1 Könige 19,19-21

Die Entrückung Elijas

Elija ging mit Elischa von Gilgal weg. Fünfzig Prophetenjünger folgten ihnen und blieben in einiger Entfernung stehen. Die beiden traten an den Jordan. Hier nahm Elija seinen Mantel, rollte ihn zusammen und schlug mit ihm auf das Wasser. Dieses teilte sich und sie schritten trockenen Fußes hindurch. Während sie miteinander gingen und redeten, erschien ein feuriger Wagen mit feurigen Pferden und trennte beide voneinander. Elija fuhr im Wirbelsturm zum Himmel empor.
Elischa sah es und rief laut: »Mein Vater, mein Vater! Wagen Israels und sein Lenker!« Dann hob er den Mantel auf, der Elija entfallen war, kehrte um und trat an das Ufer des Jordan. Er nahm den Mantel, schlug mit ihm auf das Wasser und rief: »Wo ist der Herr, der Gott des Elija?« Als er auf das Wasser schlug, teilte es sich und Elischa ging hinüber.
Die Prophetenjünger von Jericho sahen ihn und sagten: »Der Geist des Elija ruht auf Elischa.« Sie warfen sich vor ihm zur Erde nieder.

aus 2 Könige 2,1-18

Die Totenerweckung

Eines Tages ging Elischa nach Schunem. Dort kehrte er zum Essen oft bei einer Frau ein.
Diese sagte zu ihrem Mann: »Ich weiß, dass dieser Mann, der ständig bei uns vorbeikommt, ein heiliger Gottesmann ist. Wir wollen ein kleines, gemauertes Obergemach herrichten und dort ein Bett, einen Tisch, einen Stuhl und einen Leuchter für ihn bereitstellen. Wenn er dann zu uns kommt, kann er sich dorthin zurückziehen.«
Als Elischa eines Tages wieder hinkam, ging er in das Obergemach, um dort zu schlafen. Dann fragte er seinen Diener Gehasi: »Was können wir für diese Frau tun?«
Gehasi: »Nun, sie hat keinen Sohn und ihr Mann ist alt.«
Da rief Elischa sie herein und versicherte ihr: »Im nächsten Jahr um diese Zeit wirst du einen Sohn liebkosen.«
Die Frau wurde schwanger und im nächsten Jahr gebar sie einen Sohn.
Als das Kind herangewachsen war, ging es eines Tages zu seinem Vater hinaus zu den Schnittern. Dort klagte es ihm: »Mein Kopf, mein Kopf!« Am Mittag starb es auf den Knien seiner Mutter.
Die Frau stieg nun in das obere Gemach hinauf, legte das Kind auf das Bett des Gottesmannes und schloss die Tür hinter ihm ab. Dann reiste sie ab und kam zum Gottesmann auf den Karmel. Sie umfasste sie seine Füße und sagte: »Habe ich denn meinen Herrn um einen Sohn gebeten? Habe ich nicht gesagt: Mach mir keine falschen Hoffnungen?«
Elischa stand auf und folgte ihr. Als Elischa in das Haus kam, lag das Kind tot auf seinem Bett. Er ging in das Gemach, schloss die Tür hinter sich und dem Kind und betete zum Herrn. Dann trat er an das Bett und warf sich über das Kind; er legte seinen Mund auf dessen Mund, seine Augen auf dessen Augen, seine Hände auf dessen Hände. Als er sich so über das Kind hinstreckte, kam Wärme in dessen Leib. Es nieste siebenmal und öffnete die Augen.
Nun rief Elischa die Schunemiterin und sagte zu ihr: »Nimm deinen Sohn!«
Sie trat hinzu, fiel Elischa zu Füßen und verneigte sich bis zur Erde. Dann nahm sie ihren Sohn und ging hinaus.

aus 2 Könige 4,8-37

Die Wunder der Propheten: Unter den Erzählungen über die Propheten Israels, besonders über Elija und Elischa, finden sich viele Erzählungen über wunderbare Ereignisse: Da werden Brot und Öl vermehrt, Feuer fällt vom Himmel und verzehrt eine Opfergabe, ja, selbst Tote werden auferweckt. Menschen heute fragen sich: Wie kann so etwas sein, wie können Wunder geschehen?
Solche Bedenken waren nicht die Fragen der Menschen damals, als diese Texte zuerst erzählt und dann auch schriftlich gefasst wurden. Vielmehr ging es den Erzählern dieser Wunderberichte (wie den biblischen Schriftstellern überhaupt) um ein Bekenntnis ihres Glaubens zu dem Gott, der immer wieder mit Menschen handelt und sie in der Not nicht allein lässt. Die Wundererzählungen also sind durchzogen vom Bekenntnis zum befreienden und barmherzigen Gott – das ist ihr eigentlicher Sinn. Nicht die Frage »Was ist da genau passiert?« ist wichtig, sondern das Bekenntnis dazu, dass durch das Eingreifen und die Nähe Gottes Hunger, Not und Tod gewendet werden.
Die Wundererzählungen über die Propheten Elija und Elischa haben für Christen noch eine andere Bedeutung: Es fällt auf, dass es im Neuen Testament Wundererzählungen über Jesus gibt, die denen über Elija und Elischa sehr ähnlich sind. Auch bei Jesus gibt es eine große Speisung, bei der die Brote für alle reichen – nur werden bei ihm viel mehr Menschen satt. Auch bei Jesus werden Tote auferweckt – nur liegt bei ihm der tote Lazarus schon drei Tage im Grab, bevor er durch Jesus neues Leben erhält: Jesus wird also von den Evangelisten als der gezeichnet, der das Wirken der alttestamentlichen Propheten überbietet und übersteigt: Jesus ist der große Prophet, in dem Gott uns nahe kommt.

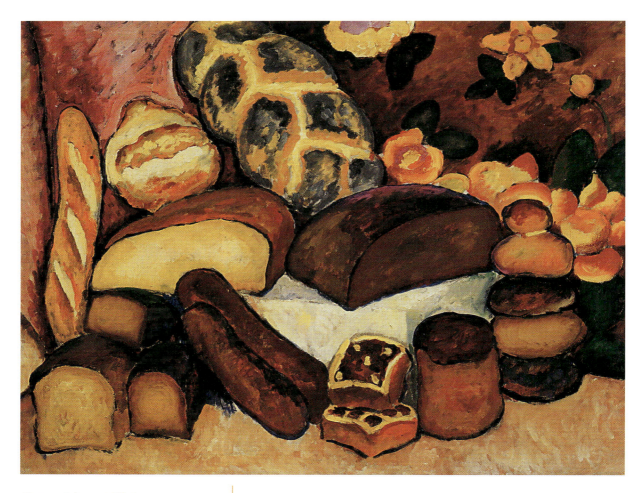

Ilja Maschkow, Stillleben Brot, 1912

Die Brotvermehrung

Einmal kam ein Mann von Baal-Schalischa und brachte dem Gottesmann Brot von Erstlingsfrüchten, zwanzig Gerstenbrote, und frische Körner in einem Beutel.
Elischa befahl seinem Diener: »Gib es den Leuten zu essen!«
Doch dieser sagte: »Wie soll ich das hundert Männern vorsetzen?«
Elischa aber sagte: »Gib es den Leuten zu essen! Denn so spricht der Herr: Man wird essen und noch übrig lassen.«
Nun setzte er es ihnen vor; und sie aßen und ließen noch übrig, wie der Herr gesagt hatte.

2 Könige 4,42-44

Die Anklage des Amos

Spruch des Herrn:
Weh denen, die das Recht in Bitterkeit verwandeln
und die Gerechtigkeit zu Boden schlagen.
Bei Gericht hassen sie den, der zur Gerechtigkeit mahnt,
und wer Wahres redet, den verabscheuen sie.
Ich kenne eure vielen Vergehen
und eure zahlreichen Sünden.
Ihr bringt den Unschuldigen in Not,
ihr lasst euch bestechen
und weist den Armen ab bei Gericht.
Darum schweigt in dieser Zeit, wer klug ist;
denn es ist eine böse Zeit.
Sucht das Gute, nicht das Böse;
dann werdet ihr leben
und dann wird, wie ihr sagt,
der Herr, der Gott der Heere, bei euch sein.
Hasst das Böse, liebt das Gute
und bringt bei Gericht das Recht zur Geltung!
Vielleicht ist der Herr, der Gott der Heere,
dem Rest Israels dann gnädig.
Ich hasse eure Feste, ich verabscheue sie
und kann eure Feiern nicht riechen.
Wenn ihr mir Brandopfer darbringt,
habe ich kein Gefallen an euren Gaben
und eure fetten Heilsopfer will ich nicht sehen.
Weg mit dem Lärm deiner Lieder!
Dein Harfenspiel will ich nicht hören,
sondern das Recht ströme wie Wasser,
die Gerechtigkeit wie ein nie versiegender Bach.

aus Amos 5,7-15.21-24

Amos (Am): Der Prophet Amos ist um das Jahr 750 Schafhirte und Feigenzüchter in der Nähe von Jerusalem, als Gott ihn zum Propheten beruft. Er warnt die Reichen und fordert Recht und Gerechtigkeit. Die Wohlhabenden im Volk sollen mit den Armen teilen. Alle aber sollen sich neu am Wort Gottes orientieren. Israel soll Gott aus ganzem Herzen suchen, es soll nach Gottes Wort hungern. Wenn es dies nicht tut, kommt es zum Gericht Gottes über sein Volk.

Die Verheißung des Heils
Seht, es kommen Tage –
Spruch des Herrn –:
Dann wende ich das Geschick
meines Volkes Israel.
Sie bauen die verwüsteten Städte
wieder auf
und wohnen darin;
sie pflanzen Weinberge
und trinken den Wein,
sie legen Gärten an
und essen die Früchte.
Nie mehr werden sie ausgerissen
aus ihrem Land,
das ich ihnen gegeben habe,
spricht der Herr, dein Gott.

Amos 9,13-15

Der wahre Hunger

Seht, es kommen Tage – Spruch Gottes, des Herrn –,
da schicke ich den Hunger ins Land,
nicht den Hunger nach Brot,
nicht Durst nach Wasser,
sondern nach einem Wort des Herrn.
Dann ziehen die Menschen von Meer zu Meer,
von Norden nach Osten,
um das Wort des Herrn zu suchen.

Amos 8,11-12

Hosea (Hos): Der Prophet Hosea wirkte von 750–735 vor Christus im Nordreich Israel; seine Botschaft: Israel ist zwar Gott untreu geworden und hat Strafe verdient, aber dennoch liebt der Herr sein Volk. Israel soll zum Liebesbund mit Gott zurückkehren, zum Neuen Bund Gottes mit den Menschen. Dann wird überall Frieden sein.

»Große« und »Kleine« Propheten: Die Bibelwissenschaft unterscheidet zwischen den so genannten Großen Propheten (Jesaja, Jeremia, Ezechiel) und den zwölf Kleinen Propheten (Hosea, Joël, Amos, Obadja, Jona, Micha, Nahum, Habakuk, Zefanja, Haggai, Sacharja, Maleachi). Diese Einteilung hat nichts mit der Bedeutung der prophetischen Bücher zu tun, sondern allein mit der Länge des Textes: Die Bücher der Kleinen Propheten sind nicht so umfangreich wie die der Großen.

Gottes Auftrag an Hosea

Der Herr sprach zu Hosea zu der Zeit, als Jerobeam König von Israel war: »Das Land hat den Herrn, seinen Gott verlassen. Ihr seid nicht mein Volk, und ich bin nicht der ›Ich-bin-da‹ für euch. Von jetzt ab habe ich kein Erbarmen mehr mit dem Haus Israel, nein, ich entziehe es ihnen.«

aus Hosea 1

Gottes große Liebe zu Israel

Als Israel jung war, gewann ich ihn lieb,
ich rief meinen Sohn aus Ägypten.
Je mehr ich sie rief,
desto mehr liefen sie von mir weg.
Sie opferten den Baalen
und brachten den Götterbildern Rauchopfer dar.
Sie aber haben nicht erkannt, dass ich sie heilen wollte.
Mit menschlichen Fesseln zog ich sie an mich,
mit den Ketten der Liebe.
Ich war da für sie wie die Eltern,
die den Säugling an ihre Wangen heben.
Ich neigte mich ihm zu und gab ihm zu essen.
Wie könnte ich dich preisgeben, wie dich aufgeben, Israel?
Mein Mitleid lodert auf.
Denn ich bin Gott, nicht ein Mensch,
der Heilige in deiner Mitte.

aus Hosea 11,1-9

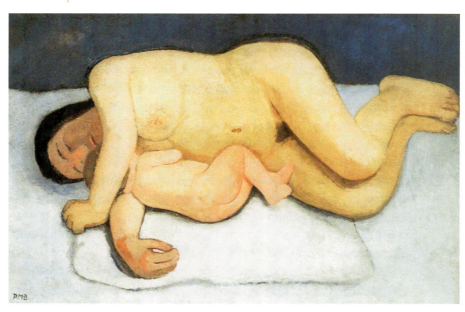

Paula Modersohn-Becker,
Liegende Mutter mit Kind,
1906

Der neue Bund

An jenem Tag – Spruch des Herrn –
wirst du zu mir sagen: Mein Gott!,
und nicht mehr: Mein Baal!
Ich lasse die Namen der Baale
aus ihrem Mund verschwinden,
sodass niemand mehr ihre Namen anruft.
Ich schließe für Israel an jenem Tag einen Bund
mit den Tieren des Feldes und den Vögeln des Himmels
und mit allem, was auf dem Erdboden kriecht.
Ich zerbreche Bogen und Schwert,
es gibt keinen Krieg mehr im Land,
ich lasse sie Ruhe und Sicherheit finden.
Ich traue dich mir an auf ewig;
ich traue dich mir an
um den Brautpreis von Gerechtigkeit und Recht,
von Liebe und Erbarmen,
ich traue dich mir an um den Brautpreis meiner Treue:
Dann wirst du den Herrn erkennen.

Hosea 2,18-22

Das Bußgebet des Volkes

Kommt,
wir kehren zum Herrn zurück!
Denn er hat Wunden gerissen,
er wird uns auch heilen;
er hat verwundet,
er wird auch verbinden.
Nach zwei Tagen gibt er uns
das Leben zurück,
am dritten Tag
richtet er uns wieder auf,
und wir leben
vor seinem Angesicht.
Lasst uns streben nach Erkenntnis,
nach der Erkenntnis des Herrn.
Er kommt so sicher
wie das Morgenrot;
er kommt zu uns wie der Regen,
wie der Frühjahrsregen,
der die Erde tränkt.

Hosea 6,1-3

Die Botschaft des Micha

Sie aber hassen das Gute
und lieben das Böse.
Der Herr aber wird sein Angesicht vor ihnen verbergen;
denn ihre Taten sind böse.

aus Micha 3,2-4

Es ist dir gesagt worden,
Mensch, was gut ist
und was der Herr von dir erwartet:
Nichts anderes als dies:
Recht tun, Güte und Treue lieben,
den Weg gehen mit deinem Gott.

Micha 6,8

Der Herr spricht Recht im Streit vieler Völker,
er weist mächtige Nationen zurecht.
Dann schmieden sie Pflugscharen aus ihren Schwertern
und Winzermesser aus ihren Lanzen.
Man zieht nicht mehr das Schwert, Volk gegen Volk,
und übt nicht mehr für den Krieg.

Micha 2,3

> **Micha (Mi):** Der Prophet Micha ist ein Zeitgenosse Jesajas; einige Prophetensprüche sind sogar in beiden Büchern gleich (vgl. Seite 89). Die Botschaft Michas richtet sich an Israel wie an Juda. Die Sprüche Michas sind sowohl Gerichtsandrohungen für das untreue Volk als auch Heilsverheißungen. Besonders greift Micha die Reichen an, durch deren Rechtlosigkeit das Volk in den Untergang geführt wird. Der Bund mit Gott besteht darin, Recht zu tun. Wenn dies geschieht, wird Gott eine Zeit des umfassenden Friedens und des Heils für alle Menschen herbeiführen.

Jesaja (Jes): (hebräisch »Gott ist Heil«) Das Buch Jesaja besteht aus drei Teilen, die zu verschiedenen Zeiten entstanden sind.
Der erste Teil (Jes 1-35) geht auf eine geschichtliche Gestalt zurück, den Propheten **Jesaja**, der 738 vor Christus von Gott berufen wurde. Damals wurde nicht nur das Nordreich Israel, sondern auch das Südreich Juda mit Jerusalem von den Heeren Assurs bedroht. Jesaja sieht das Gericht Gottes unmittelbar bevorstehen und ruft zur Umkehr auf. Diese soll sich vor allem im Ausgleich von Arm und Reich zeigen. Wenn Israel umkehrt, wird eine Zeit des Heils beginnen, ein messianisches Reich.
Der zweite Teil des Buches (nach einem Zwischenstück [36-39] die Kapitel 40-55) ist im Exil in Babylon (vgl. Seite 92) entstanden und wird **Deuterojesaja** (= »Zweiter Jesaja«) genannt. Der namentlich unbekannte Prophet verkündet dem Volk im Exil eine Botschaft der Hoffnung. Gott wird sein Volk erlösen und aus der Fremde zurück in seine Heimat führen (ein zweiter Exodus).
Nach dem Exil entstand ein dritter Teil (Jes 56-66) des Buches, **Tritojesaja** genannt (= »Dritter Jesaja«). Seine Hoffnungsbotschaft: Auf dem Zion (= Jerusalem) kommt das Volk Gottes zusammen, es beginnt eine neue Zeit des Heils für alle Völker, denn Gott erschafft einen neuen Himmel und eine neue Erde.

Die Berufung Jesajas zum Propheten

Im Todesjahr des Königs Usija sah ich den Herrn. Er saß auf einem hohen und erhabenen Thron. Der Saum seines Gewandes füllte den Tempel aus. Engel standen über ihm. Jeder hatte sechs Flügel: Mit zwei Flügeln bedeckten sie ihr Gesicht, mit zwei bedeckten sie ihre Füße und mit zwei flogen sie. Sie riefen einander zu:
»Heilig, heilig, heilig ist der Herr der Heere.
Von seiner Herrlichkeit ist die ganze Erde erfüllt.«
Die Türschwellen bebten bei ihrem lauten Ruf und der Tempel füllte sich mit Rauch.
Da sagte ich: »Weh mir, ich bin verloren. Denn ich bin ein Mann mit unreinen Lippen und lebe mitten in einem Volk mit unreinen Lippen und meine Augen haben den König, den Herrn der Heere, gesehen.«
Da flog einer der Serafim zu mir; er trug in seiner Hand eine glühende Kohle, die er mit einer Zange vom Altar genommen hatte. Er berührte damit meinen Mund und sagte: »Das hier hat deine Lippen berührt: Deine Schuld ist getilgt, deine Sünde gesühnt.«
Danach hörte ich die Stimme des Herrn, der sagte: »Wen soll ich senden? Wer wird für uns gehen?«
Ich antwortete: »Hier bin ich, sende mich!«

Jesaja 6,1-8

Richard Baus,
Du hast mein Herz ver-rückt, 2000

Die Kritik Jesajas

Hört das Wort des Herrn!
Vernimm die Weisung unseres Gottes, du Volk Israel!
Was soll ich mit euren vielen Schlachtopfern?
Bringt mir nicht länger sinnlose Gaben,
Rauchopfer, die mir ein Gräuel sind.
Wenn ihr kommt, um mein Angesicht zu schauen,
wenn ihr auch noch so viel betet,
ich höre es nicht.
Eure Hände sind voller Blut.
Wascht euch, reinigt euch!
Lasst ab von eurem üblen Treiben!
Hört auf, vor meinen Augen Böses zu tun!
Lernt, Gutes zu tun!
Sorgt für das Recht! Helft den Unterdrückten!
Verschafft den Waisen Recht,
tretet ein für die Witwen!

aus Jesaja 1,10-17

Die Verheißung Jesajas

Das Wort, das Jesaja, der Sohn des Amoz,
in einer Vision über Juda und Jerusalem gehört hat.
Am Ende der Tage wird es geschehen:
Der Berg mit dem Haus des Herrn
steht fest gegründet als höchster der Berge;
er überragt alle Hügel.
Zu ihm strömen alle Völker.
Viele Nationen machen sich auf den Weg.
Sie sagen: »Kommt, wir ziehen hinauf zum Berg des Herrn
und zum Haus des Gottes Jakobs.
Er zeige uns seine Wege,
auf seinen Pfaden wollen wir gehen.
Denn von Zion kommt die Weisung des Herrn,
aus Jerusalem sein Wort.
Er spricht Recht im Streit der Völker,
er weist viele Nationen zurecht.«
Dann schmieden sie Pflugscharen aus ihren Schwertern
und Winzermesser aus ihren Lanzen.
Man zieht nicht mehr das Schwert, Volk gegen Volk,
und übt nicht mehr für den Krieg.
Ihr vom Haus Jakob, kommt,
wir wollen unsere Wege gehen im Licht des Herrn.

Jesaja 2,1-5

Die Wüste wird zum Garten

Wenn aber der Geist aus der
Höhe über uns ausgegossen wird,
dann wird die Wüste zum Garten
und der Garten wird
zu einem Wald.
In der Wüste wohnt das Recht,
die Gerechtigkeit weilt
in den Gärten.
Das Werk der Gerechtigkeit
wird der Friede sein,
der Ertrag der Gerechtigkeit
sind Ruhe und Sicherheit für immer.
Mein Volk wird an einer Stätte
des Friedens wohnen,
in sicheren Wohnungen,
an stillen und ruhigen Plätzen.
Wohl euch!
Ihr könnt an allen Gewässern säen
und eure Rinder und Esel
frei laufen lassen.

Jesaja 32,15-18.20

Friede und Glück für Israel

Nur noch kurze Zeit,
dann verwandelt sich
der Libanon in einen Garten,
und der Garten
wird zu einem Wald.
An jenem Tag hören alle,
die taub sind,
sogar Worte,
die nur geschrieben sind,
und die Augen der Blinden sehen
selbst im Dunkeln und Finstern.
Die Erniedrigten freuen sich
wieder über den Herrn,
und die Armen jubeln über ihn.
Denn der Unterdrücker
ist nicht mehr,
ausgerottet sind alle,
die Böses tun wollen.

aus Jesaja 29,17-20

> **Jeremia (Jer):** Das Buch Jeremia besteht aus Sprüchen gegen Juda und Jerusalem, die vor einer unheilvollen Politik warnen. Doch versucht Jeremia, auch in der Situation der Bedrängnis Trost zu geben. Immer wieder spricht der Prophet auch über sein eigenes Empfinden, über seine Gefühle. Deshalb wissen wir über sein Leben mehr als über das Leben der anderen Propheten.

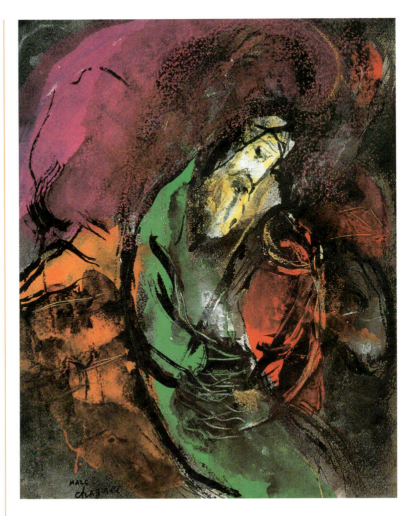

Marc Chagall, Jeremias

Ein König wie David
Seht, es kommen Tage,
Spruch des Herrn,
da werde ich für David
einen gerechten Spross erwecken.
Er wird als König herrsachen
und weise handeln,
für Recht und Gerechtigkeit
wird er sorgen im Land.
In seinen Tagen wird Juda
gerettet werden.
Israel kann in Sicherheit wohnen.
man wird ihm den Namen geben:
Der Herr ist unsere Gerechtigkeit.
Jeremia 23,5-6

Die Berufung Jeremias zum Propheten

Das Wort des Herrn erging an mich: »Noch ehe ich dich im Mutterleib formte, habe ich dich ausersehen, noch ehe du aus dem Mutterschoß hervorkamst, habe ich dich geheiligt, zum Propheten für die Völker habe ich dich bestimmt.«
Da sagte ich: »Ach, mein Gott und Herr, ich kann doch nicht reden, ich bin ja noch so jung.«
Aber der Herr erwiderte mir: »Sag nicht: Ich bin noch so jung. Wohin ich dich auch sende, dahin sollst du gehen, und was ich dir auftrage, das sollst du verkünden. Fürchte dich nicht; denn ich bin mit dir, – Spruch des Herrn.«
Dann streckte der Herr seine Hand aus, berührte meinen Mund und sagte zu mir: »Hiermit lege ich meine Worte in deinen Mund. Sieh her! Am heutigen Tag setze ich dich über Völker und Reiche; du sollst ausreißen und niederreißen, vernichten und einreißen, aufbauen und einpflanzen.«
Jeremia 1,4-10

Die Tempelrede

Das Wort, das vom Herrn an Jeremia erging: »Stell dich an das Tor des Tempels! Dort ruf dieses Wort aus und sprich: ›Hört das Wort des Herrn, ganz Juda, alle, die ihr durch diese Tore kommt, um dem Herrn zu huldigen.‹
So spricht der Herr der Heere, der Gott Israels: ›Bessert euer Verhalten und euer Tun, dann will ich bei euch wohnen hier an diesem Ort. Denn nur wenn ihr euer Verhalten und euer Tun von Grund auf bessert, wenn ihr gerecht entscheidet im Rechtsstreit, wenn ihr die Fremden, die Waisen und Witwen nicht unterdrückt, unschuldiges Blut an diesem Ort nicht vergießt und nicht anderen Göttern nachlauft zu eurem eigenen Schaden, dann will ich bei euch wohnen hier an diesem Ort, in dem Land, das ich euren Vätern gegeben habe für ewige Zeiten.
Freilich, ihr vertraut auf anderes: stehlen, morden, die Ehe brechen, falsch schwören, dem Baal opfern und anderen Göttern nachlaufen, und dann kommt ihr und tretet vor mein Angesicht in diesem Haus. Ist denn in euren Augen dieses Haus, über dem mein Name ausgerufen ist, eine Räuberhöhle geworden?
Deshalb werde ich diesen Tempel zerstören. Verstoßen werde ich euch von meinem Angesicht.‹«

aus Jeremia 7,1-15

Ich werde ihr Gott sein

Seht, es werden Tage kommen – Spruch des Herrn –, in denen ich mit dem Haus Israel und dem Haus Juda einen neuen Bund schließen werde, nicht wie der Bund war, den ich mit ihren Vätern geschlossen habe, als ich sie bei der Hand nahm, um sie aus Ägypten herauszuführen. Diesen meinen Bund haben sie gebrochen, obwohl ich ihr Gebieter war – Spruch des Herrn.
Denn das wird der Bund sein, den ich nach diesen Tagen mit dem Haus Israel schließe – Spruch des Herrn: Ich lege mein Gesetz in sie hinein und schreibe es auf ihr Herz. Ich werde ihr Gott sein und sie werden mein Volk sein.
Keiner wird mehr den andern belehren, man wird nicht zueinander sagen: ›Erkennt den Herrn!‹, sondern sie alle, Klein und Groß, werden mich erkennen. Denn ich verzeihe ihnen die Schuld, an ihre Sünde denke ich nicht mehr.

Jeremia 31,31-34

Jeremia: (hebräisch »Gott erhöht«) Um 650 vor Christus geboren, stammt Jeremia aus einer Priesterfamilie. 627 wird er zum Prophet berufen. Jeremia wirkte in Jerusalem und mischte sich in die Politik ein: Er warnte davor, sich auf Ägypten zu verlassen, das heranrückende Babylon ist für ihn die stärkere Macht. Doch gilt, sein ganzes Vertrauen auf Gott zu setzen, dann wird das Volk gerettet. Jeremia zeigt Gott als einen, der eine unbedingte Liebe zu seinem Volk empfindet (wie eine »Mutter«). Seine Prophetenworte sollen von seinem Schreiber Baruch schriftlich niedergelegt worden sein. Jeremia zählt mit Elija, Jesaja, Ezechiel und Amos zu den großen prophetischen Gestalten Israels.

Propheten und Politik: Die Botschaft der biblischen Propheten stand oft in scharfem Gegensatz zu dem Verhalten der Mächtigen, zum Königshof und zu den Reichen. Deshalb wundert es nicht, dass viele Propheten Verfolgung erleiden mussten. Ihre Botschaft von Recht und Gerechtigkeit wurden bei denen nicht gern gehört, die gegen das Recht verstießen und die Armen ausnutzten. So hat es auch Versuche gegeben, die Botschaft der Propheten einer Zensur zu unterziehen. Von Jeremia wird erzählt, dass König Jojakim eine Buchrolle mit den Worten des Propheten Stück für Stück in einem Feuer zerstörte (vgl. Jeremia 36). Doch Jeremia ließ sich davon und von den Drohungen des Königshofes nicht beeindrucken und diktierte seinem Schreiber Baruch seine Prophetenworte erneut.

Babylonisches Exil: Im Jahr 587 eroberten babylonische Truppen die Stadt Jerusalem und zerstörten das Südreich Juda. Das Volk Israel hatte damit seine Freiheit verloren. Die Sieger führten einen Teil des Volkes (vor allem den König und die Mächtigen und Reichen) in die Gefangenschaft nach Babylon. Dort wohnten sie in eigenen Stadtvierteln zwar unter Aufsicht, aber doch recht selbstständig.
Erst 539, als der persische König Kyrus II. Babylon eroberte, konnten die Juden in ihr Land zurückkehren und Jerusalem und den Tempel wieder aufbauen. Für die Juden bedeutete das Exil in Babylon den Verlust all dessen, was ihnen bisher wichtig war: Ihr Land, ihre Stadt Jerusalem, ihr Tempel, der Tempelgottesdienst ... – alles war verloren: »An den Strömen von Babel, da saßen wir und weinten, wenn wir an Zion (Jerusalem) dachten« (Psalm 137,1).

Klagelieder (des Jeremia – Klgl): Eine Sammlung von fünf Klageliedern, die Jeremia zugeschrieben werden. Der Verfasser beklagt die Zerstörung Jerusalems und ruft zu Buße und Umkehr auf. So soll aus dem Vertrauen zu Gott heraus ein Neuanfang möglich werden.

Max Ernst,
Die versteinerte Stadt, 1935

Völkergeschichten:
Exil und Rückkehr

Die Zerstörung Jerusalems und des Jerusalemer Tempels im Jahr 587 vor Christus war ein tiefer Einschnitt in der Geschichte des jüdischen Volkes. In der Zeit des Exils (der babylonischen Gefangenschaft) versuchte das Volk eine Neuorientierung des Glaubens an Jahwe. Klage über das Verlorene und zugleich Hoffnung auf einen Neubeginn führten zu einer umfassenden Sicht der Heilsgeschichte Gottes mit den Menschen. In dieser Zeit wurden die meisten biblischen Schriften, angefangen vom ersten Schöpfungsbericht in Genesis 1 bis zu den Königsgeschichten, umgeformt oder ganz neu geschrieben: Die Geschichte Israels (des jüdischen Volkes) liegt ebenso in der mächtigen und gütigen Hand Gottes wie die Geschichte aller Völker.

Die Zerstörung Jerusalems

Nebukadnezzar, der König von Babel, zog herauf. König Jojakim von Juda war ihm drei Jahre untertan; dann aber fiel er von ihm ab. Der Herr sandte nun die Heere der Babylonier gegen ihn. Er ließ sie über Juda herfallen und es verwüsten. Jojakim starb, und sein Sohn Jojachin wurde König an seiner Stelle. Wie sein Vater tat er, was dem Herrn missfiel.
In jener Zeit zogen die Truppen Nebukadnezzars, des Königs von Babel, gegen Jerusalem und belagerten die Stadt.

Als dann König Nebukadnezzar von Babel selbst vor der Stadt erschien, während seine Krieger sie belagerten, ging Jojachin, der König von Juda zum König von Babel hinaus, und dieser nahm ihn fest.
Nebukadnezzar nahm auch alle Schätze des Tempels und die Schätze des königlichen Palastes weg und zerbrach alle goldenen Geräte, die Salomo, der König von Israel, im Haus des Herrn hatte anfertigen lassen.
Jojachin verschleppte er nach Babel. Auch die Mutter des Königs, die königlichen Frauen und Kämmerer sowie die einflussreichen Männer des Landes verschleppte er von Jerusalem nach Babel, dazu alle Wehrfähigen, siebentausend Mann, die Schmiede und Schlosser, tausend an der Zahl, lauter kriegstüchtige Männer. Von den Bürgern des Landes blieben nur die geringen Leute zurück, nur von den armen Leuten im Land ließ er einen Teil als Bauern zurück.
Zidkija wurde König in Israel. Doch elf Jahre später erhob auch er sich gegen Nebukadnezzar. Der König von Babylon rückte abermals mit seinem Heer gegen Jerusalem vor. Er steckte den Tempel, den königlichen Palast und alle Häuser Jerusalems in Brand. Jedes große Haus ließ er in Flammen aufgehen. Auch die Umfassungsmauern Jerusalems rissen die babylonischen Truppen nieder. Zidkija aber wurde geblendet.

aus 2 Könige 24,1-25,12

Gefangen ist Juda im Elend

Weh, wie einsam sitzt da die einst so volkreiche Stadt.
Einer Witwe wurde gleich die Große unter den Völkern.
Sie weint und weint des Nachts Tränen auf ihren Wangen.
Gefangen ist Juda im Elend, in harter Knechtschaft.
Nun weilt sie unter den Völkern und findet nicht Ruhe.
Die Wege nach Zion trauern, niemand pilgert zum Fest,
verödet sind all ihre Tore.
Gewichen ist von der Tochter Zion all ihre Pracht.
Schwer gesündigt hatte Jerusalem,
deshalb ist sie zum Abscheu geworden.
Ihr alle, die ihr des Weges zieht, schaut doch und seht,
ob ein Schmerz ist wie mein Schmerz, mit dem der Herr
mich geschlagen hat am Tag seines Zornes.
Hört doch, alle ihr Völker und seht meinen Schmerz:
Meine Mädchen, meine jungen Männer
zogen in die Gefangenschaft.

aus Klagelieder 1

Klage über Jerusalem
Gott, die Heiden haben deinen
heiligen Tempel entweiht
und Jerusalem in Trümmer gelegt.
Die Leichen deiner Knechte
haben sie zum Fraß gegeben
den Vögeln des Himmels.
Ihr Blut haben sie wie Wasser
vergossen rings um Jerusalem,
und keiner hat sie begraben.
Zum Schimpf sind wir geworden
in den Augen der Nachbarn,
zu Spott und Hohn bei allen,
die rings um uns wohnen.
Wie lange noch, Herr?
Willst du auf ewig zürnen?
Um der Ehre deines Namens willen
hilf uns, du Gott unsres Heils!

aus Psalm 79

Erinnerung an Jerusalem
An den Strömen von Babel,
da saßen wir und weinten,
wenn wir an Zion dachten.
Wir hängten unsere Harfen
an die Weiden in jenem Land.
Dort verlangten von uns
die Zwingherren Lieder,
unsere Peiniger forderten Jubel:
»Singt uns Lieder vom Zion!«
Wie könnten wir singen
die Lieder des Herrn,
fern, auf fremder Erde?
Wenn ich dich je vergesse,
Jerusalem,
dann soll mir die Hand verdorren.
Die Zunge soll mir
am Gaumen kleben,
wenn ich an dich nicht mehr denke,
wenn ich Jerusalem nicht
zu meiner höchsten Freude
erhebe.
Tochter Babel, du Zerstörerin!
Wohl dem, der dir heimzahlt,
was du uns getan hast!

aus Psalm 137

Ezechiel (Ez): Der Prophet Ezechiel lebte am Beginn der Exilszeit Israels in Babylon. In seiner Botschaft spricht er vom Unheil, das Israel getroffen hat, zugleich aber auch von der Hoffnung auf eine Wende und auf neues, von Gott geschenktes Heil.

David Bomberg,
Vision Ezechiels, 1912

Ein neuer Geist
So spricht Gott, der Herr:
»Ich schenke euch ein neues Herz und lege einen neuen Geist in euch. Ich nehme das Herz von Stein aus eurer Brust und gebe euch ein Herz von Fleisch. Ich lege meinen Geist in euch und bewirke, dass ihr meinen Gesetzen folgt und auf meine Gebote achtet und sie erfüllt. Dann werdet ihr in dem Land wohnen, das ich euren Vätern gab. Ihr werdet mein Volk sein und ich werde euer Gott sein.«

Ezechiel 36,26-28

Die Vision von der Auferweckung Israels

Die Hand des Herrn legte sich auf mich und der Herr brachte mich mitten in die Ebene. Sie war voll von Gebeinen. Ich sah sehr viele über die Ebene verstreut liegen; sie waren ganz ausgetrocknet.
Er fragte mich: »Menschensohn, können diese Gebeine wieder lebendig werden?«
Ich antwortete: »Herr und Gott, das weißt nur du.«
Da sagte er zu mir: »Sprich als Prophet über diese Gebeine und sag zu ihnen: ›Ihr ausgetrockneten Gebeine, hört das Wort des Herrn! So spricht Gott, der Herr, zu diesen Gebeinen: Ich spanne Sehnen über euch und umgebe euch mit Fleisch; ich überziehe euch mit Haut und bringe Geist in euch, dann werdet ihr lebendig. Dann werdet ihr erkennen, dass ich der Herr bin.‹«
Da sprach ich als Prophet, wie mir befohlen war; und noch während ich redete, hörte ich auf einmal ein Geräusch: Die Gebeine rückten zusammen, Bein an Bein. Und als ich hinsah, waren plötzlich Sehnen auf ihnen und Fleisch umgab sie und Haut überzog sie. Aber es war noch kein Geist in ihnen.
Da sagte er: »Rede als Prophet zum Geist, rede, Menschensohn: ›So spricht Gott, der Herr: Geist, komm herbei von den vier Winden! Hauch diese Erschlagenen an, damit sie lebendig werden.‹«
Da sprach ich als Prophet, wie er mir befohlen hatte, und es kam Geist in sie. Sie wurden lebendig und standen auf – ein großes, gewaltiges Heer.
Er sagte zu mir: »Menschensohn, diese Gebeine sind das ganze Haus Israel. Jetzt sagt Israel: ›Ausgetrocknet sind unsere Gebeine, unsere Hoffnung ist untergegangen, wir sind verloren.‹ Deshalb tritt als Prophet auf und sag zu ihnen: ›So spricht Gott, der Herr: Ich öffne eure Gräber und hole euch, mein Volk, aus euren Gräbern herauf. Ich bringe euch zurück in das Land Israel. Wenn ich euch, mein Volk, aus euren Gräbern heraufhole, dann werdet ihr erkennen, dass ich der Herr bin. Ich hauche euch meinen Geist ein, dann werdet ihr lebendig. Dann werdet ihr erkennen, dass ich der Herr bin. Ich habe gesprochen und ich führe es aus – Spruch des Herrn.‹«

Ezechiel 37,1-14

Die Hoffnung des Deuterojesaja

Jetzt aber – so spricht der Herr,
der dich geschaffen hat, Israel:
Fürchte dich nicht,
denn ich habe dich beim Namen gerufen, du gehörst mir.
Denn ich, der Herr, bin dein Gott, ich bin dein Retter.

Jesaja 43,1.3

So spricht der Herr, der einen Weg durch das Meer bahnt,
einen Pfad durch das gewaltige Wasser.
Denkt nicht mehr an das, was früher war;
auf das, was vergangen ist, sollt ihr nicht achten.
Seht her, nun mache ich etwas Neues.
Schon kommt es zum Vorschein, merkt ihr es nicht?
Ja, ich lege einen Weg an durch die Steppe
und Straßen durch die Wüste.
Das Volk, das ich mir erschaffen habe,
wird meinen Ruhm verkünden.

aus Jesaja 43,16-21

Der Herr hat mich schon im Mutterleib berufen;
als ich noch im Schoß meiner Mutter war,
hat er meinen Namen genannt.
Er sagte zu mir: Du bist mein Knecht, Israel,
an dem ich meine Herrlichkeit zeigen will.
Und er sagte: Es ist zu wenig, dass du mein Knecht bist,
nur um Israel wieder aufzurichten
und die Verschonten Israels heimzuführen.
Ich mache dich zum Licht für die Völker;
damit mein Heil bis an das Ende der Erde reicht.

aus Jesaja 49,1-6

Zion sagt: »Der Herr hat mich verlassen,
Gott hat mich vergessen.«
Kann denn eine Frau ihr Kindlein vergessen,
eine Mutter ihren leiblichen Sohn?
Und selbst wenn sie ihn vergessen würde:
ich vergesse dich nicht.
Sieh her: Ich habe dich eingezeichnet in meine Hände.

Jesaja 49,14-16

Die Hoffnung des Tritojesaja

Die Wallfahrt der Völker nach Jerusalem
Auf, werde licht,
denn es kommt dein Licht
und die Herrlichkeit des Herrn
geht leuchtend auf über dir.
Denn siehe,
Finsternis bedeckt die Erde
und Dunkel die Völker,
doch über dir erscheint
die Herrlichkeit des Herrn.
Völker wandern zu deinem Licht
und Könige
zu deinem strahlenden Glanz.

Jesaja 60,1-3

Doch bist du, Herr, unser Vater.
Wir sind der Ton
und du bist unser Töpfer,
wir alle sind
das Werk deiner Hände.

Jesaja 64,7

Denn so spricht der Herr zu Israel:
Wie einen Strom
leite ich den Frieden zu euch
und den Reichtum der Völker
wie einen rauschenden Bach.
Eure Kinder wird man
auf den Armen tragen
und auf den Knien schaukeln.
Wie eine Mutter ihren Sohn tröstet,
so tröste ich euch;
in Jerusalem findet ihr Trost.
Euer Herz wird sich freuen
und ihr werdet aufblühen
wie frisches Gras.
So zeigt sich die Hand des Herrn
an seinen Knechten.

Jesaja 66,12-14

Die Hoffnung der Propheten ging in Erfüllung: Das Volk kehrte zurück und baute Jerusalem und den Tempel wieder auf.

Als der persische König Kyrus das babylonische Reich eroberte, ließ er das aus Juda und Jerusalem verbannte Volk wieder heimkehren. Das Volk baute die Stadt Jerusalem und auch den Tempel wieder auf. Vor allem aber bekannte es sich neu zum Bund mit Gott – ein neuer Anfang sollte erfolgen für Land, Volk und den Glauben an Gott. Davon berichten die beiden Bücher Esra und Nehemia, aber auch der Prophet Sacharja.

Esra: (griechisch »Gott ist Hilfe«) Das kleine Buch erzählt von der Heimkehr des Volkes aus dem Exil in Babylon und vom Wiederaufbau der Stadt Jerusalem und des Tempels. Esra ist ein Priester und Schriftgelehrter, dem der neue Bundesschluss Gottes mit seinem Volk besonders wichtig ist.

Nehemia (Neh): (hebräisch »Gott tröstet«) Nehemia ist ein jüdischer Laie, der vom persischen Hof nach Israel zurückkehrt und dort Statthalter des persischen Königs wird. Er organisiert das Leben in der Stadt und bemüht sich um soziale Gerechtigkeit. Dem Volk schärft er die religiösen Gebote neu ein und ordnet die Feier des Sabbats.

Sacharja (Sach): Der Prophet fordert nach dem Exil eine Neuordnung Israels. In der Mitte des Volkes sollen der Tempel und der priesterliche Dienst am Tempel stehen: Sacharja macht dem Volk Mut. Gott selber wird in ihrer Mitte wohnen.

Heimkehr aus dem Exil

Im ersten Jahr des Königs Kyrus von Persien erfüllte sich, was der Herr durch Jeremia gesprochen hatte. Kyrus ließ in seinem ganzen Reich den Befehl verkünden: »So spricht der König Kyrus von Persien: Der Herr, der Gott des Himmels, hat mir alle Reiche der Erde verliehen. Er selbst hat mir aufgetragen, ihm in Jerusalem in Juda ein Haus zu bauen. Jeder unter euch, der zu seinem Volk gehört, soll nach Jerusalem in Juda hinaufziehen und das Haus des Herrn, des Gottes Israels, aufbauen.«
Da machten sich die Familien von Juda und Benjamin auf den Weg, um nach Jerusalem zu ziehen und dort das Haus des Herrn zu bauen.

aus Esra 1,1-5

Das Volk nimmt das Gesetz Gottes neu an

Das ganze Volk versammelte sich geschlossen auf dem Platz vor dem Wassertor und bat den Schriftgelehrten Esra, das Buch mit dem Gesetz des Mose zu holen. Vom frühen Morgen bis zum Mittag las Esra den Männern und Frauen das Gesetz vor. Das ganze Volk lauschte auf das Buch des Gesetzes.
Esra öffnete das Buch vor aller Augen, denn er stand höher als das versammelte Volk. Als er das Buch aufschlug, erhoben sich alle. Dann pries Esra den großen Gott.
Alle antworteten mit erhobenen Händen: »Amen, amen!«
Esra las aus dem Buch, dem Gesetz Gottes, in Abschnitten vor und gab dazu Erklärungen, sodass die Leute das Vorgelesene verstehen konnten.
Der Statthalter Nehemia, der Priester und Schriftgelehrte Esra sagten dann zum ganzen Volk: »Heute ist ein heiliger Tag zu Ehren des Herrn, eures Gottes. Nun geht, haltet ein festliches Mahl und trinkt süßen Wein! Schickt auch denen etwas, die selbst nichts haben; denn heute ist ein heiliger Tag zur Ehre des Herrn. Macht euch keine Sorgen; denn die Freude am Herrn ist eure Stärke.«
Da gingen alle Leute nach Hause, um zu essen und zu trinken und auch andern davon zu geben und um ein großes Freudenfest zu begehen; denn sie hatten die Worte des Herrn verstanden, die man ihnen verkündet hatte.

aus Nehemia 8,1-12

Marc Chagall,
Der Prophet Sacharja
spricht mit dem Engel
(vgl. Sacharja 4)

Sacharjas Aufruf an die Verbannten in Babylon

Auf! Flieht aus dem Land des Nordens – Spruch des Herrn.
Auf, Zion, die du in Babel wohnst, rette dich!
Denn so spricht der Herr der Heere:
Wer euch antastet, tastet meinen Augapfel an.
Ja, jetzt hole ich mit meiner Hand zum Schlag gegen sie aus.
Und ihr werdet erkennen, dass der Herr mich gesandt hat.
Juble und freue dich, Tochter Zion;
denn siehe, ich komme und wohne in deiner Mitte.
An jenem Tag werden sich viele Völker dem Herrn
anschließen und sie werden mein Volk sein
und ich werde in deiner Mitte wohnen.
Der Herr aber wird Juda in Besitz nehmen.
Und er wird Jerusalem wieder auserwählen.
Alle Welt schweige in der Gegenwart des Herrn.

aus Sacharja 2,1-10

Das Danklied der Erlösten

Danket dem Herrn,
denn er ist gütig,
denn seine Huld währt ewig.
So sollen alle sprechen,
die vom Herrn erlöst sind,
die er von den Feinden befreit hat.
Sie, die in ihrer Bedrängnis
schrien zum Herrn,
die er ihren Ängsten entriss
und die er führte
auf geraden Wegen,
sodass sie zur wohnlichen Stadt
gelangten:
sie alle sollen dem Herrn danken
für seine Huld,
für sein wunderbares Tun
an den Menschen.

Sie, die saßen in Dunkel
und Finsternis,
gefangen in Elend und Eisen,
die er herausführte
aus Dunkel und Finsternis
und deren Fesseln er zerbrach:
sie alle sollen dem Herrn danken
für seine Huld,
für sein wunderbares Tun
an den Menschen.

Sie sollen ihn
in der Gemeinde des Volkes rühmen,
ihn loben im Kreis der Alten.
Wer ist weise
und beachtet das alles,
wer begreift
die reiche Huld des Herrn?

aus Psalm 107

Daniel (Dan): Im Buch Daniel (hebräisch: »Gott ist Richter«) sind Erzählstücke aus unterschiedlichen Zeiten zusammengefasst. Zum einen sind es Erzählungen von Daniel und anderen Personen (die drei Männer im Feuerofen). Zum anderen sind es Visionen, Ausblicke auf die Endzeit der Welt: Es wird eine große Katastrophe geben, doch nach der Bedrängnis kommt das Reich Gottes und die Vollendung der Menschheit in der Gemeinschaft mit Gott. Diese Visionen stammen aus der späten Zeit des Volkes Israel und sind nicht in die Hebräische Bibel aufgenommen. Im Buch Daniel geht es häufig (etwa bei der Erzählung von Nebukadnezars Traum) um eine Kritik an den weltlichen Mächten. Allein Gott soll Herr und König sein – so sagt der biblische Schriftsteller.

Daniel am Hof des Königs

Nebukadnezzar, der König von Babel, zog gegen Jerusalem und belagerte es. Und der Herr gab König Jojakim von Juda sowie einen Teil der Geräte aus dem Haus Gottes in Nebukadnezzars Gewalt. Er verschleppte die Geräte in das Land Schinar, in das Schatzhaus seines Gottes.

Dann befahl der König, einige junge Israeliten an den Hof zu bringen; sie sollten frei von jedem Fehler sein, schön an Gestalt, in aller Weisheit unterrichtet und reich an Kenntnissen; sie sollten einsichtig und verständig sein und geeignet, im Palast des Königs Dienst zu tun.

Unter diesen Männern waren aus dem Stamm Juda Daniel, Hananja, Mischaël und Asarja. Der Oberkämmerer gab ihnen andere Namen: Daniel nannte er Beltschazzar, Hananja Schadrach, Mischaël Meschach und Asarja Abed-Nego.

Und Gott verlieh diesen vier jungen Leuten Wissen und Verständnis in jeder Art Schrifttum und Weisheit; Daniel verstand sich auch auf Visionen und Träume aller Art.

Als ihre Ausbildung zu Ende war, unterhielt sich der König mit ihnen und fand Daniel, Hananja, Mischaël und Asarja allen anderen überlegen. Sie traten in den Dienst des Königs.

aus Daniel 1

Nebukadnezzars Traum

König Nebukadnezzar von Babylon hatte einen Traum. Er ließ die Zeichendeuter und Wahrsager zusammenrufen. Sie kamen und traten vor den König.

Der König sagte zu ihnen: »Ich habe einen Traum gehabt, und ich möchte den Traum verstehen.«

Die Wahrsager sagten zu ihm: »Erzähl deinen Knechten den Traum, dann geben wir dir die Deutung.«

Der König antwortete: »Wenn ihr mir nicht den Traum und seine Deutung sagen könnt, dann werdet ihr in Stücke gerissen. Gebt mir also den Traum und seine Deutung an!«

Sie hielten dem König entgegen: »Niemand auf der Welt kann sagen, was der König verlangt.«

Darüber wurde der König so wütend, dass er befahl, alle Weisen in Babel umzubringen. So waren auch Daniel und seine Freunde in Gefahr, getötet zu werden.

Aber Daniel, ging zum König. Der König sagte zu Daniel: »Bist du wirklich imstande, mir das Traumgesicht, das ich hatte, und seine Deutung zu sagen?«

Der Herr ist König

Singt dem Herrn ein neues Lied,
singt dem Herrn,
alle Länder der Erde!
Singt dem Herrn
und preist seinen Namen,
verkündet sein Heil von Tag zu Tag!
Erzählt bei den Völkern
von seiner Herrlichkeit,
bei allen Nationen
von seinen Wundern!
Denn groß ist der Herr
und hoch zu preisen,
mehr zu fürchten als alle Götter.
Alle Götter der Heiden
sind nichtig,
der Herr aber
hat den Himmel geschaffen.
Hoheit und Pracht
sind vor seinem Angesicht,
Macht und Glanz
in seinem Heiligtum.
Verkündet bei den Völkern:
Der Herr ist König.

aus Psalm 96

Daniel antwortete dem König: »Weise und Zeichendeuter vermögen dem König das Geheimnis nicht zu enthüllen. Aber es gibt im Himmel einen Gott, der Geheimnisse offenbart. Der Traum, den du hattest, war so:
Du sahst ein gewaltiges Standbild. Es war groß und von außergewöhnlichem Glanz; es war furchtbar anzusehen. An diesem Standbild war das Haupt aus reinem Gold; Brust und Arme waren aus Silber, der Körper und die Hüften aus Bronze. Die Beine waren aus Eisen, die Füße aber zum Teil aus Eisen, zum Teil aus Ton.
Du sahst, wie sich ein Stein von einem Berg löste, gegen die eisernen und tönernen Füße des Standbildes schlug und sie zermalmte. Da wurden Eisen und Ton, Bronze, Silber und Gold mit einem Mal zu Staub. Der Wind trug sie fort und keine Spur war mehr von ihnen zu finden. Der Stein aber, wurde zu einem großen Berg und erfüllte die ganze Erde.
Das war der Traum. Nun sagen wir, was er bedeutet:
Du, König, bist der König der Könige; dir hat der Gott Herrschaft und Macht verliehen. Du bist das goldene Haupt. Nach dir kommt ein anderes Reich, geringer als deines; dann ein drittes Reich, von Bronze. Ein viertes endlich wird hart wie Eisen sein; und alle anderen zerschlagen und zerschmettern. Die Füße und Zehen waren, wie du gesehen hast, teils aus Ton, teils aus Eisen; das bedeutet: Das Reich wird geteilt sein.
Zur Zeit jener Könige wird aber Gott ein Reich errichten, das in Ewigkeit nicht untergeht. Es wird alle jene Reiche zermalmen und vernichten; es selbst aber wird in alle Ewigkeit bestehen. Du hast ja gesehen, dass ohne Zutun von Menschenhand ein Stein vom Berg losbrach und Eisen, Bronze und Ton, Silber und Gold zermalmte.«
Da warf sich König Nebukadnezzar auf sein Gesicht nieder und sagte: »Es ist wahr: Euer Gott ist der Gott der Götter und der Herr der Könige.«
Dann verlieh der König dem Daniel einen hohen Rang und gab ihm reiche Geschenke; er machte ihn zum Gebieter über die ganze Provinz Babel. Auf Daniels Bitte betraute der König Schadrach, Meschach und Abed-Nego mit der Verwaltung der Provinz Babel; Daniel selbst aber blieb am königlichen Hof.

aus Daniel 2

Dem Herrn gehört die Erde
Dem Herrn gehört die Erde
und was sie erfüllt,
der Erdkreis und seine Bewohner.
Denn er hat ihn auf Meere gegründet,
ihn über Strömen befestigt.
Ihr Tore, hebt euch nach oben,
hebt euch, ihr uralten Pforten;
denn es kommt
der König der Herrlichkeit.
Wer ist der König der Herrlichkeit?
Der Herr, stark und gewaltig,
der Herr, mächtig im Kampf.
Ihr Tore, hebt euch nach oben,
hebt euch, ihr uralten Pforten;
denn es kommt
der König der Herrlichkeit.
Wer ist der König der Herrlichkeit?
Der Herr der Heerscharen,
er ist der König der Herrlichkeit.

Psalm 24,1-2.7-10

Max Ernst, Ubu Imperator, 1923

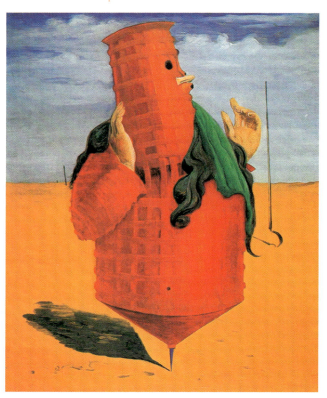

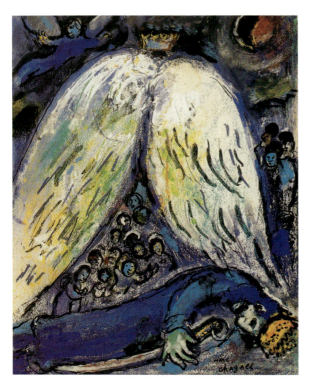

Marc Chagall, Der schützende Engel

Die drei jungen Männer im Feuerofen

König Nebukadnezzar ließ ein goldenes Standbild machen und in der Provinz Babel aufstellen. Nun verkündete der Herold mit mächtiger Stimme: »Ihr Männer aus allen Völkern! Ihr sollt niederfallen und das goldene Standbild anbeten. Wer es aber nicht anbetet, wird in den glühenden Feuerofen geworfen.«

Alle beteten das Standbild an außer Schadrach, Meschach und Abed-Nego. Da befahl Nebukadnezzar voll Zorn und Wut, die drei in den glühenden Feuerofen zu werfen. Nebukadnezzar ließ den Ofen siebenmal stärker heizen, als man ihn gewöhnlich heizte.

Die drei Männer aber, Schadrach, Meschach und Abed-Nego, fielen gefesselt in den glühenden Feuerofen. Aber der Engel des Herrn war zusammen mit Asarja und seinen Gefährten in den Ofen hinabgestiegen. Er trieb die Flammen des Feuers aus dem Ofen hinaus und machte das Innere des Ofens so, als wehte ein taufrischer Wind. Das Feuer berührte sie gar nicht; es tat ihnen nichts zuleide und belästigte sie nicht.

Da erschrak der König Nebukadnezzar; er fragte: »Haben wir nicht drei Männer gefesselt ins Feuer geworfen? Ich sehe aber vier Männer frei im Feuer umhergehen. Sie sind unversehrt und der vierte sieht aus wie ein Göttersohn.«

Nebukadnezzar ging zum glühenden Ofen und rief: »Schadrach, Meschach und Abed-Nego, ihr Diener des höchsten Gottes, steigt heraus, kommt her!«

Da kamen Schadrach, Meschach und Abed-Nego aus dem Feuer heraus. Das Feuer hatte keine Macht über ihren Körper gehabt. Kein Haar auf ihrem Kopf war versengt. Ihre Mäntel waren unversehrt und nicht einmal Brandgeruch haftete ihnen an.

Da rief Nebukadnezzar aus: »Gepriesen sei der Gott Schadrachs, Meschachs und Abed-Negos. Denn er hat seinen Engel gesandt und seine Diener gerettet. Darum ordne ich an: Jeder, der vom Gott des Schadrach, Meschach und Abed-Nego verächtlich spricht, zu welchem Volk er auch gehört, soll in Stücke gerissen werden. Denn es gibt keinen anderen Gott, der auf diese Weise retten kann.

Darauf sorgte der König dafür, dass es Schadrach, Meschach und Abed-Nego in der Provinz Babel gut ging.

aus Daniel 3

Der Lobgesang der drei jungen Männer im Feuerofen

Da sangen die drei im Ofen
wie aus einem Mund,
sie rühmten und priesen Gott
mit den Worten:
Gepriesen bist du,
Herr, du Gott unserer Väter,
gelobt und gerühmt in Ewigkeit.

Preist den Herrn,
all ihr Werke des Herrn;
lobt und rühmt ihn in Ewigkeit!
Preist den Herrn,
ihr *Himmel*;
lobt und rühmt ihn in Ewigkeit!
Preist den Herrn,
all ihr Mächte des Herrn;
lobt und rühmt ihn in Ewigkeit!
Preist den Herrn,
Sonne und Mond;
lobt und rühmt ihn in Ewigkeit!

Daniel in der Löwengrube

König Darius setzte über das Reich drei oberste Beamte ein, zu denen auch Daniel gehörte. Daniel zeichnete sich vor den anderen Beamten aus. Da suchten sie einen Grund, um Daniel anzuklagen. Sie konnten aber kein Vergehen finden. Doch dann hatten sie eine Idee und gingen zum König:
»König Darius, mögest du ewig leben. Wir raten dir, ein Dekret in Kraft zu setzen: Jeder, der an irgendeinen Gott oder Menschen außer an dich, König, eine Bitte richtet, der soll in die Löwengrube geworfen werden.«
König Darius unterzeichnete das Verbot. Als Daniel erfuhr, dass das Schreiben unterzeichnet war, ging er in sein Haus. Die Fenster waren nach Jerusalem hin offen. Dort kniete er dreimal am Tag nieder und betete zu seinem Gott.
Nun schlichen sich jene Männer heran und fanden Daniel, wie er zu seinem Gott betete. Darauf sagten sie dem König: »O König, hast du nicht ein Verbot unterzeichnet, nach dem jeder, der an irgendeinen Gott oder Menschen außer an dich eine Bitte richtet, in die Löwengrube geworfen werden soll?«
Der König gab zur Antwort: »Die Anordnung steht fest.«
Da berichteten sie dem König: »Daniel, einer von den verschleppten Juden, achtet weder dich, König, noch das Verbot, sondern verrichtet dreimal am Tag sein Gebet.«
Als der König das hörte, war es ihm sehr peinlich und er dachte nach, wie er Daniel retten könne. Doch jedes Verbot und Dekret, das der König erlässt, ist unabänderlich.
Darauf befahl der König, Daniel herzubringen, und man warf ihn zu den Löwen in die Grube. Dann ging der König in seinen Palast; er konnte keinen Schlaf finden. Früh am Morgen, ging er zur Löwengrube. Dort rief er: »Daniel, du Diener des lebendigen Gottes! Hat dein Gott dich vor den Löwen erretten können?«
Daniel antwortete ihm: »O König, mein Gott hat seinen Engel gesandt und den Rachen der Löwen verschlossen.«
Darüber war der König hoch erfreut und befahl, Daniel aus der Grube herauszuholen. Nun ließ der König die Männer, die Daniel verklagt hatten, in die Löwengrube werfen.
Daraufhin schrieb König Darius an alle Völker der ganzen Erde: »Friede sei mit euch in Fülle! Hiermit ordne ich an: In meinem Reiches soll man den Gott Daniels verehren. Denn er ist der lebendige Gott; er lebt in Ewigkeit. Er rettet und befreit; er hat Daniel aus den Tatzen der Löwen errettet.«
Daniel aber ging es gut unter dem König Darius und auch unter dem Perserkönig Kyrus.

aus Daniel 6

Preist den Herrn,
ihr Sterne am Himmel;
lobt und rühmt ihn in Ewigkeit!
Preist den Herrn,
aller Regen und Tau;
lobt und rühmt ihn in Ewigkeit!
Preist den Herrn,
all ihr Winde;
lobt und rühmt ihn in Ewigkeit!
Preist den Herrn,
ihr Nächte und Tage;
lobt und rühmt ihn in Ewigkeit!
Preist den Herrn,
Licht und Dunkel;
lobt und rühmt ihn in Ewigkeit!
Preist den Herrn,
ihr Blitze und Wolken;
lobt und rühmt ihn in Ewigkeit!

Die *Erde* preise den Herrn;
sie lobe und rühme ihn in Ewigkeit.
Preist den Herrn,
ihr Berge und Hügel;
lobt und rühmt ihn in Ewigkeit!
Preist den Herrn,
all ihr Gewächse auf Erden;
lobt und rühmt ihn in Ewigkeit!
Preist den Herrn,
ihr Quellen, Meere und Flüsse;
lobt und rühmt ihn in Ewigkeit!
Preist den Herrn,
ihr Tiere des Meeres
und alles, was sich regt im Wasser;
lobt und rühmt ihn in Ewigkeit!
Preist den Herrn,
all ihr Vögel am Himmel;
lobt und rühmt ihn in Ewigkeit!
Preist den Herrn,
all ihr Tiere,
wilde und zahme;
lobt und rühmt ihn in Ewigkeit!
Preist den Herrn, ihr Menschen;
lobt und rühmt ihn in Ewigkeit!
Preist den Herrn,
Hananja, Asarja und Mischaël;
lobt und rühmt ihn in Ewigkeit!
Denn er hat uns
aus der Gewalt des Todes errettet
und aus dem lodernden Ofen
befreit.

aus Daniel 3,51-90

Weisheitsgeschichten:
Leben mit Gott und den Menschen

Neben den biblischen Büchern, die von der Geschichte Gottes mit den Menschen erzählen, und den Büchern der Propheten fragen auch eine Reihe anderer biblischer Bücher nach den Grundthemen menschlichen Lebens. Aus dem Glauben heraus werden Antworten gesucht. Solche Bücher sind aus der Lebensweisheit des Volkes Israel erwachsen, sie werden zum Teil auch Bücher der Weisheit genannt. Diese – oft schön erzählten – Texte stellen einen Schatz menschlicher Weisheit dar, sie geben Hilfe und Orientierung in vielen Lebenssituationen.

Die Erzählung von Ijob

Im Lande Uz lebte ein Mann mit Namen Ijob. Er war untadelig und rechtschaffen; er fürchtete Gott und mied das Böse. Sieben Söhne und drei Töchter wurden ihm geboren. Er besaß siebentausend Stück Kleinvieh, dreitausend Kamele, fünfhundert Joch Rinder und fünfhundert Esel.

Nun traten eines Tages die Gottessöhne vor den Herrn; unter ihnen kam auch der Satan. Der Herr sprach zum Satan: »Hast du auf meinen Knecht Ijob geachtet? Seinesgleichen gibt es nicht auf der Erde, so untadelig und rechtschaffen, er fürchtet Gott und meidet das Böse.«

Der Satan antwortete dem Herrn und sagte: »Geschieht es ohne Grund, dass Ijob Gott fürchtet? Bist du es nicht, der ihn, sein Haus und all das Seine ringsum beschützt? Aber streck nur deine Hand gegen ihn aus; wahrhaftig, er wird dir ins Angesicht fluchen.«

Der Herr sprach zum Satan: »Gut, er ist in deiner Hand, nur schone sein Leben!« Darauf ging der Satan weg.

Bald darauf kam ein Bote zu Ijob und meldete: »Die Rinder waren beim Pflügen. Da fielen Sabäer ein und nahmen sie weg. Nur ich allein blieb übrig.«

Noch ist dieser am Reden, da kommt schon ein anderer und sagt: »Feuer Gottes fiel vom Himmel, schlug brennend ein in die Schafe und verzehrte sie. Nur ich allein blieb übrig.«

Noch ist dieser am Reden, da kommt schon ein anderer und sagt: »Die Chaldäer fielen über die Kamele her, nahmen sie weg und erschlugen die Knechte mit scharfen Schwert. Nur ich allein blieb übrig.«

Noch ist dieser am Reden, da kommt schon ein anderer und sagt: »Deine Söhne und Töchter aßen und tranken Wein im

---

Ijob: Das Buch Ijob besteht aus einer alten Rahmenerzählung (Kapitel 1-2 und 42). Später entstanden dazwischen anspruchsvolle Reden des Ijob mit seinen Freunden. Ijob, der alles verloren hat, klagt; ja, er klagt Gott wegen seines Leids an. Ijob erhält keine richtige Antwort auf seine Frage nach dem Ursprung und Sinn des Leids – weder von seinen Freunden noch von Gott, aber er spürt, dass Gott ihn nicht verlässt. So kann er sein Leid durchstehen.

Alle Menschen fragen danach, wie und warum Leid entsteht und wie das Leid überwunden werden kann. Für viele ist dies zugleich eine Frage nach Gott: Wie kann Gott das Leid der Menschen und der anderen Lebewesen zulassen? Diese Grundfrage greift auch die Bibel auf, an vielen Stellen, besonders im weisheitlichen Buch Ijob. Ijob wird als Modellfall eines Leidenden hingestellt – er verliert alles: seine Familie, seinen Besitz, selbst seine Gesundheit. Und dies geschieht, obwohl Ijob gerecht ist und nichts Böses tut.

In seinen Reden klagt Ijob und stellt die Frage nach dem Sinn des Leids. Seine Freunde versuchen ihn mit herkömmlichen Antworten zu trösten: Leid ist Strafe, Leid ist Prüfung. Dem stimmt Ijob nicht zu, er fordert von Gott Rechenschaft.

Gott antwortet anders, als Ijob es erwartet hat, und zeigt, dass er größer ist als alle menschliche Vorstellungskraft. Ijob ahnt die Größe Gottes, und deshalb verstummt er in seinem Leid. Er wird zum Vorbild des auch im Leid glaubenden Menschen.

Pablo Picasso, Weinende Frau, 1937
Picasso hat dieses Bild in der Zeit des Spanischen Bürgerkriegs gemalt, der Picasso sehr erschüttert hat. Das zeigt, dass es ihm mit diesem Bild nicht nur um das Leid eines einzelnen Menschen (einer bestimmten Frau) geht, sondern dass er das Leid überhaupt behandeln will, privates Leid, aber auch Krieg und Tod. Das Leid zerreißt die Frau gleichsam. Um solche tiefen Leiderfahrungen geht es im Buch Ijob. Dort wird das Leid zur Frage und Anklage gegen Gott.
Die spitzen Formen des Bildes zeigen ebenso wie die grellen Farben den Schmerz der weinenden Frau: »Ich schreie zu dir, denn mich haben die Tage des Elends erreicht« (Ijob 30,20.27).

Haus ihres Bruders. Da kam ein gewaltiger Wind über die Wüste und packte das Haus an allen vier Ecken; es stürzte über die jungen Leute und sie starben.«
Nun stand Ijob auf, zerriss sein Gewand, schor sich das Haupt, fiel auf die Erde und betete an. Dann sagte er: »Nackt kam ich hervor aus dem Schoß meiner Mutter; nackt kehre ich dahin zurück. Der Herr hat gegeben, der Herr hat genommen; gelobt sei der Name des Herrn.« Bei alldem sündigte Ijob nicht und äußerte nichts Ungehöriges gegen Gott.
Doch der Satan schlug Ijob mit bösartigem Geschwür von der Fußsohle bis zum Scheitel. Ijob setzte sich mitten in die Asche und nahm eine Scherbe, um sich damit zu schaben. Da sagte seine Frau zu ihm: »Hältst du immer noch fest an deiner Frömmigkeit? Lästere Gott und stirb!«
Er aber sprach zu ihr: »Wie eine Törin redet, so redest du. Nehmen wir das Gute an von Gott, sollen wir dann nicht auch das Böse annehmen?«

aus Ijob 1,1-2,10

Neues Glück
Der Herr aber segnete die spätere Lebenszeit Ijobs mehr als seine frühere. Er besaß vierzehntausend Schafe, sechstausend Kamele, tausend Joch Rinder und tausend Esel. Auch bekam er sieben Söhne und drei Töchter. Die erste nannte er Jemima, die zweite Kezia und die dritte Keren-Happuch. Man fand im ganzen Land keine schöneren Frauen als die Töchter Ijobs; ihr Vater gab ihnen Erbbesitz unter ihren Brüdern. Ijob lebte danach noch hundertvierzig Jahre; er sah seine Kinder und Kindeskinder, vier Geschlechter. Dann starb Ijob, hochbetagt und satt an Lebenstagen.

Ijob 42,12-17

103

In tiefer Not

Aus der Tiefe rufe ich, Herr, zu dir:
Herr, höre meine Stimme!
Wende dein Ohr mir zu,
achte auf mein lautes Flehen!
Würdest du, Herr,
unsere Sünden beachten,
Herr, wer könnte bestehen?
Doch bei dir ist Vergebung,
damit man in Ehrfurcht dir dient.
Ich hoffe auf den Herrn,
es hofft meine Seele,
ich warte voll Vertrauen
auf sein Wort.
Meine Seele wartet auf den Herrn
mehr als die Wächter
auf den Morgen.
Denn beim Herrn ist die Huld,
bei ihm ist Erlösung in Fülle.

aus Psalm 130

Marc Chagall, Ijob im Gebet

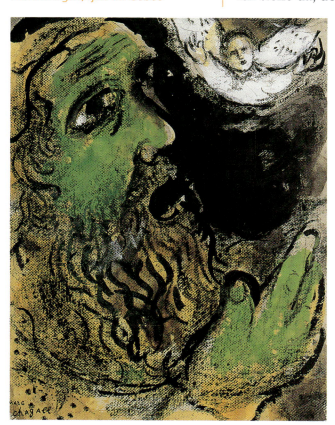

Klage und Anklage

Drei Freunde besuchen Ijob und versuchen, ihn zu trösten. Auf sein Klagen und seine Frage nach dem Leid haben sie Antworten, die Ijob nicht zufrieden stellen. Er lehnt es ab, Gott als den zu verstehen, der den Menschen durch Leid für Schuld straft. Er lehnt es ab, das Leid als Erziehungsmaßnahme Gottes zu verstehen, durch die der Mensch zu einem veränderten Leben geführt werden soll. Gott erscheint Ijob immer mehr als Widerspruch, als unfassbares Rätsel. Ijobs Klage wird zur Anklage gegen Gott. Ijob fordert von Gott Rechenschaft:

Ijob sprach: »Jetzt aber lachen über mich,
die jünger sind als ich an Tagen,
deren Väter ich nicht für wert geachtet,
sie bei den Hunden meiner Herde anzustellen.
Und nun packen mich des Elends Tage.
Des Nachts durchbohrt es mir die Knochen,
mein nagender Schmerz kommt nicht zur Ruh.
Er warf mich in den Lehm,
sodass ich Staub und Asche gleiche.
Ich schreie zu dir und du erwiderst mir nicht;
ich stehe da, doch du achtest nicht auf mich.
Du wandelst dich
zum grausamen Feind gegen mich,
mit deiner starken Hand befehdest du mich.
Gäbe es doch einen, der mich hört.
Das ist mein Begehr,
dass der Allmächtige mir Antwort gibt.«

aus Ijob 30-31

Die Gottesrede

Da antwortete der Herr dem Ijob
aus dem Wettersturm und sprach:
»Wer ist es, der redet ohne Einsicht?
Auf, gürte deine Lenden wie ein Mann:
Ich will dich fragen, du belehre mich!
Wo warst du, als ich die Erde gegründet?
Sag es denn, wenn du Bescheid weißt.
Wer setzte ihre Maße? Du weißt es ja.
Wer hat die Messschnur über ihr gespannt?
Wohin sind ihre Pfeiler eingesenkt?
Oder wer hat ihren Eckstein gelegt,
als alle Morgensterne jauchzten,

als jubelten alle Gottessöhne?
Hast du je in deinem Leben dem Morgen geboten,
dem Frührot seinen Ort bestimmt?
Bist du zu den Quellen des Meeres gekommen,
hast du des Urgrunds Tiefe durchwandert?
Haben dir sich die Tore des Todes geöffnet,
hast du der Finsternis Tore geschaut?
Hast du der Erde Breiten überblickt?
Sag es, wenn du das alles weißt.«
Der Herr antwortete dem Ijob und sprach:
»Mit dem Allmächtigen willst du rechten?
Der Gott anklagt, antworte drauf!«

aus Ijob 38-40,2

Ijob antwortet

Da antwortete Ijob dem Herrn und sprach:
»Siehe, ich bin zu gering. Was kann ich dir erwidern?
Ich lege meine Hand auf meinen Mund.
Ich hab erkannt, dass du alles vermagst;
kein Vorhaben ist dir verwehrt.
Wer ist es, der ohne Einsicht den Rat verdunkelt?
So habe ich denn im Unverstand geredet über Dinge,
die zu wunderbar für mich und unbegreiflich sind.
Vom Hörensagen nur hatte ich von dir vernommen;
jetzt aber hat mein Auge dich geschaut.
Darum widerrufe ich und atme auf, in Staub und Asche.«

Ijob 40,3-4; 42,1-6

Das Ende der Ijob-Erzählung stellt nicht zufrieden. Es gibt keine Antwort auf die Frage nach dem Grund des Leidens. Es gibt auch keine Antwort auf die Frage, wie Gott mit dem Menschen umgeht. Alles bleibt rätselhaft und unbegreiflich.
Doch eine Antwort gibt Ijob selber: Mitten im unbegreiflichen Leid verliert er nicht das Vertrauen in Gott; er hält sich auch im Leid an Gott. Und er lernt, dass Gott immer größer ist als menschliches Begreifen und menschliche Vorstellungskraft:

»Meine Gedanken sind nicht eure Gedanken, und eure Wege sind nicht meine Wege – Spruch des Herrn. So hoch der Himmel über der Erde ist, so hoch erhaben sind meine Wege über eure Wege und meine Gedanken über eure Gedanken.«

Jesaja 55,8-9

Alles hat seine Zeit
Alles hat seine Stunde.
Für jedes Geschehen
unter dem Himmel
gibt es eine bestimmte Zeit:
eine Zeit zum Gebären
und eine Zeit zum Sterben,
eine Zeit zum Pflanzen
und eine Zeit zum Abernten
der Pflanzen,
eine Zeit zum Töten
und eine Zeit zum Heilen,
eine Zeit zum Niederreißen
und eine Zeit zum Bauen,
eine Zeit zum Weinen
und eine Zeit zum Lachen,
eine Zeit für die Klage
und eine Zeit für den Tanz
eine Zeit zum Steinewerfen
und eine Zeit zum Steinesammeln,
eine Zeit zum Umarmen
und eine Zeit,
die Umarmung zu lösen,
eine Zeit zum Suchen
und eine Zeit zum Verlieren,
eine Zeit zum Behalten
und eine Zeit zum Wegwerfen,
eine Zeit zum Zerreißen
und eine Zeit zum Zusammennähen,
eine Zeit zum Schweigen
und eine Zeit zum Reden,
eine Zeit zum Lieben
und eine Zeit zum Hassen,
eine Zeit für den Krieg
und eine Zeit für den Frieden.

Kohelet 3,1-8

Kohelet (Koh): Das Buch wird dem weisen König Salomo zugeschrieben, ist aber in der griechischen Zeit Palästinas im 3. Jahrhundert vor Christus entstanden und gehört der Weisheitsliteratur der Bibel an. Die Sprüche des Kohelet verweisen darauf, dass alles vergänglich ist. Deshalb soll der Mensch Gutes und Schlechtes annehmen.

Jona: Das kleine Buch Jona ist im 4. Jahrhundert vor Christus entstanden. Obwohl es unter die Schriften der Propheten eingeordnet wird, weil es von einem »Propheten« handelt, ist es kein prophetisches Buch, sondern eine sprachlich schöne Lehrerzählung. Das Buch Jona greift zwar den Namen eines Propheten auf, der im 8. Jahrhundert gelebt hat, ist aber eine erfundene Geschichte, bei der es um Weisheit geht: um ein richtiges Verständnis von Gott.

Walter Habdank, Jona im Fischleib, 1972

Jonas Flucht

Das Wort des Herrn erging an Jona, den Sohn Amittais: »Mach dich auf den Weg und geh nach Ninive, in die große Stadt, und droh ihr ein Strafgericht an! Denn die Kunde von ihrer Schlechtigkeit ist bis zu mir heraufgedrungen.«

Jona machte sich auf den Weg; doch er wollte nach Tarschisch fliehen, weit weg vom Herrn. Er ging also nach Jafo hinab und fand dort ein Schiff, das nach Tarschisch fuhr. Er bezahlte das Fahrgeld und ging an Bord, um nach Tarschisch mitzufahren, weit weg vom Herrn.

Aber der Herr ließ auf dem Meer einen heftigen Wind losbrechen; es entstand ein gewaltiger Seesturm und das Schiff drohte auseinanderzubrechen. Die Seeleute bekamen Angst und jeder schrie zu seinem Gott um Hilfe. Sie warfen sogar die Ladung ins Meer, damit das Schiff leichter wurde.

Jona war in den untersten Raum des Schiffes hinabgestiegen, hatte sich hingelegt und schlief fest.

Der Kapitän ging zu ihm und sagte: »Wie kannst du schlafen? Steh auf, ruf deinen Gott an; vielleicht denkt dieser Gott an uns, sodass wir nicht untergehen.«

Dann sagten die Seeleute zueinander: »Kommt, wir wollen das Los werfen, um zu erfahren, wer an diesem unserem Unheil schuld ist.« Sie warfen das Los und es fiel auf Jona. Da fragten sie ihn: »Sag uns, was treibst du für ein Gewerbe und woher kommst du, aus welchem Land und aus welchem Volk?«

Er antwortete ihnen: »Ich bin ein Hebräer und verehre Jahwe, den Gott des Himmels, der das Meer und das Festland gemacht hat.«

Als die Männer erfuhren, dass er vor Jahwe auf der Flucht war, bekamen sie große Angst und sagten zu ihm: »Was sollen wir mit dir machen, damit das Meer sich beruhigt und uns verschont?« Denn das Meer wurde immer stürmischer.

Jona antwortete ihnen: »Nehmt mich und werft mich ins Meer, damit das Meer sich beruhigt und euch verschont. Denn ich weiß, dass dieser Sturm durch meine Schuld über euch gekommen ist.«

Die Männer aber ruderten mit aller Kraft, um wieder an Land zu kommen; doch sie richteten nichts aus, denn das Meer stürmte immer heftiger gegen sie an.
Da riefen sie zu Jahwe: »Ach Herr, lass uns nicht untergehen wegen dieses Mannes und rechne uns, was wir jetzt tun, nicht als Vergehen an unschuldigem Blut an. Denn wie du wolltest, Herr, so hast du gehandelt.«
Dann nahmen sie Jona und warfen ihn ins Meer und das Meer hörte auf zu toben. Da ergriff die Männer große Furcht vor Jahwe und sie schlachteten für Jahwe ein Opfer und machten ihm viele Gelübde.

Jona 1

Die Rettung

Der Herr aber schickte einen großen Fisch, der Jona verschlang. Jona war drei Tage und drei Nächte im Bauch des Fisches und er betete im Bauch des Fisches zum Herrn, seinem Gott:
»In meiner Not rief ich zum Herrn
und er erhörte mich.
Aus der Tiefe der Unterwelt schrie ich um Hilfe
und du hörtest mein Rufen.
Du hast mich in die Tiefe geworfen,
in das Herz der Meere; mich umschlossen die Fluten,
all deine Wellen und Wogen schlugen über mir zusammen.
Ich dachte: Ich bin aus deiner Nähe verstoßen.
Wie kann ich deinen heiligen Tempel wieder erblicken?
Das Wasser reichte mir bis an die Kehle,
die Urflut umschloss mich;
Schilfgras umschlang meinen Kopf.
Bis zu den Wurzeln der Berge,
tief in die Erde kam ich hinab;
ihre Riegel schlossen mich ein für immer.
Doch du holtest mich lebendig aus dem Grab herauf,
Herr, mein Gott.
Als mir der Atem schwand, dachte ich an den Herrn
und mein Gebet drang zu dir, zu deinem heiligen Tempel.
Wer nichtige Götzen verehrt, der handelt treulos.
Ich aber will dir opfern
und laut dein Lob verkünden.
Was ich gelobt habe, will ich erfüllen.
Vom Herrn kommt die Rettung.«
Da befahl der Herr dem Fisch, Jona ans Land zu speien.

Jona 2

Dank für die Rettung
Herr, mein Gott,
du mein Fels,
mein Retter,
meine Burg,
in der ich mich berge,
meine Zuflucht
und sicheres Heil.
Mich umfingen
die Fesseln des Todes,
mich erschreckten
die Fluten des Verderbens.
In meiner Not
rief ich zum Herrn
und schrie zu meinem Gott.
Er hörte mein Rufen,
mein Hilfeschrei
drang an sein Ohr.
Er griff aus der Höhe herab
und zog mich heraus
aus gewaltigen Wassern.
Der Herr wurde mein Halt.
Er führte mich hinaus ins Weite,
er befreite mich,
denn er hatte an mir Gefallen.
Du, Herr,
machst meine Finsternis hell.
Mit dir erstürme ich Wälle,
mit meinem Gott
überspringe ich Mauern.
Vollkommen ist Gottes Weg.
Ein Schild ist er für alle,
die sich bei ihm bergen.

aus Psalm 18

Der Mensch vor Gott

[Ein Psalm Davids.]
Herr, du hast mich erforscht
und du kennst mich.
Ob ich sitze oder stehe,
du weißt von mir.
Von fern erkennst du
meine Gedanken.
Ob ich gehe oder ruhe,
es ist dir bekannt;
du bist vertraut
mit all meinen Wegen.
Noch liegt mir das Wort
nicht auf der Zunge –
du, Herr, kennst es bereits.
Du umschließt mich
von allen Seiten
und legst deine Hand auf mich.

Wohin könnte ich fliehen vor dir,
wohin mich vor dir flüchten?
Steige ich hinauf in den Himmel,
so bist du dort;
bette ich mich in der Unterwelt,
bist du zugegen.
Nehme ich die Flügel
des Morgenrots
und lasse mich nieder
am äußersten Meer,
auch dort wird deine Hand
mich ergreifen.
Würde ich sagen:
«Finsternis soll mich bedecken,
statt Licht soll Nacht
mich umgeben»,
auch die Finsternis
wäre für dich nicht finster,
die Nacht würde leuchten
wie der Tag,
die Finsternis wäre wie Licht.

Denn du hast mich geschaffen,
mich gewoben im Schoß
meiner Mutter.
Ich danke dir,
dass du mich so wunderbar
gestaltet hast.
Ich weiß:
Staunenswert sind deine Werke.

aus Psalm 139

Jona in Ninive

Das Wort des Herrn erging zum zweiten Mal an Jona: »Mach dich auf den Weg und geh nach Ninive, in die große Stadt, und droh ihr all das an, was ich dir sagen werde.«
Jona machte sich auf den Weg und ging nach Ninive, wie der Herr es ihm befohlen hatte. Ninive war eine große Stadt vor Gott; man brauchte drei Tage, um sie zu durchqueren.
Jona ging in die Stadt hinein; er ging einen Tag lang und rief: »Noch vierzig Tage und Ninive ist zerstört!«
Und die Leute von Ninive glaubten Gott. Sie riefen ein Fasten aus und alle, Groß und Klein, zogen Bußgewänder an. Als die Nachricht davon den König von Ninive erreichte, stand er von seinem Thron auf, legte seinen Königsmantel ab, hüllte sich in ein Bußgewand und setzte sich in die Asche. Er ließ in Ninive ausrufen: »Befehl des Königs und seiner Großen: ›Alle Menschen und Tiere, Rinder, Schafe und Ziegen, sollen nichts essen, nicht weiden und kein Wasser trinken. Sie sollen sich in Bußgewänder hüllen, Menschen und Tiere. Sie sollen laut zu Gott rufen und jeder soll umkehren und sich von seinen bösen Taten abwenden und von dem Unrecht, das an seinen Händen klebt. Wer weiß, vielleicht reut es Gott wieder und er lässt ab von seinem glühenden Zorn, sodass wir nicht zugrunde gehen.‹«
Und Gott sah ihr Verhalten; er sah, dass sie umkehrten und sich von ihren bösen Taten abwandten. Da reute Gott das Unheil, das er ihnen angedroht hatte, und er führte die Drohung nicht aus.

Jona 3

Der Prophet muss lernen

Das missfiel Jona ganz und gar und er wurde zornig. Er betete zum Herrn und sagte: »Ach Herr, habe ich das nicht schon gesagt, als ich noch daheim war? Eben darum wollte ich ja nach Tarschisch fliehen; denn ich wusste, dass du ein gnädiger und barmherziger Gott bist, langmütig und reich an Huld und dass deine Drohungen dich reuen. Darum nimm mir jetzt lieber das Leben, Herr! Denn es ist für mich besser zu sterben als zu leben.«
Der Herr erwiderte: »Ist es recht von dir, zornig zu sein?«
Da verließ Jona die Stadt und setzte sich östlich vor der Stadt nieder. Er machte sich dort ein Laubdach und setzte sich in seinen Schatten, um abzuwarten, was mit der Stadt geschah.

Richard Baus,
Die Rettung kommt von oben, 1999

Da ließ Gott, der Herr, einen Rizinusstrauch über Jona emporwachsen, der seinem Kopf Schatten geben und seinen Ärger vertreiben sollte. Jona freute sich sehr über den Rizinusstrauch.
Als aber am nächsten Tag die Morgenröte heraufzog, schickte Gott einen Wurm, der den Rizinusstrauch annagte, sodass er verdorrte. Und als die Sonne aufging, schickte Gott einen heißen Ostwind. Die Sonne stach Jona auf den Kopf, sodass er fast ohnmächtig wurde. Da wünschte er sich den Tod und sagte: »Es ist besser für mich zu sterben als zu leben.«
Gott aber fragte Jona: »Ist es recht von dir, wegen des Rizinusstrauches zornig zu sein?«
Er antwortete: »Ja, es ist recht, dass ich zornig bin und mir den Tod wünsche.«
Darauf sagte der Herr: »Dir ist es leid um den Rizinusstrauch, für den du nicht gearbeitet hast. Über Nacht war er da, über Nacht ist er eingegangen. Mir aber sollte es nicht leid sein um Ninive, die große Stadt, in der mehr als hundertzwanzigtausend Menschen leben?«

Jona 4

Um Schuld, Umkehr und Vergebung geht es im Buch Jona, wenn man die Menschen in der großen Stadt in den Blick nimmt: Ninive ist schuldig geworden, doch Gott zeigt der Stadt sein Erbarmen.
Mehr als um dieses Thema geht es aber um den Lernprozess, den der Prophet Jona durchmachen muss. Er hat ein ganz bestimmtes Bild von Gott, doch er muss erfahren, dass seine Gottesvorstellung nicht stimmt: Er muss Gott neu verstehen – Gott ist nicht der Strafende, sondern der Erbarmende. Diese Erfahrung des Jona gilt für alle Menschen: Gott ist anders als unsere Vorstellungen von ihm; er ist größer, als wir denken.

Schön bist du, meine Freundin

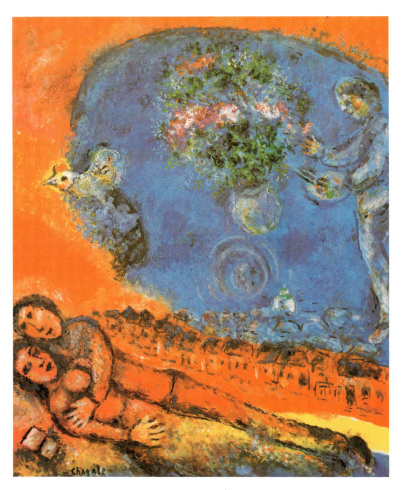

Marc Chagall, Liebespaar vor rotem Hintergrund, 1983

Hohelied (Hld): Das etwa 300 vor Christus entstandene Buch ist eine zur Weisheitsliteratur gehörende Sammlung von Liebes- und Hochzeitsliedern, die die Schönheit der Liebe von Mann und Frau preist. Diese Lieder werden auch auf die Liebe Gottes zu seinem Volk hin gedeutet.

Schön bist du, meine Freundin,
ja, du bist schön.
Hinter dem Schleier
deine Augen wie Tauben.
Dein Haar gleicht
einer Herde von Ziegen,
die herabzieht von den Bergen.
Deine Zähne sind wie eine
Herde frisch geschorener Schafe,
die aus der Schwemme steigen.
Rote Bänder sind deine Lippen;
lieblich ist dein Mund.
Wie der Turm Davids
ist dein Hals.
Deine Brüste sind
wie zwei Kitzlein,
wie die Zwillinge einer Gazelle,
die in den Lilien weiden.
Alles an dir ist schön,
meine Freundin;
kein Makel haftet dir an.
Komm doch mit mir,
meine Braut.
Verzaubert hast du mich,
ja, verzaubert mit einem Blick deiner Augen.
Wie schön ist deine Liebe,
meine Schwester Braut;
wie viel süßer ist deine Liebe als Wein,
der Duft deiner Salben
köstlicher als alle Balsamdüfte.
Von deinen Lippen, Braut, tropft Honig;
Milch und Honig ist unter deiner Zunge.
Der Duft deiner Kleider ist
wie des Libanon Duft.
Ein verschlossener Garten
ist meine Schwester Braut,
ein versiegelter Quell.
Die Quelle des Gartens bist du,
ein Brunnen lebendigen Wassers, Wasser vom Libanon.
lasst strömen die Balsamdüfte!
Mein Geliebter komme in seinen Garten
und esse von den köstlichen Früchten.

aus Hohelied 4

Mein Geliebter kommt

Horch! Mein Geliebter!
Sieh da, er kommt.
Er springt über die Berge,
hüpft über die Hügel.
Der Gazelle gleicht mein Geliebter,
dem jungen Hirsch.
Ja, draußen steht er
an der Wand unsres Hauses;
er blickt durch die Fenster,
späht durch die Gitter.
Der Geliebte spricht zu mir:
»Steh auf, meine Freundin,
meine Schöne, so komm doch!«
Denn vorbei ist der Winter,
verrauscht der Regen.
Auf der Flur erscheinen die Blumen;
die Zeit zum Singen ist da.
Die Stimme der Turteltaube
ist zu hören in unserem Land.
Am Feigenbaum reifen die ersten Früchte;
die blühenden Reben duften.
»Steh auf, meine Freundin,
meine Schöne, so komm doch!
Meine Taube im Felsennest,
versteckt an der Steilwand,
dein Gesicht lass mich sehen,
deine Stimme hören!
Denn süß ist deine Stimme,
lieblich dein Gesicht.«
Der Geliebte ist mein
und ich bin sein;
er weidet in den Lilien.
Wenn der Tag verweht
und die Schatten wachsen,
komm du, mein Geliebter,
der Gazelle gleich, dem jungen Hirsch
auf den Balsambergen.

aus Hohelied 2,8-17

Ich bin krank vor Liebe

Was hat dein Geliebter
den andern voraus,
du schönste der Frauen?
Mein Geliebter ist weiß und rot,
ist ausgezeichnet vor Tausenden.
Sein Haupt ist reines Gold.
Seine Locken sind Rispen,
rabenschwarz.
Seine Augen sind
wie Tauben an Wasserbächen;
die Zähne, in Milch gebadet,
sitzen fest.
Seine Wangen sind
wie Balsambeete,
darin Gewürzkräuter sprießen,
seine Lippen wie Lilien;
sie tropfen von flüssiger Myrrhe.
Seine Finger sind
wie Stäbe aus Gold,
mit Steinen aus Tarschisch besetzt.
Sein Leib ist
wie eine Platte aus Elfenbein,
mit Saphiren bedeckt.
Seine Schenkel sind Marmorsäulen,
auf Sockeln von Feingold.
Seine Gestalt ist wie der Libanon,
erlesen wie Zedern.
Sein Mund ist voll Süße;
alles ist Wonne an ihm.
Das ist mein Geliebter,
ja, das ist mein Freund,
ihr Töchter Jerusalems.

Hohelied 5,9-16

Stark wie der Tod ist die Liebe,
die Leidenschaft ist hart
wie die Unterwelt.
Ihre Gluten sind Feuergluten,
gewaltige Flammen.
Auch mächtige Wasser
können die Liebe nicht löschen;
auch Ströme
schwemmen sie nicht weg.
Böte einer für die Liebe
den ganzen Reichtum seines Hauses,
nur verachten würde man ihn.

Hohelied 8,6-7

Sprichwörter Israels

Besser ein trockenes Stück Brot
und Ruhe dabei
als ein Haus voll Braten
und dabei Streit.

Wer den Armen verspottet,
schmäht dessen Schöpfer,
wer sich über ein Unglück freut,
bleibt nicht ungestraft.

Lieber einer Bärin begegnen,
der man die Jungen geraubt hat,
als einem Toren
in seinem Unverstand.

Wer Streit anfängt,
entfesselt eine Wasserflut,
drum halt ein,
ehe der Zank ausbricht.

Besser in der Wüste hausen
als Ärger mit einer zänkischen Frau.

Wer seine Zunge hütet, der
behütet sein Leben vor Drangsal.

Besser ein Nachbar in der Nähe
als ein Bruder in der Ferne.

aus Sprichwörter

Paul Klee, Feuer-Quelle, 1938
»Da stand ein Prophet auf wie Feuer,
seine Worte waren wie ein brennender
Ofen« (Jesus Sirach 48,1).

Der Segen der Weisheit

Mein Sohn, wenn du meine Worte annimmst,
dein Herz der Einsicht zuneigst,
wenn du nach Erkenntnis rufst,
mit lauter Stimme um Einsicht bittest,
wenn du sie suchst wie Silber,
nach ihr forschst wie nach Schätzen,
dann wirst du die Gottesfurcht begreifen
und Gotteserkenntnis finden.
Denn der Herr gibt Weisheit,
aus seinem Mund kommen Erkenntnis und Einsicht.
Dann begreifst du, was Recht und Gerechtigkeit ist,
Redlichkeit und jedes gute Verhalten;
denn Weisheit zieht ein in dein Herz,
Erkenntnis beglückt deine Seele.
Besonnenheit wacht über dir
und Einsicht behütet dich.
Sie bewahrt dich vor dem Weg des Bösen,
vor Leuten, die Verkehrtes reden,
die den rechten Weg verlassen,
um auf dunklen Pfaden zu gehen.
Darum geh auf dem Weg der Guten,
halte dich an die Pfade der Gerechten;
denn die Redlichen werden das Land bewohnen,
wer rechtschaffen ist, wird darin bleiben.
Die Frevler aber werden aus dem Land verstoßen,
die Verräter aus ihm weggerissen.

aus Sprichwörter 2,1-22

Das Lob der Freundschaft

Sanfte Rede erwirbt viele Freunde,
freundliche Lippen sind willkommen.
Viele seien es, die dich grüßen,
dein Vertrauter aber sei nur einer aus tausend.
Willst du einen Freund gewinnen,
gewinne ihn durch Erprobung,
schenk ihm nicht zu schnell dein Vertrauen!
Mancher ist Freund je nach der Zeit,
am Tag der Not hält er nicht stand.
Mancher ist Freund als Gast am Tisch,
am Tag des Unheils ist er nicht zu finden.
Ein treuer Freund ist wie ein festes Zelt;
wer einen solchen findet, hat einen Schatz gefunden.
Für einen treuen Freund gibt es keinen Preis,
nichts wiegt seinen Wert auf.
Das Leben ist geborgen bei einem treuen Freund,
ihn findet, wer Gott fürchtet.
Wer den Herrn fürchtet, hält rechte Freundschaft,
wie er selbst, so ist auch sein Freund.

aus Jesus Sirach 6,5-17

Mit Gott und den Menschen leben

Besser ist es, in die Hände des Herrn zu fallen
als in die Hände der Menschen.
Denn wie seine Größe, so ist sein Erbarmen,
und wie sein Name, so sind auch seine Werke.

Verweigere die Gabe dem Bedürftigen nicht
und missachte nicht die Bitten des Geringen!

Wer sich selbst nichts gönnt, wem kann der Gutes tun?
Er wird seinem eigenen Glück nicht begegnen.

Das Erbarmen des Menschen gilt nur seinem Nächsten,
das Erbarmen des Herrn allen Menschen.
Die Toren haben ihr Herz auf der Zunge,
die Weisen haben ihre Zunge im Herzen.

Drei Dinge gefallen mir,
sie sind Gott und den Menschen angenehm:
Eintracht unter Brüdern,
Liebe zwischen Freunden,
Mann und Frau, die einander verstehen.

aus Jesus Sirach

Gott, der Freund des Lebens

Du hast mit allen Erbarmen, weil du alles vermagst, und siehst über die Sünden der Menschen hinweg, damit sie sich bekehren. Du liebst alles, was ist, und verabscheust nichts von allem, was du gemacht hast; denn hättest du etwas gehasst, so hättest du es nicht geschaffen. Wie könnte etwas ohne deinen Willen Bestand haben, oder wie könnte etwas erhalten bleiben, das nicht von dir ins Dasein gerufen wäre? Du schonst alles, weil es dein Eigentum ist, Herr, du Freund des Lebens.

Weisheit 11,23-26

Buch der Sprichwörter (Spr): Das auch »Sprüche Salomos« genannte Buch wurde lange König Salomo zugeschrieben, ist aber erst 400 vor Christus entstanden. Es enthält sowohl die Volksweisheit Israels wie auch Weisheitssprüche anderer Völker.

Weisheit (Weish): Das spät entstandene und deshalb nicht in der Jüdischen Bibel enthaltene Buch möchte die Überlegenheit der jüdischen Weisheitstradition gegenüber der – damals modernen – griechischen Bildung aufzeigen. Es mahnt, die Weisheit zu suchen.

Jesus Sirach (Sir): Das 180 vor Christus entstandene und deshalb in der Jüdischen Bibel nicht enthaltene Buch ist ein Lehrbuch mit Lebens- und Verhaltensregeln, die sich aus dem Glauben an Gott ergeben.

Tobit (Tob): Das um 200 vor Christus in griechischer Sprache geschriebene Buch ist ein kunstvoll und spannend geschriebener kleiner Roman, eine Novelle. Es geht nicht um die Schilderung wirklicher Ereignisse, sondern das Buch ist eine Lehrschrift in Form einer geschichtlichen Erzählung. Deshalb ist es hier auch nicht unter die geschichtlichen Bücher des Alten Testaments eingeordnet, sondern unter die Bücher der Weisheit. Sein Kerngedanke ist: Gott erweist sich in jeder Not als Retter. Deshalb steht es Menschen gut an, auf Gott zu vertrauen.

Pablo Picasso, Der alte Jude, 1903

Tobits Erblindung

Buch der Geschichte Tobits. Tobit wurde zur Zeit des assyrischen Königs Salmanassar als Gefangener verschleppt.
Tobit erzählte: »Als ich ein Mann geworden war, heiratete ich Hanna, und wir bekamen einen Sohn, den wir Tobias nannten. Auf einer Reise kam ich nach Medien und vertraute Gabaël, in der Stadt Rages in Medien zehn Talente Silber zur Aufbewahrung an. Als Sanherib König wurde, konnte ich nicht mehr nach Medien reisen.
Ich, Tobit, habe mich mein ganzes Leben lang an den Weg der Gerechtigkeit gehalten. Ich habe schon immer den Brüdern meines Stammes viel geholfen: Ich gab den Hungernden mein Brot und den Nackten meine Kleider; wenn ich sah, dass einer aus meinem Volk gestorben war und dass man seinen Leichnam hinter die Stadtmauer von Ninive geworfen hatte, begrub ich ihn.
So war es auch eines Tages: Nach Sonnenuntergang ging ich hinaus, und begrub einen Toten. Als ich nach Hause kam, legte ich mich an der Hofmauer zum Schlafen nieder. Mein Gesicht ließ ich unbedeckt, ohne auf die Sperlinge zu achten, die in der Mauer nisteten. Da ließen die Sperlinge ihren warmen Kot in meine offenen Augen fallen, und es bildeten sich darin weiße Flecke. Ich ging zu den Ärzten, doch sie konnten mir nicht helfen.«

aus Tobit 1-2

Der Reisegefährte

Tobit erinnerte sich an das Geld, das er bei Gabaël hinterlegt hatte. Er sagte zu seinem Sohn Tobias: »Ich habe Gabaël in der Stadt Rages in Medien zehn Talente Silber zur Aufbewahrung anvertraut. Such jemand, der mit dir auf die Reise geht. Mach dich also auf den Weg, und hol das Geld ab!« Und er gab ihm den Schuldschein.
Tobias ging auf die Suche nach einem Begleiter und traf dabei Rafael; Rafael war ein Engel, aber Tobias wusste es nicht. Rafael nannte sich Asarja.
Als Tobit von dem Reisegefährten erfuhr, sagte er zu Tobias: »Mach dich fertig zur Reise! Ich wünsche euch alles Gute auf den Weg. Mach dich mit dem Mann auf den Weg! Gott,

der im Himmel wohnt, wird euch auf eurer Reise behüten; sein Engel möge euch begleiten.«
Da brachen die beiden auf und der Hund des jungen Tobias lief mit.

aus Tobit 4-5

Der Fisch

Die beiden kamen auf ihrer Reise abends an den Fluss Tigris, wo sie übernachteten. Als der junge Tobias im Fluss baden wollte, schoss ein Fisch aus dem Wasser hoch und wollte ihn verschlingen.
Der Engel rief Tobias zu: »Pack ihn!«
Da packte der junge Mann zu und warf den Fisch ans Ufer. Und der Engel sagte zu Tobias: »Schneide den Fisch auf, nimm Herz, Leber und Galle heraus und bewahre sie auf!«
Der junge Tobias tat, was ihm der Engel sagte. Dann brieten sie den Fisch und aßen ihn.
Als sie weiterreisten und in die Gegend von Ekbatana kamen, fragte der junge Tobias den Engel: »Asarja, lieber Bruder, wozu sollen die Leber, das Herz und die Galle des Fisches gut sein?«
Rafael antwortete: »Wenn ein Mann oder eine Frau von einem bösen Geist gequält wird, soll man das Herz und die Leber des Fisches in Gegenwart dieses Menschen verbrennen; dann wird er von der Plage befreit. Und wenn jemand weiße Flecken in den Augen hat, soll man die Augen mit der Galle bestreichen; so wird er geheilt.«

Tobit 6,1-9

Sara

Am gleichen Tag geschah es, dass in Ekbatana in Medien Sara, die Tochter Raguëls, von den Mägden ihres Vaters beschimpft wurde. Sie war mit sieben Männern verheiratet gewesen; doch sie waren alle in der Hochzeitsnacht gestorben, bevor sie mit ihnen geschlafen hatten. Die Mägde sagten zu ihr: »Begreifst du denn nicht, dass du deine eigenen Männer erwürgst? Sieben hast du gehabt, doch kein einziger ist dir geblieben.«
Als Sara das hörte, wurde sie traurig. Sie trat ans Fenster und betete: »Gepriesen seist du, Herr, mein Gott. Hab Erbarmen mit mir.«

aus Tobit 3,7-15

Lehrschriften: In der Bibel gibt es unterschiedliche Textsorten: Erzählungen, Legenden, geschichtliche Berichte, Gebete, Lieder und vieles andere mehr. Eine besondere Form ist die Lehrerzählung. In ihr wird ein Grundgedanke des biblischen Glaubens dargestellt, etwa das Vertrauen auf Gott, die unbedingte Entscheidung zum Glauben, Hoffnung in der Zeit der Verfolgung und Not ... Solche Lehrerzählungen sind so geschrieben, dass sie wie ein geschichtlicher Bericht wirken, doch sie erzählen kein wirkliches Geschehen, das sich tatsächlich so ereignet hat, sondern Grunderfahrungen menschlichen Lebens. Es geht also nicht um konkrete Menschen zu einer konkreten Zeit an einem konkreten Ort, also nicht um einen Tobit, der damals in Assyrien lebte. Vielmehr geht es um eine tiefere Wirklichkeit, die für jeden Menschen gültig ist, es geht um menschliches Leben überhaupt, um Angst und Liebe, um Einsamkeit und Vertrauen, um Krankheit und Heilung. Deshalb sind Weisheitsbücher wie Tobit, Jona oder Ijob Bücher, die für Menschen zu jeder Zeit wichtig sind.

Erzählen im Orient: Im Orient, also auch in Israel, liebte man ein bildhaftes und ausschmückendes Erzählen. Auch übernahm man gern Motive, die uns heute eher märchenhaft erscheinen. Es gibt wunderbares Geschehen in vielfacher Weise, es gibt geheimnisvolle Kräfte, die in das Leben der Menschen eingreifen, von Engeln, aber auch von bösen Geistern wird erzählt. Solches Erzählen ist uns heute in einer anderen Zeit und Kultur eher fremd. Deshalb sollten wir fragen: Was sind die Kernaussagen, die hinter den äußerlichen Erzählmotiven eines Textes liegen? Im Buch Tobit und den anderen biblischen Büchern ist dies etwa das Vertrauen auf Gott, der der Wegbegleiter des Menschen in guten und bösen Zeiten ist.

Tobias und Sara

Als sie in der Nähe der Stadt Ekbatana waren, sagte der Engel zu Tobias: »Bruder, heute werden wir bei Raguël übernachten. Es ist ein Verwandter von dir. Er hat nur ein Kind, eine Tochter namens Sara. Ich will mit ihm reden, dass er sie dir zur Frau gibt.«
Tobias antwortete: »Asarja, Bruder, ich habe gehört, dass das Mädchen schon mit sieben Männern verheiratet war, dass aber alle in der Hochzeitsnacht gestorben sind. Darum habe ich Angst, dass ich ebenso sterben muss.«
Da sagte der Engel zu ihm: »Hör auf mich, Bruder! Mach dir keine Sorgen! Noch in dieser Nacht wird Sara deine Frau. Wenn du in das Brautgemach gehst, nimm etwas Glut aus dem Räucherbecken, leg ein Stück vom Herz und von der Leber des Fisches darauf und lass es verbrennen! Dann wird der böse Geist, der Sara quält, fliehen und nicht mehr zurückkommen.«
Als Tobias das hörte, fasste er Zuneigung zu dem Mädchen und sein Herz gehörte ihr.
Als sie in Ekbatana beim Haus Raguëls angelangt waren, nahm man die beiden Gäste herzlich auf. Und Rafael bat für Tobias um die Hand Saras.
Raguël ließ seine Tochter Sara rufen, nahm sie bei der Hand und gab sie Tobias zur Frau; er sagte: »Hier, sie ist dein nach dem Gesetz des Mose. Führ sie zu deinem Vater!« Und er segnete sie.

aus Tobit 6,10-7,13

Die glücklichen Brautleute

Nach der Mahlzeit führten sie Tobias zu Sara. Als er hineinging, erinnerte er sich an die Worte Rafaels; er nahm etwas Glut aus dem Räucherbecken, legte das Herz und die Leber des Fisches darauf und ließ sie verbrennen. Da floh der böse Geist, der Sara gequält hatte. Tobias und Sara aber schliefen die Nacht über miteinander.

aus Tobit 8,1-9

Die Heimkehr

Nach einiger Zeit bat Tobias den Raguël: »Lass mich heimreisen zu meinem Vater.«
Da stand Raguël auf, vertraute ihm Sara als seine Frau an und gab ihm die Hälfte seines Vermögens. Dann reiste Tobias ab.
Als sie in die Nähe von Ninive kamen, sagte Rafael zu Tobias: »Weißt du noch, Bruder, wie es deinem Vater ging, als du ihn verlassen hast? Wir wollen deshalb deiner Frau vorausgehen und das Haus für ihren Empfang vorbereiten. Nimm auch die Galle des Fisches mit!«
Sie machten sich auf den Weg. Rafael aber sagte zu Tobias: »Ich weiß, dein Vater wird wieder sehen können. Streich ihm die Galle auf die Augen! Sie wird zwar brennen; aber wenn er sich die Augen reibt, wird er die weißen Flecken wegwischen und wird dich wieder sehen können.«
Als Tobias das Haus seines Vaters betrat, strich er ihm die Galle auf die Augen. Tobit rieb sich die Augen, weil sie brannten; da begannen die weißen Flecken, sich von den Augenwinkeln aus abzulösen. Und er konnte seinen Sohn sehen, fiel ihm um den Hals und sagte unter Tränen: »Sei gepriesen, Gott. Du hast Erbarmen mit mir gehabt. Denn ich darf meinen Sohn Tobias wieder sehen.«
Voll Freude erzählte Tobias ihm, was für wunderbare Dinge er in Medien erlebt hatte.
Dann ging Tobit seiner Schwiegertochter bis an das Tor von Ninive entgegen. Er war voll Freude und pries Gott; und alle, die ihn sahen, staunten, dass er wieder sehen konnte. Als Tobit seiner Schwiegertochter begegnete, segnete er sie und sagte: »Sei willkommen, meine Tochter! Gepriesen sei Gott, der dich zu uns geführt hat.«
Bei allen Brüdern aus seinem Stamm in Ninive herrschte große Freude.

aus Tobit 10,8-11,18

Rafael – Gott heilt

Der Engel aber nahm Tobit und Tobias beiseite und sagte zu ihnen: »Ich will euch nichts verheimlichen, darum sollt ihr wissen: Gott hat mich gesandt, um dich und deine Schwiegertochter Sara zu heilen. Ich bin Rafael, einer von den sieben heiligen Engeln, die vor die Majestät des heiligen Gottes treten.«

Da erschraken die beiden, er aber sagte zu ihnen: »Fürchtet euch nicht! Jetzt aber dankt Gott! Ich steige wieder auf zu dem, der mich gesandt hat. Doch ihr sollt alles, was geschehen ist, in einem Buch aufschreiben.«

Als sie wieder aufstanden, sahen sie ihn nicht mehr. Und sie verkündeten überall, welch große und wunderbare Dinge Gott getan hatte und dass ihnen der Engel des Herrn erschienen war.

aus Tobit 13

Tobit lobt Gott
Tobit schrieb zum Lobpreis Gottes ein Gebet nieder:
Gepriesen sei Gott,
der in Ewigkeit lebt.
Bekennt euch zu ihm vor allen Völkern, ihr Kinder Israels;
denn er selbst hat uns
unter die Völker zerstreut.
Verkündet seine erhabene Größe,
preist ihn laut vor allem, was lebt.
Denn er ist unser Herr und Gott,
er ist unser Vater in alle Ewigkeit.
Preist den Herrn der Gerechtigkeit,
rühmt den ewigen König!
Ich will meinen Gott rühmen,
den König des Himmels,
meine Seele freut sich
über die Größe meines Gottes.
Meine Seele preise Gott,
den großen König.
Halleluja ruft man in allen Gassen
und stimmt in den Lobpreis ein:
Gepriesen sei Gott;
er hat uns groß gemacht
für alle Zeiten.

aus Tobit 13

Gott heilt: Oft werden in der Bibel Vorgänge im Innern eines Menschen so dargestellt, als ob von außen etwas geschieht. Dann ist ein seelisch kranker und gequälter Mensch von »bösen Geistern, von Dämonen ergriffen«. Dies gilt auch für Sara, die keinen Mann an sich heran lassen kann. Die Tobiterzählung schildert in bildhafter Sprache diese seelische Krankheit der Sara, aber auch, dass ihr Heilung geschenkt wird: durch die Liebe des Tobias und durch das Eingreifen Gottes: Rafael bedeutet: »Gott heilt«.

Paul Klee,
Engel, übervoll, 1939

Ester (Est): (persisch »Stern«) Das Buch Ester ist eine Lehrerzählung, die vom treuen Beistand Gottes zu seinem Volk berichtet. Die junge und schöne Jüdin Ester wird Frau des persischen Königs Artaxerxes. Als Haman, ein hoher Würdenträger am Hof, die Ausrottung aller Juden erreichen will, setzt Ester ihr Leben aufs Spiel, um ihr jüdisches Volk zu retten. Das gelingt ihr auch. In Erinnerung an dieses Geschehen feiern Juden noch heute das fröhliche Purimfest.

Spätschriften des AT: Die meisten Schriften des Alten Testaments haben zwar einen langen Entstehungsprozess, sind aber etwa um 400 vor Christus in der Form abgeschlossen, wie wir sie heute kennen. Doch es gibt einige Bücher des AT, die später entstanden sind, im 3. und 2. Jahrhundert vor Christus. Dazu gehört das Buch Tobit ebenso wie das Buch Ester und einige Kapitel des Buches Daniel (vgl. Seite 98-101). In diesen Büchern wird zurückgeblickt auf die Zeit des jüdischen Exils in Babylon und in schöner und spannender Weise davon erzählt, dass Gott glaubende Menschen auf ihrem Weg begleitet und schützt.

Purimfest: Dieses jüdische Fest erinnert an die Errettung der Juden, wie sie im (legendären) Buch Ester erzählt wird. Das Wort »Purim« bedeutet im Hebräischen »Lose«. Es kommt von den Losen, die Haman geworfen haben soll, um den Monat der Vernichtung der Juden festzulegen. Beim Purimfest herrscht eine Karnevalsatmosphäre: Kinder wie Erwachsene verkleiden sich, es gibt lustige Theaterspiele, man singt, isst und trinkt miteinander.

Ester

Der Jude Mordechai wohnte in der Stadt Susa; er war angesehen und diente am Königshof. Mordechai entdeckte, dass zwei Beamte einen Anschlag gegen König Artaxerxes vorbereiteten, und zeigte sie beim König an. Zur Erinnerung ließ der König diesen Vorfall aufzeichnen.

Mordechai war der Vormund von Ester. Sie hatte keinen Vater und keine Mutter mehr. Das Mädchen war von schöner Gestalt. Eines Tages wurde Ester zu Artaxerxes in den königlichen Palast geholt. Der König liebte Ester mehr als alle anderen Frauen. Er machte sie zur Königin.

Haman wollte alle Juden im Reich des Artaxerxes vernichten. Er sagte zu König Artaxerxes: »Es gibt ein Volk, das in deinem Reich verstreut lebt, aber die Gesetze des Königs nicht befolgt. Es ist nicht richtig, dass der König das durchgehen lässt. Gib einen Erlass heraus, sie auszurotten.«

Da sagte der König zu Haman: »Mach mit dem Volk der Juden, was dir richtig erscheint.«

Haman ließ an die Statthalter der Provinzen im Namen des Königs schreiben. Der Erlass lautete: »Man solle alle Juden, Jung und Alt, auch Kinder und Frauen, am gleichen Tag ermorden und ausrotten und ihren Besitz plündern.«

Als Mordechai davon erfuhr, ließ er Ester eine Abschrift des Erlasses bringen und sie bitten, zum König zu gehen und ihn um Gnade für ihr Volk anzuflehen.

Ester antwortete: »Wer zum König geht, ohne gerufen worden zu sein, wird getötet. Nur wenn der König ihm das goldene Zepter entgegenstreckt, bleibt er am Leben. Ich bin schon lange nicht mehr zum König gerufen worden.«

Mordechai ließ Ester erwidern: »Glaub ja nicht, weil du im Königspalast lebst, könntest du dich als Einzige von allen Juden retten. Wer weiß, ob du nicht gerade in dieser Zeit Königin geworden bist, um dein Volk zu retten?«

Da ging Ester in den Palasthof.

Der König saß auf dem Thron. Als er Ester im Hof stehen sah, fand sie Gnade bei ihm.

Der König streckte ihr das goldene Zepter entgegen, das er in der Hand hielt, und sagte: »Was hast du, Ester?«

Ester antwortete: »Der König möge heute mit Haman zu dem Festmahl kommen, das ich für ihn vorbereitet habe.«

Und der König kam mit Haman zu dem Festmahl, das Ester vorbereitet hatte. Als sie beim Wein saßen, sagte der König zu Ester: »Was hast du für eine Bitte?«

Ester antwortete: »Das ist meine Bitte: Wenn ich beim König Gnade gefunden habe, dann komme der König auch morgen mit Haman zu dem Festmahl, das ich für sie veranstalte. Morgen will ich dann die Frage des Königs beantworten.«

Haman ging an diesem Tag nach Hause und rief seine Frau Seresch zu sich. Er sagte: »Mein Glück ist noch nicht vollkommen, solange der Jude Mordechai lebt.«

Da sagte seine Frau Seresch zu ihm: »Man könnte doch einen hohen Galgen errichten. Du aber sag morgen früh dem König, man solle Mordechai daran aufhängen.« Das gefiel Haman sehr und er ließ den Galgen aufstellen.

In jener Nacht konnte der König nicht einschlafen. Darum ließ er sich das Buch der Chronik bringen, und man las ihm daraus den Bericht vor, wie Mordechai die beiden Türhütern anzeigte, die einen Anschlag auf den König geplant hatten. Der König fragte: »Welche Belohnung und Auszeichnung hat Mordechai dafür erhalten?«

Die Diener des Königs antworteten: »Er hat nichts erhalten.«

In diesem Augenblick trat Haman ein. Der König fragte ihn: »Was soll mit einem Mann geschehen, den der König besonders ehren will?«

Haman dachte: »Wen könnte der König wohl mehr ehren wollen als mich?« Deshalb sagte er: »Wenn der König einen Mann besonders ehren will, lasse er auf dem Pferd und mit einem königlichen Gewand feierlich durch die Stadt führen.«

Darauf sagte der König zu Haman: »Tu alles, was du gesagt hast, mit dem Juden Mordechai.«

Haman nahm das Gewand und das Pferd, führte Mordechai durch die Stadt und rief vor ihm aus: »So geht es einem Mann, den der König besonders ehren will.«

aus Ester 1-6

Die Rettung

Ester bittet den König um das Leben ihres Volkes. Sie erzählt ihm von den verbrecherischen Machenschaften Hamans. Als einer der Hofbeamten dann berichtet, dass vor dem Haus Hamans ein hoher Galgen errichtet sei, befiehlt Artaxerxes, Haman daran aufzuhängen.

Schließlich gibt der König einen Erlass heraus, der in alle Provinzen des Reiches von Indien bis Kusch geschickt wird: Die Juden werden darin als vollwertige Bürger angesehen, denen kein Leid geschehen darf.

Das Volk der Juden ist gerettet. Aus Dankbarkeit feiern sie ein großes Fest, sie essen und trinken und lassen es sich gut gehen.

nach Ester 7-8

Richard Baus, Wer wälzt uns den Stein vom Grab?, 2002

Wie auch in anderen Büchern der Bibel geht es im Buch Ester um Bedrohung des Lebens und um Rettung aus dieser Not.

Die Gefährdung des Lebens in vielerlei Weisen kann man mit dem Bild eines dunklen Grabes darstellen – wer aber kann aus solcher Dunkelheit erlösen? Wer kann Licht in die Dunkelheit bringen? Wer überwindet den Tod?

Das Buch Ester ebenso wie andere biblische Schriften verweist angesichts dieser Grundfragen des Menschen auf Gott und das Vertrauen zu ihm.

Psalmen (Ps): Das Buch der Psalmen ist als »Gebetbuch« nicht nur des Volkes Israel damals und der Juden heute, sondern auch der Christen eines der wichtigsten Bücher der Bibel. Die Psalmen stellen die Antwort des Menschen auf das Wort Gottes dar, auf Gotteserfahrungen in unterschiedlichen Lebenssituationen. Die Psalmen werden so zum Modell des Betens und der Ausrichtung des Menschen auf Gott hin. Dabei gibt es Lob und Preis ebenso wie Dank. Aber auch Suchen und Fragen, Klagen und Anklagen spielen als Grundthemen der Menschen und damit auch der Psalmen eine Rolle. Das Buch der Psalmen enthält 150 Psalmen in unterschiedlicher Länge.

Paul Klee, Bäumchen, 1919

Ein Loblied auf Gott
Wie schön ist es,
dem Herrn zu danken,
deinem Namen, du Höchster,
zu singen.
Denn du hast mich
durch deine Taten froh gemacht;
Herr, ich will jubeln
über die Werke deiner Hände.
Herr, du bist der Höchste,
du bleibst auf ewig.
Der Gerechte gedeiht wie die Palme,
gepflanzt im Haus des Herrn.
Er verkündet:
Gerecht ist der Herr;
mein Fels ist er.

aus Psalm 92

Die beiden Wege

Wohl dem Mann, der nicht dem Rat der Frevler folgt,
nicht auf dem Weg der Sünder geht,
nicht im Kreis der Spötter sitzt,
sondern Freude hat an der Weisung des Herrn,
über seine Weisung nachsinnt bei Tag und bei Nacht.
Er ist wie ein Baum, der an Wasserbächen gepflanzt ist,
der zur rechten Zeit seine Frucht bringt
und dessen Blätter nicht welken.
Alles, was er tut, wird ihm gut gelingen.
Nicht so die Frevler: Sie sind wie Spreu, die der Wind verweht.
Darum werden die Frevler im Gericht nicht bestehen
noch die Sünder in der Gemeinde der Gerechten.
Denn der Herr kennt den Weg der Gerechten,
der Weg der Frevler aber führt in den Abgrund.

Psalm 1

Der Herr ist mein Licht

Der Herr ist mein Licht und mein Heil:
Vor wem sollte ich mich fürchten?
Der Herr ist die Kraft meines Lebens:
Vor wem sollte mir bangen?
Dringen Frevler auf mich ein,
um mich zu verschlingen, meine Bedränger und Feinde,
sie müssen straucheln und fallen.
Mag ein Heer mich belagern:
Mein Herz wird nicht verzagen.
Mag Krieg gegen mich toben:
Ich bleibe dennoch voll Zuversicht.
Nur eines erbitte ich vom Herrn,
danach verlangt mich:
Im Haus des Herrn zu wohnen
alle Tage meines Lebens,
die Freundlichkeit des Herrn zu schauen
und nachzusinnen in seinem Tempel.
Denn er birgt mich in seinem Haus am Tag des Unheils;
er beschirmt mich im Schutz seines Zeltes,
er hebt mich auf einen Felsen empor.
Nun kann ich mein Haupt erheben
über die Feinde, die mich umringen.
Ich will Opfer darbringen in seinem Zelt, Opfer mit Jubel;
dem Herrn will ich singen und spielen.
Vernimm, o Herr, mein lautes Rufen;
sei mir gnädig und erhöre mich!
Mein Herz denkt an dein Wort: »Sucht mein Angesicht!«
Dein Angesicht, Herr, will ich suchen.
Verbirg nicht dein Gesicht vor mir;
weise deinen Knecht im Zorn nicht ab!
Du wurdest meine Hilfe.
Verstoß mich nicht, verlass mich nicht,
du Gott meines Heiles!
Wenn mich auch Vater und Mutter verlassen,
der Herr nimmt mich auf.
Zeige mir, Herr, deinen Weg,
leite mich auf ebener Bahn trotz meiner Feinde!
Gib mich nicht meinen gierigen Gegnern preis;
denn falsche Zeugen stehen gegen mich auf und wüten.
Ich aber bin gewiss, zu schauen
die Güte des Herrn im Land der Lebenden.
Hoffe auf den Herrn und sei stark!
Hab festen Mut und hoffe auf den Herrn!

Psalm 27

Gott, die sichere Zuflucht

Herr, ich suche Zuflucht bei dir.
Lass mich doch niemals scheitern;
rette mich in deiner Gerechtigkeit!
Wende dein Ohr mir zu,
erlöse mich bald!
Sei mir ein schützender Fels,
eine feste Burg, die mich rettet.
In deine Hände lege ich voll
Vertrauen meinen Geist;
du hast mich erlöst,
Herr, du treuer Gott.

Ich will jubeln
und über deine Huld mich freuen;
denn du hast mein Elend angesehn,
du bist mit meiner Not vertraut.
Du hast mich nicht preisgegeben
der Gewalt meines Feindes,
hast meinen Füßen
freien Raum geschenkt.
Ich sage: »Du bist mein Gott.«
In deiner Hand liegt mein Geschick;
entreiß mich
der Hand meiner Feinde!

Lass dein Angesicht leuchten
über deinem Knecht,
hilf mir in deiner Güte!
Wie groß ist deine Güte, Herr,
die du bereithältst für alle,
die dich fürchten und ehren.

Ich aber dachte in meiner Angst:
Ich bin aus deiner Nähe verstoßen.
Doch du hast
mein lautes Flehen gehört,
als ich zu dir um Hilfe rief.
Liebt den Herrn, all seine Frommen!
Euer Herz sei stark und unverzagt,
ihr alle,
die ihr wartet auf den Herrn.

aus Psalm 31

Der Herr ist gütig

Jauchzt vor dem Herrn,
alle Lande!
Dient dem Herrn mit Freude!
Kommt vor sein Antlitz mit Jubel!
Erkennt: Der Herr allein ist Gott.
Er hat uns geschaffen,
wir sind sein Eigentum.
Dankt ihm, preist seinen Namen!
Denn der Herr ist gütig,
ewig währt seine Huld,
von Geschlecht zu Geschlecht
seine Treue.

Psalm 100

Ein Loblied auf den Schöpfer

Du lässt die Quellen
hervorsprudeln in den Tälern,
sie eilen
zwischen den Bergen dahin.
Allen Tieren des Feldes
spenden sie Trank.
An den Ufern
wohnen die Vögel des Himmels,
aus den Zweigen
erklingt ihr Gesang.
Du lässt Gras wachsen für das Vieh,
auch Pflanzen für den Menschen,
damit er Brot gewinnt
von der Erde
und Wein, der das Herz
des Menschen erfreut.
Herr,
wie zahlreich sind deine Werke!
Ich will dem Herrn singen,
solange ich lebe,
will meinem Gott spielen,
solange ich da bin.

aus Psalm 104

Unter dem Schutz des Höchsten

Wer im Schutz des Höchsten wohnt
und ruht im Schatten des Allmächtigen,
der sagt zum Herrn:
»Du bist für mich Zuflucht und Burg,
mein Gott, dem ich vertraue.«
Er rettet dich aus der Schlinge des Jägers
und aus allem Verderben.
Er beschirmt dich mit seinen Flügeln,
unter seinen Schwingen findest du Zuflucht,
Schild und Schutz ist dir seine Treue.
Du brauchst dich vor dem Schrecken der Nacht
nicht zu fürchten,
noch vor dem Pfeil, der am Tag dahinfliegt,
nicht vor der Pest, die im Finstern schleicht,
vor der Seuche, die wütet am Mittag.
Fallen auch tausend zu deiner Seite,
dir zur Rechten zehnmal tausend,
so wird es doch dich nicht treffen.
Ja, du wirst es sehen mit eigenen Augen,
wirst zuschauen, wie den Frevlern vergolten wird.
Denn der Herr ist deine Zuflucht,
du hast dir den Höchsten als Schutz erwählt.
Dir begegnet kein Unheil,
kein Unglück naht deinem Zelt.
Denn er befiehlt seinen Engeln,
dich zu behüten auf all deinen Wegen.
Sie tragen dich auf ihren Händen,
damit dein Fuß nicht an einen Stein stößt;
du schreitest über Löwen und Nattern,
trittst auf Löwen und Drachen.
»Weil er an mir hängt, will ich ihn retten;
ich will ihn schützen,
denn er kennt meinen Namen.
Wenn er mich anruft,
dann will ich ihn erhören.
Ich bin bei ihm in der Not,
befreie ihn und bringe ihn zu Ehren.
Ich sättige ihn mit langem Leben
und lasse ihn schauen mein Heil.«

Psalm 91

Dank für Gottes Hilfe

Ich will dir danken aus ganzem Herzen,
dir vor den Engeln singen und spielen
und dir danken für deine Huld und Treue.
Denn du hast mich erhört an dem Tag, als ich rief;
du gabst mir große Kraft.
Dich sollen preisen, Herr, alle Könige der Welt.
Sie sollen singen von den Wegen des Herrn;
denn groß ist die Herrlichkeit des Herrn.
Ja, der Herr ist erhaben;
doch er schaut auf die Niedrigen,
und die Stolzen erkennt er von fern.
Gehe ich auch mitten durch große Not:
du erhältst mich am Leben.
Du streckst die Hand aus gegen meine Feinde,
und deine Rechte hilft mir.
Der Herr nimmt sich meiner an.
Herr, deine Huld währt ewig.

aus Psalm 138

Halleluja!

Lobt Gott in seinem Heiligtum,
lobt ihn
in seiner mächtigen Feste!
Lobt ihn
für seine großen Taten,
lobt ihn
in seiner gewaltigen Größe!
Lobt ihn
mit dem Schall der Hörner,
lobt ihn mit Harfe und Zither!
Lobt ihn mit Pauken und Tanz,
lobt ihn
mit Flöten und Saitenspiel!
Lobt ihn mit hellen Zimbeln,
lobt ihn
mit klingenden Zimbeln!
Alles, was atmet,
lobe den Herrn! Halleluja!

Psalm 150

Richard Baus,
Die Segel setzen,
2001

Er besiegt den Tod
Der Herr der Heere wird auf diesem Berg für alle Völker ein Festmahl geben mit den feinsten Speisen, ein Gelage mit erlesenen Weinen.
Er zerreißt auf diesem Berg die Hülle, die alle Nationen verhüllt, und die Decke, die alle Völker bedeckt.
Er beseitigt den Tod für immer. Gott, der Herr, wischt die Tränen ab von jedem Gesicht.
Auf der ganzen Erde nimmt er von seinem Volk
die Schande hinweg.
Ja, der Herr hat gesprochen.

Jesaja 25,6-8

Richard Baus, Hoffnungsgarten, 2002

Hoffnungsgeschichten: Gute Worte zum Leben

Die Bibel erzählt über große Männer und Frauen und ihre Erfahrungen mit Gott. Es sind Geschichten, die in der Vergangenheit spielen, aber es sind keine vergangenen Geschichten. Es sind Texte, die ihre Bedeutung für die Gegenwart haben, für Menschen aller Zeiten; deshalb, weil sie Trost, Kraft und Hilfe geben. Es geht nicht um Noach, Abraham und Sara, Mose und Mirjam damals, sondern es geht darum, dass ihre Lebenserfahrungen und Glaubenserfahrungen auch heute hilfreich sein können. Die biblischen Texte sind also »Gegenwartstexte«. Mehr noch, es sind »Zukunftstexte«, denn sie ermuntern Menschen aller Zeiten und Kulturen dazu, Wege in die Zukunft zu gehen aus dem Vertrauen auf Gott heraus. Gott schafft eine gute Zukunft für die Menschen – das ist die Botschaft der Bibel.

Das erste Lied vom Gottesknecht

Seht, das ist mein Knecht, den ich stütze;
das ist mein Erwählter, an ihm finde ich Gefallen.
Ich habe meinen Geist auf ihn gelegt,
er bringt den Völkern das Recht.
Er schreit nicht und lärmt nicht
und lässt seine Stimme nicht auf der Straße erschallen.
Das geknickte Rohr zerbricht er nicht
und den glimmenden Docht löscht er nicht aus;
ja, er bringt wirklich das Recht.
Er wird nicht müde und bricht nicht zusammen,
bis er auf der Erde das Recht begründet hat.
Auf sein Gesetz warten die Inseln.
So spricht Gott, der Herr,
der den Himmel erschaffen und ausgespannt hat,
der die Erde gemacht hat und alles, was auf ihr wächst,
der den Menschen auf der Erde den Atem verleiht
und allen, die auf ihr leben, den Geist:
Ich, der Herr, habe dich aus Gerechtigkeit gerufen,
ich fasse dich an der Hand.
Ich habe dich geschaffen und dazu bestimmt,
der Bund für mein Volk
und das Licht für die Völker zu sein:
blinde Augen zu öffnen,
Gefangene aus dem Kerker zu holen
und alle, die im Dunkel sitzen, aus ihrer Haft zu befreien.

Jesaja 41,1-7

Gottesknecht(lieder): Im zweiten Teil des Buches Jesaja (Jes 42-52) finden sich vier Lieder, die über einen »Gottesknecht« sprechen. Sein von Gott gegebener Auftrag ist es, auf der Erde Recht und Gerechtigkeit zu begründen. Um seinen Auftrag zu erfüllen, muss er Leid und Verfolgung auf sich nehmen. Doch das Vertrauen des Gottesknechtes zu Gott bleibt auch im Leid ungebrochen. Das vierte Lied spricht sogar davon, dass der Gottesknecht sein Leben lassen muss, dann aber von Gott erhöht wird. Wer mit dem Gottesknecht des Jesaja gemeint ist, ist nicht sicher. Christen lesen diese Lieder im Blick auf Jesus: Er ist der Gottesknecht, der seiner Botschaft treu bis in den Tod blieb, dann aber von Gott erhöht wurde.

Dein König kommt zu dir

Juble laut, Tochter Zion! Jauchze, Tochter Jerusalem!
Sieh, dein König kommt zu dir.
Er ist gerecht und hilft;
er ist demütig und reitet auf einem Esel,
auf einem Fohlen, dem Jungen einer Eselin.
Ich vernichte die Streitwagen aus Efraim und die Rosse
aus Jerusalem, vernichtet wird der Kriegsbogen.
Er verkündet für die Völker den Frieden;
seine Herrschaft reicht von Meer zu Meer
und vom Eufrat bis an die Enden der Erde.
Deine Gefangenen werde ich freilassen aus ihrem Kerker.
Kehrt in Scharen zurück, ihr Gefangenen voll Hoffnung!
Der Herr, ihr Gott, wird sie an jenem Tag retten.

aus Sacharja 9,9-16

Der Geist Gottes ruht auf mir
Der Geist Gottes, des Herrn, ruht auf mir; denn der Herr hat mich gesalbt. Er hat mich gesandt, damit ich den Armen eine frohe Botschaft bringe und alle heile, deren Herz zerbrochen ist, damit ich den Gefangenen die Entlassung verkünde und den Gefesselten die Befreiung, damit ich ein Gnadenjahr des Herrn ausrufe, einen Tag der Vergeltung unseres Gottes, damit ich alle Trauernden tröste.

Jesaja 61,1-2

**Man übt nicht mehr
für den Krieg**

Am Ende der Tage
wird es geschehen:
Der Berg mit dem Haus des
Herrn
steht fest gegründet
als höchster der Berge;
er überragt alle Hügel.
Zu ihm strömen alle Völker.
Viele Nationen machen sich
auf den Weg.
Sie sagen: Kommt,
wir ziehen hinauf
zum Berg des Herrn
und zum Haus des Gottes Jakobs.
Er zeige uns seine Wege,
auf seinen Pfaden wollen wir gehen.
Denn von Zion kommt
die Weisung des Herrn,
aus Jerusalem sein Wort.
Er spricht Recht
im Streit der Völker,
er weist viele Nationen zurecht.
Dann schmieden sie Pflugscharen
aus ihren Schwertern
und Winzermesser
aus ihren Lanzen.
Man zieht nicht mehr das
Schwert, Volk gegen Volk,
und übt nicht mehr für den Krieg.
Jeder sitzt unter seinem Weinstock
und unter seinem Feigenbaum
und niemand schreckt ihn auf.
Ja, der Mund des Herrn der
Heere hat gesprochen.
Denn alle Völker gehen ihren Weg,
jedes ruft
den Namen seines Gottes an;
wir aber gehen unseren Weg
im Namen Jahwes, unseres Gottes,
für immer und ewig.
Micha 2,1-5

(Vgl. auch Seite 89 Jesaja 2,2-5.)

Der Geist Gottes erfüllt ihn

Doch aus dem Baumstumpf Isais wächst ein Reis hervor,
ein junger Trieb aus seinen Wurzeln bringt Frucht.
Der Geist des Herrn lässt sich nieder auf ihm:
der Geist der Weisheit und der Einsicht,
der Geist des Rates und der Stärke,
der Geist der Erkenntnis und der Gottesfurcht.
Er erfüllt ihn mit dem Geist der Gottesfurcht.
Er richtet nicht nach dem Augenschein
und nicht nur nach dem Hörensagen entscheidet er,
sondern er richtet die Hilflosen gerecht
und entscheidet für die Armen des Landes, wie es recht ist.
Er schlägt den Gewalttätigen
mit dem Stock seines Wortes und tötet den Schuldigen
mit dem Hauch seines Mundes.
Gerechtigkeit ist der Gürtel um seine Hüften,
Treue der Gürtel um seinen Leib.
Dann wohnt der Wolf beim Lamm,
der Panther liegt beim Böcklein.
Kalb und Löwe weiden zusammen,
ein kleiner Knabe kann sie hüten.
Kuh und Bärin freunden sich an,
ihre Jungen liegen beieinander.
Der Löwe frisst Stroh wie das Rind.
Der Säugling spielt vor dem Schlupfloch der Natter,
das Kind streckt seine Hand in die Höhle der Schlange.
Man tut nichts Böses mehr und begeht kein Verbrechen
auf meinem ganzen heiligen Berg;
denn das Land ist erfüllt von der Erkenntnis des Herrn,
so wie das Meer mit Wasser gefüllt ist.
Jesaja 11,1-9

Der Geist Gottes erfüllt alle

Danach aber wird es geschehen,
dass ich meinen Geist ausgieße über alles Fleisch.
Eure Söhne und Töchter werden Propheten sein,
eure Alten werden Träume haben
und eure jungen Männer haben Visionen.
Auch über Knechte und Mägde
werde ich meinen Geist ausgießen in jenen Tagen.
Und es wird geschehen:
Wer den Namen des Herrn anruft, wird gerettet.
Joël 3,1-2.5

Ein Kind wird uns geboren

Das Volk, das im Dunkel lebt, sieht ein helles Licht;
über denen, die im Land der Finsternis wohnen,
strahlt ein Licht auf.
Du erregst lauten Jubel und schenkst große Freude.
Man freut sich in deiner Nähe,
wie man sich freut bei der Ernte,
wie man jubelt, wenn Beute verteilt wird.
Du zerbrichst das drückende Joch,
das Tragholz auf unserer Schulter und den Stock des Treibers.
Jeder Stiefel, der dröhnend daherstampft,
jeder Mantel, der mit Blut befleckt ist,
wird verbrannt, wird ein Fraß des Feuers.
Denn uns ist ein Kind geboren, ein Sohn ist uns geschenkt.
Die Herrschaft liegt auf seiner Schulter;
man nennt ihn: Wunderbarer Ratgeber, Starker Gott,
Vater in Ewigkeit, Fürst des Friedens.
Seine Herrschaft ist groß und der Friede hat kein Ende.
Auf dem Thron Davids herrscht er über sein Reich;
er festigt und stützt es durch Recht und Gerechtigkeit,
jetzt und für alle Zeiten.

Jesaja 9,1-6

Das Heil kommt

Ja, vergessen
sind die früheren Nöte,
sie sind meinen Augen
entschwunden.
Denn schon erschaffe ich
einen neuen Himmel
und eine neue Erde.
Man wird nicht mehr an das
Frühere denken.
Nein, ihr sollt euch ohne Ende
freuen und jubeln über das, was
ich erschaffe.
Wolf und Lamm weiden zusammen, der Löwe frisst Stroh wie
das Rind.
Man tut nichts Böses mehr und
begeht kein Verbrechen auf
meinem ganzen heiligen Berg,
spricht der Herr.

Jesaja 65,16-18.25

Walter Habdank, In terra pax, 1983
(Auf der Erde Frieden)

Das Neue,
das Christliche Testament

Das Neue, Christliche Testament

Das Neue, Christliche Testament, das über Jesus und die Apostel erzählt, ist der zweite Teil der christlichen Bibel. Er ist nicht ohne den ersten zu verstehen, denn Jesus war Jude. Anders gesagt: Das Neue, Christliche Testament baut auf dem Ersten, Alten Testament auf. Doch sieht das Neue Testament die Glaubenstradition Israels mit anderen Augen: mit den Augen des Glaubens an Jesus, den Christus Gottes.

Jesus nämlich steht in der Mitte aller Schriften des Christlichen Testaments. Um ihn geht es, um das Bekenntnis zu ihm, um die Erfahrung, dass die Begegnung mit Jesus das Leben grundlegend verändert, und um den Glauben an den auferweckten Herrn. Die Erfahrung, dass Jesus als Auferstandener lebt, führte Frauen und Männer zu einer Gemeinschaft, zu einer ersten christlichen Gemeinde, zusammen, die vom Geist Jesu geprägt war. Von ihm erzählte man, zu ihm bekannte man sich, ja, zu ihm rief man in Gebeten und Lobliedern: »Maranatha« – »Unser Herr, komm!«

Am Anfang des Neuen Testaments stehen also Erfahrungen, die die Jüngerinnen und Jünger mit dem Auferweckten machten und die ihr Leben veränderten. Solche Erfahrungen wurden bald als kleine Bekenntnissätze zu Jesus formuliert, die ausdrückten: »Jesus ist der Herr unseres Lebens.«

Schon bald entstanden in den christlichen Gemeinden neben diesen kurzen Glaubensbekenntnissen erste Sammlungen von Erzählungen über Jesus. Sie gaben Worte und Aussprüche Jesu wieder oder seine Gleichnisse, sie fügten verschiedene Erzählstücke seiner Leidensgeschichte zu einem Bericht zusammen, sie sammelten Erzählungen über Heilungen Jesu. Solche Textstücke wurden erst mündlich gesammelt, dann schriftlich gefasst und schließlich entstanden aus solchen Quellen die vier Evangelien – die Frohe Botschaft von Jesus: Jesus ist der Messias, der Christus, das heißt der Gesalbte Gottes.

Die Evangelien sind also kein historischer Bericht über das Leben Jesu, vergleichbar den Lebensgeschichten, die wir von anderen bedeutenden Menschen kennen. Sie sind Glaubenstexte, ebenso wie die Texte des Alten Testaments Glaubenstexte sind.

Die vier Evangelien stellen die wichtigsten Bücher des Neuen Testaments dar. Mit der Apostelgeschichte fügt der Verfasser des Lukasevangeliums eine Art Fortsetzung seines Evangeliums hinzu und erzählt von der Zeit der Apostel und der ersten Gemeinden, besonders von Petrus und Paulus, den beiden bedeutendsten Personen am Anfang der jungen Kirche.

Von Paulus sind eine Reihe von Briefen erhalten, die er an die jungen, von ihm gegründeten Gemeinden geschrieben hat. Auch seine Schüler haben solche Briefe verfasst und unter seinem Namen (wie es damals üblich war) abgesandt. Ebenso gibt es von anderen Christen der ersten Zeit einige Briefe im Neuen Testament, deren Verfasser meist unbekannt sind. Dies gilt auch für den Verfasser des letzten biblischen Buches, der Offenbarung des Johannes. Dies ist ein prophetisches Buch, das in manchen Stücken und in seiner Erzählweise an prophetische Bücher des Alten Testaments anknüpft.

Allen Schriften des Neuen Testaments ist gemeinsam, dass sie auf der Grundlage des Alten, Ersten Testaments eine Botschaft vermitteln, die glaubende Menschen als Botschaft von Gott verstehen: Gott kommt den Men-

---

Bild Seite 129: Robert Delaunay, Kreisformen
Im Neuen, Christlichen Testament wird über Jesus berichtet. Sein Zeichen, das Kreuz, klingt in einem der Kreise an. Doch wird dieser zentrale Kreis von anderen berührt; es geht im zweiten Teil der Bibel auch um die Jünger Jesu, um die Menschen, die sich an ihn binden, die ihre Lebenskreise mit seinem in Verbindung bringen.

schen in Jesus, seinem Christus, nahe. In diesem Jesus ist Heil für alle Völker.

Die Schriften des Neuen Testaments sind in griechischer Sprache geschrieben und in der Zeit von etwa 50 – 120 nach Christus entstanden. Das Neue Testament enthält folgende Bücher:

Die Evangelien
Matthäus (Mt)
Markus (Mk)
Lukas (Lk)
Johannes (Joh)

Die Apostelgeschichte (Apg)

Die Briefe des Paulus
Römerbrief (Röm)
Der erste Brief an die Korinther (1 Kor)
Der zweite Brief an die Korinther (2 Kor)
Der Brief an die Galater (Gal)
Der Brief an die Philipper (Phil)
Der erste Brief an die Thessalonicher (1 Thess)
Der Brief an Philemon (Phlm)

Die anderen Briefe
Epheserbrief (Eph)
Kolosserbrief (Kol)
Der zweite Brief an die Thessalonicher (2 Thess)
Der erste Brief an Timotheus (1 Tim)
Der zweite Brief an Timotheus (2 Tim)
Der Brief an Titus (Tit)
Der Brief an die Hebräer (Hebr)

Der Jakobusbrief (Jak)
Der erste Petrusbrief (1 Petr)
Der zweite Petrusbrief (2 Petr)
Der erste Johannesbrief (1 Joh)
Der zweite Johannesbrief (2 Joh)
Der dritte Johannesbrief (3 Joh)
Der Judasbrief (Jud)

Die Offenbarung des Johannes (Offb)

Sieger Köder,
Ich werde von meinem Geist ausgießen (Ausschnitt)
Das griechische Wort im Buch heißt »Euangelion« = »Evangelium« = »Gute Nachricht«.

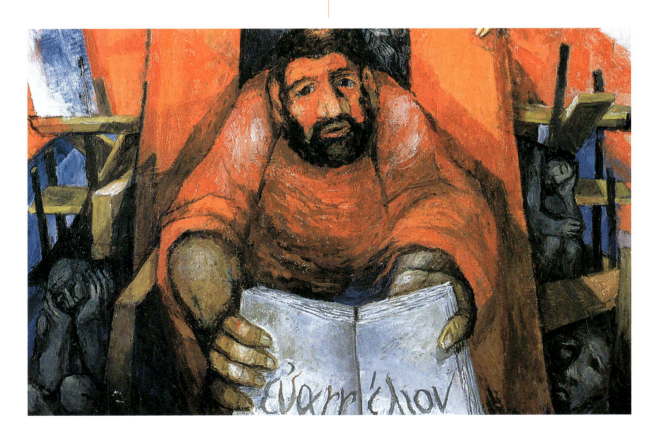

Markusevangelium (Mk): Der Verfasser des Markusevangeliums hat für das Neue Testament eine unersetzliche Bedeutung. Als Erster hat er die ihm vorliegenden Überlieferungen zu Jesus gesammelt, verarbeitet und zu einem neuen Werk zusammengestellt. Damit schuf er eine neue Textsorte, das Evangelium. Dabei setzte er sich nicht das Ziel, eine Lebensbeschreibung Jesu in zeitlicher Abfolge zu schreiben. Vielmehr ging es ihm um Verkündigung und das Bekenntnis zu Jesus, dem Christus Gottes. Das Evangelium ist um das Jahr 70 im östlichen Mittelmeerraum entstanden und richtet sich an Heidenchristen (an Menschen, die aus heidnischen Religionen zum Christentum fanden). Die kirchliche Tradition nennt Markus, den Mitarbeiter von Paulus und Petrus als Verfasser, doch ist dies wenig wahrscheinlich.
Das Evangelium beginnt mit Johannes dem Täufer und der Taufe Jesu, kennt also keine Kindheitsgeschichte. Nach der Schilderung seines Wirkens in Galiläa folgen Erzählungen über seinen Aufenthalt in Jerusalem, danach die Leidensgeschichte und die Auferweckungserzählung. Für Markus ist das Reich Gottes nahe gekommen, doch diese Botschaft ist nicht zu trennen von Jesus, dem Boten Gottes. Am Kreuz zeigt er sich als leidender Menschensohn (vgl. Seite 197), doch gerade dort bekennt der römische Hauptmann, dass Jesus der Sohn Gottes ist (vgl. Seite 198).

Das Markusevangelium: Zum Geheimnis finden

Markus ist der Erste, der ein Evangelium geschrieben hat, man sagt deshalb: »Markus hat den Menschen das Evangelium geschenkt.« Mit seinem Buch wollte Markus seinen Gemeinden Mut zum Glauben an Jesus machen. Dies geschah um das Jahr 70 in einer Zeit, als die ersten Christen bereits eine große Verfolgung durch Kaiser Nero erlebt hatten und Jerusalem zerstört war. In dieser unsicheren Zeit schreibt Markus sein Evangelium, seine Frohe Botschaft von Jesus Christus, dem Sohn Gottes. In ihm ist das Reich Gottes, Gott selber, den Menschen nahe gekommen. Das allerdings wird erst am Kreuz deutlich. Unter dem Kreuz kann der römische Hauptmann bekennen: »Wahrhaft, dieser Mensch war Gottes Sohn!«

Johannes der Täufer und die Taufe Jesu

Anfang des Evangeliums von Jesus Christus, dem Sohn Gottes: Es begann, wie es bei dem Propheten Jesaja steht:
»Ich sende meinen Boten vor dir her;
er soll den Weg für dich bahnen.
Eine Stimme ruft in der Wüste:
Bereitet dem Herrn den Weg! Ebnet ihm die Straßen!«
So trat Johannes der Täufer in der Wüste auf und verkündigte Umkehr und Taufe zur Vergebung der Sünden. Ganz Judäa und alle Einwohner Jerusalems zogen zu ihm hinaus; sie bekannten ihre Sünden und ließen sich im Jordan von ihm taufen. Johannes trug ein Gewand aus Kamelhaaren und einen ledernen Gürtel um seine Hüften und er lebte von Heuschrecken und wildem Honig.
Er verkündete: »Nach mir kommt einer, der ist stärker als ich; ich bin es nicht wert, mich zu bücken, um ihm die Schuhe aufzuschnüren. Ich habe euch nur mit Wasser getauft, er aber wird euch mit dem Heiligen Geist taufen.«

In jenen Tagen kam Jesus aus Nazaret in Galiläa und ließ sich von Johannes im Jordan taufen. Und als er aus dem Wasser stieg, sah er, dass der Himmel sich öffnete und der Geist wie eine Taube auf ihn herabkam.
Und eine Stimme aus dem Himmel sprach: »Du bist mein geliebter Sohn, an dir habe ich Gefallen gefunden.«

Markus 1,1-11

Glaubt an das Evangelium

Nachdem man Johannes ins Gefängnis geworfen hatte, ging Jesus wieder nach Galiläa; er verkündete das Evangelium Gottes und sprach: »Die Zeit ist erfüllt, das Reich Gottes ist nahe. Kehrt um, und glaubt an das Evangelium!«

Markus 1,14-15

Die ersten Apostel

Als Jesus am See von Galiläa entlangging, sah er Simon und Andreas, den Bruder des Simon, die auf dem See ihr Netz auswarfen; sie waren nämlich Fischer. Da sagte er zu ihnen: »Kommt her, folgt mir nach! Ich werde euch zu Menschenfischern machen.« Sogleich ließen sie ihre Netze liegen und folgten ihm. Als er ein Stück weiterging, sah er Jakobus, den Sohn des Zebedäus, und seinen Bruder Johannes; sie waren im Boot und richteten ihre Netze her. Sofort rief er sie und sie ließen ihren Vater Zebedäus mit seinen Tagelöhnern im Boot zurück und folgten Jesus nach.

Markus 1,16-20

Die wahren Verwandten Jesu

Da kamen seine Mutter und seine Brüder; sie blieben vor dem Haus stehen und ließen ihn herausrufen. Man sagte zu ihm: »Deine Mutter und deine Brüder stehen draußen und fragen nach dir.« Er erwiderte: »Wer ist meine Mutter, und wer sind meine Brüder?« Und er blickte auf die Menschen, die im Kreis um ihn herumsaßen, und sagte: »Das hier sind meine Mutter und meine Brüder. Wer den Willen Gottes erfüllt, der ist für mich Bruder und Schwester und Mutter.«

Markus 3,31-36

Apostel: (griechisch »Abgesandte«) Mit Apostel wurden zuerst christliche Missionare bezeichnet, die die Botschaft von Jesus verkündeten, Männer wie Frauen. So wurde auch Paulus Apostel genannt. Der Evangelist Lukas versteht unter den zwölf Aposteln einen besonderen Jüngerkreis Jesu. Dieser ist ein Sinnbild für die zwölf Stämme des neuen, durch Jesus begründeten Israels, das dem Israel des alten Bundes nachgebildet ist. Die Apostel sind damit das Fundament der Kirche. In den Evangelien werden die Namen der zwölf Apostel unterschiedlich wiedergegeben. Neben den Aposteln als den engsten Jüngern Jesu gibt es noch viele andere Frauen und Männer, die als Jüngerinnen und Jünger den Weg Jesu begleiteten.

Die Zwölf

Jesus rief die zu sich, die er erwählt hatte. Und er setzte zwölf ein, die er aussenden wollte: Petrus – diesen Beinamen gab er dem Simon –, Jakobus, der Sohn des Zebedäus, und Johannes, der Bruder des Jakobus – ihnen gab er den Beinamen Boanerges, das heißt Donnersöhne –, dazu Andreas, Philippus, Bartholomäus, Matthäus, Thomas, Jakobus, der Sohn des Alphäus, Thaddäus, Simon Kananäus und Judas Iskariot, der ihn dann verraten hat.

aus Markus 3,13-18

See Gennesaret

Die Heilung des Aussätzigen

Ein Aussätziger kam zu Jesus und bat ihn um Hilfe; er fiel vor ihm auf die Knie und sagte: »Wenn du willst, kannst du machen, dass ich rein werde.«
Jesus hatte Mitleid mit ihm; er streckte die Hand aus, berührte ihn und sagte: »Ich will es – werde rein!«
Im gleichen Augenblick verschwand der Aussatz und der Mann war rein.
Jesus schickte ihn weg und schärfte ihm ein: »Nimm dich in Acht! Erzähl niemand etwas davon, sondern geh und zeig dich dem Priester, damit er dich als rein erklärt.«
Der Mann aber ging weg und erzählte bei jeder Gelegenheit, was geschehen war; er verbreitete die ganze Geschichte, sodass sich Jesus in keiner Stadt mehr zeigen konnte; er hielt sich nur noch außerhalb der Städte an einsamen Orten auf. Dennoch kamen die Leute von überallher zu ihm.

aus Markus 1,40-45

Die Heimat Jesu war vor allem die Landschaft Galiläa im Norden Israels. Hier, vor allem rund um den See Gennesaret lehrte Jesus und heilte Kranke. Aus diesem Gebiet kommen seine ersten Jüngerinnen und Jünger. In Galiläa liegt auch sein Heimatort Nazaret, in dem Jesus groß geworden ist.

Die Heilung des Gelähmten

Als er einige Tage später nach Kafarnaum zurückkam, wurde bekannt, dass er wieder zu Hause war. Und es versammelten sich so viele Menschen, dass nicht einmal mehr vor der Tür Platz war; und er verkündete ihnen das Wort.
Da brachte man einen Gelähmten zu ihm; er wurde von vier Männern getragen. Weil sie ihn aber wegen der vielen Leute nicht bis zu Jesus bringen konnten, deckten sie dort, wo Jesus war, das Dach ab, schlugen die Decke durch und ließen den Gelähmten auf seiner Tragbahre durch die Öffnung hinab.
Als Jesus ihren Glauben sah, sagte er zu dem Gelähmten: »Mein Sohn, deine Sünden sind dir vergeben!«
Einige Schriftgelehrte aber, die dort saßen, dachten im Stillen: »Wie kann dieser Mensch so reden? Er lästert Gott. Wer kann Sünden vergeben außer dem einen Gott?«
Jesus erkannte sofort, was sie dachten, und sagte zu ihnen: »Was für Gedanken habt ihr im Herzen? Ist es leichter, zu dem Gelähmten zu sagen: Deine Sünden sind dir vergeben!, oder zu sagen: Steh auf, nimm deine Tragbahre und geh umher?
Ihr sollt aber erkennen, dass der Menschensohn die Vollmacht hat, hier auf der Erde Sünden zu vergeben.«
Und er sagte zu dem Gelähmten: »Ich sage dir: Steh auf, nimm deine Tragbahre, und geh nach Hause!«
Der Mann stand sofort auf, nahm seine Tragbahre und ging vor aller Augen weg. Da gerieten alle außer sich; sie priesen Gott und sagten: So etwas haben wir noch nie gesehen.

Markus 2,1-11

Die Heilung von Kranken

Jesus verließ die Synagoge und ging zusammen mit Jakobus und Johannes in das Haus des Simon und Andreas. Die Schwiegermutter des Simon lag mit Fieber im Bett. Sie sprachen mit Jesus über sie, und er ging zu ihr, fasste sie an der Hand und richtete sie auf. Da wich das Fieber von ihr und sie sorgte für sie.
Am Abend, als die Sonne untergegangen war, brachte man alle Kranken und Besessenen zu Jesus. Die ganze Stadt war vor der Haustür versammelt, und er heilte viele, die an allen möglichen Krankheiten litten.

Markus 1,29-34

Wunder: In den Evangelien finden sich einige Wundererzählungen über Jesus. Bei solchen Texten geht es nicht um die Darstellung Jesu als Wundermann, der überirdische Kräfte und Fähigkeiten besitzt. Es geht auch nicht um ein Durchbrechen der Naturgesetze oder darum, ob solche Wunder historisch glaubhaft sind oder nicht.
Es geht bei den Wundererzählungen vielmehr um ein Bekenntnis zu Jesus, in dem Gottes Barmherzigkeit sichtbar geworden ist. Der Kern der Wunder ist, dass in Jesus das Reich Gottes beginnt und damit eine Wende zum Heil für alle Menschen.
Dabei werden unterschiedliche Wunder erzählt: *Heilungswunder* (Heilung des Gelähmten, des Blinden, des Aussätzigen, des Mannes mit der verdorrten Hand …) und *Dämonenaustreibungen* bedeuten einen Kampf gegen das Böse und das Leid. Die »Macht Gottes«, in deren Namen Jesus auftritt, besiegt und überwindet die »Macht des Bösen«. Die Bibelwissenschaft ist sich heute weithin einig, dass Jesus solche Heilungswunder getan hat.
Von anderer Art sind die *Geschenkwunder* (Wandlung von Wasser in Wein, große Speisung [Brotvermehrung] …) und die *Rettungswunder* (Stillung des Sturms auf dem See, Seewandel mit der Rettung des Petrus). Solche Wundererzählungen ebenso wie die Totenerweckungen sind glaubende und deutende Dichtung der ersten christlichen Gemeinden, die ihre Erfahrungen mit Jesus in erzählender Form darstellen. Es sind Christusgeschichten, die aussagen, dass in Jesus das Reich Gottes beginnt. Es sind Glaubensbekenntnisse, die Jesus als Freund des Lebens verstehen.

Die Heilung am Sabbat

Als er ein andermal in eine Synagoge ging, saß dort ein Mann, dessen Hand verdorrt war. Und die Schriftgelehrten gaben Acht, ob Jesus ihn am Sabbat heilen werde; sie suchten nämlich einen Grund zur Anklage gegen ihn.
Da sagte er zu dem Mann mit der verdorrten Hand: »Steh auf und stell dich in die Mitte!«
Und zu den anderen sagte er: »Was ist am Sabbat erlaubt: Gutes zu tun oder Böses, ein Leben zu retten oder es zu vernichten?«
Sie aber schwiegen.
Und er sah sie der Reihe nach an, voll Zorn und Trauer über ihr verstocktes Herz, und sagte zu dem Mann: »Streck deine Hand aus!«
Er streckte sie aus und seine Hand war wieder gesund.
Da gingen die Pharisäer hinaus und fassten zusammen mit den Anhängern des Herodes den Beschluss, Jesus umzubringen.

Markus 3,1-6

Die Heilung des Taubstummen

Jesus verließ das Gebiet von Tyrus wieder und kam über Sidon an den See von Galiläa, mitten in das Gebiet der Dekapolis. Da brachte man einen Taubstummen zu Jesus und bat ihn, er möge ihn berühren. Er nahm ihn beiseite, von der Menge weg, legte ihm die Finger in die Ohren und berührte dann die Zunge des Mannes mit Speichel; danach blickte er zum Himmel auf, seufzte und sagte zu dem Taubstummen: »Effata!«, das heißt: »Öffne dich!«
Sogleich öffneten sich seine Ohren, seine Zunge wurde von ihrer Fessel befreit und er konnte richtig reden.
Jesus verbot ihnen, jemand davon zu erzählen. Doch je mehr er es ihnen verbot, desto mehr machten sie es bekannt. Außer sich vor Staunen sagten sie: »Er hat alles gut gemacht; er macht, dass die Tauben hören und die Stummen sprechen.«

Markus 7,31-37

Die Tochter des Jaïrus

Jesus fuhr im Boot wieder ans andere Ufer hinüber und eine große Menschenmenge versammelte sich um ihn. Während er noch am See war, kam ein Synagogenvorsteher namens Jaïrus zu ihm. Als er Jesus sah, fiel er ihm zu Füßen und flehte ihn um Hilfe an; er sagte: »Meine Tochter liegt im Sterben. Komm und leg ihr die Hände auf, damit sie wieder gesund wird und am Leben bleibt.«
Da ging Jesus mit ihm. Viele Menschen folgten ihm und drängten sich um ihn.
Unterwegs kamen Leute, die zum Haus des Synagogenvorstehers gehörten, und sagten zu Jaïrus: »Deine Tochter ist gestorben. Warum bemühst du den Meister noch länger?«
Jesus, der diese Worte gehört hatte, sagte zu dem Synagogenvorsteher: »Sei ohne Furcht; glaube nur!«
Und er ließ keinen mitkommen außer Petrus, Jakobus und Johannes, den Bruder des Jakobus. Sie gingen zum Haus des Synagogenvorstehers. Als Jesus den Lärm der Klageweiber bemerkte und hörte, wie die Leute laut weinten und jammerten, trat er ein und sagte zu ihnen: »Warum schreit und weint ihr? Das Kind ist nicht gestorben, es schläft nur.«
Da lachten sie ihn aus. Er aber schickte alle hinaus und nahm außer seinen Begleitern nur die Eltern mit in den Raum, in dem das Kind lag.
Er fasste das Kind an der Hand und sagte zu ihm: »Talita kum!«, das heißt übersetzt: »Mädchen, ich sage dir, steh auf!«
Sofort stand das Mädchen auf und ging umher. Es war zwölf Jahre alt. Die Leute gerieten außer sich vor Entsetzen. Doch er schärfte ihnen ein, niemand dürfe etwas davon erfahren; dann sagte er, man solle dem Mädchen etwas zu essen geben.

Markus 5,21-24.35-43

Wunder im AT und im NT: Im Neuen Testament ähneln manche Wundergeschichten über Jesus den Wundergeschichten der Propheten des Alten Testaments (vgl. Seite 83). Jesus wird als der dargestellt, der die Wunder der Propheten noch überbietet. Er ist aus der Sicht der neutestamentlichen Schriftsteller der große Prophet, der Gesandte Gottes, das Wort Gottes an uns Menschen.

Guido Muer,
Die blutflüssige Frau, 1986
Markus hat in die Geschichte von der Tochter des Jaïrus eine andere Wundergeschichte eingeschoben, die einer kranken Frau, die durch Jesus geheilt wird (vgl. Markus 5,25-34).

Ernst Wilhelm Nay, Lichtes Lied, 1960

Licht: Licht und Dunkelheit gehören zu den wichtigsten Symbolen in allen Religionen. Licht ist (im Gegensatz zur Bedrohung der Dunkelheit) das Symbol für Geborgenheit, Angenommensein und heiles Leben. Licht ist vielfach ein Symbol für die Gottheit (Feuer, Sonnengötter ...). Im jüdisch-christlichen Bereich verweist das Licht auf Gottes gute Schöpfung, auf eine von Gott geordnete Welt (Gen 1). Licht ist aber ebenso die Verheißung künftiger Vollendung, Zeichen des Reiches Gottes. Licht ist die Bezeichnung für Gott selbst: »Der Herr ist mein Licht« (Ps 27,1), aber auch für Jesus: »Das wahre Licht, das jeden Menschen erleuchtet, kam in die Welt« (Joh 1,9).

Die Heilung des blinden Bartimäus

Sie kamen nach Jericho. Als er mit seinen Jüngern und einer großen Menschenmenge Jericho wieder verließ, saß an der Straße ein blinder Bettler, Bartimäus, der Sohn des Timäus. Sobald er hörte, dass es Jesus von Nazaret war, rief er laut: »Sohn Davids, Jesus, hab Erbarmen mit mir!«
Viele wurden ärgerlich und befahlen ihm zu schweigen. Er aber schrie noch viel lauter: »Hab Erbarmen mit mir!«
Jesus blieb stehen und sagte: »Ruft ihn her!«
Sie riefen den Blinden und sagten zu ihm: »Hab nur Mut, steh auf, er ruft dich.«
Da warf er seinen Mantel weg, sprang auf und lief auf Jesus zu.
Und Jesus fragte ihn: »Was soll ich dir tun?«
Der Blinde antwortete: »Ich möchte wieder sehen können.«
Da sagte Jesus zu ihm: »Geh! Dein Glaube hat dir geholfen.«
Im gleichen Augenblick konnte er wieder sehen, und er folgte Jesus auf seinem Weg.

aus Markus 10,46-52

Die Heilung des besessenen Jungen

Einer aus der Menge sagte zu Jesus: »Meister, ich habe meinen Sohn zu dir gebracht. Er ist von einem stummen Geist besessen; immer wenn der Geist ihn überfällt, wirft er ihn zu Boden und meinem Sohn tritt Schaum vor den Mund, er knirscht mit den Zähnen und wird starr. Ich habe schon deine Jünger gebeten, den Geist auszutreiben, aber sie hatten nicht die Kraft dazu.«
Da sagte Jesus zu ihnen: »O du ungläubige Generation! Wie lange muss ich noch bei euch sein? Wie lange muss ich euch noch ertragen? Bringt ihn zu mir!«
Und man führte ihn herbei. Sobald der Geist Jesus sah, zerrte er den Jungen hin und her, sodass er hinfiel und sich mit Schaum vor dem Mund auf dem Boden wälzte.
Jesus fragte den Vater: »Wie lange hat er das schon?«
Der Vater antwortete: »Von Kind auf; oft hat er ihn sogar ins Feuer oder ins Wasser geworfen, um ihn umzubringen. Doch wenn du kannst, hilf uns; hab Mitleid mit uns!«
Jesus sagte zu ihm: »Wenn du kannst? Alles kann, wer glaubt.«
Da rief der Vater des Jungen: »Ich glaube; hilf meinem Unglauben!«
Als Jesus sah, dass die Leute zusammenliefen, drohte er dem unreinen Geist und sagte: »Ich befehle dir, du stummer und tauber Geist: Verlass ihn und kehr nicht mehr in ihn zurück!«
Da zerrte der Geist den Jungen hin und her und verließ ihn mit lautem Geschrei. Der Junge lag da wie tot, so dass alle Leute sagten: »Er ist gestorben.«
Jesus aber fasste ihn an der Hand und richtete ihn auf, und der Junge erhob sich.

Markus 9,17-27

Dämonen: Als Dämonen gelten in vielen, vor allem den alten Kulturen und Religionen Wesen mit bösen Kräften, die dem Menschen schaden können. Viele Krankheiten konnte man sich nicht anders erklären, als dass man Dämonen am Werk sah. Gerade an solchen kranken, von »Dämonen besessenen« Menschen zeigt Jesus seine heilende und befreiende Kraft. Er treibt Dämonen aus und befreit Menschen im Namen Gottes von ihren Leiden – er ist der Herr, der alles Böse überwindet.

Messias/Christus: (griechisch »christos«, hebräisch »maschiach/messias«, deutsch »Gesalbter, Gesandter [Gottes]«) Christus ist somit kein Eigenname, sondern ein Ehrentitel, der Jesus von Nazaret von glaubenden Menschen zugesprochen wird. Der Messias-Christus bringt Heil von Gott, er ist der Retter und Helfer, der Heiland, mit dem eine neue Zeit beginnt.

Du bist der Messias

Jesus ging mit seinen Jüngern in die Dörfer bei Cäsarea Philippi. Unterwegs fragte er die Jünger: »Für wen halten mich die Menschen?«
Sie sagten zu ihm: »Einige für Johannes den Täufer, andere für Elija, wieder andere für sonst einen von den Propheten.«
Da fragte er sie: »Ihr aber, für wen haltet ihr mich?«
Simon Petrus antwortete ihm: »Du bist der Messias!«
Doch er verbot ihnen, mit jemand über ihn zu sprechen.

Markus 8,27-30

Die Aussendung der Jünger

Jesus zog durch die benachbarten Dörfer und lehrte. Er rief die Zwölf zu sich und sandte sie aus, jeweils zwei zusammen. Er gab ihnen die Vollmacht, die unreinen Geister auszutreiben, und er gebot ihnen, außer einem Wanderstab nichts auf den Weg mitzunehmen, kein Brot, keine Vorratstasche, kein Geld im Gürtel, kein zweites Hemd und an den Füßen nur Sandalen.

Und er sagte zu ihnen: »Bleibt in dem Haus, in dem ihr einkehrt, bis ihr den Ort wieder verlasst. Wenn man euch aber in einem Ort nicht aufnimmt und euch nicht hören will, dann geht weiter und schüttelt den Staub von euren Füßen, zum Zeugnis gegen sie.«

Die Zwölf machten sich auf den Weg und riefen die Menschen zur Umkehr auf. Sie trieben viele Dämonen aus und salbten viele Kranke mit Öl und heilten sie.

Markus 6,6-13

Jünger/Jüngerinnen: Jesus hatte einen Kreis von Jüngerinnen und Jüngern um sich, Frauen und Männer, die mit ihm zogen und sein Leben teilten. Die Jünger Jesu werden von ihm berufen, ziehen mit ihm durch das Land und haben Anteil an seiner Sendung und Botschaft. Die Jüngergemeinschaft, darunter besonders die Auswahl von zwölf Aposteln aus einem größeren Jüngerkreis, wird bei Jesus zu einem Symbol: Er will die Einheit der zwölf Stämme Israels wiederherstellen – so beginnt das Reich Gottes. Später wird der Begriff Jünger erweitert: Nun werden die Mitglieder der christlichen Gemeinden so genannt.

Die große Speisung

Die Apostel versammelten sich wieder bei Jesus und berichteten ihm alles, was sie getan und gelehrt hatten. Da sagte er zu ihnen: »Kommt mit an einen einsamen Ort, wo wir allein sind, und ruht ein wenig aus.« Denn sie fanden nicht einmal Zeit zum Essen, so zahlreich waren die Leute, die kamen und gingen.

Sie fuhren also mit dem Boot in eine einsame Gegend, um allein zu sein. Aber man sah sie abfahren und viele erfuhren davon; sie liefen zu Fuß aus allen Städten dorthin und kamen noch vor ihnen an.

Als er ausstieg und die vielen Menschen sah, hatte er Mitleid mit ihnen; denn sie waren wie Schafe, die keinen Hirten haben. Und er lehrte sie lange.

Gegen Abend kamen seine Jünger zu ihm und sagten: »Der Ort ist abgelegen und es ist schon spät. Schick sie weg, damit sie in die umliegenden Gehöfte und Dörfer gehen und sich etwas zu essen kaufen können.«

Er erwiderte: »Gebt ihr ihnen zu essen!«

Sie sagten zu ihm: »Sollen wir weggehen, für zweihundert Denare Brot kaufen und es ihnen geben, damit sie zu essen haben?«

Er sagte zu ihnen: »Wie viele Brote habt ihr? Geht und seht nach!«

Sie sahen nach und berichteten: »Fünf Brote und außerdem zwei Fische.«

Dann befahl er ihnen, den Leuten zu sagen, sie sollten sich in Gruppen ins grüne Gras setzen. Und sie setzten sich in Gruppen zu hundert und zu fünfzig.

Darauf nahm er die fünf Brote und die zwei Fische, blickte zum Himmel auf, sprach den Lobpreis, brach die Brote und gab sie den Jüngern, damit sie sie an die Leute austeilten. Auch die zwei Fische ließ er unter allen verteilen.

Und alle aßen und wurden satt.

Als die Jünger die Reste der Brote und auch der Fische einsammelten, wurden zwölf Körbe voll. Es waren fünftausend Männer, die von den Broten gegessen hatten.

Markus 6,30-43

Hanna Cheriyan Varghese,
Schweig, sei still!, 2001

Der Sturm auf dem See

Am Abend dieses Tages sagte er zu ihnen: »Wir wollen ans andere Ufer hinüberfahren.« Sie schickten die Leute fort und fuhren mit ihm in dem Boot, in dem er saß, weg; einige andere Boote begleiteten ihn.
Plötzlich erhob sich ein heftiger Wirbelsturm, und die Wellen schlugen in das Boot, sodass es sich mit Wasser zu füllen begann. Er aber lag hinten im Boot auf einem Kissen und schlief. Sie weckten ihn und riefen: »Meister, kümmert es dich nicht, dass wir zugrunde gehen?«
Da stand er auf, drohte dem Wind und sagte zu dem See: »Schweig, sei still!«
Und der Wind legte sich und es trat völlige Stille ein.
Er sagte zu ihnen: »Warum habt ihr solche Angst? Habt ihr noch keinen Glauben?«
Da ergriff sie große Furcht und sie sagten zueinander: »Was ist das für ein Mensch, dass ihm sogar der Wind und der See gehorchen?«

Markus 4,35-41

Jesus wird in seiner Heimat abgelehnt

Von dort brach Jesus auf und kam in seine Heimatstadt; seine Jünger begleiteten ihn. Am Sabbat lehrte er in der Synagoge.
Und die vielen Menschen, die ihm zuhörten, staunten und sagten: »Woher hat er das alles? Was ist das für eine Weisheit, die ihm gegeben ist! Und was sind das für Wunder, die durch ihn geschehen! Ist das nicht der Zimmermann, der Sohn der Maria und der Bruder von Jakobus, Joses, Judas und Simon? Leben nicht seine Schwestern hier unter uns?« Und sie nahmen Anstoß an ihm und lehnten ihn ab.
Da sagte Jesus zu ihnen: »Nirgends hat ein Prophet so wenig Ansehen wie in seiner Heimat, bei seinen Verwandten und in seiner Familie.« Und er konnte dort kein Wunder tun; nur einigen Kranken legte er die Hände auf und heilte sie. Und er wunderte sich über ihren Unglauben.

Markus 6,1-6

Gleichnis: Das Sprechen und die Lehre Jesu sind geprägt von Gleichnissen, kleinen Geschichten, mit denen Jesus seine Zuhörer zum Nachdenken bringen wollte. Gleichnisse sind für Deutungen offen, der Hörer oder Leser muss die Gedanken des Gleichnisses selbst mit seinem Leben verbinden. Gleichnisse sind Texte, die etwas im Hörer anstoßen wollen, die in ihrer bildhaften Form Anregungen geben, Gott, die Welt und die Menschen zu deuten. Die Gleichnisse kann man als das »Geschichtenbuch« Jesu bezeichnen. Indem Jesus über Sämann und Ernte, über ein verlorenes Schaf und einen guten Vater, über einen Schatz im Acker und über ein Senfkorn erzählt, verbindet er das alltägliche Leben der Menschen mit Gott und seiner Zuwendung zu den Menschen.

Das Gleichnis vom Sämann

Ein andermal lehrte er am Ufer des Sees und sehr viele Menschen versammelten sich um ihn. Er stieg deshalb in ein Boot auf dem See und setzte sich; die Leute aber standen am Ufer. Und er sprach lange zu ihnen und lehrte sie in Form von Gleichnissen:

»Hört! Ein Sämann ging aufs Feld, um zu säen. Als er säte, fiel ein Teil der Körner auf den Weg und die Vögel kamen und fraßen sie. Ein anderer Teil fiel auf felsigen Boden, wo es nur wenig Erde gab, und ging sofort auf, weil das Erdreich nicht tief war; als aber die Sonne hochstieg, wurde die Saat versengt und verdorrte, weil sie keine Wurzeln hatte. Wieder ein anderer Teil fiel in die Dornen und die Dornen wuchsen und erstickten die Saat und sie brachte keine Frucht. Ein anderer Teil schließlich fiel auf guten Boden und brachte Frucht; die Saat ging auf und wuchs empor und trug dreißigfach, ja sechzigfach und hundertfach.«

Jesus sprach: »Wer Ohren hat zum Hören, der höre!«

Und er sagte zu ihnen: »Der Sämann sät das Wort. Auf den Weg fällt das Wort bei denen, die es zwar hören, aber sofort kommt der Satan und nimmt das Wort weg, das in sie gesät wurde. Ähnlich ist es bei den Menschen, bei denen das Wort auf felsigen Boden fällt: Sobald sie es hören, nehmen sie es freudig auf; aber sie haben keine Wurzeln, sondern sind unbeständig, und wenn sie dann um des Wortes willen bedrängt oder verfolgt werden, kommen sie sofort zu Fall. Bei anderen fällt das Wort in die Dornen: sie hören es zwar, aber die Sorgen der Welt, der trügerische Reichtum und die Gier nach all den anderen Dingen machen sich breit und ersticken es und es bringt keine Frucht. Auf guten Boden ist das Wort bei denen gesät, die es hören und aufnehmen und Frucht bringen, dreißigfach, ja sechzigfach und hundertfach.«

Markus 4,1-9.13-20

Vincent van Gogh, Der Sämann, 1888

Das Gleichnis vom Senfkorn

Er sagte: »Womit sollen wir das Reich Gottes vergleichen, mit welchem Gleichnis sollen wir es beschreiben? Es gleicht einem Senfkorn. Dieses ist das kleinste von allen Samenkörnern, die man in die Erde sät. Ist es aber gesät, dann geht es auf und wird größer als alle anderen Gewächse und treibt große Zweige, sodass in seinem Schatten die Vögel des Himmels nisten können.«

Markus 4,30-32

Vom Reichtum und der Nachfolge

Als sich Jesus wieder auf den Weg machte, lief ein Mann auf ihn zu, fiel vor ihm auf die Knie und fragte ihn: »Guter Meister, was muss ich tun, um das ewige Leben zu gewinnen?« Jesus antwortete: »Warum nennst du mich gut? Niemand ist gut außer Gott, dem Einen. Du kennst doch die Gebote: Du sollst nicht töten, du sollst nicht die Ehe brechen, du sollst nicht stehlen, du sollst nicht falsch aussagen, du sollst keinen Raub begehen; ehre deinen Vater und deine Mutter!«
Er erwiderte ihm: »Meister, alle diese Gebote habe ich von Jugend an befolgt.«
Da sah ihn Jesus an, und weil er ihn liebte, sagte er: »Eines fehlt dir noch: Geh, verkaufe, was du hast, gib das Geld den Armen, und du wirst einen bleibenden Schatz im Himmel haben; dann komm und folge mir nach!«
Der Mann aber war betrübt, als er das hörte, und ging traurig weg; denn er hatte ein großes Vermögen.
Da sah Jesus seine Jünger an und sagte zu ihnen: »Wie schwer ist es für Menschen, die viel besitzen, in das Reich Gottes zu kommen!«
Die Jünger waren über seine Worte bestürzt. Jesus aber sagte noch einmal zu ihnen: »Meine Kinder, wie schwer ist es, in das Reich Gottes zu kommen! Eher geht ein Kamel durch ein Nadelöhr, als dass ein Reicher in das Reich Gottes gelangt.«
Sie aber erschraken noch mehr und sagten zueinander: »Wer kann dann noch gerettet werden?«
Jesus sah sie an und sagte: »Für Menschen ist das unmöglich, aber nicht für Gott; denn für Gott ist alles möglich.«

Markus 10,17-27

Das Gleichnis vom Wachsen der Saat

Jesus sagte: »Mit dem Reich Gottes ist es so, wie wenn ein Mann Samen auf seinen Acker sät; dann schläft er und steht wieder auf, es wird Nacht und wird Tag, der Samen keimt und wächst und der Mann weiß nicht, wie. Die Erde bringt von selbst ihre Frucht, zuerst den Halm, dann die Ähre, dann das volle Korn in der Ähre. Sobald aber die Frucht reif ist, legt er die Sichel an; denn die Zeit der Ernte ist da.«

Markus 4,26-29

Der folge mir nach

Er rief die Volksmenge und seine Jünger zu sich und sagte: »Wer mein Jünger sein will, der verleugne sich selbst, nehme sein Kreuz auf sich und folge mir nach. Denn wer sein Leben retten will, wird es verlieren; wer aber sein Leben um meinetwillen und um des Evangeliums willen verliert, wird es retten. Was nützt es einem Menschen, wenn er die ganze Welt gewinnt, dabei aber sein Leben einbüßt? Um welchen Preis könnte ein Mensch sein Leben zurückkaufen?«

Markus 8,34-37

Der Rangstreit der Jünger

Sie kamen nach Kafarnaum. Als er dann im Haus war, fragte er sie: »Worüber habt ihr unterwegs gesprochen?« Sie schwiegen, denn sie hatten unterwegs miteinander darüber gesprochen, wer von ihnen der Größte sei. Da setzte er sich, rief die Zwölf und sagte zu ihnen: »Wer der Erste sein will, soll der Letzte von allen und der Diener aller sein.« Und er stellte ein Kind in ihre Mitte, nahm es in seine Arme und sagte zu ihnen: »Wer ein solches Kind um meinetwillen aufnimmt, der nimmt mich auf; wer aber mich aufnimmt, der nimmt nicht nur mich auf, sondern den, der mich gesandt hat.«

Markus 9,33-37

Die Segnung der Kinder

Da brachte man Kinder zu ihm, damit er ihnen die Hände auflegte. Die Jünger aber wiesen die Leute schroff ab.
Als Jesus das sah, wurde er unwillig und sagte zu ihnen: »Lasst die Kinder zu mir kommen; hindert sie nicht daran! Denn Menschen wie ihnen gehört das Reich Gottes. Amen, das sage ich euch: Wer das Reich Gottes nicht so annimmt, wie ein Kind, der wird nicht hineinkommen.«
Und er nahm die Kinder in seine Arme; dann legte er ihnen die Hände auf und segnete sie.

Markus 10,13-16

Vom Herrschen und Dienen

Jakobus und Johannes, die Söhne des Zebedäus sagten zu Jesus: »Lass in deinem Reich einen von uns rechts und den andern links neben dir sitzen.«
Da rief Jesus die Jünger zusammen und sagte: »Ihr wisst, dass die, die als Herrscher gelten, ihre Völker unterdrücken und die Mächtigen ihre Macht über die Menschen missbrauchen.

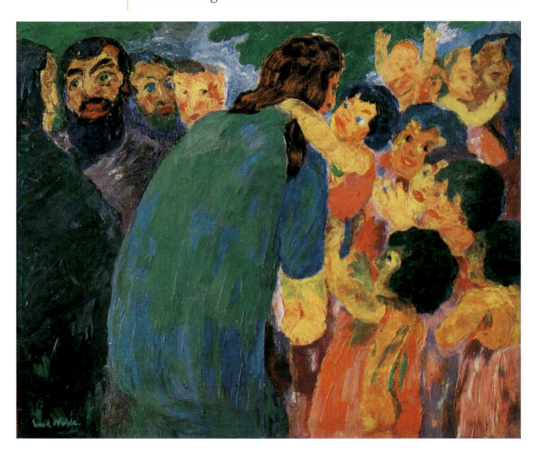

Emil Nolde, Christus und die Kinder, 1910

Bei euch aber soll es nicht so sein, sondern wer bei euch groß sein will, der soll euer Diener sein, und wer bei euch der Erste sein will, soll der Sklave aller sein. Denn auch der Menschensohn ist nicht gekommen, um sich dienen zu lassen, sondern um zu dienen.«

aus Markus 10,35-45

Die Verklärung

Jesus nahm Petrus, Jakobus und Johannes beiseite und führte sie auf einen hohen Berg, aber nur sie allein.
Und er wurde vor ihren Augen verwandelt; seine Kleider wurden strahlend weiß, so weiß, wie sie auf Erden kein Bleicher machen kann.
Da erschien vor ihren Augen Elija und mit ihm Mose und sie redeten mit Jesus.
Petrus sagte zu Jesus: »Rabbi, es ist gut, dass wir hier sind. Wir wollen drei Hütten bauen, eine für dich, eine für Mose und eine für Elija.« Er wusste nämlich nicht, was er sagen sollte; denn sie waren vor Furcht ganz benommen.
Da kam eine Wolke und warf ihren Schatten auf sie, und aus der Wolke rief eine Stimme: »Das ist mein geliebter Sohn; auf ihn sollt ihr hören.«
Als sie dann um sich blickten, sahen sie auf einmal niemand mehr bei sich außer Jesus.
Während sie den Berg hinabstiegen, verbot er ihnen, irgendjemand zu erzählen, was sie gesehen hatten, bis der Menschensohn von den Toten auferstanden sei. Dieses Wort beschäftigte sie und sie fragten einander, was das sei: von den Toten auferstehen.

Markus 9,2-10

Die Ankündigung von Leiden und Auferstehung

Sie gingen von dort weg und zogen durch Galiläa. Er wollte aber nicht, dass jemand davon erfuhr; denn er wollte seine Jünger über etwas belehren. Er sagte zu ihnen: »Der Menschensohn wird den Menschen ausgeliefert und sie werden ihn töten; doch drei Tage nach seinem Tod wird er auferstehen.«
Aber sie verstanden den Sinn seiner Worte nicht, scheuten sich jedoch, ihn zu fragen.

Markus 9,30-32

Verklärung: Die Evangelisten Markus, Matthäus und Lukas erzählen von der Verklärung Jesu. Der Text ist ein nachösterliches Bekenntnis zu Jesus, dem auferstandenen Herrn. Es geht also nicht um ein historisch fassbares Geschehen im Leben Jesu, sondern um eine Deutung Jesu, die erst im Rückblick aus der Zeit nach Ostern möglich wird.
Dabei verweisen Einzelheiten der Erzählung auf alttestamentliche Parallelen: Als Mose von der Begegnung mit Gott vom Berg Sinai wieder herunterstieg, »strahlte die Haut seines Gesichtes Licht aus« (Ex 34,29). Dieses Licht ist ebenso in der Verklärungserzählung als Hinweis auf das unmittelbare Wirken Gottes zu deuten: In diesem Jesus wird Gott erfahrbar.
Das Symbol der Wolke drückt in gleicher Weise Gottes Gegenwart aus. In dieser Erzählung treten Mose und Elija neben Jesus. Die beiden großen prophetischen Gestalten des Alten Testaments lassen Jesus als den Größeren erscheinen: Er ist der größte der Propheten, der Gesandte Gottes, der Christus.

Leidensgeschichte: Alle vier Evangelien erzählen ausführlich die Leidensgeschichte (lateinisch »Passion«) Jesu. Diese Texte sind sehr alt, ihre Entstehung liegt weit früher als die Entstehung der Evangelien (ab dem Jahr 70). Die Leidensgeschichte ist also eine der Quellen, aus denen Markus schöpfen konnte. Nach Markus wiederum richteten sich dann die anderen Evangelisten.

Für Markus gilt, dass sein ganzes Evangelium vom Ende her zu lesen ist, von der Leidensgeschichte her. Das Kreuz ist der entscheidende Schlüssel zum Verständnis Jesu:

Der am Kreuz Getötete ist der leidende Gerechte, der Menschensohn (vgl. Seite 197), der seiner Botschaft bis in den Tod treu bleibt. Das Kreuz ist tiefste Erniedrigung, zugleich aber auch der Ort, an dem Jesus als Gottessohn offenbar wird: »Wahrhaftig, dieser Mensch war Gottes Sohn« (Mk 15,39).

Wilhelm Morgner,
Einzug in Jerusalem, 1912

Der Einzug in Jerusalem

Als sie in die Nähe von Jerusalem kamen, nach Betfage und Betanien am Ölberg, schickte er zwei seiner Jünger voraus. Er sagte zu ihnen: »Geht in das Dorf, das vor euch liegt; dort werdet ihr einen jungen Esel angebunden finden. Bindet ihn los, und bringt ihn her! Und wenn jemand zu euch sagt: ›Was tut ihr da?‹, dann antwortet: ›Der Herr braucht ihn.‹«

Da machten sie sich auf den Weg und fanden außen an einer Tür an der Straße einen jungen Esel angebunden, und sie banden ihn los. Einige Leute sagten zu ihnen: »Wie kommt ihr dazu, den Esel loszubinden?«

Sie gaben ihnen zur Antwort, was Jesus gesagt hatte, und man ließ sie gewähren. Sie brachten den jungen Esel zu Jesus, legten ihre Kleider auf das Tier und er setzte sich darauf. Und viele breiteten ihre Kleider auf der Straße aus; andere rissen auf den Feldern Zweige von den Büschen ab und streuten sie auf den Weg.

Die Leute, die vor ihm hergingen und die ihm folgten, riefen: »Hosanna! Gesegnet sei er, der kommt im Namen des Herrn! Gesegnet sei das Reich unseres Vaters David, das nun kommt. Hosanna in der Höhe!«

Und er zog nach Jerusalem hinein.

aus Markus 11,1-11

Die Tempelreinigung

Dann kamen sie nach Jerusalem. Jesus ging in den Tempel und begann, die Händler und Käufer aus dem Tempel hinauszutreiben; er stieß die Tische der Geldwechsler und die Stände der Taubenhändler um und ließ nicht zu, dass jemand irgendetwas durch den Tempelbezirk trug.
Er belehrte sie und sagte: »Heißt es nicht beim Propheten Jesaja: Mein Haus soll ein Haus des Gebetes für alle Völker sein? Ihr aber habt daraus eine Räuberhöhle gemacht.«
Die Hohenpriester und die Schriftgelehrten hörten davon und suchten nach einer Möglichkeit, ihn umzubringen. Denn sie fürchteten ihn, weil alle Leute von seiner Lehre sehr beeindruckt waren.

Markus 11,15-18

Der Beschluss, Jesus zu töten

Es war zwei Tage vor dem Pascha und dem Fest der Ungesäuerten Brote. Die Hohenpriester und die Schriftgelehrten suchten nach einer Möglichkeit, Jesus mit List in ihre Gewalt zu bringen, um ihn zu töten. Sie sagten aber: »Ja nicht am Fest, damit es im Volk keinen Aufruhr gibt.«

Markus 14,1-2

Die Salbung in Betanien

Als Jesus in Betanien im Haus Simons des Aussätzigen bei Tisch war, kam eine Frau mit einem Gefäß voll kostbarem Öl, zerbrach es und goss das Öl über sein Haar.
Einige aber wurden unwillig und sagten zueinander: »Wozu diese Verschwendung? Man hätte das Öl um mehr als dreihundert Denare verkaufen und das Geld den Armen geben können.« Und sie machten der Frau heftige Vorwürfe.
Jesus aber sagte: »Hört auf! Warum lasst ihr sie nicht in Ruhe? Sie hat ein gutes Werk an mir getan. Denn die Armen habt ihr immer bei euch und ihr könnt ihnen Gutes tun, so oft ihr wollt; mich aber habt ihr nicht immer. Sie hat getan, was sie konnte. Sie hat im voraus meinen Leib für das Begräbnis gesalbt. Amen, ich sage euch: Überall auf der Welt, wo das Evangelium verkündet wird, wird man sich an sie erinnern und erzählen, was sie getan hat.«

Markus 14,3-9

Die Gegner Jesu: Die Evangelien nennen in ihrem späteren Rückblick auf die Zeit Jesu drei Gruppen innerhalb des jüdischen Volkes, die sich gegen Jesus wandten:

Pharisäer: (hebräisch »Abgesonderte«) Die Pharisäer bildeten eine jüdische Frömmigkeitsbewegung, die auf die unbedingte Einhaltung des jüdischen Gesetzes Wert legten. Sie beachteten aus freiem Willen alle Gebote des Gesetzes (etwa: den Zehnten, zehn Prozent ihres Einkommens den Armen zu geben, Lk 18,12). Den Bund Gottes mit den Menschen wollten sie dadurch schützen, dass sie eine Fülle von Geboten (etwa zum Sabbat) wie »einen Zaun um das Gesetz des Mose« legten. Jesus stimmte den Pharisäern in vielen Fragen zu, wandte sich aber gegen die Einengung des Menschen durch eine Fülle von Vorschriften (»Der Sabbat ist für den Menschen da, nicht der Mensch für den Sabbat«, Mk 2,27). Im jüdischen Volk wurden die Pharisäer nach der Zerstörung des Tempels im Jahr 70 immer einflussreicher.

Schriftgelehrter: Ehrentitel für Lehrer der Tora, des alttestamentlichen Gesetzes. Etwa seit der Zeit der Rückkehr aus dem Exil (500 vor Christus) bilden die Schriftgelehrten eine hoch geachtete Gruppe, unabhängig von den Priestern am Tempel. Sie standen zur Zeit Jesu in enger Beziehung zu den Pharisäern.

Sadduzäer: (hebräisch »zedek« = »Gerechtigkeit«) Gruppe sehr einflussreicher Juden (Tempelpriester und wohlhabende Laien), die zur Zeit Jesu im Hohen Rat in Jerusalem bestimmend sind. Sie akzeptieren die römische Herrschaft über Judäa. Im Prozess Jesu erscheinen sie als die Verantwortlichen auf jüdischer Seite, die Jesus dann an Pilatus übergeben.

Emil Nolde,
Abendmahl, 1909

Die Vorbereitung des Mahls

Am ersten Tag des Festes der Ungesäuerten Brote, an dem man das Paschalamm schlachtete, fragten die Jünger Jesus: »Wo sollen wir das Paschamahl vorbereiten?« Da schickte er zwei Jünger voraus und sagte: »Geht in die Stadt; dort begegnet euch ein Mann, der einen Wasserkrug trägt. Folgt ihm, bis er in ein Haus hineingeht; dann fragt den Herrn des Hauses: ›Der Meister lässt fragen: Wo ist der Raum, in dem ich mit meinen Jüngern das Paschalamm essen kann?‹ Der Hausherr wird euch einen großen Raum im Obergeschoss zeigen, der schon für das Festmahl hergerichtet ist. Dort bereitet alles vor!« Die Jünger machten sich auf den Weg und kamen in die Stadt. Sie fanden alles so, wie er es ihnen gesagt hatte, und bereiteten das Paschamahl vor.

aus Markus 14,12-16

Das Abendmahl

Als es Abend wurde, kam Jesus mit den Zwölf. Während sie nun bei Tisch waren und aßen, sagte er: »Amen, ich sage euch: Einer von euch wird mich verraten und ausliefern, einer von denen, die zusammen mit mir essen.«

Da wurden sie traurig und einer nach dem andern fragte ihn: »Doch nicht etwa ich?«

Er sagte zu ihnen: »Einer von euch Zwölf, der mit mir aus derselben Schüssel isst. Der Menschensohn muss zwar seinen Weg gehen, wie die Schrift über ihn sagt. Doch weh dem Menschen, durch den der Menschensohn verraten wird. Für ihn wäre es besser, wenn er nie geboren wäre.«

Während des Mahls nahm er das Brot und sprach den Lobpreis; dann brach er das Brot, reichte es ihnen und sagte: »Nehmt, das ist mein Leib.«

Dann nahm er den Kelch, sprach das Dankgebet, reichte ihn den Jüngern und sie tranken alle daraus.

Und er sagte zu ihnen: »Das ist mein Blut, das Blut des Bundes, das für viele vergossen wird.

Amen, ich sage euch: Ich werde nicht mehr von der Frucht des Weinstocks trinken bis zu dem Tag, an dem ich von neuem davon trinke im Reich Gottes.«

Markus 14,17-25

Getsemani

Nach dem Lobgesang gingen sie zum Ölberg hinaus. Da sagte Jesus zu ihnen: »Ihr werdet alle an mir Anstoß nehmen und zu Fall kommen; denn in der Schrift steht: Ich werde den Hirten erschlagen, dann werden sich die Schafe zerstreuen. Aber nach meiner Auferstehung werde ich euch nach Galiläa vorausgehen.«
Da sagte Petrus zu ihm: »Auch wenn alle an dir Anstoß nehmen – ich nicht!«
Jesus antwortete ihm: »Amen, ich sage dir: Noch heute Nacht, ehe der Hahn zweimal kräht, wirst du mich dreimal verleugnen.«
Petrus aber beteuerte: »Und wenn ich mit dir sterben müsste – ich werde dich nie verleugnen.« Das gleiche sagten auch alle anderen.

Sie kamen zu einem Grundstück, das Getsemani heißt, und er sagte zu seinen Jüngern: »Setzt euch und wartet hier, während ich bete.«
Und er nahm Petrus, Jakobus und Johannes mit sich. Da ergriff ihn Furcht und Angst, und er sagte zu ihnen: »Meine Seele ist zu Tode betrübt. Bleibt hier und wacht!«
Und er ging ein Stück weiter, warf sich auf die Erde nieder und betete, dass die Stunde, wenn möglich, an ihm vorübergehe. Er sprach: »Abba, Vater, alles ist dir möglich. Nimm diesen Kelch von mir! Aber nicht, was ich will, sondern was du willst soll geschehen.«
Und er ging zurück und fand sie schlafend. Da sagte er zu Petrus: »Simon, du schläfst? Konntest du nicht einmal eine Stunde wach bleiben? Wacht und betet, damit ihr nicht in Versuchung geratet. Der Geist ist willig, aber das Fleisch ist schwach.«
Und er ging wieder weg und betete mit den gleichen Worten.
Als er zurückkam, fand er sie wieder schlafend, denn die Augen waren ihnen zugefallen; und sie wussten nicht, was sie ihm antworten sollten.
Und er kam zum dritten Mal und sagte zu ihnen: »Schlaft ihr immer noch und ruht euch aus? Es ist genug. Die Stunde ist gekommen; jetzt wird der Menschensohn den Sündern ausgeliefert. Steht auf, wir wollen gehen! Seht, der Verräter, der mich ausliefert, ist da.«

Markus 14,26-42

Der Verrat des Judas

Judas Iskariot, einer der Zwölf, ging zu den Hohenpriestern. Er wollte Jesus an sie ausliefern. Als sie das hörten, freuten sie sich und versprachen, ihm Geld dafür zu geben. Von da an suchte er nach einer günstigen Gelegenheit, ihn auszuliefern.

Markus 14,10-11

Die Gefangennahme

Noch während er redete, kam Judas, einer der Zwölf, mit einer Schar von Männern, die mit Schwertern und Knüppeln bewaffnet waren; sie waren von den Hohenpriestern, den Schriftgelehrten und den Ältesten geschickt worden. Der Verräter hatte mit ihnen ein Zeichen vereinbart und gesagt: »Der, den ich küssen werde, der ist es. Nehmt ihn fest, führt ihn ab und lasst ihn nicht entkommen.«
Und als er kam, ging er sogleich auf Jesus zu und sagte: »Rabbi!« Und er küsste ihn.
Da ergriffen sie ihn und nahmen ihn fest.
Einer von denen, die dabeistanden, zog das Schwert, schlug auf den Diener des Hohenpriesters ein und hieb ihm ein Ohr ab.
Da sagte Jesus zu ihnen: »Wie gegen einen Räuber seid ihr mit Schwertern und Knüppeln ausgezogen, um mich festzunehmen. Tag für Tag war ich bei euch im Tempel und lehrte und ihr habt mich nicht verhaftet; aber das ist geschehen, damit die Schrift in Erfüllung geht.«
Da verließen ihn alle und flohen.

Markus 14,43-50

Die Verleugnung durch Petrus

Petrus war Jesus von weitem bis in den Hof des hohepriesterlichen Palastes gefolgt; nun saß er dort bei den Dienern und wärmte sich am Feuer.
Als Petrus unten im Hof war, kam eine von den Mägden des Hohenpriesters. Sie sah, wie Petrus sich wärmte, blickte ihn an und sagte: »Auch du warst mit diesem Jesus aus Nazaret zusammen.«
Doch er leugnete es und sagte: »Ich weiß nicht und verstehe nicht, wovon du redest. Dann ging er in den Vorhof hinaus.«
Als die Magd ihn dort bemerkte, sagte sie zu denen, die dabeistanden, noch einmal: »Der gehört zu ihnen.«
Er aber leugnete es wieder ab. Wenig später sagten die Leute, die dort standen, von neuem zu Petrus: »Du gehörst wirklich zu ihnen; du bist doch auch ein Galiläer.«
Da fing er an zu fluchen und schwor: »Ich kenne diesen Menschen nicht, von dem ihr redet.«
Gleich darauf krähte der Hahn zum zweiten Mal, und Petrus erinnerte sich, dass Jesus zu ihm gesagt hatte: »Ehe der Hahn zweimal kräht, wirst du mich dreimal verleugnen.«
Und er begann zu weinen.

Markus 14,54.66-72

Pilatus: Beiname des Pontius, römischer Statthalter von Judäa, der eine brutale Herrschaft ausübte und rücksichtslos gegen die religiösen Bräuche der Juden vorging. Die Evangelien nennen Pilatus als Richter im Prozess Jesu. Pilatus sieht Jesus als Unruhestifter an; dessen religiöse Botschaft wird er überhaupt nicht verstanden haben.

Das Verhör vor dem Hohen Rat

Sie führten Jesus zum Hohenpriester und zu den Ältesten und Schriftgelehrten. Der Hohepriester fragte ihn: »Bist du der Messias, der Sohn des Hochgelobten?«
Jesus sagte: »Ich bin es.«
Da zerriss der Hohepriester sein Gewand und rief: »Ihr habt die Gotteslästerung gehört. Was ist eure Meinung?«
Und sie fällten einstimmig das Urteil: »Er ist schuldig und muss sterben.« Und einige spuckten ihn an, verhüllten sein Gesicht und schlugen ihn.

aus Markus 14,53-65

Die Verhandlung vor Pilatus

Gleich in der Frühe lieferten sie Jesus an Pilatus aus. Pilatus fragte ihn: »Bist du der König der Juden?«
Jesus antwortete ihm: »Du sagst es.«
Jeweils zum Fest ließ Pilatus einen Gefangenen frei, den sie sich ausbitten durften. Damals saß gerade ein Mann namens Barabbas im Gefängnis, der bei einem Aufstand einen Mord begangen hatte.
Pilatus fragte sie: »Wollt ihr, dass ich den König der Juden freilasse?« Doch sie forderten die Freilassung des Barabbas.
Pilatus wandte sich von neuem an sie und fragte: »Was soll ich dann mit dem tun, den ihr den König der Juden nennt?«
Da schrien sie: »Kreuzige ihn!«
Er entgegnete: »Was hat er für ein Verbrechen begangen?«
Sie schrien noch lauter: »Kreuzige ihn!« Darauf ließ Pilatus, um die Menge zufrieden zu stellen, Barabbas frei und gab den Befehl, Jesus zu geißeln und zu kreuzigen.

aus Markus 15,1-15

Die Verspottung

Die Soldaten führten ihn in den Palast hinein. Dann legten sie ihm einen Purpurmantel um und flochten einen Dornenkranz; den setzten sie ihm auf und grüßten ihn: »Heil dir, König der Juden!« Sie schlugen ihm mit einem Stock auf den Kopf und spuckten ihn an, knieten vor ihm nieder und huldigten ihm. Nachdem sie so ihren Spott mit ihm getrieben hatten, nahmen sie ihm den Purpurmantel ab und zogen ihm seine eigenen Kleider wieder an.

Markus 15,16-20

Die Kreuzigung

Dann führten sie Jesus hinaus, um ihn zu kreuzigen. Einen Mann, der gerade vom Feld kam, Simon von Zyrene, den Vater des Alexander und des Rufus, zwangen sie, sein Kreuz zu tragen. Und sie brachten Jesus an einen Ort namens Golgota, das heißt übersetzt: Schädelhöhe. Dort reichten sie ihm Wein, der mit Myrrhe gewürzt war; er aber nahm ihn nicht. Dann kreuzigten sie ihn. Sie warfen das Los und verteilten seine Kleider unter sich und gaben jedem, was ihm zufiel.

Es war die dritte Stunde, als sie ihn kreuzigten. Und eine Aufschrift auf einer Tafel gab seine Schuld an: »Der König der Juden.« Zusammen mit ihm kreuzigten sie zwei Räuber, den einen rechts von ihm, den andern links. Die Leute, die vorbeikamen, verhöhnten ihn, schüttelten den Kopf und riefen: » Hilf dir doch selbst und steig herab vom Kreuz!«

Auch die Hohenpriester und die Schriftgelehrten verhöhnten ihn: »Anderen hat er geholfen, sich selbst kann er nicht helfen. Der Messias, der König von Israel!«

Als die sechste Stunde kam, brach über das ganze Land eine Finsternis herein. Sie dauerte bis zur neunten Stunde. Und in der neunten Stunde rief Jesus mit lauter Stimme: »Eloï, Eloï, lema sabachtani?«, das heißt übersetzt: »Mein Gott, mein Gott, warum hast du mich verlassen?«

Einige von denen, die dabeistanden und es hörten, sagten: »Hört, er ruft nach Elija!« Einer lief hin, tauchte einen Schwamm in Essig, steckte ihn auf einen Stock und gab Jesus zu trinken.

Jesus aber schrie laut auf. Dann hauchte er den Geist aus. Da riss der Vorhang im Tempel von oben bis unten entzwei. Als der Hauptmann, der Jesus gegenüberstand, ihn auf diese Weise sterben sah, sagte er: »Wahrhaftig, dieser Mensch war Gottes Sohn.«

aus Markus 15,20-39

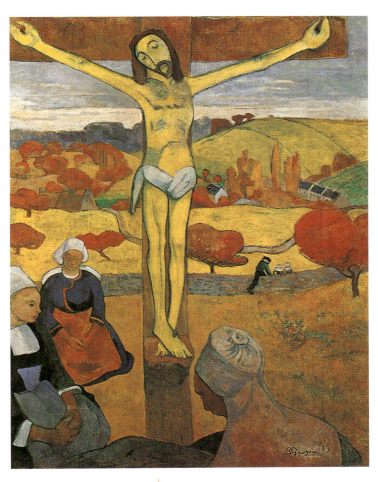

Paul Gauguin, Der gelbe Christus, 1889

Das Begräbnis Jesu

Da es schon Abend wurde, ging Josef von Arimathäa, ein vornehmer Ratsherr, zu Pilatus und bat um den Leichnam Jesu. Pilatus überließ Josef den Leichnam. Josef kaufte ein Leinentuch, nahm Jesus vom Kreuz, wickelte ihn in das Tuch und legte ihn in ein Grab, das in einen Felsen gehauen war. Dann wälzte er einen Stein vor den Eingang des Grabes. Maria aus Magdala aber und Maria, die Mutter des Joses, beobachteten, wohin der Leichnam gelegt wurde.

aus Markus 15,42-47

Auferstehung: Jede Religion fragt danach, was den Menschen nach seinem Tod erwartet. Die Antworten auf diese Grundfrage des Menschen aber sind unterschiedlich. Bereits im Alten Testament erfahren wir, dass der Mensch zwar dem Tod verfallen ist, aber durch die Gnade Gottes wieder zu neuem Leben erstehen kann. Gott bleibt der Herr über Leben und Tod. »Er macht tot und lebendig, er führt zum Totenreich hinab und führt auch herauf« (1 Sam 2,6).

Im Neuen Testament wird die Botschaft von der Auferstehung zur inneren Mitte seiner Botschaft: »Ist aber Christus nicht auferweckt worden, dann ist unser Glaube sinnlos« (1 Kor 15,14). Das Neue Testament bekennt Jesus als den »Erstgeborenen von den Toten« (Kol 1,18).

In den Evangelien finden sich Erzählungen von Erscheinungen des auferstandenen Jesus vor seinen Jüngern. Das sind keine »Augenzeugenberichte«. Durch die Auferstehung ist Jesus bei Gott, einem Bereich, der uns nicht sichtbar ist. Ebenso wie kurze Glaubensbekenntnisse (etwa »Jesus ist der Herr«) künden solche Texte vielmehr davon, dass die Jüngerinnen und Jünger nach dem Tod Jesu Erfahrungen machen, dass Jesus als der Lebendige, der von Gott zu neuem Leben Auferweckte, in ihrer Mitte ist und weiterhin bleibt. Diese Erfahrungen verändern das Leben der Jünger, so dass sie bereit werden, die Botschaft von Jesus und damit die Botschaft von der Auferstehung zu verkünden: »Wenn Jesus auferstanden ist, dann wird Gott auch die Verstorbenen zur Herrlichkeit führen« (1 Thess 4,14).

Bild Seite 153:
Richard Baus, Eine Tür tut sich auf, 1999

Die Botschaft des Engels

Als der Sabbat vorüber war, kauften Maria aus Magdala, Maria, die Mutter des Jakobus, und Salome wohlriechende Öle, um damit zum Grab zu gehen und Jesus zu salben.
Am ersten Tag der Woche kamen sie in aller Frühe zum Grab, als eben die Sonne aufging. Sie sagten zueinander: »Wer könnte uns den Stein vom Eingang des Grabes wegwälzen?« Doch als sie hinblickten, sahen sie, dass der Stein schon weggewälzt war; er war sehr groß.
Sie gingen in das Grab hinein und sahen auf der rechten Seite einen jungen Mann sitzen, der mit einem weißen Gewand bekleidet war; da erschraken sie sehr.
Er aber sagte zu ihnen: »Erschreckt nicht! Ihr sucht Jesus von Nazaret, den Gekreuzigten. Er ist auferstanden; er ist nicht hier. Seht, da ist die Stelle, wo man ihn hingelegt hatte. Nun aber geht und sagt seinen Jüngern, vor allem Petrus: Er geht euch voraus nach Galiläa; dort werdet ihr ihn sehen, wie er es euch gesagt hat.«
Da verließen sie das Grab und flohen; denn Schrecken und Entsetzen hatte sie gepackt. Und sie sagten niemand etwas davon; denn sie fürchteten sich.

Markus 16,1-8

Der Evangelist Markus, der erste der vier Evangelisten, konnte für sein Evangelium auf verschiedene Quellen zurückgreifen. Ihm lag bereits eine Leidensgeschichte Jesu vor, wahrscheinlich auch eine Sammlung von Gleichnissen Jesu und andere kleine Zusammenstellungen von Erzählungen über Jesus. Markus schreibt also weithin keine neuen Geschichten, sondern trägt eher wie ein Redakteur vorhandenes Material zusammen, ordnet es und versieht es mit neuen Akzenten, um dadurch Jesus als den Christus Gottes zu verkünden, der das Heil für alle Menschen ist und der alle Menschen in seine Nachfolge ruft. Für Markus ist das Reich Gottes, ist Gott selber in Jesus den Menschen nahe gekommen. Eine Zeit des Heils ist durch Jesus angebrochen. Wer sich an die Jüngergemeinschaft Jesu bindet, der gewinnt Anteil am Reich Gottes.

Matthäusevangelium (Mt): Der Verfasser ist namentlich unbekannt. Die kirchliche Tradition hat ihn mit dem Zollpächter Matthäus in Verbindung gebracht, doch ist dies nicht schlüssig. Der Verfasser wird ein griechisch sprechender Christ in einer judenchristlichen Gemeinde (ein »christlicher Schriftgelehrter«) im östlichen Mittelmeerraum (etwa Syrien) gewesen sein.
Das Evangelium ist – wie das Lukasevangelium – um das Jahr 80 entstanden und hat das Markusevangelium als Grundlage. Zusätzlich hat Matthäus weitere Quellen benutzt.
Für Matthäus haben sich die Verheißungen des Alten Testaments (Israels) in Jesus erfüllt. Er ist der Messias, der Sohn Davids, er ist Heil für Israel und die ganze Welt. In seinen Lehrreden erscheint Jesus als großer Lehrer und Prophet. Zugleich ist er Gesetzgeber wie Mose. Deutlich wird dies besonders in der Bergpredigt. Jesus führt die Menschen zum neuen Volk Gottes zusammen, zur Jüngergemeinde, zur Kirche, zum neuen Israel, in dem alle Völker der Erde zusammenkommen.

Das Matthäusevangelium: In Gemeinschaft glauben

Matthäus wird als der »kirchliche« Evangelist bezeichnet, weil es in vielen seiner Texte um die Gemeinde der Christen geht und um das Zusammenleben aus christlichem Geist. Doch steht für Matthäus das Bekenntnis zu Jesus im Vordergrund: Jesus ist Mensch und zugleich Sohn Gottes. An den Anfang seines Evangeliums stellt Matthäus eine Kindheitsgeschichte Jesu, die wie eine Überschrift über sein Evangelium ist und von der man einen Bogen zum Tod Jesu schlagen kann (Krippe – Kreuz): Am Anfang wie am Ende seines Lebens zeigt sich Jesus als der Herr und König der Welt. Er ist der erwählte Gottesknecht und der »Immanuel«, der »Gott-mit-uns«.

Die Geburt Jesu

Mit der Geburt Jesu Christi war es so:
Maria, seine Mutter, war mit Josef verlobt; noch bevor sie zusammengekommen waren, zeigte sich, dass sie ein Kind erwartete – durch das Wirken des Heiligen Geistes. Josef, ihr Mann, der gerecht war und sie nicht bloßstellen wollte, beschloss, sich in aller Stille von ihr zu trennen.
Während er noch darüber nachdachte, erschien ihm ein Engel des Herrn im Traum und sagte: »Josef, fürchte dich nicht, Maria als deine Frau zu dir zu nehmen; denn das Kind, das sie erwartet, ist vom Heiligen Geist. Sie wird einen Sohn gebären; ihm sollst du den Namen Jesus geben; denn er wird sein Volk von seinen Sünden erlösen. Dies alles ist geschehen, damit sich erfüllte, was der Herr durch den Propheten gesagt hat: ›Seht, die Jungfrau wird ein Kind empfangen, einen Sohn wird sie gebären, und man wird ihm den Namen Immanuel geben, das heißt übersetzt: Gott ist mit uns.‹«
Als Josef erwachte, tat er, was der Engel des Herrn ihm befohlen hatte, und nahm seine Frau zu sich. Er erkannte sie aber nicht, bis sie ihren Sohn gebar. Und er gab ihm den Namen Jesus.

Matthäus 1,18-25

Die Sterndeuter

Als Jesus zur Zeit des Königs Herodes in Betlehem in Judäa geboren worden war, kamen Sterndeuter aus dem Osten nach Jerusalem und fragten: »Wo ist der neugeborene König der Juden? Wir haben seinen Stern aufgehen sehen und sind gekommen, um ihm zu huldigen.«
Als König Herodes das hörte, erschrak er. Er ließ alle Hohenpriester und Schriftgelehrten des Volkes zusammenkommen und erkundigte sich bei ihnen, wo der Messias geboren werden solle. Sie antworteten ihm: »In Betlehem in Judäa; denn so steht es bei dem Propheten: ›Du, Betlehem im Gebiet von Juda, bist keineswegs die unbedeutendste unter den führenden Städten von Juda; denn aus dir wird ein Fürst hervorgehen, der Hirt meines Volkes Israel.‹«
Danach rief Herodes die Sterndeuter heimlich zu sich und ließ sich von ihnen genau sagen, wann der Stern erschienen war. Dann schickte er sie nach Betlehem und sagte: »Geht und forscht sorgfältig nach, wo das Kind ist; und wenn ihr es gefunden habt, berichtet mir, damit auch ich ihm huldige.«
Sie machten sich auf den Weg. Und der Stern, den sie hatten aufgehen sehen, zog vor ihnen her bis zu dem Ort, wo das Kind war; dort blieb er stehen.
Als sie den Stern sahen, wurden sie von sehr großer Freude erfüllt. Sie gingen in das Haus und sahen das Kind und Maria, seine Mutter; da fielen sie nieder und huldigten ihm. Dann holten sie ihre Schätze hervor und brachten ihm Gold, Weihrauch und Myrrhe als Gaben dar. Weil ihnen aber im Traum geboten wurde, nicht zu Herodes zurückzukehren, zogen sie auf einem anderen Weg heim in ihr Land.

Matthäus 2,1-12

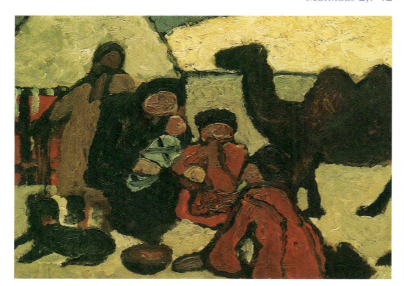

Kindheitsgeschichten: Dies ist eine Textsorte, die in der alten Zeit verbreitet war. Man erzählte aus der Kindheit großer Menschen, weil man glaubte, dass bereits am Anfang ihres Lebens etwas von ihrer späteren Bedeutung sichtbar wird: Der Anfang ist wie eine Überschrift, er bestimmt den weiteren Lebensweg dieses Kindes. Solche Kindheitsgeschichten sind kein geschichtlicher Bericht, sondern spätere Deutung einer Person.
Die Textsorte Kindheitsgeschichte übernimmt auch die Bibel, so wird etwa von der Kindheit des Mose (Ex 2,1-10) oder des Samuel (1 Sam 1-3) erzählt. Die Kindheitsgeschichten des Alten Testaments sind gleichsam eine Folie, über die Matthäus (und Lukas) die Kindheitsgeschichten Jesu legen.
Über Jesus gibt es zwei Kindheitsgeschichten: im Matthäusevangelium (Mt 1-2) und im Lukasevangelium (Lk 1-2). Diese Erzählungen haben als Thema die Geburt Jesu und den Besuch des zwölfjährigen Jesus im Tempel. Es sind keine historischen Berichte über die Geburt und Kindheit Jesu, sondern Glaubensbekenntnisse, die grundlegende Aussagen über die Bedeutung Jesu für das Leben und den Glauben der Christen in den ersten christlichen Gemeinden machen: Jesus von Nazaret ist der verheißene Messias, der Christus Gottes, der Retter der Welt.

Herodes: Herodes der Große regierte Israel im Auftrag des römischen Kaisers in den Jahren 37-4 vor Christus. Er galt als äußerst brutaler Herrscher. Herodes baute den nach dem Exil errichteten kleinen Tempel in Jerusalem neu und größer.
In späterer Zeit gab es weitere Herrscher mit Namen Herodes.

Paula Modersohn-Becker,
Anbetung der Könige, 1907

Die Flucht nach Ägypten

Der Kindermord in Betlehem
Als Herodes merkte, dass ihn die Sterndeuter getäuscht hatten, wurde er sehr zornig und er ließ in Betlehem und der ganzen Umgebung alle Knaben bis zum Alter von zwei Jahren töten, genau der Zeit entsprechend, die er von den Sterndeutern erfahren hatte.

Als die Sterndeuter wieder gegangen waren, erschien dem Josef im Traum ein Engel des Herrn und sagte: »Steh auf, nimm das Kind und seine Mutter, und flieh nach Ägypten; dort bleibe, bis ich dir etwas anderes auftrage; denn Herodes wird das Kind suchen, um es zu töten.«

Da stand Josef in der Nacht auf und floh mit dem Kind und dessen Mutter nach Ägypten. Dort blieb er bis zum Tod des Herodes. Denn es sollte sich erfüllen, was der Herr durch den Propheten gesagt hat: »Aus Ägypten habe ich meinen Sohn gerufen.«

Matthäus 2,13-15

Hany Sameer, Die heilige Familie auf dem Nil, 2001

Die Rückkehr aus Ägypten

Damals erfüllte sich, was durch den Propheten Jeremia gesagt worden ist: »Ein Geschrei war in Rama zu hören, lautes Weinen und Klagen: Rahel weinte um ihre Kinder und wollte sich nicht trösten lassen, denn sie waren dahin.«

Matthäus 2,16-18

Als Herodes gestorben war, erschien dem Josef in Ägypten ein Engel des Herrn im Traum und sagte: »Steh auf, nimm das Kind und seine Mutter und zieh in das Land Israel; denn die Leute, die dem Kind nach dem Leben getrachtet haben, sind tot.«

Da stand er auf und zog mit dem Kind und dessen Mutter in das Land Israel. Als er aber hörte, dass in Judäa Archelaus an Stelle seines Vaters Herodes regierte, fürchtete er sich, dorthin zu gehen. Und weil er im Traum einen Befehl erhalten hatte, zog er in das Gebiet von Galiläa und ließ sich in einer Stadt namens Nazaret nieder. Denn es sollte sich erfüllen, was durch die Propheten gesagt worden ist: »Er wird Nazoräer genannt werden.«

Matthäus 2,19-23

Die Versuchung Jesu

Dann wurde Jesus vom Geist in die Wüste geführt; dort sollte er vom Teufel in Versuchung geführt werden. Als er vierzig Tage und vierzig Nächte gefastet hatte, bekam er Hunger. Da trat der Versucher heran und sagte: »Wenn du Gottes Sohn bist, so befiehl, dass aus diesen Steinen Brot wird.«
Er aber antwortete: »In der Schrift heißt es: Der Mensch lebt nicht nur von Brot, sondern von jedem Wort, das aus Gottes Mund kommt.«
Darauf nahm ihn der Teufel mit sich in die Heilige Stadt, stellte ihn oben auf den Tempel und sagte zu ihm: »Wenn du Gottes Sohn bist, so stürz dich hinab; denn es heißt in der Schrift: ›Seinen Engeln befiehlt er, dich auf ihren Händen zu tragen, damit dein Fuß nicht an einen Stein stößt.‹«
Jesus antwortete ihm: »In der Schrift heißt es auch: ›Du sollst den Herrn, deinen Gott, nicht auf die Probe stellen.‹«
Wieder nahm ihn der Teufel mit sich und führte ihn auf einen sehr hohen Berg; er zeigte ihm alle Reiche der Welt mit ihrer Pracht und sagte zu ihm: »Das alles will ich dir geben, wenn du dich vor mir niederwirfst und mich anbetest.«
Da sagte Jesus zu ihm: »Weg mit dir, Satan! Denn in der Schrift steht: ›Vor dem Herrn, deinem Gott, sollst du dich niederwerfen und ihm allein dienen.‹« Darauf ließ der Teufel von ihm ab, und es kamen Engel und dienten ihm.

Matthäus 4,1-11

Die Verkündigung Jesu

Als Jesus hörte, dass man Johannes ins Gefängnis geworfen hatte, zog er sich nach Galiläa zurück. Er verließ Nazaret, um in Kafarnaum zu wohnen, das am See liegt, im Gebiet von Sebulon und Naftali.
Denn es sollte sich erfüllen, was durch den Propheten Jesaja gesagt worden ist: »Das Volk, das im Dunkel lebte, hat ein helles Licht gesehen; denen, die im Schattenreich des Todes wohnten, ist ein Licht erschienen.«
Von da an begann Jesus zu verkünden: »Kehrt um! Denn das Himmelreich ist nahe.« Er zog in ganz Galiläa umher, lehrte in den Synagogen, verkündete das Evangelium vom Reich und heilte im Volk alle Krankheiten und Leiden. Und sein Ruf verbreitete sich in ganz Syrien. Man brachte Kranke mit den verschiedensten Gebrechen und Leiden zu ihm, Besessene, Mondsüchtige und Gelähmte, und er heilte sie alle.

aus Matthäus 4,12-24

Versuchung: Jemanden versuchen heißt jemanden prüfen. Dies wird in der Bibel verstanden als das Abbringen eines Menschen vom Willen Gottes. Ein solches Versuchen kann aber auch von Gott selbst ausgehen, der damit den Glauben eines Menschen prüfen will. So lässt sich die Prüfung Abrahams (Opferung seines Sohnes Isaaks, vgl. Seite 29) verstehen. Letztlich geht es Gott dabei um das Heil des Menschen: »Du hast, o Gott, uns geprüft, und uns geläutert, wie man Silber läutert« (Ps 66,10). Erst als in der Spätzeit des Alten Testaments der Satan zu einer widergöttlichen Kraft wird, gehen Versuchungen von ihm aus. In der Vaterunserbitte »Und führe uns nicht in Versuchung« (Mt 6,13) wird um den Beistand Gottes gegen solche Mächte gebetet.

Satan/Teufel: (hebräisch »Widersacher, Feind«) Ursprünglich allgemein für jeden Feind gebraucht, auch für einen Ankläger (vgl. Ijob). In den späten Schriften des Alten Testaments wird Satan dann zu einer eigenständigen Person und widergöttlichen Kraft. Er ist nun die Verkörperung des Bösen und Gottes Gegenspieler. Im Griechischen wird dieser Böse als »diabolus« (»Verleumder«, davon das deutsche Wort »Teufel«) bezeichnet. Zur Zeit Jesu redete man unbefangen vom Teufel.
Dämonische Kräfte werden nun mit dem Teufel in Verbindung gebracht, doch Jesus befreit von solchen Dämonen. Die Rede vom Satan (Teufel) als dem Bösen kann man am besten als ein Erklärungsversuch einiger biblischer Schriften verstehen, Sünde, Schuld und Leid der Menschen zu begründen. Zur Kernbotschaft der Bibel und damit zum Kern jüdisch-christlichen Glaubens gehören solche Aussagen nicht.

Bergpredigt: (vgl. auch die ähnliche Feldrede Lukas 6,20-49) Die Bergpredigt (Matthäus 5-7) ist eine große Rede Jesu, die vom Evangelisten Matthäus aus vielen kleinen Überlieferungsstücken zusammengestellt wurde. Da diese Rede nach der Erzählung des Matthäus auf einem Berg, dem Berg der Seligpreisungen nördlich des Sees Gennesaret, gehalten wurde, wurde sie Bergpredigt genannt. Mit der Bergpredigt greift Mattthäus zurück auf das Alte Testament, auf die Mosegeschichte und die Gesetzgebung am Sinai. Jesus wird in der Bergpredigt als der neue Gesetzgeber gezeichnet, der Mose übertrifft: Er bringt den Menschen das vollkommene »Gesetz«: das, was Gott von den Menschen erwartet.

In dieser Rede wird deutlich, was Matthäus (und seiner christlichen Gemeinde) von den Worten Jesu wichtig war. Jesus ist hier der Lehrer, der Rabbi, der die Nähe Gottes verkündet und zugleich helfende Regeln für das Leben glaubender Menschen aufstellt.

Am Anfang der Bergpredigt stehen die Seligpreisungen, ein Lobpreis der Menschen, die den besonderen Schutz Gottes erwarten können. Die Bergpredigt ist Zuspruch der Barmherzigkeit Gottes und zugleich der Anspruch an die Menschen, nun selber barmherzig zu werden.

Die Seligpreisungen

Als Jesus die vielen Menschen sah, stieg er auf einen Berg. Er setzte sich, und seine Jünger traten zu ihm. Dann begann er zu reden und lehrte sie.
Er sagte:
»Glücklich, die arm sind vor Gott;
denn ihnen gehört das Himmelreich.
Glücklich die Trauernden;
denn sie werden getröstet werden.
Glücklich, die keine Gewalt anwenden;
denn sie werden das Land erben.
Glücklich, die hungern und dürsten nach der Gerechtigkeit;
denn sie werden satt werden.
Glücklich die Barmherzigen;
denn sie werden Erbarmen finden.
Glücklich, die ein reines Herz haben;
denn sie werden Gott schauen.
Glücklich, die Frieden stiften;
denn sie werden Söhne Gottes genannt werden.
Glücklich, die um der Gerechtigkeit willen verfolgt werden;
denn ihnen gehört das Himmelreich.
Glücklich seid ihr, wenn ihr um meinetwillen beschimpft und verfolgt und auf alle mögliche Weise verleumdet werdet.
Freut euch und jubelt: Euer Lohn im Himmel wird groß sein.
Denn so wurden schon vor euch die Propheten verfolgt.«
Matthäus 5,1-12

Salz der Erde – Licht der Welt

Jesus sagte: »Ihr seid das Salz der Erde. Wenn das Salz seinen Geschmack verliert, womit kann man es wieder salzig machen? Es taugt zu nichts mehr; es wird weggeworfen und von den Leuten zertreten.
Ihr seid das Licht der Welt. Eine Stadt, die auf einem Berg liegt, kann nicht verborgen bleiben. Man zündet auch nicht ein Licht an und stülpt ein Gefäß darüber, sondern man stellt es auf den Leuchter; dann leuchtet es allen im Haus.
So soll euer Licht vor den Menschen leuchten, damit sie eure guten Werke sehen und euren Vater im Himmel preisen.«
Matthäus 5,13-16

Vom Töten

Jesus sagte: »Ihr habt gehört, dass zu den Alten gesagt worden ist: ›Du sollst nicht töten; wer aber jemand tötet, soll dem Gericht verfallen sein.‹

Ich aber sage euch: Jeder, der seinem Bruder auch nur zürnt, soll dem Gericht verfallen sein; und wer zu seinem Bruder sagt: ›Du Dummkopf!‹, soll dem Spruch des Hohen Rates verfallen sein; wer aber zu ihm sagt: ›Du gottloser Narr!‹, soll dem Feuer der Hölle verfallen sein.

Wenn du deine Opfergabe zum Altar bringst und dir dabei einfällt, dass dein Bruder etwas gegen dich hat, so lass deine Gabe dort vor dem Altar liegen; geh und versöhne dich zuerst mit deinem Bruder, dann komm und opfere deine Gabe.

Matthäus 5,21-24

RIchard Baus, Bergpredigt

Von der Feindesliebe

Jesus sagte: »Ihr habt gehört, dass gesagt worden ist: ›Du sollst deinen Nächsten lieben und deinen Feind hassen.‹ Ich aber sage euch: Liebt eure Feinde und betet für die, die euch verfolgen, damit ihr Söhne eures Vaters im Himmel werdet; denn er lässt seine Sonne aufgehen über Bösen und Guten, und er lässt regnen über Gerechte und Ungerechte.

Wenn ihr nämlich nur die liebt, die euch lieben, welchen Lohn könnt ihr dafür erwarten? Tun das nicht auch die Zöllner? Und wenn ihr nur eure Brüder grüßt, was tut ihr damit Besonderes? Tun das nicht auch die Heiden?

Ihr sollt also vollkommen sein, wie es auch euer himmlischer Vater ist.«

Matthäus 5,43-48

Liebe: Ein wichtiges Thema sowohl im Alten Testament wie im Neuen Testament. Im Alten Testament wird Gottes Liebe zu seinem Volk in immer neuen Erzählungen und Sprüchen dargestellt: »Mit ewiger Liebe habe ich dich geliebt, darum habe ich dir so lange die Treue bewahrt« (Jeremia 31,3). Die Liebe Gottes zu den Menschen ist hier gleichzusetzen mit Erwählung, Befreiung und steter Führung.

Aus verschiedenen Sätzen alttestamentlicher Schriften (Deuteronomium 6,5, Levitikus 19,18) stellt Jesus das Doppelgebot der Liebe für den Glaubenden zusammen: »Du sollst den Herrn, deinen Gott, lieben ... Du sollst deinen Nächsten lieben wie dich selbst« (vgl. Markus 12,29-31). In der Bergpredigt greift Matthäus diesen Anspruch Jesu an seine Jünger auf.

Die Goldene Regel

Jesus sagte: »Alles, was ihr also von anderen erwartet, das tut auch ihnen! Darin besteht das Gesetz und die Propheten.«

Matthäus 7,12

Von der Vergebung

Wenn ihr den Menschen ihre Verfehlungen vergebt, dann wird euer himmlischer Vater auch euch vergeben. Wenn ihr aber den Menschen nicht vergebt, dann wird euch euer Vater eure Verfehlungen auch nicht vergeben.

Matthäus 6,14-15

Vom Almosen

Jesus sagte: »Wenn du Almosen gibst, lass es also nicht vor dir herposaunen, wie es die Heuchler tun, um von den Leuten gelobt zu werden. Amen, das sage ich euch: Sie haben ihren Lohn bereits erhalten. Wenn du Almosen gibst, soll deine linke Hand nicht wissen, was deine rechte tut. Dein Almosen soll verborgen bleiben und dein Vater, der auch das Verborgene sieht, wird es dir vergelten.«

Matthäus 6,2-4

Vaterunser: Das Gebet Jesu, das sein Denken konzentriert widerspiegelt und eine Ermutigung zu unbedingtem Vertrauen auf Gott darstellt. Es wird durch Jesus auch zum Gebet seiner Jünger, die diese Einstellung eines unbedingten Vertrauens für ihr Beten übernehmen. Es ist das Gebet aller Christen, ein Grundgebet für alle christlichen Konfessionen. Das Vaterunser ist inhaltlich geprägt vom Geist des Alten Testaments, der Bibel Jesu. Der gegenüber dem heutigen Text kürzere Gebetstext Jesu findet sich in leicht unterschiedlicher Form in Matthäus 6,9-13 und Lukas 11,1-4.

Vom Beten

Jesus sagte: »Wenn ihr betet, macht es nicht wie die Heuchler. Sie stellen sich beim Gebet gern in die Synagogen und an die Straßenecken, damit sie von den Leuten gesehen werden. Amen, das sage ich euch: Sie haben ihren Lohn bereits erhalten.

Du aber geh in deine Kammer, wenn du betest, und schließ die Tür zu; dann bete zu deinem Vater, der im Verborgenen ist. Dein Vater, der auch das Verborgene sieht, wird es dir vergelten.

Wenn ihr betet, sollt ihr nicht plappern wie die Heiden, die meinen, sie werden nur erhört, wenn sie viele Worte machen. Macht es nicht wie sie; denn euer Vater weiß, was ihr braucht, noch ehe ihr ihn bittet.

So sollt ihr beten:

›Unser Vater im Himmel, dein Name werde geheiligt,
dein Reich komme, dein Wille geschehe
wie im Himmel, so auf der Erde.
Gib uns heute das Brot,
das wir brauchen.
Und erlass uns unsere Schulden,
wie auch wir sie unseren
Schuldnern erlassen haben.
Und führe uns nicht in Versuchung,
sondern rette uns vor dem Bösen.‹«

Matthäus 6,5-13

Vom Richten

Jesus sagte: »Richtet nicht, damit ihr nicht gerichtet werdet! Denn wie ihr richtet, so werdet ihr gerichtet werden, und nach dem Maß, mit dem ihr messt und zuteilt, wird euch zugeteilt werden.

Warum siehst du den Splitter im Auge deines Bruders, aber den Balken in deinem Auge bemerkst du nicht? Wie kannst du zu deinem Bruder sagen: ›Lass mich den Splitter aus deinem Auge herausziehen!‹ – und dabei steckt in deinem Auge ein Balken? Du Heuchler! Zieh zuerst den Balken aus deinem Auge, dann kannst du versuchen, den Splitter aus dem Auge deines Bruders herauszuziehen.«

Matthäus 7,1-5

Salvador Dalí, Jesus bei der Rede auf dem Berg, 1964

Das Gleichnis vom Hausbau

Jesus sagte: »Wer diese meine Worte hört und danach handelt, ist wie ein kluger Mann, der sein Haus auf Fels baute. Als nun ein Wolkenbruch kam und die Wassermassen heranfluteten, als die Stürme tobten und an dem Haus rüttelten, da stürzte es nicht ein; denn es war auf Fels gebaut.
Wer aber meine Worte hört und nicht danach handelt, ist wie ein unvernünftiger Mann, der sein Haus auf Sand baute. Als nun ein Wolkenbruch kam und die Wassermassen heranfluteten, als die Stürme tobten und an dem Haus rüttelten, da stürzte es ein und wurde völlig zerstört.«
Als Jesus diese Rede beendet hatte, war die Menge sehr betroffen von seiner Lehre; denn er lehrte sie wie einer, der göttliche Vollmacht hat, und nicht wie ihre Schriftgelehrten.

Matthäus 7,24-29

Lehrer: Im Alten Testament ist es Gott, der sein Volk über den rechten Weg belehrt und ihm so Heil schenkt. Er wird als »Lehrer« bezeichnet (Jesaja 30,20), zu ihm betet der Gläubige: »Zeige mir, Herr, deine Wege, lehre mich deine Pfade« (Psalm 25,4). Die Lehre Gottes an die Menschen wird von den großen Anführern Israels und den Propheten überbracht. So sagt etwa Mose zum Volk: »Meine Lehre wird strömen wie Regen ... Ich will den Namen des Herrn verkünden« (Deuteronomium 32,2-3). Im Neuen Testament ist Jesus der Lehrer: »Er zog in ganz Galiläa umher und lehrte in den Synagogen ...« (Matthäus 4,23). Dies geschieht in einer anderen Weise als die Lehrer jüdischen Glaubens (die Schriftgelehrten) es sonst tun. »Und die Menschen waren sehr betroffen von seiner Lehre; denn er lehrte sie wie einer, der (göttliche) Vollmacht hat, nicht wie die Schriftgelehrten« (Markus 1,22). Es geht Jesus vor allem um die Verkündigung des Reiches Gottes, darum, dass Gott sich neu den Menschen zuwendet. Das ist seine Lehre, sein Evangelium. Von den Jüngern wird diese Botschaft weitergetragen. In den christlichen Gemeinden des Anfangs wurde »Lehrer« zu einem eigenen Stand nach den Aposteln und Propheten (1 Korinther 12,28).

Das Bekenntnis des Petrus

Als Jesus in das Gebiet von Cäsarea Philippi kam, fragte er seine Jünger: »Für wen halten die Leute den Menschensohn?«
Sie sagten: »Die einen für Johannes den Täufer, andere für Elija, wieder andere für Jeremia oder sonst einen Propheten.«
Da sagte er zu ihnen: »Ihr aber, für wen haltet ihr mich?«
Simon Petrus antwortete: »Du bist der Messias, der Sohn des lebendigen Gottes!«
Jesus sagte zu ihm: »Selig bist du, Simon Barjona; denn nicht Fleisch und Blut haben dir das offenbart, sondern mein Vater im Himmel. Ich aber sage dir: Du bist Petrus und auf diesen Felsen werde ich meine Kirche bauen und die Mächte der Unterwelt werden sie nicht überwältigen. Ich werde dir die Schlüssel des Himmelreichs geben; was du auf Erden binden wirst, das wird auch im Himmel gebunden sein, und was du auf Erden lösen wirst, das wird auch im Himmel gelöst sein.«
Dann befahl er den Jüngern, niemand zu sagen, dass er der Messias sei.

Matthäus 16,13-20

Vergleiche dazu auch die Erzählung Markus 8,27-30 auf Seite 139.

Habt Vertrauen

Gleich darauf forderte er die Jünger auf, ins Boot zu steigen und an das andere Ufer vorauszufahren. Inzwischen wollte er die Leute nach Hause schicken. Nachdem er sie weggeschickt hatte, stieg er auf einen Berg, um in der Einsamkeit zu beten. Spät am Abend war er immer noch allein auf dem Berg.
Das Boot aber war schon viele Stadien vom Land entfernt und wurde von den Wellen hin und her geworfen; denn sie hatten Gegenwind.
In der vierten Nachtwache kam Jesus zu ihnen; er ging auf dem See. Als ihn die Jünger über den See kommen sahen, erschraken sie, weil sie meinten, es sei ein Gespenst, und sie schrien vor Angst.
Doch Jesus begann mit ihnen zu reden und sagte: »Habt Vertrauen, ich bin es; fürchtet euch nicht!«
Darauf erwiderte ihm Petrus: »Herr, wenn du es bist, so befiehl, dass ich auf dem Wasser zu dir komme.«
Jesus sagte: »Komm!«
Da stieg Petrus aus dem Boot und ging über das Wasser auf Jesus zu. Als er aber sah, wie heftig der Wind war, bekam er Angst und begann unterzugehen. Er schrie: »Herr, rette mich!«
Jesus streckte sofort die Hand aus, ergriff ihn und sagte zu ihm: »Du Kleingläubiger, warum hast du gezweifelt?«
Und als sie ins Boot gestiegen waren, legte sich der Wind.
Die Jünger im Boot aber fielen vor Jesus nieder und sagten: Wahrhaftig, du bist Gottes Sohn.

Matthäus 14,22-33

Ich bin bei euch

Jesus sagte zu den Jüngern: »Denn wo zwei oder drei in meinem Namen versammelt sind, da bin ich mitten unter ihnen.«

Matthäus 18,20

Johannes der Täufer

In jenen Tagen trat Johannes der Täufer auf und verkündete in der Wüste von Judäa: »Kehrt um! Denn das Himmelreich ist nahe.«
Er war es, von dem der Prophet Jesaja gesagt hat: »Eine Stimme ruft in der Wüste: Bereitet dem Herrn den Weg! Ebnet ihm die Straßen!« Johannes trug ein Gewand aus Kamelhaaren und einen ledernen Gürtel um seine Hüften; Heuschrecken und wilder Honig waren seine Nahrung.
Die Leute von Jerusalem und ganz Judäa und aus der ganzen Jordangegend zogen zu ihm hinaus; sie bekannten ihre Sünden und ließen sich im Jordan von ihm taufen.
Johannes sagte zu ihnen: »Ich taufe euch nur mit Wasser zum Zeichen der Umkehr. Der aber, der nach mir kommt, ist stärker als ich und wird euch mit dem Heiligen Geist und mit Feuer taufen.« Zu dieser Zeit kam Jesus von Galiläa an den Jordan zu Johannes, um sich von ihm taufen zu lassen.

aus Matthäus 3,1-13

Der Tod des Johannes

Herodes hatte Johannes den Täufer festnehmen und in Ketten ins Gefängnis werfen lassen. Schuld daran war Herodias, die Frau seines Bruders Philippus. Denn Johannes hatte zu Herodes gesagt: »Du hattest nicht das Recht, sie zur Frau zu nehmen.«
Der König wollte ihn deswegen töten lassen, fürchtete sich aber vor dem Volk; denn man hielt Johannes für einen Propheten.
Als aber der Geburtstag des Herodes gefeiert wurde, tanzte die Tochter der Herodias vor den Gästen. Und sie gefiel Herodes so sehr, dass er schwor, ihr alles zu geben, was sie sich wünschte.
Da sagte sie auf Drängen ihrer Mutter: »Lass mir auf einer Schale den Kopf des Täufers Johannes herbringen.«
Der König wurde traurig; aber weil er einen Schwur geleistet hatte noch dazu vor allen Gästen –, befahl er, ihr den Kopf zu bringen. Und er ließ Johannes im Gefängnis enthaupten. Man brachte den Kopf auf einer Schale und gab ihn dem Mädchen und sie brachte ihn ihrer Mutter.
Die Jünger des Johannes aber holten den Leichnam und begruben ihn. Dann gingen sie zu Jesus und berichteten ihm alles.

Matthäus 14,3-12

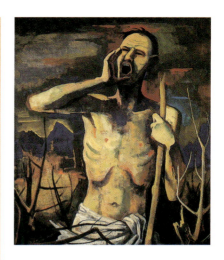

Carl Hofer, Der Rufer, 1924

Johannes der Täufer: (hebräisch »Gott hat Gnade erwiesen«) Sohn des Zacharias und der Elisabet. Der Prophet wirkte in der judäischen Wüste von ca. 27 bis zum Jahr 29, als er von Herodes Antipas enthauptet wird, weil er Kritik an der ungesetzlichen Ehe des Herodes mit seiner Schwägerin geübt hat. Die in Wort und Zeichen (seine Lebensweise in der Wüste) vorgetragene Botschaft des Johannes ist die des unmittelbar bevorstehenden Gerichts, das alle trifft, die nicht umkehren und sich als Zeichen ihrer Bekehrung durch Johannes taufen lassen. Jesus stand in enger Beziehung zu Johannes, war vielleicht sogar eine Zeit lang sein Jünger. Von Johannes lässt er sich taufen, dann aber geht er seinen eigenen Weg, der sich in Leben und Botschaft von Johannes unterscheidet. Johannes wird in den Evangelien als »Vorläufer« Jesu bezeichnet. Dies klingt bereits in den Kindheitsgeschichten an (Lukas 1), wird aber vor allem im Zusammenhang mit der Taufe Jesu ausgedrückt.

Vom Sinn der Gleichnisse
Da kamen die Jünger zu ihm und sagten: »Warum redest du zu ihnen in Gleichnissen?« Er antwortete: »Euch ist es gegeben, die Geheimnisse des Himmelreichs zu erkennen; ihnen aber ist es nicht gegeben. Deshalb rede ich zu ihnen in Gleichnissen, weil sie sehen und doch nicht sehen, weil sie hören und doch nicht hören und nichts verstehen.
An ihnen erfüllt sich die Weissagung Jesajas:
›Hören sollt ihr, hören,
aber nicht verstehen;
sehen sollt ihr,
sehen, aber nicht erkennen.
Denn das Herz dieses Volkes
ist hart geworden
und mit ihren Ohren
hören sie nur schwer
und ihre Augen
halten sie geschlossen,
damit sie mit ihren Augen
nicht sehen
und mit ihren Ohren nicht hören,
damit sie mit ihrem Herzen
nicht zur Einsicht kommen,
damit sie sich nicht bekehren
und ich sie nicht heile.‹
Ihr aber seid selig, denn eure Augen sehen und eure Ohren hören.
Amen, ich sage euch: Viele Propheten und Gerechte haben sich danach gesehnt zu sehen, was ihr seht, und haben es nicht gesehen, und zu hören, was ihr hört, und haben es nicht gehört.«
aus Matthäus 13,10-17

Das Gleichnis vom Unkraut

Und Jesus erzählte ihnen noch ein anderes Gleichnis:
»Mit dem Himmelreich ist es wie mit einem Mann, der guten Samen auf seinen Acker säte. Während nun die Leute schliefen, kam sein Feind, säte Unkraut unter den Weizen und ging wieder weg. Als die Saat aufging und sich die Ähren bildeten, kam auch das Unkraut zum Vorschein.
Da gingen die Knechte zu dem Gutsherrn und sagten: ›Herr, hast du nicht guten Samen auf deinen Acker gesät? Woher kommt dann das Unkraut?‹
Er antwortete: ›Das hat ein Feind von mir getan.‹
Da sagten die Knechte zu ihm: ›Sollen wir gehen und es ausreißen?‹
Er entgegnete: ›Nein, sonst reißt ihr zusammen mit dem Unkraut auch den Weizen aus. Lasst beides wachsen bis zur Ernte. Wenn dann die Zeit der Ernte da ist, werde ich den Arbeitern sagen: Sammelt zuerst das Unkraut und bindet es in Bündel, um es zu verbrennen; den Weizen aber bringt in meine Scheune.‹«

Dann verließ Jesus die Menge und ging nach Hause. Und seine Jünger kamen zu ihm und sagten: »Erkläre uns das Gleichnis vom Unkraut auf dem Acker.«
Er antwortete: »Der Mann, der den guten Samen sät, ist der Menschensohn; der Acker ist die Welt; der gute Samen, das sind die Söhne des Reiches; das Unkraut sind die Söhne des Bösen; der Feind, der es gesät hat, ist der Teufel; die Ernte ist das Ende der Welt; die Arbeiter bei dieser Ernte sind die Engel.
Wie nun das Unkraut aufgesammelt und im Feuer verbrannt wird, so wird es auch am Ende der Welt sein: Der Menschensohn wird seine Engel aussenden und sie werden aus seinem Reich alle zusammenholen, die andere verführt und Gottes Gesetz übertreten haben, und werden sie in den Ofen werfen, in dem das Feuer brennt. Dort werden sie heulen und mit den Zähnen knirschen.
Dann werden die Gerechten im Reich ihres Vaters wie die Sonne leuchten.
Wer Ohren hat, der höre!«
Matthäus 13,24-30.36-43

Jyoti Sahi, Aus Samen und Geduld

Vom Senfkorn, vom Sauerteig, vom Schatz und der Perle

Jesus erzählte ihnen weitere Gleichnisse und sagte: »Mit dem Himmelreich ist es wie mit einem Senfkorn, das ein Mann auf seinen Acker säte. Es ist das kleinste von allen Samenkörnern; sobald es aber hochgewachsen ist, ist es größer als die anderen Gewächse und wird zu einem Baum, sodass die Vögel des Himmels kommen und in seinen Zweigen nisten.«

»Mit dem Himmelreich ist es wie mit dem Sauerteig, den eine Frau unter einen großen Trog Mehl mischte, bis das Ganze durchsäuert war.«

»Mit dem Himmelreich ist es wie mit einem Schatz, der in einem Acker vergraben war. Ein Mann entdeckte ihn, grub ihn aber wieder ein. Und in seiner Freude verkaufte er alles, was er besaß, und kaufte den Acker.«

»Auch ist es mit dem Himmelreich wie mit einem Kaufmann, der schöne Perlen suchte. Als er eine besonders wertvolle Perle fand, verkaufte er alles, was er besaß, und kaufte sie.«

Matthäus 13,31-33.44-46

Das Gleichnis von den Jungfrauen

Jesus erzählte: »Dann wird es mit dem Himmelreich sein wie mit zehn Jungfrauen, die ihre Lampen nahmen und dem Bräutigam entgegengingen.
Fünf von ihnen waren töricht und fünf waren klug. Die törichten nahmen ihre Lampen mit, aber kein Öl, die klugen aber nahmen außer den Lampen noch Öl in Krügen mit.
Als nun der Bräutigam lange nicht kam, wurden sie alle müde und schliefen ein. Mitten in der Nacht aber hörte man plötzlich laute Rufe: ›Der Bräutigam kommt! Geht ihm entgegen!‹
Da standen die Jungfrauen alle auf und machten ihre Lampen zurecht. Die törichten aber sagten zu den klugen: ›Gebt uns von eurem Öl, sonst gehen unsere Lampen aus.‹
Die klugen erwiderten ihnen: ›Dann reicht es weder für uns noch für euch; geht doch zu den Händlern und kauft, was ihr braucht.‹
Während sie noch unterwegs waren, um das Öl zu kaufen, kam der Bräutigam; die Jungfrauen, die bereit waren, gingen mit ihm in den Hochzeitssaal und die Tür wurde zugeschlossen.
Später kamen auch die anderen Jungfrauen und riefen: ›Herr, Herr, mach uns auf!‹
Er aber antwortete ihnen: ›Amen, ich sage euch: Ich kenne euch nicht.‹
Seid also wachsam! Denn ihr wisst weder den Tag noch die Stunde.

Matthäus 25,1-13

Die Botschaft der Gleichnisse: Das Lehren Jesu kennt viele Sprachformen. Es gibt Lehrgespräche, auch Streitgespräche, kurze, prägnante Sätze, vor allem aber Gleichnisse, die bildhaft, zeichenhaft, metaphorisch auf den Kern seiner Lehre hinweisen, auf das Reich Gottes. Durch das bildhafte Sprechen der Gleichnisse erreicht Jesus auch einfache Menschen und macht sie durch die oft überraschenden Wendungen seiner Gleichnisse nachdenklich und offen für seine Botschaft.

In seinen Gleichnissen geht Jesus vom alltäglichen Leben der Menschen aus, vom Ackerbau und vom Haushalt einer Familie, von Festen und Gastmählern und vom Verhältnis der Menschen untereinander (Herren – Knechte). Doch dieser Blick auf Alltägliches erhält bei Jesus eine neue Perspektive; seine Gleichnisse eröffnen neue Möglichkeiten, die Welt zu sehen und darin zu leben. Die Gleichnisse Jesu regen zu einer Überprüfung des eigenen Handelns an.

Zentrales Thema der Gleichnisse ist das Reich Gottes. Das Königreich Gottes wird dem Menschen geschenkt, er kann es nicht aus eigener Kraft erwerben (vgl. das Gleichnis von den Arbeitern im Weinberg, in dem letztlich alle vom Gutsherrn mit dem Lebensnotwendigen – einem Denar – beschenkt werden). Allerdings soll das Geschenk des Reiches Gottes zu Veränderungen im Leben der Menschen führen: Aus dem Vertrauen auf Gottes Barmherzigkeit sollen Menschen zu einem veränderten, zu einem barmherzigen Leben kommen (vgl. das Gleichnis vom unbarmherzigen Gläubiger, vor allem aber das Gleichnis vom barmherzigen Samariter auf Seite 180).

Das Gleichnis vom unbarmherzigen Gläubiger

Mit dem Himmelreich ist es wie mit einem König, der beschloss, von seinen Dienern Rechenschaft zu verlangen.
Als er nun mit der Abrechnung begann, brachte man einen zu ihm, der ihm zehntausend Talente schuldig war. Weil er aber das Geld nicht zurückzahlen konnte, befahl der Herr, ihn mit Frau und Kindern und allem, was er besaß, zu verkaufen und so die Schuld zu begleichen.
Da fiel der Diener vor ihm auf die Knie und bat: »Hab Geduld mit mir! Ich werde dir alles zurückzahlen.«
Der Herr hatte Mitleid mit dem Diener, ließ ihn gehen und schenkte ihm die Schuld.
Als nun der Diener hinausging, traf er einen anderen Diener seines Herrn, der ihm hundert Denare schuldig war. Er packte ihn, würgte ihn und rief: »Bezahl, was du mir schuldig bist!«
Da fiel der andere vor ihm nieder und flehte: »Hab Geduld mit mir! Ich werde es dir zurückzahlen.«
Er aber wollte nicht, sondern ging weg und ließ ihn ins Gefängnis werfen, bis er die Schuld bezahlt habe.
Als die übrigen Diener das sahen, waren sie sehr betrübt; sie gingen zu ihrem Herrn und berichteten ihm alles, was geschehen war.
Da ließ ihn sein Herr rufen und sagte zu ihm: »Du elender Diener! Deine ganze Schuld habe ich dir erlassen, weil du mich so angefleht hast. Hättest nicht auch du mit jenem, der gemeinsam mit dir in meinem Dienst steht, Erbarmen haben müssen, so wie ich mit dir Erbarmen hatte?«
Und in seinem Zorn übergab ihn der Herr den Folterknechten, bis er die ganze Schuld bezahlt habe.
Ebenso wird mein himmlischer Vater jeden von euch behandeln, der seinem Bruder nicht von ganzem Herzen vergibt.
Matthäus 18,21-35

Das Gleichnis von den Arbeitern im Weinberg

Mit dem Himmelreich ist es wie mit einem Gutsbesitzer, der früh am Morgen sein Haus verließ, um Arbeiter für seinen Weinberg anzuwerben. Er einigte sich mit den Arbeitern auf einen Denar für den Tag und schickte sie in seinen Weinberg. Um die dritte Stunde ging er wieder auf den Markt und sah andere dastehen, die keine Arbeit hatten. Er sagte zu ihnen: »Geht auch ihr in meinen Weinberg! Ich werde euch geben, was recht ist.«

Vincent van Gogh,
Der rote Weingarten,
1888

Und sie gingen. Um die sechste und um die neunte Stunde ging der Gutsherr wieder auf den Markt und machte es ebenso.
Als er um die elfte Stunde noch einmal hinging, traf er wieder einige, die dort herumstanden. Er sagte zu ihnen: »Was steht ihr hier den ganzen Tag untätig herum?«
Sie antworteten: »Niemand hat uns angeworben.«
Da sagte er zu ihnen: »Geht auch ihr in meinen Weinberg!«
Als es nun Abend geworden war, sagte der Besitzer des Weinbergs zu seinem Verwalter: »Ruf die Arbeiter, und zahl ihnen den Lohn aus, angefangen bei den letzten, bis hin zu den ersten.«
Da kamen die Männer, die er um die elfte Stunde angeworben hatte, und jeder erhielt einen Denar. Als dann die ersten an der Reihe waren, glaubten sie, mehr zu bekommen. Aber auch sie erhielten nur einen Denar. Da begannen sie, über den Gutsherrn zu murren, und sagten: »Diese letzten haben nur eine Stunde gearbeitet, und du hast sie uns gleichgestellt; wir aber haben den ganzen Tag über die Last der Arbeit und die Hitze ertragen.«
Da erwiderte er einem von ihnen: »Mein Freund, dir geschieht kein Unrecht. Hast du nicht einen Denar mit mir vereinbart? Nimm dein Geld und geh! Ich will dem letzten ebenso viel geben wie dir. Darf ich mit dem, was mir gehört, nicht tun, was ich will? Oder bist du neidisch, weil ich zu anderen gütig bin?«

Matthäus 20,1-16

Reich Gottes: (hebräisch »malchut Jahwe«, griechisch »basileia tou theou«) In vielen Gleichnissen spricht Jesus über das Reich Gottes; sie werden »Reich-Gottes-Gleichnisse« genannt. Die Verkündigung des Reiches Gottes (bei Matthäus aus Ehrfurcht vor dem Namen Gottes »Himmelreich«) steht im Mittelpunkt der Botschaft Jesu: »Die Zeit ist erfüllt, das Reich Gottes ist nahe« (vgl. Seite 133, Mk 1,15). Dieses Reich hat bereits begonnen, es ist in Jesus mitten unter den Menschen erfahrbar. In seinen Gleichnissen erzählt Jesus vom Reich Gottes, von seiner Verborgenheit und seinem Wachsen, von der Einladung an alle Menschen, am Festmahl im Reich Gottes teilzunehmen. Die Menschen sollen sich im Glauben für Gott offen halten, immer wieder sollen sie beten »Dein Reich komme!« (vgl. das Vaterunser, Seite 160).

Geld/Münzen: In der frühen Zeit dienten wertvolle Metalle (Gold, Silber, Zinn) als Tauschmittel, die man in kleinen Barren oder als Schmuckstücke formte und auswog. Etwa ab dem 7. Jahrhundert v. Chr. prägte man in Kleinasien Münzen, meist aus Silber. Erst ab etwa 450 vor Christus werden auch in Israel eigene Münzen geprägt (Schekel = 11,5 Gramm in Silber). Das Gewicht von 60 Schekel ergab eine Mine, das Gewicht von 3 600 Schekel ein Talent. Neben solchen Münzen gab es zur Zeit Jesu in Israel auch griechische und römische Münzen: Die Griechen kannte vor allem Drachmen (eine Drachme = etwa zwei Schekel), die Römer Denare (Silberdenar = Drachme), As und Quadrans. Ein Denar war zur Zeit Jesu der Tageslohn für einen Arbeiter.

Für den Jerusalemer Tempel gab es eine eigene Tempelwährung, die von Geldwechslern eingetauscht wurde. Andere Währungen als die Tempelwährung durften im Heiligen Bezirk nicht verwendet werden.

Ernst Wilhelm Nay,
Geteilter Tag, 1965

Das Gleichnis von den Talenten

Mit dem Himmelreich ist wie mit einem Mann, der auf Reisen ging: Er rief seine Diener und vertraute ihnen sein Vermögen an. Dem einen gab er fünf Talente Silbergeld, einem anderen zwei, wieder einem anderen eines, jedem nach seinen Fähigkeiten. Dann reiste er ab.

Sofort begann der Diener, der fünf Talente erhalten hatte, mit ihnen zu wirtschaften, und er gewann noch fünf dazu. Ebenso gewann der, der zwei erhalten hatte, noch zwei dazu. Der aber, der das eine Talent erhalten hatte, ging und grub ein Loch in die Erde und versteckte das Geld seines Herrn. Nach langer Zeit kehrte der Herr zurück, um von den Dienern Rechenschaft zu verlangen. Da kam der, der die fünf Talente erhalten hatte, brachte fünf weitere und sagte: »Herr, fünf Talente hast du mir gegeben; sieh her, ich habe noch fünf dazugewonnen.«

Sein Herr sagte zu ihm: »Sehr gut, du bist ein tüchtiger und treuer Diener. Du bist im Kleinen ein treuer Verwalter gewesen, ich will dir eine große Aufgabe übertragen. Komm, nimm teil an der Freude deines Herrn!«

Dann kam der Diener, der zwei Talente erhalten hatte, und sagte: »Herr, du hast mir zwei Talente gegeben; sieh her, ich habe noch zwei dazugewonnen.«

Sein Herr sagte zu ihm: »Sehr gut, du bist ein tüchtiger und treuer Diener. Komm, nimm teil an der Freude deines Herrn!«

Zuletzt kam auch der Diener, der das eine Talent erhalten hatte, und sagte: »Herr, weil ich Angst hatte, habe ich dein Geld in der Erde versteckt. Hier hast du es wieder.«

Sein Herr antwortete ihm: »Du bist ein schlechter und fauler Diener! Hättest du mein Geld wenigstens auf die Bank gebracht, dann hätte ich es bei meiner Rückkehr mit Zinsen zurückerhalten.

Darum nehmt ihm das Talent weg und gebt es dem, der die zehn Talente hat! Denn wer hat, dem wird gegeben, und er wird im Überfluss haben; wer aber nicht hat, dem wird auch noch weggenommen, was er hat.«

aus Matthäus 15,14-29

Vom Weltgericht

Wenn der Menschensohn in seiner Herrlichkeit kommt, dann wird er sich auf den Thron seiner Herrlichkeit setzen. Und alle Völker werden vor ihm zusammengerufen werden und er wird sie voneinander scheiden, wie der Hirt die Schafe von den Böcken scheidet. Er wird die Schafe zu seiner Rechten versammeln, die Böcke aber zur Linken.
Dann wird der König denen auf der rechten Seite sagen: »Kommt her, die ihr von meinem Vater gesegnet seid, nehmt das Reich in Besitz, das seit der Erschaffung der Welt für euch bestimmt ist.
Denn ich war hungrig und ihr habt mir zu essen gegeben; ich war durstig und ihr habt mir zu trinken gegeben; ich war fremd und obdachlos und ihr habt mich aufgenommen; ich war nackt und ihr habt mir Kleidung gegeben; ich war krank und ihr habt mich besucht; ich war im Gefängnis und ihr seid zu mir gekommen.«
Dann werden ihm die Gerechten antworten: »Herr, wann haben wir dich hungrig gesehen und dir zu essen gegeben, oder durstig und dir zu trinken gegeben? Und wann haben wir dich fremd und obdachlos gesehen und aufgenommen, oder nackt und dir Kleidung gegeben? Und wann haben wir dich krank oder im Gefängnis gesehen und sind zu dir gekommen?«
Darauf wird der König ihnen antworten: »Amen, ich sage euch: Was ihr für einen meiner geringsten Brüder getan habt, das habt ihr mir getan.«
Dann wird er sich an die auf der linken Seite wenden und zu ihnen sagen: Weg von mir, ihr Verfluchten, in das ewige Feuer, das für den Teufel und seine Engel bestimmt ist!
Denn ich war hungrig und ihr habt mir nichts zu essen gegeben; ich war durstig und ihr habt mir nichts zu trinken gegeben; ich war fremd und obdachlos und ihr habt mich nicht aufgenommen; ich war nackt und ihr habt mir keine Kleidung gegeben; ich war krank und im Gefängnis und ihr habt mich nicht besucht. Dann werden auch sie antworten: Herr, wann haben wir dich hungrig oder durstig oder obdachlos oder nackt oder krank oder im Gefängnis gesehen und haben dir nicht geholfen?«
Darauf wird er ihnen antworten: »Amen, ich sage euch: Was ihr für einen dieser Geringsten nicht getan habt, das habt ihr auch mir nicht getan.«
Und sie werden weggehen und die ewige Strafe erhalten, die Gerechten aber das ewige Leben.

Matthäus 25,31-46

Endzeit/Endgericht/Weltgericht: In allen Schriften der Bibel findet sich die Überzeugung, dass die Geschichte der Menschen und der Welt nicht ziellos weitergeht, sondern dass es ein letztes und endgültiges Ziel gibt, auf das alles ausgerichtet ist. Dies wird zum einen als Vollendung verstanden: Eine umfassende Gemeinschaft mit Gott und unter den Menschen wird verwirklicht, Schalom (Frieden und Heil für alle) ist möglich, alles Leid, selbst der Tod finden ein Ende (vgl. Offenbarung 21,1-4). Es gibt einen neuen Himmel und eine neue Erde, und Gott wohnt mitten unter den Menschen.
Diese Endzeit bedeutet in der Sicht vieler biblischer Schriften auch ein Endgericht (Jüngstes [= Letztes] Gericht) über die Menschen. Ihr Tun und Verhalten wird von Gott beurteilt; bei einem gerechten und gottgefälligen Leben wird über ihr Heil entschieden, aber auch über Unheil, wenn ihr Leben nicht dem Willen Gottes entspricht. Diese Vorstellungen von der Endzeit und dem Endgericht sind in der späten Zeit des Alten Testaments und auch in der Zeit Jesu oft dramatisch ausgeschmückt worden. Es geht um einen großen Endkampf zwischen Gut und Böse, es geht um Himmel und Hölle. Auch Jesus spricht vom Weltgericht und der Trennung von Gut und Böse.

Der König am Kreuz

Deutlicher als im Markusevangelium drückt Matthäus aus, dass Jesus der von Gott gesandte Messias, der Herr, der zweite Mose und Sohn Davids ist. In ihm erfüllen sich die Verheißungen, die in den Schriften des Alten, Ersten Testaments zu finden sind.

Dies ist eine durchlaufende Linie bei Matthäus, die bereits in der Kindheitsgeschichte Jesu beginnt, aber vor allem am Ende, am Kreuz deutlich wird. Auch am Kreuz zeigt sich Jesus als der Herr, der Gesalbte und Gesandte Gottes, der König der Welt. Mehr noch – gerade nach dem Kreuz, nach dem Tod Jesu erfahren ihn die Jünger als den Auferweckten, als den Herrn der Jüngergemeinschaft und damit der entstehenden Kirche. Zugleich ist er der Herr der Völker durch alle Zeiten hindurch. Das Gleichnis vom Weltgericht (vgl. Seite 169) deutet Jesu in der bildhaften Sprache der Gleichnisse ebenso als König, wie die Erzählung von der Erscheinung des Auferstandenen vor seinen Jüngern in Galiläa (vgl. Seite 171): Jesus ist »alle Macht gegeben im Himmel und auf der Erde«. Somit stellt das Kreuz die entscheidende Wende dar: Es zeigt nicht nur Leid und Tod, den Tiefpunkt des Lebens Jesu, sondern ebenso Jesus als König und Herrn, der als von Gott Auferweckter zum König und Herrn der ganzen Welt wird. (Das Kunstbild von Joseph Beuys gibt dieser Vorstellung einen bildhaften Ausdruck.)

Der Tod Jesu

Von der sechsten bis zur neunten Stunde herrschte eine Finsternis im ganzen Land. Um die neunte Stunde rief Jesus laut: »Eli, Eli, lema sabachtani?«, das heißt: »Mein Gott, mein Gott, warum hast du mich verlassen?« Jesus aber schrie noch einmal laut auf. Dann hauchte er den Geist aus.

Da riss der Vorhang im Tempel von oben bis unten entzwei. Die Erde bebte und die Felsen spalteten sich. Die Gräber öffneten sich und die Leiber, die entschlafen waren, wurden auferweckt. Nach der Auferstehung Jesu verließen sie ihre Gräber, kamen in die Heilige Stadt und erschienen vielen.

Als der Hauptmann und die Männer, die mit ihm zusammen Jesus bewachten, das Erdbeben bemerkten und sahen, was geschah, erschraken sie sehr und sagten: »Wahrhaftig, das war Gottes Sohn!«

Auch viele Frauen waren dort und sahen von weitem zu; sie waren Jesus seit der Zeit in Galiläa nachgefolgt und hatten ihm gedient. Zu ihnen gehörten Maria aus Magdala, Maria, die Mutter des Jakobus und des Josef, und die Mutter der Söhne des Zebedäus.

aus Matthäus 27,45-56

Die Botschaft des Engels

Nach dem Sabbat kamen in der Morgendämmerung des ersten Tages der Woche Maria aus Magdala und die andere Maria, um nach dem Grab zu sehen.

Plötzlich entstand ein gewaltiges Erdbeben; denn ein Engel des Herrn kam vom Himmel herab, trat an das Grab, wälzte den Stein weg und setzte sich darauf. Seine Gestalt leuchtete wie ein Blitz und sein Gewand war weiß wie Schnee. Die Wächter begannen vor Angst zu zittern und fielen wie tot zu Boden.

Der Engel aber sagte zu den Frauen: »Fürchtet euch nicht! Ich weiß, ihr sucht Jesus, den Gekreuzigten. Er ist nicht hier; denn er ist auferstanden, wie er gesagt hat. Kommt her und seht euch die Stelle an, wo er lag.

Dann geht schnell zu seinen Jüngern und sagt ihnen: Er ist von den Toten auferstanden. Er geht euch voraus nach Galiläa, dort werdet ihr ihn sehen. Ich habe es euch gesagt.«

Sogleich verließen sie das Grab und eilten voll Furcht und großer Freude zu seinen Jüngern, um ihnen die Botschaft zu verkünden.

Matthäus 28,1-8

Der Auftrag Jesu

Die elf Jünger gingen nach Galiläa auf den Berg, den Jesus ihnen genannt hatte. Und als sie Jesus sahen, fielen sie vor ihm nieder. Einige aber hatten Zweifel.
Da trat Jesus auf sie zu und sagte zu ihnen: »Mir ist alle Macht gegeben im Himmel und auf der Erde. Darum geht zu allen Völkern und macht alle Menschen zu meinen Jüngern; tauft sie auf den Namen des Vaters und des Sohnes und des Heiligen Geistes, und lehrt sie, alles zu befolgen, was ich euch geboten habe. Seid gewiss: Ich bin bei euch alle Tage bis zum Ende der Welt.«

Matthäus 28,16-20

Joseph Beuys, Irisches Kreuz, 1958
Der Titel dieses Kunstwerks ist dadurch zu erklären, dass Beuys die Kreuzform aufgegriffen hat, die in Irland bei vielen Grabmälern und Wegekreuzen zu finden ist: kurze Kreuzarme, die mit dem oberen Teil des Kreuzstammes einen Kreis ergeben. In diesen Kreis setzt Beuys das kleine Bild einer aus der Erde aufwachsenden Rose – Sinnbild für neues Leben: Der Tod Jesu am Kreuz ist nicht das Letzte, aus dem Kreuz ergibt sich durch Gottes Eingreifen neues Leben. Auch die warmen Farben dieses Bildes ergänzen diese Deutung.

Lukasevangelium (Lk): Der Verfasser dieses Evangeliums (und auch der Apostelgeschichte) ist ein namentlich unbekannter, gebildeter, aus dem Heidentum kommender Christ, der ein guter Erzähler ist. Man hat ihn deshalb auch als »Maler« bezeichnet, der in bunten Farben die Botschaft des Evangeliums zum Leuchten bringt. Als Entstehungszeit wird der Zeitraum 80–90 nach Christus angenommen. Es geht dem Verfasser um die Verkündigung des menschgewordenen Gottessohnes, durch den alle Menschen Heil erlangen können, besonders die Armen und Ausgestoßenen.

Synopse/Synoptiker: (griechisch »Zusammenschau«) Die drei Evangelien Markus, Matthäus und Lukas ähneln sich sehr. Sie haben im Wesentlichen den gleichen Aufbau, ja stimmen teilweise wörtlich überein. Allerdings gibt es auch Unterschiede: Einige Erzählungen über Jesus finden sich nur in einem der drei Evangelien, es werden unterschiedliche Akzente gesetzt, Aussprüche Jesu unterscheiden sich unter anderem im Wortlaut. Die drei Evangelien stehen in folgender Abhängigkeit zueinander: Matthäus und Lukas hatten als gemeinsame Quellen das Markusevangelium und eine weitere Wortquelle mit Aussprüchen Jesu (Quelle Q). Zusätzlich nehmen beide »Sondergut« in ihr Evangelium auf. Markus, Matthäus und Lukas werden deshalb die »Synoptiker« oder die »synoptischen Evangelien« genannt – man kann ihre Aussagen »zusammenschauen« und vergleichen. Das Johannesevangelium geht einen anderen, von den Synoptikern unabhängigen Weg.

Das Lukasevangelium: Leben aus dem Glauben

Der Evangelist Lukas setzt in seinem schön erzählten Evangelium vor allem drei Akzente: In Jesus ist das Heil Gottes zu den Menschen gekommen – er ist Licht für alle; in ihm werden Himmel und Erde, Gott und Menschen verbunden. Jesus, der menschenfreundliche Heiland wendet sich besonders den Armen und Ausgestoßenen zu – er spiegelt die Menschenfreundlichkeit Gottes. Die an Jesus Glaubenden stellen eine neue Gemeinschaft dar, die alle Menschen im Gottesvolk sammeln soll.

Die Verheißung der Geburt des Johannes

Zur Zeit des Königs Herodes lebte ein Priester namens Zacharias. Seine Frau hieß Elisabet. Beide lebten so, wie es in den Augen Gottes recht ist. Sie hatten keine Kinder, denn Elisabet war unfruchtbar, und beide waren schon in vorgerücktem Alter.

Eines Tages brachte Zacharias im Tempel das Rauchopfer dar. Das Volk stand draußen und betete. Da erschien dem Zacharias ein Engel des Herrn. Als Zacharias ihn sah, erschrak er und es befiel ihn Furcht.

Der Engel aber sagte zu ihm: »Fürchte dich nicht, Zacharias! Deine Frau Elisabet wird dir einen Sohn gebären; dem sollst du den Namen Johannes geben. Viele werden sich über seine Geburt freuen. Viele Israeliten wird er zum Herrn, ihrem Gott, bekehren. Er wird dem Herrn vorangehen, um das Volk für den Herrn bereit zu machen.«

Zacharias sagte zu dem Engel: »Woran soll ich erkennen, dass das wahr ist? Ich bin ein alter Mann, und auch meine Frau ist in vorgerücktem Alter.«

Der Engel erwiderte ihm: »Ich bin Gabriel, der vor Gott steht. Weil du meinen Worten nicht glaubst, sollst du nicht mehr reden können bis zu dem Tag, an dem all das eintrifft.«

Inzwischen wartete das Volk auf Zacharias und wunderte sich, dass er so lange im Tempel blieb. Als er dann herauskam, konnte er nicht mit ihnen sprechen. Da merkten sie, dass er im Tempel eine Erscheinung gehabt hatte.

Danach kehrte er nach Hause zurück. Bald darauf empfing seine Frau Elisabet einen Sohn und lebte fünf Monate lang zurückgezogen. Sie sagte: »Der Herr hat mir geholfen.«

aus Lukas 1,5-25

Die Verheißung der Geburt Jesu

Im sechsten Monat wurde der Engel Gabriel von Gott in eine Stadt in Galiläa namens Nazaret zu einer Jungfrau gesandt. Sie war mit einem Mann namens Josef verlobt, der aus dem Haus David stammte. Der Name der Jungfrau war Maria.
Der Engel trat bei ihr ein und sagte: »Sei gegrüßt, du Begnadete, der Herr ist mit dir.«
Maria erschrak über die Anrede und überlegte, was dieser Gruß zu bedeuten habe.
Da sagte der Engel zu ihr: »Fürchte dich nicht, Maria; denn du hast bei Gott Gnade gefunden. Du wirst ein Kind empfangen, einen Sohn wirst du gebären: dem sollst du den Namen Jesus geben. Er wird groß sein und Sohn des Höchsten genannt werden. Gott, der Herr, wird ihm den Thron seines Vaters David geben. Er wird über das Haus Jakob in Ewigkeit herrschen und seine Herrschaft wird kein Ende haben.«
Maria sagte zu dem Engel: »Wie soll das geschehen, da ich keinen Mann erkenne?«
Der Engel antwortete ihr: »Der Heilige Geist wird über dich kommen, und die Kraft des Höchsten wird dich überschatten. Deshalb wird auch das Kind heilig und Sohn Gottes genannt werden. Auch Elisabet, deine Verwandte, hat noch in ihrem Alter einen Sohn empfangen; obwohl sie als unfruchtbar galt, ist sie jetzt schon im sechsten Monat. Denn für Gott ist nichts unmöglich.«
Da sagte Maria: »Ich bin die Magd des Herrn; mir geschehe, wie du es gesagt hast.«
Danach verließ sie der Engel.

Lukas 1,26-38

Magnificat
Da sagte Maria:
Meine Seele preist
die Größe des Herrn,
und mein Geist jubelt über Gott,
meinen Retter.
Denn auf die Niedrigkeit
seiner Magd hat er geschaut.
Siehe, von nun an preisen mich
selig alle Geschlechter.
Denn der Mächtige hat Großes
an mir getan
und sein Name ist heilig.
Er erbarmt sich von Geschlecht
zu Geschlecht
über alle, die ihn fürchten.
Er vollbringt mit seinem Arm
machtvolle Taten:
Er zerstreut,
die im Herzen voll Hochmut sind;
er stürzt die Mächtigen vom Thron
und erhöht die Niedrigen.
Die Hungernden beschenkt er
mit seinen Gaben
und lässt die Reichen leer ausgehen.
Er nimmt sich
seines Knechtes Israel an
und denkt an sein Erbarmen,
das er unsern Vätern verheißen hat,
Abraham und seinen Nachkommen
auf ewig.

Lukas 1,46-55

Das Magnificat des Neuen Testamentes greift viele Gedanken auf, die im alttestamentlichen Danklied der Hanna nach der Geburt ihres Sohnes Samuel enthalten sind. Vgl. Seite 63.

Oskar Kokoschka,
Verkündigung an Maria, 1911

Lobgesang des Zacharias

Sein Vater Zacharias wurde vom Heiligen Geist erfüllt und begann prophetisch zu reden:
»Gepriesen sei der Herr,
der Gott Israels!
Denn er hat sein Volk besucht
und ihm Erlösung geschaffen;
er hat uns einen starken Retter erweckt
im Hause seines Knechtes David.
So hat er verheißen von alters her
durch den Mund seiner heiligen Propheten.
Er hat uns errettet
vor unseren Feinden
und aus der Hand aller,
die uns hassen;
er hat das Erbarmen
mit den Vätern an uns vollendet
und an seinen heiligen Bund gedacht,
an den Eid, den er unserm Vater Abraham geschworen hat;
er hat uns geschenkt, dass wir,
aus Feindeshand befreit,
ihm furchtlos dienen
in Heiligkeit und Gerechtigkeit
vor seinem Angesicht
all unsre Tage.
Und du, Kind,
wirst Prophet des Höchsten heißen;
denn du wirst dem Herrn vorangehen und ihm den Weg bereiten.
Du wirst sein Volk mit der Erfahrung des Heils beschenken
in der Vergebung der Sünden.
Durch die barmherzige Liebe
unseres Gottes
wird uns besuchen das
aufstrahlende Licht aus der Höhe,
um allen zu leuchten,
die in Finsternis sitzen
und im Schatten des Todes,
und unsre Schritte zu lenken
auf den Weg des Friedens.«

Lukas 1,67-79

Die Geburt des Johannes

Für Elisabet kam die Zeit der Niederkunft und sie brachte einen Sohn zur Welt. Ihre Nachbarn und Verwandten hörten, welch großes Erbarmen der Herr ihr erwiesen hatte, und freuten sich mit ihr.
Am achten Tag kamen sie zur Beschneidung des Kindes und wollten ihm den Namen seines Vaters Zacharias geben.
Seine Mutter aber widersprach ihnen und sagte: »Nein, er soll Johannes heißen.«
Sie antworteten ihr: »Es gibt doch niemand in deiner Verwandtschaft, der so heißt.«
Da fragten sie seinen Vater durch Zeichen, welchen Namen das Kind haben solle. Er verlangte ein Schreibtäfelchen und schrieb zum Erstaunen aller darauf: »Sein Name ist Johannes.«
Im gleichen Augenblick konnte er Mund und Zunge wieder gebrauchen, und er redete und pries Gott.
Und alle, die in jener Gegend wohnten, erschraken und man sprach von all diesen Dingen im ganzen Bergland von Judäa.
Alle, die davon hörten, machten sich Gedanken darüber und sagten: »Was wird wohl aus diesem Kind werden? Denn es war deutlich, dass die Hand des Herrn mit ihm war.«
Das Kind wuchs heran und sein Geist wurde stark. Und Johannes lebte in der Wüste bis zu dem Tag, an dem er den Auftrag erhielt, in Israel aufzutreten.

Lukas 1,57-66.80

Die Geburt Jesu

In jenen Tagen erließ Kaiser Augustus den Befehl, alle Bewohner des Reiches in Steuerlisten einzutragen. Dies geschah zum ersten Mal; damals war Quirinius Statthalter von Syrien.
Da ging jeder in seine Stadt, um sich eintragen zu lassen. So zog auch Josef von der Stadt Nazaret in Galiläa hinauf nach Judäa in die Stadt Davids, die Betlehem heißt; denn er war aus dem Haus und Geschlecht Davids. Er wollte sich eintragen lassen mit Maria, seiner Verlobten, die ein Kind erwartete.
Als sie dort waren, kam für Maria die Zeit ihrer Niederkunft, und sie gebar ihren Sohn, den Erstgeborenen. Sie wickelte ihn in Windeln und legte ihn in eine Krippe, weil in der Herberge kein Platz für sie war.

In jener Gegend lagerten Hirten auf freiem Feld und hielten Nachtwache bei ihrer Herde. Da trat der Engel des Herrn zu ihnen und der Glanz des Herrn umstrahlte sie. Sie fürchteten sich sehr, der Engel aber sagte zu ihnen: »Fürchtet euch nicht, denn ich verkünde euch eine große Freude, die dem ganzen Volk zuteil werden soll: Heute ist euch in der Stadt Davids der Retter geboren; er ist der Messias, der Herr. Und das soll euch als Zeichen dienen: Ihr werdet ein Kind finden, das, in Windeln gewickelt, in einer Krippe liegt.«
Und plötzlich war bei dem Engel ein großes himmlisches Heer, das Gott lobte und sprach: »Verherrlicht ist Gott in der Höhe und auf Erden ist Friede bei den Menschen seiner Gnade.«
Als die Engel sie verlassen hatten und in den Himmel zurückgekehrt waren, sagten die Hirten zueinander: »Kommt, wir gehen nach Betlehem, um das Ereignis zu sehen, das uns der Herr verkünden ließ.«
So eilten sie hin und fanden Maria und Josef und das Kind, das in der Krippe lag. Als sie es sahen, erzählten sie, was ihnen über dieses Kind gesagt worden war. Und alle, die es hörten, staunten über die Worte der Hirten. Maria aber bewahrte alles, was geschehen war, in ihrem Herzen und dachte darüber nach. Die Hirten kehrten zurück, rühmten Gott und priesen ihn für das, was sie gehört und gesehen hatten; denn alles war so gewesen, wie es ihnen gesagt worden war.

Lukas 2,1-20

Pablo Picasso, Die Familie, 1904

Krippe: Dass Jesus in eine Futterkrippe gelegt wurde, ist nicht außergewöhnlich und kein Zeichen der Armut. Die Häuser in Israel und ebenso die Höhlen, die – wie in Betlehem – als Wohnungen gebraucht wurden, hatten meist nur einen Raum, der von Menschen und Haustieren gemeinsam genutzt wurde. Wenn man einen Säugling nicht auf Decken legen wollte, bot sich eine Futterkrippe geradezu an.

Darstellung im Tempel: Als Darstellung Jesu wird in der Kindheitsgeschichte des Lukasevangeliums der Besuch von Josef, Maria und dem Jesuskind im Jerusalemer Tempel bezeichnet, bei dem sie 40 Tage nach der Geburt das vorgeschriebene Opfer (zwei Tauben als Sinnbild für Reinheit) darbrachten. Nach jüd schem Glauben war dies nicht nur ein Dank für die Geburt, sondern auch nötig, damit die Frau wieder am Tempelgottesdienst teilnehmen konnte. Als Jesus im Tempel »dargestellt« (= vorgestellt) wird, bezeugen der gerechte Simeon und die Prophetin Hanna, dass Jesus der Retter und Erlöser ist, ein Licht für alle Welt.

Richard Baus,
Die Finsternis weicht, 2001

Darstellung Jesu im Tempel

Als acht Tage vorüber waren und das Kind beschnitten werden sollte, gab man ihm den Namen Jesus, den der Engel genannt hatte, noch ehe das Kind im Schoß seiner Mutter empfangen wurde.

Dann kam für sie der Tag der vom Gesetz des Mose vorgeschriebenen Reinigung. Sie brachten das Kind nach Jerusalem hinauf, um es dem Herrn zu weihen, gemäß dem Gesetz des Herrn, in dem es heißt: Jede männliche Erstgeburt soll dem Herrn geweiht sein. Auch wollten sie ihr Opfer darbringen, wie es das Gesetz des Herrn vorschreibt: ein Paar Turteltauben oder zwei junge Tauben.

In Jerusalem lebte damals ein Mann namens Simeon. Er war gerecht und fromm und wartete auf die Rettung Israels und der Heilige Geist ruhte auf ihm. Vom Heiligen Geist war ihm offenbart worden, er werde den Tod nicht schauen, ehe er den Messias des Herrn gesehen habe.

Jetzt wurde er vom Geist in den Tempel geführt; und als die Eltern Jesus hereinbrachten, um zu erfüllen, was nach dem Gesetz üblich war, nahm Simeon das Kind in seine Arme und pries Gott mit den Worten:

»Nun lässt du, Herr, deinen Knecht, wie du gesagt hast, in Frieden scheiden.
Denn meine Augen haben das Heil gesehen, das du vor allen Völkern bereitet hast,
ein Licht,
das die Heiden erleuchtet, und Herrlichkeit
für dein Volk Israel.«

Sein Vater und seine Mutter staunten über die Worte, die über Jesus gesagt wurden.

Und Simeon segnete sie und sagte zu Maria, der Mutter Jesu: »Dieser ist dazu bestimmt, dass in Israel viele durch ihn zu Fall kommen und viele aufgerichtet werden, und er wird ein Zeichen sein, dem widersprochen wird. Dadurch sollen die Gedanken

vieler Menschen offenbar werden. Dir selbst aber wird ein Schwert durch die Seele dringen.«
Damals lebte auch eine Prophetin namens Hanna, eine Tochter Penuëls, aus dem Stamm Ascher. Sie war schon hochbetagt. Als junges Mädchen hatte sie geheiratet und sieben Jahre mit ihrem Mann gelebt; nun war sie eine Witwe von vierundachtzig Jahren. Sie hielt sich ständig im Tempel auf und diente Gott Tag und Nacht mit Fasten und Beten. In diesem Augenblick nun trat sie hinzu, pries Gott und sprach über das Kind zu allen, die auf die Erlösung Jerusalems warteten. Als seine Eltern alles getan hatten, was das Gesetz des Herrn vorschreibt, kehrten sie nach Galiläa in ihre Stadt Nazaret zurück. Das Kind wuchs heran und wurde kräftig; Gott erfüllte es mit Weisheit und seine Gnade ruhte auf ihm.

Lukas 2,21-40

Der zwölfjährige Jesus im Tempel

Die Eltern Jesu gingen jedes Jahr zum Paschafest nach Jerusalem. Als Jesus zwölf Jahre alt geworden war, zogen sie wieder hinauf, wie es dem Festbrauch entsprach. Nachdem die Festtage zu Ende waren, machten sie sich auf den Heimweg. Der junge Jesus aber blieb in Jerusalem, ohne dass seine Eltern es merkten. Sie meinten, er sei irgendwo in der Pilgergruppe, und reisten eine Tagesstrecke weit; dann suchten sie ihn bei den Verwandten und Bekannten. Als sie ihn nicht fanden, kehrten sie nach Jerusalem zurück und suchten ihn dort.
Nach drei Tagen fanden sie ihn im Tempel; er saß mitten unter den Lehrern, hörte ihnen zu und stellte Fragen. Alle, die ihn hörten, waren erstaunt über sein Verständnis und über seine Antworten.
Als seine Eltern ihn sahen, waren sie sehr betroffen und seine Mutter sagte zu ihm: »Kind, wie konntest du uns das antun? Dein Vater und ich haben dich voll Angst gesucht.«
Da sagte er zu ihnen: »Warum habt ihr mich gesucht? Wusstet ihr nicht, dass ich in dem sein muss, was meinem Vater gehört?«
Doch sie verstanden nicht, was er damit sagen wollte.
Dann kehrte er mit ihnen nach Nazaret zurück und war ihnen gehorsam. Seine Mutter bewahrte alles, was geschehen war, in ihrem Herzen. Jesus aber wuchs heran und seine Weisheit nahm zu und er fand Gefallen bei Gott und den Menschen.

Lukas 2,41-52

Maria: Maria, die Mutter Jesu, hat in den vier Evangelien unterschiedliche Bedeutung: Während Markus sie nur kurz erwähnt, erzählt Matthäus über sie in seiner Kindheitsgeschichte, doch schreibt er eher aus dem Blick des Stammbaums Jesu, der von Abraham über David zu Josef (und nicht zur Maria) führt. Lukas dagegen stellt in seiner Kindheitsgeschichte Maria in den Vordergrund. Ihr gilt die von einem Engel überbrachte Verheißung, sie spricht dankend das Gotteslob aus (Magnifikat, vgl. Seite 173), sie bewahrt alles, was geschehen ist, in ihrem Herzen. Nach der Erzählung des Johannesevangeliums stehen Maria und der Lieblingsjünger Jesu unter dem Kreuz (Johannes 20,25-27). Allerdings klingt in verschiedenen Schriftstellen auch eine Entfremdung Jesu von seiner Familie (seine Mutter eingeschlossen) an. Sein Lebensweg als Wanderprediger und Prophet konnte von seinen Verwandten nicht nachvollzogen werden.
Nach dem Tod und der Auferweckung Jesu aber gehört Maria zur Jerusalemer Urgemeinde. Weiteres ist über sie nicht bekannt; wohl aber gibt es aus späterer Zeit eine Reihe von Marienlegenden.
In der Darstellung das Neuen Testaments gilt Maria als eine Frau, die vorbildlich glaubt und sich Gott zur Verfügung stellt. Damit steht sie in der Reihe der großen Frauengestalten des Alten Testaments: Mirjam, Hanna, Rut …

Synagoge: (griechisch »zusammenkommen, Versammlung«) Das Haus, in dem eine jüdische Gemeinde zu Gottesdienst und Schule zusammenkommt. Wahrscheinlich sind die ersten Synagogen als Stätten jüdischer Lehre und des gemeinsamen Gebetes im Exil in Babylon entstanden, als der Tempel in Jerusalem zerstört war. Solche Synagogen gab es nach dem Exil in ganz Israel und auch in der jüdischen Diaspora. Jeder erwachsene Jude konnte Lesungen aus der Hebräischen Bibel vortragen. Schriftgelehrte oder Menschen, die man für schriftkundig hielt, erklärten diese dann.

Max Weber,
In der Talmudschule, 1934

Jesus in der Synagoge von Nazaret

Jesus kehrte, erfüllt von der Kraft des Geistes, nach Galiläa zurück. Und die Kunde von ihm verbreitete sich in der ganzen Gegend. Er lehrte in den Synagogen und wurde von allen gepriesen.

So kam er auch nach Nazaret, wo er aufgewachsen war, und ging, wie gewohnt, am Sabbat in die Synagoge. Als er aufstand, um aus der Schrift vorzulesen, reichte man ihm das Buch des Propheten Jesaja. Er schlug das Buch auf und fand die Stelle, wo es heißt:

»Der Geist des Herrn ruht auf mir; denn der Herr hat mich gesalbt. Er hat mich gesandt, damit ich den Armen eine gute Nachricht bringe; damit ich den Gefangenen die Entlassung verkünde und den Blinden das Augenlicht; damit ich die Zerschlagenen in Freiheit setze und ein Gnadenjahr des Herrn ausrufe.«

Dann schloss er das Buch, gab es dem Synagogendiener und setzte sich. Die Augen aller in der Synagoge waren auf ihn gerichtet.

Da begann er, ihnen darzulegen: »Heute hat sich das Schriftwort, das ihr eben gehört habt, erfüllt.«

Seine Rede fand bei allen Beifall; sie staunten darüber, wie begnadet er redete, und sagten: »Ist das nicht der Sohn Josefs?«

Da entgegnete er ihnen: »Sicher werdet ihr mir das Sprichwort vorhalten: Arzt, heile dich selbst! Wenn du in Kafarnaum so große Dinge getan hast, wie wir gehört haben, dann tu sie auch hier in deiner Heimat! Amen, das sage ich euch: Kein Prophet wird in seiner Heimat anerkannt.«

Als die Leute in der Synagoge das hörten, gerieten sie alle in Wut. Sie sprangen auf und trieben Jesus zur Stadt hinaus; sie brachten ihn an den Abhang des Berges, auf dem ihre Stadt erbaut war, und wollten ihn hinabstürzen. Er aber schritt mitten durch die Menge hindurch und ging weg.

aus Lukas 4,14-30

Aus der Feldrede Jesu

Jesus sagte: »Euch, die ihr mir zuhört, sage ich: Liebt eure Feinde; tut denen Gutes, die euch hassen. Segnet die, die euch verfluchen; betet für die, die euch misshandeln.
Dem, der dich auf die eine Wange schlägt, halt auch die andere hin, und dem, der dir den Mantel wegnimmt, lass auch das Hemd. Gib jedem, der dich bittet; und wenn dir jemand etwas wegnimmt, verlang es nicht zurück.
Was ihr von anderen erwartet, das tut ebenso auch ihnen. Wenn ihr nur die liebt, die euch lieben, welchen Dank erwartet ihr dafür? Auch die Sünder lieben die, von denen sie geliebt werden. Und wenn ihr nur denen Gutes tut, die euch Gutes tun, welchen Dank erwartet ihr dafür? Das tun auch die Sünder. Und wenn ihr nur denen etwas leiht, von denen ihr es zurückzubekommen hofft, welchen Dank erwartet ihr dafür? Auch die Sünder leihen Sündern in der Hoffnung, alles zurückzubekommen.
Ihr aber sollt eure Feinde lieben und sollt Gutes tun und leihen, auch wo ihr nichts dafür erhoffen könnt. Dann wird euer Lohn groß sein und ihr werdet Söhne des Höchsten sein; denn auch er ist gütig gegen die Undankbaren und Bösen. Seid barmherzig, wie es auch euer Vater ist!«

Lukas 6,27-36

Vom Richten

Jesus sagte: »Richtet nicht, dann werdet auch ihr nicht gerichtet werden. Verurteilt nicht, dann werdet auch ihr nicht verurteilt werden. Erlasst einander die Schuld, dann wird auch euch die Schuld erlassen werden.
Gebt, dann wird auch euch gegeben werden. In reichem, vollem, gehäuftem, überfließendem Maß wird man euch beschenken; denn nach dem Maß, mit dem ihr messt und zuteilt, wird auch euch zugeteilt werden. Warum siehst du den Splitter im Auge deines Bruders, aber den Balken in deinem eigenen Auge bemerkst du nicht? Wie kannst du zu deinem Bruder sagen: ›Bruder, lass mich den Splitter aus deinem Auge herausziehen!‹, während du den Balken in deinem eigenen Auge nicht siehst? Du Heuchler! Zieh zuerst den Balken aus deinem Auge; dann kannst du versuchen, den Splitter aus dem Auge deines Bruders herauszuziehen.

aus Lukas 6,37-42

Der Jüngling von Naïn

Einige Zeit später ging Jesus in eine Stadt namens Naïn; seine Jünger und eine große Menschenmenge folgten ihm.
Als er in die Nähe des Stadttors kam, trug man gerade einen Toten heraus. Es war der einzige Sohn seiner Mutter, einer Witwe. Und viele Leute aus der Stadt begleiteten sie. Als der Herr die Frau sah, hatte er Mitleid mit ihr und sagte zu ihr: »Weine nicht!«
Dann ging er zu der Bahre hin und fasste sie an. Die Träger blieben stehen und er sagte: »Ich befehle dir, junger Mann: Steh auf!«
Da richtete sich der Tote auf und begann zu sprechen und Jesus gab ihn seiner Mutter zurück.
Alle wurden von Furcht ergriffen; sie priesen Gott und sagten: »Ein großer Prophet ist unter uns aufgetreten: Gott hat sich seines Volkes angenommen.«
Und die Kunde davon verbreitete sich überall in Judäa und im ganzen Gebiet ringsum.

Lukas 7,11-17

Herr über Leben und Tod: Gott hatte Jesus nicht im Tod gelassen – er hatte ihn vom Tod auferweckt. Die Jünger waren in diesem Glauben zu einer Gemeinschaft geworden. Erst langsam konnten sie ihre Erfahrung, dass Gott sich auf die Seite Jesu gestellt hatte, in Worte fassen. Aus einem späteren Rückblick schrieb man Texte, die die Auferstehungserfahrung in Jesuserzählungen weitergaben. Zu solchen nachösterlichen Geschichten, die in das Leben Jesu zurückverlegt wurden, gehört auch die Erzählung vom Jüngling in Naïn: Jesus wird hier als Herr über Leben und Tod dargestellt.

Barmherzigkeit: (im Hebräischen durch Begriffe wie »mütterliche Zuneigung«, »Herabneigen zum Niedrigen« wiedergegeben) Eine der Grunderfahrungen des jüdischen (und christlichen) Glaubens ist, dass sich Gott den Menschen gegenüber als barmherzig erweist. Gott erbarmt sich der Menschen. Bereits im Alten Testament erzählen viele Geschichten und Verse von Gottes Barmherzigkeit: »Sein Erbarmen ist allen Geschöpfen sichtbar« (Jesus Sirach 16,16).
Jesus greift dies auf; für ihn ist Gott wie ein barmherziger Vater. Allerdings folgt daraus, dass auch die Menschen zueinander barmherzig sein sollen: »Seid barmherzig, wie es auch euer Vater ist« (Lukas 6,36). Das Gleichnis vom barmherzigen Samariter stellt ebenso eine Aufforderung zur Barmherzigkeit dar.

Paula Modersohn-Becker,
Der barmherzige Samariter, 1907

Der barmherzige Samariter

Ein Mann fragte Jesus: »Meister, was muss ich tun, um das ewige Leben zu gewinnen?«
Jesus sagte zu ihm: »Was steht in der Schrift?«
Er antwortete: »›Du sollst den Herrn, deinen Gott, lieben mit ganzem Herzen und ganzer Seele, mit all deiner Kraft und all deinen Gedanken‹, und: ›Deinen Nächsten sollst du lieben wie dich selbst‹.«
Jesus sagte zu ihm: »Du hast richtig geantwortet. Handle danach und du wirst leben.«
Der andere wollte seine Frage rechtfertigen und sagte zu Jesus: »Und wer ist mein Nächster?«
Darauf antwortete ihm Jesus: »Ein Mann ging von Jerusalem nach Jericho hinab und wurde von Räubern überfallen. Sie plünderten ihn aus und schlugen ihn nieder; dann gingen sie weg und ließen ihn halb tot liegen. Zufällig kam ein Priester denselben Weg herab; er sah ihn und ging weiter. Auch ein Levit kam zu der Stelle; er sah ihn und ging weiter. Dann kam ein Mann aus Samarien, der auf der Reise war. Als er ihn sah, hatte er Mitleid, ging zu ihm hin, goss Öl und Wein auf seine Wunden und verband sie. Dann hob er ihn auf sein Reittier, brachte ihn zu einer Herberge und sorgte für ihn. Am andern Morgen holte er zwei Denare hervor, gab sie dem Wirt und sagte: ›Sorge für ihn, und wenn du mehr für ihn brauchst, werde ich es dir bezahlen, wenn ich wiederkomme.‹
Was meinst du: Wer von diesen dreien hat sich als der Nächste dessen erwiesen, der von den Räubern überfallen wurde?«
Der Mann antwortete: »Der, der barmherzig an ihm gehandelt hat.«
Da sagte Jesus zu ihm: »Dann geh und handle genauso!«

aus Lukas 10,25-37

Das Gleichnis vom Festmahl

Jesus war zu einem Mahl eingeladen.
Da sagte er zu dem Gastgeber: »Wenn du mittags oder abends ein Essen gibst, so lade nicht deine Freunde oder deine Brüder, deine Verwandten oder reiche Nachbarn ein; sonst laden auch sie dich ein, und damit ist dir wieder alles vergolten. Nein, wenn du ein Essen gibst, dann lade Arme, Krüppel, Lahme und Blinde ein. Du wirst selig sein, denn sie können es dir nicht vergelten; es wird dir vergolten werden bei der Auferstehung der Gerechten.«

Als einer der Gäste das hörte, sagte er zu Jesus: »Selig, wer im Reich Gottes am Mahl teilnehmen darf.«
Jesus erzählte ein Gleichnis:
»Ein Mann veranstaltete ein großes Festmahl und lud viele dazu ein. Als das Fest beginnen sollte, schickte er seinen Diener und ließ den Gästen, die er eingeladen hatte, sagen: ›Kommt, es steht alles bereit!‹
Aber einer nach dem andern ließ sich entschuldigen. Der erste ließ ihm sagen: ›Ich habe einen Acker gekauft und muss jetzt gehen und ihn besichtigen. Bitte, entschuldige mich!‹
Ein anderer sagte: ›Ich habe fünf Ochsengespanne gekauft und bin auf dem Weg, sie mir genauer anzusehen. Bitte, entschuldige mich!‹
Wieder ein anderer sagte: ›Ich habe geheiratet und kann deshalb nicht kommen.‹
Der Diener kehrte zurück und berichtete alles seinem Herrn. Da wurde der Herr zornig und sagte zu seinem Diener: ›Geh schnell auf die Straßen und Gassen der Stadt und hol die Armen und die Krüppel, die Blinden und die Lahmen herbei.‹
Bald darauf meldete der Diener: ›Herr, dein Auftrag ist ausgeführt; aber es ist immer noch Platz.‹
Da sagte der Herr zu dem Diener: ›Dann geh auf die Landstraßen und vor die Stadt hinaus und nötige die Leute zu kommen, damit mein Haus voll wird. Das aber sage ich euch: Keiner von denen, die eingeladen waren, wird an meinem Mahl teilnehmen.‹«

Lukas 14,12-24

Von der Sorge um das Leben

Einer aus der Volksmenge bat Jesus: »Meister, sag meinem Bruder, er soll das Erbe mit mir teilen.«
Er erwiderte ihm: »Mensch, wer hat mich zum Richter oder Schlichter bei euch gemacht?«
Dann sagte er zu den Leuten: »Gebt Acht, hütet euch vor jeder Art von Habgier. Denn der Sinn des Lebens besteht nicht darin, dass ein Mensch aufgrund seines großen Vermögens im Überfluss lebt.«
Und er erzählte ihnen folgendes Beispiel:
»Auf den Feldern eines reichen Mannes stand eine gute Ernte. Da überlegte er hin und her: ›Was soll ich tun? Ich weiß nicht, wo ich meine Ernte unterbringen soll.‹ Schließlich sagte er: ›So will ich es machen: Ich werde meine Scheunen abreißen und größere bauen; dort werde ich mein ganzes Getreide und meine Vorräte unterbringen. Dann kann ich zu mir selber sagen: Nun hast du einen großen Vorrat, der für viele Jahre reicht. Ruh dich aus, iss und trink und freu dich des Lebens!‹
Da sprach Gott zu ihm: ›Du Narr! Noch in dieser Nacht wird man dein Leben von dir zurückfordern. Wem wird dann all das gehören, was du angehäuft hast?‹
So geht es jedem, der nur für sich selbst Schätze sammelt, aber vor Gott nicht reich ist.«
Und er sagte zu seinen Jüngern: »Deswegen sage ich euch: Sorgt euch nicht um euer Leben. Wer von euch kann mit all seiner Sorge sein Leben auch nur um eine kleine Zeitspanne verlängern?«

aus Lukas 12,13-25

Joseph Scott,
Der verlorene Groschen, 1991

Vom verlorenen Schaf und der verlorenen Drachme

Alle Zöllner und Sünder kamen zu ihm, um ihn zu hören. Die Pharisäer und die Schriftgelehrten empörten sich darüber und sagten: »Er gibt sich mit Sündern ab und isst sogar mit ihnen.«
Da erzählte er ihnen ein Gleichnis:
»Wenn einer von euch hundert Schafe hat und eins davon verliert, lässt er dann nicht die neunundneunzig in der Steppe zurück und geht dem verlorenen nach, bis er es findet? Und wenn er es gefunden hat, nimmt er es voll Freude auf die Schultern, und wenn er nach Hause kommt, ruft er seine Freunde und Nachbarn zusammen und sagt zu ihnen: ›Freut euch mit mir; ich habe mein Schaf wiedergefunden, das verloren war.‹
Ich sage euch: Ebenso wird auch im Himmel mehr Freude herrschen über einen einzigen Sünder, der umkehrt, als über neunundneunzig Gerechte, die es nicht nötig haben umzukehren. Oder wenn eine Frau zehn Drachmen hat und eine davon verliert, zündet sie dann nicht eine Lampe an, fegt das ganze Haus und sucht unermüdlich, bis sie das Geldstück findet? Und wenn sie es gefunden hat, ruft sie ihre Freundinnen und Nachbarinnen zusammen und sagt: ›Freut euch mit mir; ich habe die Drachme wiedergefunden, die ich verloren hatte.‹
Ich sage euch: Ebenso herrscht auch bei den Engeln Gottes Freude über einen einzigen Sünder, der umkehrt.«
Lukas 15,1-10

Das Reich Gottes ist unter euch
Als Jesus von den Pharisäern gefragt wurde, wann das Reich Gottes komme, antwortete er: »Das Reich Gottes kommt nicht so, dass man es an äußeren Zeichen erkennen könnte. Man kann auch nicht sagen: Seht, hier ist es!, oder: Dort ist es! Denn: Das Reich Gottes ist schon mitten unter euch.«
Lukas 17,20-21

Vom guten Vater und verlorenen Sohn

Weiter sagte Jesus:
»Ein Mann hatte zwei Söhne. Der jüngere von ihnen sagte zu seinem Vater: ›Vater, gib mir das Erbteil, das mir zusteht.‹ Da teilte der Vater das Vermögen auf.
Nach wenigen Tagen packte der jüngere Sohn alles zusammen und zog in ein fernes Land. Dort führte er ein zügelloses Leben und verschleuderte sein Vermögen. Als er alles durchgebracht hatte, kam eine große Hungersnot über das Land und es ging ihm sehr schlecht. Da ging er zu einem Bürger des Landes und drängte sich ihm auf; der schickte

ihn aufs Feld zum Schweinehüten. Er hätte gern seinen Hunger mit den Futterschoten gestillt, die die Schweine fraßen; aber niemand gab ihm davon.

Da ging er in sich und sagte: ›Wie viele Tagelöhner meines Vaters haben mehr als genug zu essen und ich komme hier vor Hunger um. Ich will aufbrechen und zu meinem Vater gehen und zu ihm sagen: Vater, ich habe mich gegen den Himmel und gegen dich versündigt. Ich bin nicht mehr wert, dein Sohn zu sein; mach mich zu einem deiner Tagelöhner.‹

Dann brach er auf und ging zu seinem Vater. Der Vater sah ihn schon von weitem kommen und er hatte Mitleid mit ihm. Er lief dem Sohn entgegen, fiel ihm um den Hals und küsste ihn.

Da sagte der Sohn: ›Vater, ich habe mich gegen den Himmel und gegen dich versündigt; ich bin nicht mehr wert, dein Sohn zu sein.‹

Der Vater aber sagte zu seinen Knechten: ›Holt schnell das beste Gewand und zieht es ihm an, steckt ihm einen Ring an die Hand und zieht ihm Schuhe an. Bringt das Mastkalb her und schlachtet es; wir wollen essen und fröhlich sein. Denn mein Sohn war tot und lebt wieder; er war verloren und ist wiedergefunden worden.‹

Und sie begannen, ein fröhliches Fest zu feiern.

Sein älterer Sohn war unterdessen auf dem Feld. Als er heimging und in die Nähe des Hauses kam, hörte er Musik und Tanz. Da rief er einen der Knechte und fragte, was das bedeuten solle.

Der Knecht antwortete: ›Dein Bruder ist gekommen und dein Vater hat das Mastkalb schlachten lassen, weil er ihn heil und gesund wiederbekommen hat.‹

Da wurde er zornig und wollte nicht hineingehen. Sein Vater aber kam heraus und redete ihm gut zu.

Doch er erwiderte dem Vater: ›So viele Jahre schon diene ich dir, und nie habe ich gegen deinen Willen gehandelt; mir aber hast du nie auch nur einen Ziegenbock geschenkt, damit ich mit meinen Freunden ein Fest feiern konnte. Kaum aber ist der hier gekommen, dein Sohn, der dein Vermögen mit Dirnen durchgebracht hat, da hast du für ihn das Mastkalb geschlachtet.‹

Der Vater antwortete ihm: ›Mein Kind, du bist immer bei mir, und alles, was mein ist, ist auch dein. Aber jetzt müssen wir uns doch freuen und ein Fest feiern; denn dein Bruder war tot und lebt wieder; er war verloren und ist wiedergefunden worden.‹«

Lukas 15,11-32

Umkehr: (auch »Buße« [von »sich bessern«] genannt) Einer der Schlüsselbegriffe der Bibel. Im Alten Testament geht es vor allem um den Bund Gottes mit Israel, der von den Menschen gebrochen wurde (zu Bund vgl. Seite 28). Umkehr meint hier neue Hinwendung zu Gott, neuen Bundesschluss, neue Gemeinschaft mit Gott (und demzufolge auch untereinander). Gott ist dabei immer bereit, die Umkehr des Volkes zu akzeptieren: »Wenn du umkehren willst, Israel, darfst du zu mir zurückkehren« (Jeremia 4,1). Wenn Israel umkehrt, wird ihm neues Heil geschenkt, wenn es dies nicht tut, hat es Gericht und Unheil (etwa Zerstörung des Landes oder Verbannung ins Exil) zu erwarten. Was für das Volk gilt, gilt auch für den einzelnen Menschen: Auch er ist gefordert, immer wieder umzukehren. In den Bußpsalmen (Ps 6; 32; 38; 51; 102; 130; 143) klingt dies in besonderer Weise an: »Erschaffe mir, Gott, ein reines Herz, und gib mir einen neuen, beständigen Geist« (Psalm 51,12).

Im Neuen Testament verbindet Jesus die Umkehr mit dem Kommen des Reiches Gottes: »Die Zeit ist erfüllt, das Reich Gottes ist nahe. Kehrt um und glaubt an das Evangelium« (Markus 1,15). Umkehr heißt hier, sich Jesus anzuschließen und wie ein Kind für das mit ihm begonnene Neue offen zu sein. So gewinnt der Mensch durch Umkehr neues Leben als Geschenk Gottes. Mit aller Kraft soll sich der Mensch um eine solche Umkehr bemühen.

Das Gleichnis vom guten Vater und verlorenen Sohn macht Mut zu einer solchen Umkehr.

Walter Habdank, Zachäus, 1978(83)

Zöllner: Die römische Besatzungsmacht setzte in Israel Zölle als Wegegebühren fest, die an Zollstationen erhoben wurden. Diese Stationen wurden an Juden verpachtet. Dies ermöglichte ein betrügerisches Handeln der Zöllner, die höhere Abgaben als vorgesehen erhoben. Wegen solchen Betrugs, vor allem aber wegen der Zusammenarbeit mit den nichtjüdischen Römern wurden Zöllner in Israel verachtet.

Pharisäer und Zöllner
Einigen, die von ihrer eigenen Gerechtigkeit überzeugt waren und die anderen verachteten, erzählte Jesus dieses Beispiel: »Zwei Männer gingen zum Tempel hinauf, um zu beten; der eine war ein Pharisäer, der andere ein Zöllner.
Der Pharisäer stellte sich hin und sprach leise dieses Gebet: ›Gott, ich danke dir, dass ich nicht wie die anderen Menschen bin, die Räuber, Betrüger, Ehebrecher oder auch wie dieser Zöllner dort. Ich faste zweimal in der Woche und gebe dem Tempel den zehnten Teil meines ganzen Einkommens.‹
Der Zöllner aber blieb ganz hinten stehen und wagte nicht einmal, seine Augen zum Himmel zu erheben, sondern schlug sich an die Brust und betete: ›Gott, sei mir Sünder gnädig!‹
Ich sage euch: Dieser kehrte als Gerechter nach Hause zurück, der andere nicht. Denn wer sich selbst erhöht, wird erniedrigt, wer sich aber selbst erniedrigt, wird erhöht werden.«

Lukas 18,9-14

Zachäus

Jesus kam nach Jericho und ging durch die Stadt. Dort wohnte ein Mann namens Zachäus; er war der oberste Zollpächter und war sehr reich. Er wollte gern sehen, wer dieser Jesus sei, doch die Menschenmenge versperrte ihm die Sicht; denn er war klein. Darum lief er voraus und stieg auf einen Maulbeerfeigenbaum, um Jesus zu sehen, der dort vorbeikommen musste.
Als Jesus an die Stelle kam, schaute er hinauf und sagte zu ihm: »Zachäus, komm schnell herunter! Denn ich muss heute in deinem Haus zu Gast sein.«
Da stieg er schnell herunter und nahm Jesus freudig bei sich auf.
Als die Leute das sahen, empörten sie sich und sagten: »Er ist bei einem Sünder eingekehrt.«
Zachäus aber wandte sich an den Herrn und sagte: »Herr, die Hälfte meines Vermögens will ich den Armen geben, und wenn ich von jemand zu viel gefordert habe, gebe ich ihm das Vierfache zurück.«
Da sagte Jesus zu ihm: »Heute ist diesem Haus das Heil geschenkt worden, weil auch dieser Mann ein Sohn Abrahams ist. Denn der Menschensohn ist gekommen, um zu suchen und zu retten, was verloren ist.«

Lukas 19,1-10

Das Gleichnis von den bösen Winzern

In den Gleichnissen Jesu hören wir die Stimme Jesu: So hat er gelehrt und mit den Menschen gesprochen. Es gibt aber im Neuen Testament auch Texte, die zwar Jesus in den Mund gelegt werden, aber aus einer späteren Zeit, aus der Zeit der ersten Gemeinden stammen. Darin wird versucht, Jesus aus nachösterlicher Sicht zu deuten, aus der Erfahrung also, dass Jesus als Auferstandener lebt und die Mitte der Jüngergemeinschaft ist. Nur so lässt sich für die ersten Christen auch das unbegreifliche Leiden Jesu einordnen. Ein solcher deutender Text der ersten Christen ist das Winzergleichnis: Es geht zurück auf ein alttestamentliches Gleichnis des Propheten Jesaja (Jesaja 5, 1-7): Darin wird Israel als Weinberg bezeichnet, der von Gott gepflegt wird. Doch der Weinberg bringt keine Frucht.

Jesus erzählte dem Volk dieses Gleichnis:
»Ein Mann legte einen Weinberg an, verpachtete ihn an Winzer und reiste für längere Zeit in ein anderes Land. Als nun die Zeit dafür gekommen war, schickte er einen Knecht zu den Winzern, damit sie ihm seinen Anteil am Ertrag des Weinbergs ablieferten. Die Winzer aber prügelten ihn und jagten ihn mit leeren Händen fort. Darauf schickte er einen anderen Knecht; auch ihn prügelten und beschimpften sie und jagten ihn mit leeren Händen fort. Er schickte noch einen dritten Knecht; aber auch ihn schlugen sie blutig und warfen ihn hinaus.
Da sagte der Besitzer des Weinbergs: ›Was soll ich tun? Ich will meinen geliebten Sohn zu ihnen schicken. Vielleicht werden sie vor ihm Achtung haben.‹
Als die Winzer den Sohn sahen, überlegten sie und sagten zueinander: ›Das ist der Erbe; wir wollen ihn töten, damit das Erbgut uns gehört.‹ Und sie warfen ihn aus dem Weinberg hinaus und brachten ihn um.
Was wird nun der Besitzer des Weinbergs mit ihnen tun? Er wird kommen und diese Winzer töten und den Weinberg anderen geben.«
Als sie das hörten, sagten sie: »Das darf nicht geschehen!«
Da sah Jesus sie an und sagte: »Was bedeutet das Schriftwort: Der Stein, den die Bauleute verworfen haben, er ist zum Eckstein geworden?«
Die Schriftgelehrten und die Hohenpriester hätten ihn gern noch in derselben Stunde festgenommen; aber sie fürchteten das Volk. Denn sie hatten gemerkt, dass er sie mit diesem Gleichnis meinte.

aus Lukas 20,9-19

Dein Glaube hat dir geholfen

Auf dem Weg nach Jerusalem zog Jesus durch das Grenzgebiet von Samarien und Galiläa. Als er in ein Dorf hineingehen wollte, kamen ihm zehn Aussätzige entgegen. Sie blieben in der Ferne stehen und riefen: »Jesus, Meister, hab Erbarmen mit uns!«
Als er sie sah, sagte er zu ihnen: »Geht, zeigt euch den Priestern!« Und während sie zu den Priestern gingen, wurden sie rein.
Einer von ihnen aber kehrte um, als er sah, dass er geheilt war; und er lobte Gott mit lauter Stimme. Er warf sich vor den Füßen Jesu zu Boden und dankte ihm. Dieser Mann war aus Samarien.
Da sagte Jesus: »Es sind doch alle zehn rein geworden. Wo sind die übrigen neun? Ist denn keiner umgekehrt, um Gott zu ehren, außer diesem Fremden?«
Und er sagte zu ihm: »Steh auf und geh! Dein Glaube hat dir geholfen.«

Lukas 17,11-19

Abendmahl: Vier Texte des Neuen Testaments erzählen vom letzten Abendmahl Jesu am Vorabend seines Todes in Jerusalem: Die Evangelisten Markus, Matthäus und Lukas sprechen davon, aber auch Paulus im 1. Korintherbrief. Ferner erwähnt Johannes das Abendmahl, erzählt aber vor allem von der Fußwaschung (vgl. Seite 200). Vieles deutet darauf hin, dass dieses Mahl ein Paschamahl (vgl. Seite 44) war, wie es Jesus wohl jedes Jahr mit seiner Familie und später mit seinen Jüngerinnen und Jüngern gehalten hat. Durch seinen bevorstehenden Tod aber erhält dieses Mahl ein besonderes Gewicht – es wird zum Abschiedsmahl. Die Jünger werden beauftragt, dieses Mahl immer wieder im Gedenken an Jesus zu feiern. Christen tun dies bis auf den heutigen Tag, sie sprechen die biblischen »Einsetzungsworte« Jesu über Brot und Wein (»Das ist mein Leib« – »Das ist mein Blut« – das bedeutet: »Das bin ich ganz für euch«) als Mitte ihres Abendmahlsgottesdienstes, der Feier der Eucharistie.

Das Abendmahl

Als die Stunde gekommen war, begab er sich mit den Aposteln zu Tisch. Und er sagte zu ihnen: »Ich habe mich sehr danach gesehnt, vor meinem Leiden dieses Paschamahl mit euch zu essen. Denn ich sage euch: Ich werde es nicht mehr essen, bis das Mahl seine Erfüllung findet im Reich Gottes.« Und er nahm den Kelch, sprach das Dankgebet und sagte: »Nehmt den Wein und verteilt ihn untereinander! Denn ich sage euch: Von nun an werde ich nicht mehr von der Frucht des Weinstocks trinken, bis das Reich Gottes kommt.«
Und er nahm Brot, sprach das Dankgebet, brach das Brot und reichte es ihnen mit den Worten: »Das ist mein Leib, der für euch hingegeben wird. Tut dies zu meinem Gedächtnis!«
Ebenso nahm er nach dem Mahl den Kelch und sagte: »Dieser Kelch ist der Neue Bund in meinem Blut, das für euch vergossen wird.«
Dann verließ Jesus die Stadt und ging, wie er es gewohnt war, zum Ölberg; seine Jünger folgten ihm.

Lukas 22,14-20.39

Alexej von Jawlensky, Dornenkrone, 1918

Die Kreuzigung

Als die Soldaten Jesus hinausführten, ergriffen sie einen Mann aus Zyrene namens Simon, der gerade vom Feld kam. Ihm luden sie das Kreuz auf, damit er es hinter Jesus hertrage.
Es folgte eine große Menschenmenge, darunter auch Frauen, die um ihn klagten und weinten. Jesus wandte sich zu ihnen um und sagte: »Ihr Frauen von Jerusalem, weint nicht über mich; weint über euch und eure Kinder! Denn es kommen Tage, da wird man sagen: Wohl den Frauen, die unfruchtbar sind, die nicht geboren und nicht gestillt haben. Dann wird man zu den Bergen sagen: Fallt auf uns!, und zu den Hügeln: Deckt uns zu! Denn wenn das mit dem grünen Holz geschieht, was wird dann erst mit dem dürren werden?«
Zusammen mit Jesus wurden auch zwei Verbrecher zur Hinrichtung geführt.
Sie kamen zur Schädelhöhe; dort kreuzigten sie ihn und die Verbrecher, den einen rechts von ihm, den andern links.
Jesus aber betete: »Vater, vergib ihnen, denn sie wissen nicht, was sie tun.«
Dann warfen sie das Los und verteilten seine Kleider unter sich.
Die Leute standen dabei und schauten zu; auch die führenden Männer des Volkes verlachten ihn und sagten: »Anderen hat er geholfen, nun soll er sich selbst helfen, wenn er der erwählte Messias Gottes ist.«
Auch die Soldaten verspotteten ihn; sie traten vor ihn hin, reichten ihm Essig und sagten: »Wenn du der König der Juden bist, dann hilf dir selbst!«
Über ihm war eine Tafel angebracht; auf ihr stand: »Das ist der König der Juden.«
Es war etwa um die sechste Stunde, als eine Finsternis über das ganze Land hereinbrach. Sie dauerte bis zur neunten Stunde. Die Sonne verdunkelte sich. Der Vorhang im Tempel riss mitten entzwei, und Jesus rief laut: »Vater, in deine Hände lege ich meinen Geist.« Nach diesen Worten hauchte er den Geist aus.
Als der Hauptmann sah, was geschehen war, pries er Gott und sagte: »Das war wirklich ein gerechter Mensch.«
Und alle, die zu diesem Schauspiel herbeigeströmt waren und sahen, was sich ereignet hatte, schlugen sich an die Brust und gingen betroffen weg. Alle seine Bekannten aber standen in einiger Entfernung vom Kreuz, auch die Frauen, die ihm seit der Zeit in Galiläa nachgefolgt waren und die alles mit ansahen.

aus Lukas 23,26-49

Kreuzigung: Die Kreuzigung wurde von den Römern als schwerste Strafe gegen Aufrührer, entlaufene Sklaven und andere Schwerverbrecher verhängt. Der Ablauf einer Kreuzigung erfolgte so: Der Verurteilte musste das Querholz des Kreuzes selber zur Richtstätte schleppen. Dort wurde er ausgezogen, ausgepeitscht und an das Querholz gebunden. Dieses wurde dann an einem bereits im Boden eingerammten senkrechten Längsholz hochgezogen und befestigt. Der Gekreuzigte hing Stunden unter großen Qualen am Kreuz, bis er starb. Meist blieben die Gekreuzigten auch nach dem Tod bis zur Verwesung am Kreuz hängen – zur Abschreckung für andere. – Bei Jesus tritt der Tod schneller ein, weil er an das Kreuz nicht angebunden, sondern angenagelt wurde und somit viel Blut verlor.

Kreuz: Das Kreuz ist ein altes Symbol, das es in vielen Kulturen gibt, zum Beispiel als Lebenskreuz im alten Ägypten. Für unseren Kulturkreis ist das Kreuz *das* Symbol für Leiden und Sterben. Im Christentum ist das Kreuz ab dem vierten Jahrhundert das Symbol sowohl für Jesus wie auch für das Bekenntnis zu ihm.
Das Bekentnis zu Jesus, dem Gekreuzigten und von Gott Auferweckten, ist die Mitte christlichen Glaubens. Deshalb wird das Kreuz auch zum Zeichen des Sieges über den Tod.
Es ist dann nicht nur »Todeskreuz«, sondern ebenso »Siegeskreuz«.

Die Leidensgeschichte nach Markus steht auf Seite 151, nach Matthäus auf Seite 170, nach Johannes auf Seite 202.

Erscheinung: Das biblische Wort »Erscheinung« bedeutet eine besondere Weise des Sehens, die man mit »Sehen mit dem Herzen, mit den Augen des Glaubens« bezeichnen kann. Es geht um Erfahrungen mit einer tieferen Wirklichkeit, die den normalen Augen verborgen bleibt. So werden Gott selbst, Engel, auch Verstorbene »gesehen«, sie erscheinen den Menschen: Dies kann im Traum oder in Visionen geschehen. Erscheinungen Gottes können mit Naturereignissen, mit Sturm, Feuer, Wolken, verbunden sein.
Auch in Jesus »erscheint« etwas von Gott selbst, in ihm leuchtet Gottes Herrlichkeit auf. Dies wird etwa in der Erzählung von der Verklärung Jesu deutlich (vgl. Seite 145). Diese Erzählung und vor allem die von den Erscheinungen des vom Tod auferweckten Jesus sind aus dem Blickwinkel der Jüngergemeinde geschrieben, die nach Ostern erfahren hat: Der gekreuzigte Jesus lebt in einer anderen, nur mit inneren Augen zu erfassenden Wirklichkeit mitten unter uns. In ihm erscheint uns Gott selbst. Erzählungen von Erscheinungen wollen also etwas Unsichtbares in »Sichtbarem« darstellen. Solche Texte sind keine historischen Texte, sondern Glaubensbekenntnisse.
Wenn Lukas und die anderen Evangelisten solche Erscheinungstexte in ihr Evangelium aufnehmen, wollen sie deshalb damit die Christen ihrer Gemeinde ermuntern, sich an Jesus zu binden und ihn als Herrn und Messias zu bekennen. Die Erzählungen vom auferweckten Jesus sind Glaubenstexte, weil sie vom Glauben der jungen christlichen Gemeinden künden und zugleich zum Glauben ermuntern wollen.

Die Emmausjünger

Am gleichen Tag waren zwei von den Jüngern auf dem Weg in ein Dorf namens Emmaus, das sechzig Stadien von Jerusalem entfernt ist. Sie sprachen miteinander über all das, was sich ereignet hatte.
Während sie redeten und ihre Gedanken austauschten, kam Jesus hinzu und ging mit ihnen. Doch sie waren wie mit Blindheit geschlagen, sodass sie ihn nicht erkannten.
Er fragte sie: »Was sind das für Dinge, über die ihr auf eurem Weg miteinander redet?«
Da blieben sie traurig stehen, und der eine von ihnen – er hieß Kleopas – antwortete ihm: »Bist du so fremd in Jerusalem, dass du als einziger nicht weißt, was in diesen Tagen dort geschehen ist?«
Er fragte sie: »Was denn?«
Sie antworteten ihm: »Das mit Jesus aus Nazaret. Er war ein Prophet, mächtig in Wort und Tat vor Gott und dem ganzen Volk. Doch unsere Hohenpriester und Führer haben ihn zum Tod verurteilen und ans Kreuz schlagen lassen. Wir aber hatten gehofft, dass er der sei, der Israel erlösen werde. Und dazu ist heute schon der dritte Tag, seitdem das alles geschehen ist. Aber nicht nur das: Auch einige Frauen aus unserem Kreis haben uns in große Aufregung versetzt. Sie waren in der Frühe beim Grab, fanden aber seinen Leichnam nicht. Als sie zurückkamen, erzählten sie, es seien ihnen Engel erschienen und hätten gesagt, er lebe. Einige von uns gingen dann zum Grab und fanden alles so, wie die Frauen gesagt hatten; ihn selbst aber sahen sie nicht.«
Da sagte er zu ihnen: »Begreift ihr denn nicht? Wie schwer fällt es euch, alles zu glauben, was die Propheten gesagt haben. Musste nicht der Messias all das erleiden, um so in seine Herrlichkeit zu gelangen?« Und er legte ihnen dar, ausgehend von Mose und allen Propheten, was in der gesamten Schrift über ihn geschrieben steht.
So erreichten sie das Dorf, zu dem sie unterwegs waren. Jesus tat, als wolle er weitergehen, aber sie drängten ihn und sagten: »Bleib doch bei uns; denn es wird bald Abend, der Tag hat sich schon geneigt.«
Da ging er mit hinein, um bei ihnen zu bleiben.
Und als er mit ihnen bei Tisch war, nahm er das Brot, sprach den Lobpreis, brach das Brot und gab es ihnen.
Da gingen ihnen die Augen auf und sie erkannten ihn; dann sahen sie ihn nicht mehr. Und sie sagten zueinander: »Brannte uns nicht das Herz in der Brust, als er unterwegs mit uns redete und uns den Sinn der Schrift erschloss?«

Noch in derselben Stunde brachen sie auf und kehrten nach Jerusalem zurück und sie fanden die Elf und die anderen Jünger versammelt. Diese sagten: »Der Herr ist wirklich auferstanden und ist dem Simon erschienen.« Da erzählten auch sie, was sie unterwegs erlebt und wie sie ihn erkannt hatten, als er das Brot brach.

Lukas 24,13-35

Ivo Dulcic, Mahl in Emmaus, 1971

Zu Gott emporgehoben

Dann führte Jesus die Jünger hinaus in die Nähe von Betanien. Dort erhob er seine Hände und segnete sie. Und während er sie segnete, verließ er sie und wurde zum Himmel emporgehoben; sie aber fielen vor ihm nieder. Dann kehrten sie in großer Freude nach Jerusalem zurück. Und sie waren immer im Tempel und priesen Gott.

Lukas 24,50-53

Zu Himmel und Himmelfahrt vgl. Seite 207.

> **Johannesevangelium (Joh):** Das Johannesevangelium wurde als letztes der vier Evangelien am Ende des ersten Jahrhunderts geschrieben. Früher wurde der Apostel Johannes als Autor genannt, heute nimmt man einen theologischen Lehrer im kleinasiatischen oder syrischen Raum als Verfasser an. Das Evangelium ist geprägt von großen Lehrreden Jesu, in denen Jesus sich als Sohn Gottes offenbart.
> Es geht Johannes um die persönliche Glaubensentscheidung der Menschen. Jesus ist für ihn die Erfüllung der Sehnsucht nicht nur Israels, sondern aller Menschen. Er zeigt sich als hoheitlicher Herr, selbst in der Leidensgeschichte. Das Evangelium ist mehr als die anderen vom Bekenntnis zum Auferweckten bestimmt. Es stellt einen Aufruf zum Glauben an den Sohn Gottes dar, der von Anbeginn der Welt Wort, Licht und Leben ist.

Der Kern des Evangeliums
Denn Gott hat die Welt so sehr geliebt, dass er seinen einzigen Sohn hingab, damit jeder, der an ihn glaubt, nicht zugrunde geht, sondern das ewige Leben hat. Denn Gott hat seinen Sohn nicht in die Welt gesandt, damit er die Welt richtet, sondern damit die Welt durch ihn gerettet wird.

Johannes 3,16-17

Das Johannesevangelium: Wort Gottes mitten unter uns

Der Evangelist Johannes wird als der große Theologe verstanden, der das Geschehen mit Jesus von Nazaret am tiefsten durchdacht hat. So ist sein Evangelium sprachlich oft schwierig, gefüllt mit wichtigen Begriffen, die weniger zu einem Begreifen mit dem Verstand ermuntern als zur Meditation. Johannes zeigt in seinem Evangelium auf, dass Jesus das gute Wort Gottes an uns Menschen ist. In Jesus begegnet Gott den Menschen, deshalb kann Jesus als »Licht der Welt«, als »Brot des Leben« und als »Weg zum Vater« bezeichnet werden.

Überschriftslied

Im Anfang war das Wort,
und das Wort war bei Gott,
und das Wort war Gott.
Im Anfang war es bei Gott.
Alles ist durch das Wort geworden
und ohne das Wort wurde nichts, was geworden ist.
In ihm war das Leben
und das Leben war das Licht der Menschen.
Und das Licht leuchtet in der Finsternis
und die Finsternis hat es nicht erfasst.
Das wahre Licht, das jeden Menschen erleuchtet,
kam in die Welt.
Er war in der Welt und die Welt ist durch ihn geworden,
aber die Welt erkannte ihn nicht.
Er kam in sein Eigentum,
aber die Seinen nahmen ihn nicht auf.
Allen aber, die ihn aufnahmen,
gab er Macht, Kinder Gottes zu werden,
allen, die aus Gott geboren sind.
Und das Wort ist Fleisch geworden
und hat unter uns gewohnt
und wir haben seine Herrlichkeit gesehen,
die Herrlichkeit des einzigen Sohnes vom Vater,
voll Gnade und Wahrheit.

aus Johannes 1,1-14

Die ersten Jünger

Zwei Jünger des Johannes des Täufers folgten Jesus. Jesus aber wandte sich um, und als er sah, dass sie ihm folgten, fragte er sie: »Was wollt ihr?«
Sie sagten zu ihm: »Rabbi – das heißt übersetzt: Meister –, wo wohnst du?«
Er antwortete: »Kommt und seht!«
Da gingen sie mit und sahen, wo er wohnte, und blieben jenen Tag bei ihm; es war um die zehnte Stunde.

Johannes 1,35-39

Die Hochzeit in Kana

Am dritten Tag fand in Kana in Galiläa eine Hochzeit statt, und die Mutter Jesu war dabei. Auch Jesus und seine Jünger waren zur Hochzeit eingeladen.
Als der Wein ausging, sagte die Mutter Jesu zu ihm: »Sie haben keinen Wein mehr.«
Jesus erwiderte ihr: »Was willst du von mir, Frau? Meine Stunde ist noch nicht gekommen.«
Seine Mutter sagte zu den Dienern: »Was er euch sagt, das tut!«
Es standen dort sechs steinerne Wasserkrüge, wie es der Reinigungsvorschrift der Juden entsprach; jeder fasste ungefähr hundert Liter. Jesus sagte zu den Dienern: »Füllt die Krüge mit Wasser!« Und sie füllten sie bis zum Rand.
Er sagte zu ihnen: »Schöpft jetzt und bringt es dem, der für das Festmahl verantwortlich ist.«
Sie brachten es ihm. Er kostete das Wasser, das zu Wein geworden war. Er wusste nicht, woher der Wein kam; die Diener aber, die das Wasser geschöpft hatten, wussten es. Da ließ er den Bräutigam rufen und sagte zu ihm: »Jeder setzt zuerst den guten Wein vor und erst, wenn die Gäste zu viel getrunken haben, den weniger guten. Du jedoch hast den guten Wein bis jetzt zurückgehalten.«
So tat Jesus sein erstes Zeichen, in Kana in Galiläa, und offenbarte seine Herrlichkeit und seine Jünger glaubten an ihn.

Johannes 2,1-11

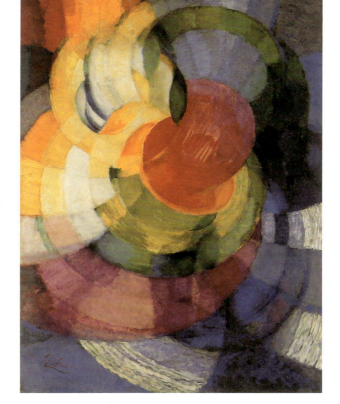

Frantisek Kupka,
Newtons Scheiben, 1912
»Das wahre Licht, das jeden Menschen erleuchtet, kam in die Welt« (Johannes 1,9).

Herrlichkeit: Im Alten Testament wird oft von der Herrlichkeit Gottes gesprochen. Menschen erfahren die Herrlichkeit Gottes in der Schöpfung, aber auch in der Geschichte, die sie als von Gott geführte Geschichte, als Heilsgeschichte verstehen. So preisen biblische Beter Gott in seiner Herrlichkeit. »Die Himmel rühmen die Herrlichkeit Gottes« (Psalm 19,2). Im Johannesevangelium wird auch von der Herrlichkeit Jesu gesprochen, die man an den wunderbaren Zeichen erkennen kann, die Jesus tut. Darin zeigt sich Jesus als der Christus, der Gesandte und Gesalbte Gottes.

Nikodemus

Es war ein Pharisäer namens Nikodemus, ein führender Mann unter den Juden. Der suchte Jesus bei Nacht auf und sagte zu ihm: »Rabbi, wir wissen, du bist ein Lehrer, der von Gott gekommen ist; denn niemand kann die Zeichen tun, die du tust, wenn nicht Gott mit ihm ist.«
Jesus antwortete ihm: »Amen, amen, ich sage dir: Wenn jemand nicht von neuem geboren wird, kann er das Reich Gottes nicht sehen.«
Nikodemus entgegnete ihm: »Wie kann ein Mensch, der schon alt ist, geboren werden? Er kann doch nicht in den Schoß seiner Mutter zurückkehren und ein zweites Mal geboren werden.«
Jesus antwortete: »Amen, amen, ich sage dir: Wenn jemand nicht aus Wasser und Geist geboren wird, kann er nicht in das Reich Gottes kommen. Was aus dem Fleisch geboren ist, das ist Fleisch; was aber aus dem Geist geboren ist, das ist Geist.«

aus Johannes 3

Samariter: Die Landschaft Samaria liegt zwischen Jerusalem und Galiläa. Die Bevölkerung Samariens – die Samariter – war nach dem Untergang des Nordreiches Israel (vgl. Seite 76-77) eine Mischbevölkerung aus Juden und anderen Völkern. Deshalb wurde dort auch nicht Jahwe allein verehrt, sondern man betete ebenso zu anderen Göttern. Die Juden verachteten deshalb die Samariter und hielten sich streng von ihnen getrennt.

Die samaritische Frau

Jesus ging wieder nach Galiläa. Er musste aber den Weg durch Samarien nehmen. So kam er zu einem Ort in Samarien, der Sychar hieß und nahe bei dem Grundstück lag, das Jakob seinem Sohn Josef vermacht hatte.
Dort befand sich der Jakobsbrunnen. Jesus war müde von der Reise und setzte sich daher an den Brunnen; es war um die sechste Stunde. Da kam eine samaritische Frau, um Wasser zu schöpfen. Jesus sagte zu ihr: »Gib mir zu trinken!« Seine Jünger waren nämlich in den Ort gegangen, um etwas zum Essen zu kaufen.
Die samaritische Frau sagte zu ihm: »Wie kannst du als Jude mich, eine Samariterin, um Wasser bitten?« Die Juden verkehren nämlich nicht mit den Samaritern.
Jesus antwortete ihr: »Wenn du wüsstest, worin die Gabe Gottes besteht und wer es ist, der zu dir sagt: ›Gib mir zu trinken!‹, dann hättest du ihn gebeten, und er hätte dir lebendiges Wasser gegeben.«
Sie sagte zu ihm: »Herr, du hast kein Schöpfgefäß, und der Brunnen ist tief; woher hast du also das lebendige Wasser? Bist du etwa größer als unser Vater Jakob, der uns den Brunnen gegeben und selbst daraus getrunken hat, wie seine Söhne und seine Herden?«
Jesus antwortete ihr: »Wer von diesem Wasser trinkt, wird wieder Durst bekommen; wer aber von dem Wasser trinkt, das ich ihm geben werde, wird niemals mehr Durst haben; vielmehr wird das Wasser, das ich ihm gebe, in ihm zur sprudelnden Quelle werden, deren Wasser ewiges Leben schenkt.«
Da sagte die Frau zu ihm: »Herr, gib mir dieses Wasser, damit ich keinen Durst mehr habe und nicht mehr hierher kommen muss, um Wasser zu schöpfen.«
Er sagte zu ihr: »Geh, ruf deinen Mann!«
Die Frau antwortete: »Ich habe keinen Mann.«
Jesus sagte zu ihr: »Du hast richtig gesagt: Ich habe keinen Mann. Denn fünf Männer hast du gehabt und der, den du jetzt hast, ist nicht dein Mann. Damit hast du die Wahrheit gesagt.«
Die Frau sagte: »Herr, ich sehe, dass du ein Prophet bist. Unsere Väter haben auf diesem Berg Gott angebetet; ihr aber sagt, in Jerusalem sei die Stätte, wo man anbeten muss.«
Jesus sprach zu ihr: »Glaube mir, Frau, die Stunde kommt, zu der ihr weder auf diesem Berg noch in Jerusalem den Vater anbeten werdet. Die Stunde kommt und sie ist schon da, zu der die wahren Beter den Vater anbeten werden im

Geist und in der Wahrheit; denn so will der Vater angebetet werden. Gott ist Geist und alle, die ihn anbeten, müssen im Geist und in der Wahrheit anbeten.«

Die Frau sagte zu ihm:» Ich weiß, dass der Messias kommt, das ist: der Gesalbte (Christus). Wenn er kommt, wird er uns alles verkünden.«

Da sagte Jesus zu ihr: »Ich bin es, ich, der mit dir spricht.«

Da ließ die Frau ihren Wasserkrug stehen, eilte in den Ort und sagte zu den Leuten: »Kommt her, seht, da ist ein Mann, der mir alles gesagt hat, was ich getan habe: Ist er vielleicht der Messias?«

Da liefen sie hinaus aus dem Ort und gingen zu Jesus. Viele Samariter aus jenem Ort kamen zum Glauben an Jesus auf das Wort der Frau hin, die bezeugt hatte: »Er hat mir alles gesagt, was ich getan habe.« Die Samariter baten ihn, bei ihnen zu bleiben; und er blieb dort zwei Tage.

Und zu der Frau sagten sie: »Nicht mehr aufgrund deiner Aussage glauben wir, sondern weil wir ihn selbst gehört haben und nun wissen: Er ist wirklich der Retter der Welt.«

aus Johannes 4,3-42

Glaube: In der Bibel geht es bei den Worten »Glaube« und »glauben« (hebräisch »aman«, vgl. »Amen«) um das unbedingte Vertrauen des Menschen zu Gott, gleich was geschieht. Glauben ist damit die Antwort des Menschen auf den Bund, den Gott schließt. Glauben heißt Gott lieben und ihm vertrauen, wie ein Kind seinem Vater vertraut. Immer wieder wird in der Bibel, besonders von den Propheten, Glaube eingefordert: »Glaubt ihr nicht, so bleibt ihr nicht« (Jesaja 7,9). Auch Jesus ermuntert die Menschen dazu, ein unbedingtes »Ja« zu Gott zu sagen.

August Macke,
Kinder am Brunnen, 1914

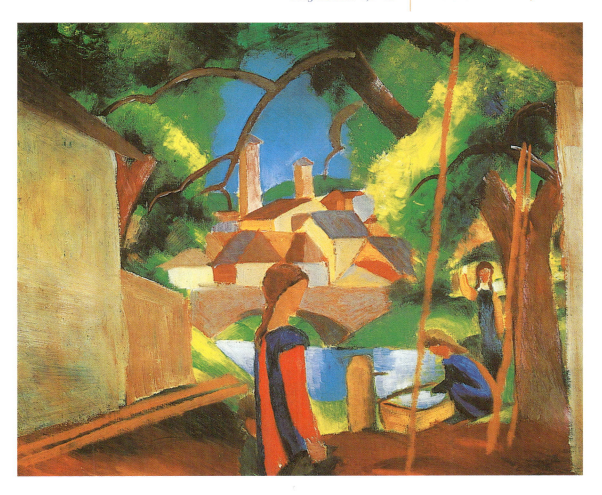

Jyoti Sahi, Gottes Mitteilung

Zu wem sollen wir gehen?
Viele Jünger zogen sich von Jesus zurück und wanderten nicht mehr mit ihm umher. Da fragte Jesus die Zwölf: »Wollt auch ihr weggehen?«
Simon Petrus antwortete ihm: »Herr, zu wem sollen wir gehen? Du hast Worte des ewigen Lebens. Wir sind zum Glauben gekommen und haben erkannt: Du bist der Heilige Gottes.«

Johannes 6,66-69

Die große Speisung

Jesus ging an das andere Ufer des Sees von Galiläa. Eine große Menschenmenge folgte ihm. Jesus stieg auf den Berg und setzte sich. Als er aufblickte und sah, dass so viele Menschen zu ihm kamen, fragte er Philippus: »Wo sollen wir Brot kaufen, damit diese Leute zu essen haben?«
Philippus antwortete ihm: »Brot für zweihundert Denare reicht nicht aus, wenn jeder von ihnen auch nur ein kleines Stück bekommen soll.«
Einer seiner Jünger, Andreas, der Bruder des Simon Petrus, sagte zu ihm: »Hier ist ein kleiner Junge, der hat fünf Gerstenbrote und zwei Fische; doch was ist das für so viele!«
Jesus sagte: »Lasst die Leute sich setzen!«
Es gab dort nämlich viel Gras. Da setzten sie sich; es waren etwa fünftausend Männer. Dann nahm Jesus die Brote, sprach das Dankgebet und teilte an die Leute aus; ebenso die Fische. Als die Menge satt war, sagte er zu seinen Jüngern: »Sammelt die übrig gebliebenen Brotstücke, damit nichts verdirbt.«
Sie sammelten und füllten zwölf Körbe mit den Stücken, die von den fünf Gerstenbroten nach dem Essen übrig waren.
Als die Menschen das Zeichen sahen, das er getan hatte, sagten sie: »Das ist wirklich der Prophet, der in die Welt kommen soll.«

aus Johannes 6,1-14

Ich bin das Brot des Lebens

Jesus sagte zu der Menschenmenge: »Ihr sucht mich, weil ihr von den Broten gegessen habt und satt geworden seid. Müht euch nicht ab für die Speise, die verdirbt, sondern für die Speise, die für das ewige Leben bleibt.«

Sie entgegneten ihm: »Welches Zeichen tust du, damit wir dir glauben? Unsere Väter haben das Manna in der Wüste gegessen, wie es in der Schrift heißt: ›Brot vom Himmel gab er ihnen zu essen.‹«

Jesus sagte zu ihnen: »Nicht Mose hat euch das Brot vom Himmel gegeben, sondern mein Vater gibt euch das wahre Brot vom Himmel. Denn das Brot, das Gott gibt, gibt der Welt das Leben.«

Da baten sie ihn: »Herr, gib uns immer dieses Brot!«

Jesus antwortete ihnen: »Ich bin das Brot des Lebens; wer zu mir kommt, wird nie mehr hungern, und wer an mich glaubt, wird nie mehr Durst haben.«

Da murrten die Juden gegen ihn und sagten: »Ist das nicht Jesus, der Sohn Josefs, dessen Vater und Mutter wir kennen? Wie kann er jetzt sagen: Ich bin vom Himmel herabgekommen?«

Jesus sagte zu ihnen: »Murrt nicht! Amen, amen, ich sage euch: Wer glaubt, hat das ewige Leben. Ich bin das Brot des Lebens. Eure Väter haben in der Wüste das Manna gegessen und sind gestorben. So aber ist es mit dem Brot, das vom Himmel herabkommt: Wenn jemand davon isst, wird er nicht sterben.

Ich bin das lebendige Brot, das vom Himmel herabgekommen ist. Wer von diesem Brot isst, wird in Ewigkeit leben. Das Brot, das ich geben werde, ist mein Fleisch, ich gebe es hin für das Leben der Welt.«

Da stritten sich die Juden und sagten: »Wie kann er uns sein Fleisch zu essen geben?«

Jesus sagte zu ihnen: »Amen, amen, das sage ich euch: Wenn ihr das Fleisch des Menschensohnes nicht esst und sein Blut nicht trinkt, habt ihr das Leben nicht in euch. Wer mein Fleisch isst und mein Blut trinkt, hat das ewige Leben, und ich werde ihn auferwecken am Letzten Tag. Denn mein Fleisch ist wirklich eine Speise und mein Blut ist wirklich ein Trank. Wer mein Fleisch isst und mein Blut trinkt, der bleibt in mir und ich bleibe in ihm. Dies ist das Brot, das vom Himmel herabgekommen ist. Mit ihm ist es nicht wie mit dem Brot, das die Väter gegessen haben; sie sind gestorben. Wer aber dieses Brot isst, wird leben in Ewigkeit.«

aus Johannes 6,26-59

Ich-bin-Worte: Im Johannesevangelium finden wir sieben Bildworte, die der Bedeutung Jesu nachspüren. Sie werden Jesus in den Mund gelegt und beginnen jeweils mit »Ich bin«:
– »Ich bin das *Brot*, das Leben schenkt.« (Johannes 6,35)
– »Ich bin das *Licht* für die Welt.« (Johannes 8,12)
– »Ich bin die *Tür* (zum Vater).« (Johannes 10,9)
– »Ich bin der gute *Hirt*.« (Johannes 10,11)
– »Ich bin die *Auferstehung* und das *Leben*.« (Johannes 11,25)
– »Ich bin der *Weg*, die *Wahrheit* und das *Leben*.« (Johannes 14,6)
– »Ich bin der *Weinstock*, und ihr seid die Reben.« (Johannes 15,5)

Solche Bildworte sind typisch für das Johannesevangelium: Man kann darüber nachdenken, solche Sprachbilder geben Impulse, die Bedeutung Jesu für die Menschen zu verstehen. Im Hintergrund dieser Sätze stehen auch Sätze des Alten Testaments, in denen die Zuwendung Gottes zu den Menschen in »Ich bin …«-Sätzen gefasst ist. Der wichtigste ist der Gottesname »Jahwe«, »Ich-bin-da-für-euch«. Wenn Jesus bei Johannes diese Sprachform aufgreift, dann wird damit deutlich, dass in ihm Gott selber den Menschen entgegenkommt.

Der gute Hirte

Jesus sagte: »Ich bin der gute Hirt. Der gute Hirt gibt sein Leben hin für die Schafe. Der bezahlte Knecht aber, dem die Schafe nicht gehören, lässt die Schafe im Stich und flieht, wenn er den Wolf kommen sieht; und der Wolf reißt sie und jagt sie auseinander. Er flieht, weil ihm an den Schafen nichts liegt. Ich bin der gute Hirt; ich kenne die Meinen und die Meinen kennen mich, wie mich der Vater kennt und ich den Vater kenne; und ich gebe mein Leben hin für die Schafe. Ich habe noch andere Schafe, die nicht aus diesem Stall sind; auch sie muss ich führen und sie werden auf meine Stimme hören; dann wird es nur eine Herde geben und einen Hirten.«

aus Johannes 10,11-16

Jesus und die Ehebrecherin

Am frühen Morgen begab sich Jesus wieder in den Tempel. Alles Volk kam zu ihm. Er setzte sich und lehrte es.
Da brachten die Schriftgelehrten und die Pharisäer eine Frau, die beim Ehebruch ertappt worden war. Sie stellten sie in die Mitte und sagten zu ihm: »Meister, diese Frau wurde beim Ehebruch auf frischer Tat ertappt. Mose hat uns im Gesetz vorgeschrieben, solche Frauen zu steinigen. Nun, was sagst du?« Mit dieser Frage wollten sie ihn auf die Probe stellen, um einen Grund zu haben, ihn zu verklagen.
Jesus aber bückte sich und schrieb mit dem Finger auf die Erde.
Als sie hartnäckig weiterfragten, richtete er sich auf und sagte zu ihnen: »Wer von euch ohne Sünde ist, werfe als Erster einen Stein auf sie.«
Und er bückte sich wieder und schrieb auf die Erde.
Als sie seine Antwort gehört hatten, ging einer nach dem anderen fort, zuerst die Ältesten.
Jesus blieb allein zurück mit der Frau, die noch in der Mitte stand. Er richtete sich auf und sagte zu ihr: »Frau, wo sind sie geblieben? Hat dich keiner verurteilt?«
Sie antwortete: »Keiner, Herr.«
Da sagte Jesus zu ihr: »Auch ich verurteile dich nicht. Geh und sündige von jetzt an nicht mehr!«

Johannes 8,2-11

Max Beckmann, Christus und die Ehebrecherin, 1917

Die Heilung des Blindgeborenen

Unterwegs sah Jesus einen Mann, der seit seiner Geburt blind war. Da fragten ihn seine Jünger: »Rabbi, wer hat gesündigt? Er selbst? Oder haben seine Eltern gesündigt, sodass er blind geboren wurde?«
Jesus antwortete: »Weder er noch seine Eltern haben gesündigt, sondern das Wirken Gottes soll an ihm sichtbar werden. Ich bin das Licht der Welt.«
Als er dies gesagt hatte, spuckte er auf die Erde; dann machte er mit dem Speichel einen Teig, strich ihn dem Blinden auf die Augen und sagte zu ihm: »Geh und wasch dich in dem Teich Schiloach!« Schiloach heißt übersetzt: Der Gesandte.
Der Mann ging fort und wusch sich. Und als er zurückkam, konnte er sehen.

Die Nachbarn und andere, die ihn früher als Bettler gesehen hatten, sagten: »Ist das nicht der Mann, der dasaß und bettelte?«
Einige sagten: »Er ist es.«
Andere meinten: »Nein, er sieht ihm nur ähnlich.«
Er selbst aber sagte: »Ich bin es.«
Da fragten sie ihn: »Wie sind deine Augen geöffnet worden?«
Er antwortete: »Der Mann, der Jesus heißt, machte einen Teig, bestrich damit meine Augen und sagte zu mir: Geh zum Schiloach und wasch dich! Ich ging hin, wusch mich und konnte wieder sehen.«
Da brachten sie den Mann, der blind gewesen war, zu den Pharisäern. Diese fragten ihn: »Was sagst du über ihn? Er hat doch deine Augen geöffnet.«
Der Mann antwortete: »Er ist ein Prophet.«
Die Pharisäer aber entgegneten ihm: »Du bist ganz und gar in Sünden geboren und du willst uns belehren?« Und sie stießen ihn hinaus.
Jesus hörte, dass sie ihn hinausgestoßen hatten, und als er ihn traf, sagte er zu ihm: »Glaubst du an den Menschensohn?«
Er aber sagte: »Ich glaube, Herr!« Und er warf sich vor ihm nieder.

aus Johannes 9,1-38

Die ersten christlichen Gemeinden haben versucht, mit einigen Ehrentiteln die Bedeutung Jesu wiederzugeben. Sie nennen Jesus »Menschensohn«, »Sohn Gottes« (vgl. Seite 198), »Herr« (vgl. Seite 199), »Heiland« (vgl. Seite 200), »Messias (Christus, vgl. Seite 201)«. Diese fünf Titel werden nachfolgend gedeutet.

Menschensohn: Der Begriff »Menschensohn« findet sich im Neuen Testament häufig. Zum einen ist es ein Wort der Alltagssprache, das für einen Menschen stehen kann, auch für die Selbstbezeichnung »ich« gebraucht wird. Zum anderen hat es im Frühjudentum (in den letzten zwei bis drei Jahrhunderten vor Christus) eine Reihe von Texten gegeben, in denen eine himmlische Gestalt mit dem Titel »Menschensohn« bezeichnet wird. Dieser Menschensohn vertritt Gott selber und überwindet alle bösen Mächte. Diese Gestalt wird dann auch mit dem Begriff des Messias (vgl. Seite 201) verbunden. Jesus spricht vom Menschensohn wie von einer anderen Person. Dieser ist derjenige, der in der Zukunft Gottes Heil bringen wird. Es ist möglich, dass Jesus diesen kommenden Menschensohn mit seinem eigenen Wirken (das Evangelium verkünden, die Kranken heilen ...) verbunden hat und damit mit seiner eigenen Person.
Die ersten christlichen Gemeinden vollzogen dann diese Identifizierung Jesu mit dem Menschensohn: Für sie war Jesus der kommende Heilsbringer, der Erhöhte, der von Gott zu uns Kommende. Wenn man Jesus als Menschensohn bekennt, dann heißt dies nichts anderes als: Jesus ist Gottes Zukunft für uns.

Sohn Gottes: Der Titel »Sohn Gottes« für Jesus hat in der Geschichte des christlichen Glaubens hohe Bedeutung erhalten, da die großen Konzilien (Versammlungen der Bischöfe) des 4. und 5. Jahrhunderts Jesus als Sohn des Vaters und als Gott und Mensch zugleich bekennen.

Hinter diesem Titel steckt ein vielschichtiger biblischer Hintergrund: Im Alten Testament wird der Begriff »Sohn Gottes« dreifach verwandt: Das Volk Israel kann gemeint sein (»Ich rief meinen Sohn [Israel] aus Ägypten«, Hosea 11,1), der König, der das Volk repräsentiert (»Er wird für mich Sohn sein«, 2 Samuel 7,14) oder in späterer Zeit auch jeder gerechte Israelit (wenn du den Bund hältst, »dann wird Gott dich seinen Sohn nennen«, Jesus Sirach 4,10).

Das Neue Testament verbindet diesen Titel »Sohn Gottes« mit der Auferweckung Jesu. Deshalb taucht er auch im Sprachgebrauch Jesu nicht auf, wohl aber in nachösterlichen Bekenntnissen der ersten christlichen Gemeinden. Der Titel »Sohn Gottes« ist neutestamentlich ein Deutungsversuch, der nach Ostern das Wirken Jesu als göttliches Handeln, ja, ihn selber als von Gott ergriffen versteht. Jesus erscheint als Bild des Vaters, er zeigt die Macht und Herrlichkeit Gottes: »In Christus wohnt wirklich die ganze Fülle Gottes« (Kolosserbrief 2,9).

Die Einheit Jesu mit Gott gilt für die Evangelisten nicht erst seit der Auferweckung. Markus setzt den Beginn der Einheit Jesu mit dem Vater bei der Taufe Jesu an, Matthäus und Lukas bei der Geburt Jesu und Johannes sogar seit Anbeginn der Zeit. So verstanden drückt der Titel »Sohn Gottes« eine einmalige und unübertreffliche Beziehung Jesu zu Gott aus.

Die Auferweckung des Lazarus

Ein Mann war krank, Lazarus aus Betanien. Dort wohnte er mit seinen Schwestern Maria und Marta. Daher sandten die Schwestern Jesus die Nachricht: »Herr, dein Freund ist krank.«

Als Jesus das hörte, sagte er: »Diese Krankheit wird nicht zum Tod führen, sondern durch sie soll der Sohn Gottes verherrlicht werden.«

Denn Jesus liebte Marta, ihre Schwester und Lazarus. Dann sagte er zu den Jüngern: »Lasst uns nach Judäa gehen. Lazarus, unser Freund, schläft; ich gehe, um ihn aufzuwecken.«

Da sagten die Jünger zu ihm: »Herr, wenn er schläft, dann wird er gesund werden.«

Jesus hatte aber von seinem Tod gesprochen, während sie meinten, er spreche von dem gewöhnlichen Schlaf. Darauf sagte ihnen Jesus unverhüllt: »Lazarus ist gestorben.«

Als Jesus ankam, fand er Lazarus schon vier Tage im Grab liegen. Viele Juden waren zu Marta und Maria gekommen, um sie wegen ihres Bruders zu trösten.

Als Marta hörte, dass Jesus komme, ging sie ihm entgegen, Maria aber blieb im Haus. Marta sagte zu Jesus: »Herr, wärst du hier gewesen, dann wäre mein Bruder nicht gestorben. Aber auch jetzt weiß ich: Alles, worum du Gott bittest, wird Gott dir geben.«

Jesus sagte zu ihr: »Dein Bruder wird auferstehen.«

Marta sagte: »Ich weiß, dass er auferstehen wird bei der Auferstehung am Letzten Tag.«

Jesus erwiderte ihr: »Ich bin die Auferstehung und das Leben. Wer an mich glaubt, wird leben, auch wenn er stirbt, und jeder, der lebt und an mich glaubt, wird auf ewig nicht sterben. Glaubst du das?«

Marta antwortete ihm: »Ja, Herr, ich glaube, dass du der Messias bist, der Sohn Gottes, der in die Welt kommen soll.«

Nach diesen Worten ging sie weg, rief heimlich ihre Schwester Maria und sagte zu ihr: »Der Meister ist da und lässt dich rufen.«

Auch Maria kam. Als sie Jesus sah, fiel sie ihm zu Füßen und sagte zu ihm: »Herr, wärst du hier gewesen, dann wäre mein Bruder nicht gestorben.«

Als Jesus sah, wie sie weinte und wie die Juden weinten, die mit ihr gekommen waren, war er im Innersten erregt und erschüttert.

Er sagte: »Wo habt ihr ihn bestattet?«

Sie antworteten ihm: »Herr, komm und sieh!«

Da weinte Jesus.

Die Juden sagten: »Seht, wie lieb er ihn hatte!«
Da ging Jesus zum Grab. Es war eine Höhle, die mit einem Stein verschlossen war. Jesus sagte: »Nehmt den Stein weg!« Marta, die Schwester des Verstorbenen, entgegnete ihm: »Herr, er riecht aber schon, denn es ist bereits der vierte Tag.«
Jesus sagte zu ihr: »Habe ich dir nicht gesagt: Wenn du glaubst, wirst du die Herrlichkeit Gottes sehen?«
Da nahmen sie den Stein weg. Jesus aber erhob seine Augen und sprach: »Vater, ich danke dir, dass du mich erhört hast.« Nachdem er dies gesagt hatte, rief er mit lauter Stimme: »Lazarus, komm heraus!«
Da kam der Verstorbene heraus; seine Füße und Hände waren mit Binden umwickelt, und sein Gesicht war mit einem Schweißtuch verhüllt. Jesus sagte zu ihnen: »Löst ihm die Binden und lasst ihn weggehen!«

aus Johannes 11,1-44

Herr: (hebräisch »adon«, griechisch »kyrios«) Adon und Kyrie bezeichnen im jüdischen und griechischen Raum den rechtmäßigen Besitzer von etwas. Dies kann der Herr von Sklaven und Dienern sein, auch der König als Herr über unterworfene Völker. Im Alten Testament wird »Adonai« zu einem wichtigen Gottesnamen: Er ist der Herr, dessen Macht und Herrschaft das Volk anzuerkennen hat.
Im Neuen Testament wird Jesus als der »kyrios«, der Herr bezeichnet. Er handelt mit den Menschen wie Gott selber, deshalb wird ihm auch der Name zugesprochen, der sonst Gott vorbehalten bleibt. Jesus ist der Herr über alles, der Weltenherrscher, der König der Welt. In einem Lied der ersten Christen, das Paulus in den Philipperbrief aufgenommen hat, heißt es: »Gott hat Jesus über alle erhöht ... damit jeder Mund bekennt: Jesus Christus ist der Herr« (Philipperbrief 2,9.11, vgl. Seite 224).

Guido Muer, Tanzender Christus, 1988
Das Bild von Guido Muer erscheint uns eigenartig: Ein tanzender Christus, die Dornenkrone, ein Zeichen seines Leidens, ist zu Boden gefallen. Der Künstler will mit seinem Bild darauf hinweisen, dass Jesus Herr über Leben und Tod ist. Er hat von Gott die Kraft, »den Tod totzutanzen«. Die Erzählung des Johannesevangeliums von der Auferweckung des Lazarus hat den gleichen Kerngedanken: Jesus ist Leben für die Menschen.

Heiland: (griechisch »soter« = »Retter«) Derjenige, der den Menschen Heil bringt. Menschen sehnen sich nach ganzheitlichem und umfassendem Heil, nach Gesundheit von Körper und Geist, nach Harmonie und friedvollem Leben für den Einzelnen und die Gemeinschaft. Alle Religionen haben Vorstellungen vom Heil und beziehen Heil auf das Entgegenkommen Gottes: Von Gott wird Heil und Rettung erbeten.
Für das Neue Testament ist Jesus derjenige, der Heil von Gott bringt. Bereits sein Name (= »Gott rettet, Gott hilft«) drückt dies aus. Immer wieder wird auch berichtet, dass er Menschen ge»heilt« hat, und zwar nicht nur körperlich, sondern auch seelisch. Wo er hinkommt, da erfahren Menschen Heil: »Heute ist diesem Haus das Heil geschenkt worden« (Lukas 19,9). In seiner Kindheitsgeschichte gibt Lukas dem Leben und Wirken Jesu eine Art Überschrift: »Heute ist euch in der Stadt Davids der Retter (= der Heiland) geboren; er ist der Messias (= der Christus), der Herr« (Lukas 2,11).

Die Fußwaschung

Es war vor dem Paschafest. Jesus wusste, dass seine Stunde gekommen war, um aus dieser Welt zum Vater hinüberzugehen. Da er die Seinen, die in der Welt waren, liebte, erwies er ihnen seine Liebe bis zur Vollendung.
Jesus, der wusste, dass ihm der Vater alles in die Hand gegeben hatte und dass er von Gott gekommen war und zu Gott zurückkehrte, stand vom Mahl auf, legte sein Gewand ab und umgürtete sich mit einem Leinentuch. Dann goss er Wasser in eine Schüssel und begann, den Jüngern die Füße zu waschen und mit dem Leinentuch abzutrocknen, mit dem er umgürtet war.
Als er zu Simon Petrus kam, sagte dieser zu ihm: »Du, Herr, willst mir die Füße waschen?«
Jesus antwortete ihm: »Was ich tue, verstehst du jetzt noch nicht; doch später wirst du es begreifen.«
Petrus entgegnete ihm: »Niemals sollst du mir die Füße waschen!«
Jesus erwiderte ihm: »Wenn ich dich nicht wasche, hast du keinen Anteil an mir.«
Da sagte Simon Petrus zu ihm: »Herr, dann nicht nur meine Füße, sondern auch die Hände und das Haupt.«
Jesus sagte zu ihm: »Wer vom Bad kommt, ist ganz rein und braucht sich nur noch die Füße zu waschen.«
Als er ihnen die Füße gewaschen, sein Gewand wieder angelegt und Platz genommen hatte, sagte er zu ihnen: »Begreift ihr, was ich an euch getan habe? Ihr sagt zu mir Meister und Herr und ihr nennt mich mit Recht so; denn ich bin es. Wenn nun ich, der Herr und Meister, euch die Füße gewaschen habe, dann müsst auch ihr einander die Füße waschen. Ich habe euch ein Beispiel gegeben, damit auch ihr so handelt, wie ich an euch gehandelt habe.«

aus Johannes 13,1-15

Aus den Abschiedsreden Jesu

Jesus sagte: »Ein neues Gebot gebe ich euch: Liebt einander! Wie ich euch geliebt habe, so sollt auch ihr einander lieben. Daran werden alle erkennen, dass ihr meine Jünger seid: wenn ihr einander liebt.«
Und er fuhr fort: »Glaubt an Gott und glaubt an mich! Im Haus meines Vaters gibt es viele Wohnungen. Wenn es nicht so wäre, hätte ich euch dann gesagt: Ich gehe, um einen Platz für euch vorzubereiten? Wenn ich gegangen bin und einen

Platz für euch vorbereitet habe, komme ich wieder und werde euch zu mir holen, damit auch ihr dort seid, wo ich bin. Und wohin ich gehe – den Weg dorthin kennt ihr.«
Thomas sagte zu ihm: »Herr, wir wissen nicht, wohin du gehst. Wie sollen wir dann den Weg kennen?«
Jesus sagte zu ihm: »Ich bin der Weg und die Wahrheit und das Leben; niemand kommt zum Vater außer durch mich. Wenn ihr mich erkannt habt, werdet ihr auch meinen Vater erkennen. Schon jetzt kennt ihr ihn und habt ihn gesehen.«
Philippus sagte zu ihm: »Herr, zeig uns den Vater.«
Jesus antwortete ihm: »Schon so lange bin ich bei euch und du hast mich nicht erkannt, Philippus? Wer mich gesehen hat, hat den Vater gesehen.«
Dann betete Jesus: »Vater, ich bitte für alle, die an mich glauben. Alle sollen eins sein: Wie du, Vater, in mir bist und ich in dir bin, sollen auch sie vollendet sein in der Einheit, damit die Welt erkennt, dass du mich gesandt hast und die Meinen ebenso geliebt hast wie mich.«

aus Johannes 14-17

Messias: Das hebräische Wort »Messias«, das griechisch »Christus«, deutsch »Gesalbter« heißt, ist gleichsam zu einem Eigennamen Jesu geworden, nach dem sich auch die an Jesus Glaubenden, die Christen, nennen.
Im Alten Testament wird der Begriff Messias für Könige, Priester und Propheten verwendet, die mit Öl für ihre Aufgabe gesalbt wurden. Dadurch wurde nicht nur ihre besondere Stellung herausgehoben, vielmehr wurden sie so unter den besonderen Schutz Gottes gestellt.
Später wuchs im Judentum die Erwartung, dass ein Gesalbter Gottes, ein Messias, in Zukunft als König herrschen würde, der das Reich Israel unabhängig von ausländischen Mächten (etwa zur Zeit Jesu von den Römern) wiederherstellt und ihm Heil bringt. Ein solcher Messiaskönig entspricht König David, dem großen Vorbild, er wird aus seiner Familie abstammen.
Dass der Messias Heil bringt, war leicht mit Jesus und seinem Wirken zu verbinden. Doch Jesus lehnt den Titel Messias für sich ab, er wollte kein »weltlicher König« sein.
Nach dem Kreuzestod Jesu konnten die christlichen Gemeinden den Titel Messias verwenden, ohne ein politisches Missverständnis befürchten zu müssen. Ein Gekreuzigter, ein am Kreuz ohnmächtig Gescheiterter, konnte nicht als politischer Messias (Herrscher eines neuen Reiches Israel) verstanden werden. Vielmehr knüpften sie an einen prophetischen Messias an, der vom Geist Gottes erfüllt ein »Freudenbote ist, der Frieden ankündigt und Rettung verheißt« (Jesaja 52,7): Jesus ist Gottes Heil für die Menschen.

Guido Muer, Fußwaschung, 1987

Marc Chagall, Pieta (Piedad Roja), 1956

Eine **Pietà** (italienisch »Frömmigkeit«) ist in der bildenden Kunst (Malerei oder Bildhauerei) eine Darstellung, die die trauernde Maria mit dem toten Jesus auf dem Schoß zeigt

Der Tod Jesu

Pilatus ließ Jesus geißeln. Die Soldaten flochten einen Kranz aus Dornen; den setzten sie ihm auf und legten ihm einen purpurroten Mantel um. Sie stellten sich vor ihn hin und sagten: »Heil dir, König der Juden!« Und sie schlugen ihm ins Gesicht.

Pilatus ging wieder hinaus und sagte der Menschenmenge: »Seht, ich finde keinen Grund finde, ihn zu verurteilen.«

Jesus kam heraus; er trug die Dornenkrone und den purpurroten Mantel. Pilatus sagte zu ihnen: »Seht, da ist der Mensch!«

Als die Hohenpriester ihn sahen, schrien sie: »Ans Kreuz mit ihm, ans Kreuz mit ihm!«

Pilatus sagte zu ihnen: »Nehmt ihr ihn und kreuzigt ihn!«

Die Juden entgegneten ihm: »Wir haben ein Gesetz, und nach diesem Gesetz muss er sterben, weil er sich als Sohn Gottes ausgegeben hat.«

Pilatus setzte sich auf den Richterstuhl und sagte zu den Juden: »Da ist euer König!«

Sie aber schrien: »Weg mit ihm, kreuzige ihn!«

Pilatus aber sagte zu ihnen: »Euren König soll ich kreuzigen?«

Die Hohenpriester antworteten: »Wir haben keinen König außer dem Kaiser.«

Da lieferte er ihnen Jesus aus, damit er gekreuzigt würde.

Jesus trug sein Kreuz und ging hinaus zur sogenannten Schädelhöhe, die auf Hebräisch Golgota heißt. Dort kreuzigten sie ihn und mit ihm zwei andere, auf jeder Seite einen, in der Mitte Jesus.

Pilatus ließ auch ein Schild anfertigen und oben am Kreuz befestigen; die Inschrift lautete: »Jesus von Nazaret, der König der Juden.« Die Inschrift war hebräisch, lateinisch und griechisch abgefasst. Die Hohenpriester sagten zu Pilatus: »Schreib nicht: Der König der Juden, sondern dass er gesagt hat: Ich bin der König der Juden.«

Pilatus antwortete: »Was ich geschrieben habe, habe ich geschrieben.«

Nachdem die Soldaten Jesus ans Kreuz geschlagen hatten, nahmen sie seine Kleider und machten vier Teile daraus, für jeden Soldaten einen. Sie nahmen auch sein Untergewand, das ohne Naht war. Sie sagten zueinander: »Wir wollen es nicht zerteilen, sondern darum losen, wem es gehören soll.«
Bei dem Kreuz Jesu standen seine Mutter und die Schwester seiner Mutter, Maria, die Frau des Klopas, und Maria von Magdala. Als Jesus seine Mutter sah und bei ihr den Jünger, den er liebte, sagte er zu seiner Mutter: »Frau, siehe, dein Sohn!« Dann sagte er zu dem Jünger: »Siehe, deine Mutter!« Und von jener Stunde an nahm sie der Jünger zu sich.
Danach, als Jesus wusste, dass nun alles vollbracht war, sagte er, damit sich die Schrift erfüllte: »Mich dürstet.« Ein Gefäß mit Essig stand da. Sie steckten einen Schwamm mit Essig auf einen Ysopzweig und hielten ihn an seinen Mund.
Als Jesus von dem Essig genommen hatte, sprach er: »Es ist vollbracht!« Und er neigte das Haupt und gab seinen Geist auf.

aus Johannes 19,1-30

Das leere Grab

Am ersten Tag der Woche kam Maria von Magdala frühmorgens, als es noch dunkel war, zum Grab und sah, dass der Stein vom Grab weggenommen war. Da lief sie schnell zu Simon Petrus und dem Jünger, den Jesus liebte, und sagte zu ihnen: »Man hat den Herrn aus dem Grab weggenommen und wir wissen nicht, wohin man ihn gelegt hat.«
Da gingen Petrus und der andere Jünger hinaus und kamen zum Grab; sie liefen beide zusammen dorthin, aber weil der andere Jünger schneller war als Petrus, kam er als erster ans Grab. Er beugte sich vor und sah die Leinenbinden liegen, ging aber nicht hinein.
Da kam auch Simon Petrus, der ihm gefolgt war, und ging in das Grab hinein. Er sah die Leinenbinden liegen und das Schweißtuch, das auf dem Kopf Jesu gelegen hatte; es lag aber nicht bei den Leinenbinden, sondern zusammengebunden daneben an einer besonderen Stelle.
Da ging auch der andere Jünger, der zuerst an das Grab gekommen war, hinein; er sah und glaubte. Denn sie wussten noch nicht aus der Schrift, dass er von den Toten auferstehen musste. Dann kehrten die Jünger wieder nach Hause zurück.

Johannes 20,1-10

Maria von Magdala

Maria aber stand draußen vor dem Grab und weinte. Während sie weinte, beugte sie sich in die Grabkammer hinein. Da sah sie zwei Engel in weißen Gewändern sitzen, den einen dort, wo der Kopf, den anderen dort, wo die Füße des Leichnams Jesu gelegen hatten.
Die Engel sagten zu ihr: »Frau, warum weinst du?«
Sie antwortete ihnen: »Man hat meinen Herrn weggenommen und ich weiß nicht, wohin man ihn gelegt hat.«
Als sie das gesagt hatte, wandte sie sich um und sah Jesus dastehen, wusste aber nicht, dass es Jesus war.
Jesus sagte zu ihr: «Frau, warum weinst du? Wen suchst du?«
Sie meinte, es sei der Gärtner, und sagte zu ihm: »Herr, wenn du ihn weggebracht hast, sag mir, wohin du ihn gelegt hast. Dann will ich ihn holen.«
Jesus sagte zu ihr: »Maria!«
Da wandte sie sich ihm zu und sagte auf Hebräisch zu ihm: »Rabbuni!«, das heißt: »Meister«.
Jesus sagte zu ihr: »Halte mich nicht fest; denn ich bin noch nicht zum Vater hinaufgegangen. Geh aber zu meinen Brüdern und sag ihnen: Ich gehe hinauf zu meinem Vater und zu eurem Vater, zu meinem Gott und zu eurem Gott.«
Maria von Magdala ging zu den Jüngern und verkündete ihnen: »Ich habe den Herrn gesehen.«
Und sie richtete aus, was er ihr gesagt hatte.

Johannes 20,11-18

Jesus und Petrus

Als sie gegessen hatten, sagte Jesus zu Simon Petrus: »Simon, Sohn des Johannes, liebst du mich mehr als diese?«
Er antwortete ihm: »Ja, Herr, du weißt, dass ich dich liebe.«
Jesus sagte zu ihm: »Weide meine Lämmer!«
Zum zweiten Mal fragte er ihn: »Simon, Sohn des Johannes, liebst du mich?«
Er antwortete ihm: »Ja, Herr, du weißt, dass ich dich liebe.«
Jesus sagte zu ihm: »Weide meine Schafe!«
Zum dritten Mal fragte er ihn: »Simon, Sohn des Johannes, liebst du mich?«
Da wurde Petrus traurig, weil Jesus ihn zum dritten Mal gefragt hatte: Hast du mich lieb? Er gab ihm zu Antwort: »Herr, du weißt alles; du weißt, dass ich dich lieb habe.«
Jesus sagte zu ihm: »Weide meine Schafe!
Amen, amen, das sage ich dir: Als du noch jung warst, hast du dich selbst gegürtet und konntest gehen, wohin du wolltest. Wenn du aber alt geworden bist, wirst du deine Hände ausstrecken und ein anderer wird dich gürten und dich führen, wohin du nicht willst.«
Das sagte Jesus, um anzudeuten, durch welchen Tod er Gott verherrlichen würde. Nach diesen Worten sagte er zu ihm: »Folge mir nach!«

Johannes 21,15-19

Die Beauftragung der Jünger

Am Abend des ersten Tages der Woche, als die Jünger aus Furcht vor den Juden die Türen verschlossen hatten, kam Jesus, trat in ihre Mitte und sagte zu ihnen:»Friede sei mit euch!« Nach diesen Worten zeigte er ihnen seine Hände und seine Seite. Da freuten sich die Jünger, dass sie den Herrn sahen. Jesus sagte noch einmal zu ihnen: »Friede sei mit euch! Wie mich der Vater gesandt hat, so sende ich euch.«
Nachdem er das gesagt hatte, hauchte er sie an und sprach zu ihnen: »Empfangt den Heiligen Geist! Wem ihr die Sünden vergebt, dem sind sie vergeben; wem ihr die Vergebung verweigert, dem ist sie verweigert.«

Johannes 20,19-23

Jesus und Thomas

Thomas, genannt Didymus (Zwilling), einer der Zwölf, war nicht bei ihnen, als Jesus kam. Die anderen Jünger sagten zu ihm: »Wir haben den Herrn gesehen.«
Er entgegnete ihnen: »Wenn ich nicht die Male der Nägel an seinen Händen sehe und wenn ich meinen Finger nicht in die Male der Nägel und meine Hand nicht in seine Seite lege, glaube ich nicht.«
Acht Tage darauf waren seine Jünger wieder versammelt und Thomas war dabei. Die Türen waren verschlossen. Da kam Jesus, trat in ihre Mitte und sagte: »Friede sei mit euch!«
Dann sagte er zu Thomas: »Streck deinen Finger aus – hier sind meine Hände! Streck deine Hand aus und leg sie in meine Seite und sei nicht ungläubig, sondern gläubig!«
Thomas antwortete ihm: »Mein Herr und mein Gott!«
Jesus sagte zu ihm: »Weil du mich gesehen hast, glaubst du. Selig sind, die nicht sehen und doch glauben.«

Johannes 20,24-29

Der Auferstandene am See

Danach offenbarte sich Jesus den Jüngern noch einmal am See von Tiberias. Simon Petrus, Thomas, genannt Didymus (Zwilling), Natanaël aus Kana in Galiläa, die Söhne des Zebedäus und zwei andere von seinen Jüngern waren zusammen. Simon Petrus sagte zu ihnen: »Ich gehe fischen.«
Sie sagten zu ihm: »Wir kommen mit.« Sie gingen hinaus und stiegen in das Boot. Aber in dieser Nacht fingen sie nichts.

Als es schon Morgen wurde, stand Jesus am Ufer. Doch die Jünger wussten nicht, dass es Jesus war. Jesus sagte zu ihnen: »Meine Kinder, habt ihr nicht etwas zu essen?«
Sie antworteten ihm: »Nein.«
Er aber sagte zu ihnen: Werft das Netz auf der rechten Seite des Bootes aus und ihr werdet etwas fangen.« Sie warfen das Netz aus und konnten es nicht wieder einholen, so voller Fische war es.
Da sagte der Jünger, den Jesus liebte, zu Petrus: »Es ist der Herr!« Als Simon Petrus hörte, dass es der Herr sei, gürtete er sich das Obergewand um, weil er nackt war, und sprang in den See. Dann kamen die anderen Jünger mit dem Boot und zogen das Netz mit den Fischen hinter sich her. Als sie an Land gingen, sahen sie am Boden ein Kohlenfeuer und darauf Fisch und Brot.
Jesus sagte zu ihnen: »Bringt von den Fischen, die ihr gerade gefangen habt.«
Da ging Simon Petrus und zog das Netz an Land. Es war mit hundertdreiundfünfzig großen Fischen gefüllt, und obwohl es so viele waren, zerriss das Netz nicht.
Jesus sagte zu ihnen: »Kommt her und esst!«
Keiner von den Jüngern wagte ihn zu fragen: »Wer bist du?« Denn sie wussten, dass es der Herr war.
Jesus trat heran, nahm das Brot und gab es ihnen, ebenso den Fisch. Dies war schon das dritte Mal, dass Jesus sich den Jüngern offenbarte, seit er von den Toten auferstanden war.
Johannes 21,1-14

Abschluss des Evangeliums
Noch viele andere Zeichen, die in diesem Buch nicht aufgeschrieben sind, hat Jesus vor den Augen seiner Jünger getan. Diese aber sind aufgeschrieben, damit ihr glaubt, dass Jesus der Messias ist, der Sohn Gottes, und damit ihr durch den Glauben das Leben habt in seinem Namen.
Johannes 20,30-31

Friedensreich Hundertwasser/René Brô, Der wunderbare Fischzug, 1950/1997

Apostelgeschichte (Apg): Der Verfasser des Lukasevangeliums hat als eine Art »Fortsetzung« des Evangeliums (der »Geschichte« von Jesus) dieses neutestamentliche Buch geschrieben (die »Geschichte« der Apostel, der ersten christlichen Gemeinden). Es geht darum, dass die Apostel die Zeugen Jesu sind bis an die »Grenzen der Erde«. So wird zuerst von der Urgemeinde in Jerusalem berichtet, die gestärkt durch Gottes Geist ihr Leben gestaltete. Hier hat der Apostel Petrus eine besondere Bedeutung. Danach steht besonders der Apostel Paulus im Vordergrund. Auf mehreren Missionsreisen verbreitet er das Evangelium von Jesus in den Mittelmeerländern bis nach Rom, dem Zentrum der damaligen Welt. Die Apostelgeschichte kennt viele schöne Erzählungen, aber auch lange Predigten des Petrus und des Paulus, in denen wichtige Gedanken zum christlichen Glauben und zum Bekenntnis zu Jesus gesammelt sind. Die Apostelgeschichte gibt uns neben den (älteren) Paulusbriefen einen guten Einblick in die Zeit der ersten christlichen Gemeinden.

Die Apostelgeschichte:
Unterwegs mit dem Wort

Sein Evangelium schloss Lukas mit dem Auftrag Jesu, seine Zeugen in allen Völkern zu sein (vgl. Lukas 24, 47-48). Diesen Gedanken führt der neutestamentliche Schriftsteller nun mit seinem zweiten Buch fort. Es zeigt darin, wie die Jüngerinnen und Jünger, besonders die bedeutenden Apostel Petrus und Paulus, diesen Auftrag Jesu erfüllen und von Israel (Jerusalem) ausgehend die Botschaft Jesu in die Mittelmeerländer tragen. Rom, die Hauptstadt des gesamten Mittelmeerraums ist dabei das Ziel. Nach der in den Evangelien beschriebenen Zeit Jesu gibt die Apostelgeschichte einen Einblick in die Zeit der jungen Kirche.

Die Himmelfahrt Jesu

Jesus sagte zu seinen Jüngern: »Ihr werdet die Kraft des Heiligen Geistes empfangen, der auf euch herabkommen wird; und ihr werdet meine Zeugen sein in Jerusalem und in ganz Judäa und Samarien und bis an die Grenzen der Erde.«
Als er das gesagt hatte, wurde er vor ihren Augen emporgehoben, und eine Wolke nahm ihn auf und entzog ihn ihren Blicken.
Während sie unverwandt ihm nach zum Himmel emporschauten, standen plötzlich zwei Männer in weißen Gewändern bei ihnen und sagten: »Ihr Männer von Galiläa, was steht ihr da und schaut zum Himmel empor? Dieser Jesus, der von euch ging und in den Himmel aufgenommen wurde, wird ebenso wiederkommen, wie ihr ihn habt zum Himmel hingehen sehen.«
Dann kehrten sie vom Ölberg, der nur einen Sabbatweg von Jerusalem entfernt ist, nach Jerusalem zurück.
Als sie in die Stadt kamen, gingen sie in das Obergemach hinauf, wo sie nun ständig blieben: Petrus und Johannes, Jakobus und Andreas, Philippus und Thomas, Bartholomäus und Matthäus, Jakobus, der Sohn des Alphäus, und Simon, der Zelot, sowie Judas, der Sohn des Jakobus. Sie alle verharrten dort einmütig im Gebet, zusammen mit den Frauen und mit Maria, der Mutter Jesu, und mit seinen Brüdern.

Apostelgeschichte 1,8-14

Arnulf Rainer,
Ich brenne und strahle, um 1970

Die Wahl des Matthias

In diesen Tagen erhob sich Petrus im Kreis der Brüder – etwa hundertzwanzig waren zusammengekommen – und sagte: »Brüder! Es musste sich das Schriftwort erfüllen, das der Heilige Geist durch den Mund Davids im voraus über Judas gesprochen hat. Judas wurde zum Anführer derer, die Jesus gefangen nahmen. Er wurde zu uns gezählt und hatte Anteil am gleichen Dienst. Doch er hat Jesus verraten und ist nun selber tot.
Einer von den Männern, die die ganze Zeit mit uns zusammen waren, als Jesus, der Herr, bei uns ein und aus ging, angefangen von der Taufe durch Johannes bis zu dem Tag, an dem er von uns ging und (in den Himmel) aufgenommen wurde, – einer von diesen muss nun zusammen mit uns Zeuge seiner Auferstehung sein.«
Und sie stellten zwei Männer auf: Josef, genannt Barsabbas, mit dem Beinamen Justus, und Matthias.
Dann beteten sie: »Herr, du kennst die Herzen aller; zeige, wen von diesen beiden du erwählt hast, diesen Dienst und dieses Apostelamt zu übernehmen. Denn Judas hat es verlassen und ist an den Ort gegangen, der ihm bestimmt war.«
Dann gaben sie ihnen Lose; das Los fiel auf Matthias und er wurde den elf Aposteln zugerechnet.

Apostelgeschichte 1,15-26

Himmel: Das deutsche Wort Himmel hat zwei Bedeutungen: Himmel ist ein naturwissenschaftlicher Begriff, (Sterne, Wolken, Flugzeuge ...). Himmel ist aber auch ein religiöser Begriff, der den »Wohnsitz Gottes« benennt, aber nicht einen bestimmten Raum meint (»über den Wolken«), sondern das Reich oder die Herrschaft Gottes. Himmel ist im religiösen Bereich ein Bildwort für das Unendliche und Unbegreifliche, für das, was den Menschen übersteigt, auch für das endgültige Heil, das den Menschen bei Gott erwartet (in den »Himmel« kommen).

Himmelfahrt: Von einer Himmelfahrt wird in der Bibel mehrfach gesprochen. Dabei ist nicht der naturwissenschaftliche Begriff wichtig (der »Himmel über uns«), sondern der religiöse: Himmelfahrt drückt aus, dass ein Mensch zu Gott gelangt ist (Erhöhung). Eine nicht in der Bibel enthaltene Schrift erzählt von der Himmelfahrt des Mose, eine andere von der Himmelfahrt des Jesaja. Im Alten Testament wird von der »Himmelfahrt« oder Entrückung des Elija erzählt (2 Könige 2, vgl. Seite 82): In einem feurigen Wagen mit feurigen Pferden fährt Elija in einem Wirbelsturm zum Himmel auf. Die neutestamentlichen Erzählungen von der Himmelfahrt Jesu (am Ende des Lukasevangeliums und am Anfang der Apostelgeschichte) sprechen davon, dass der gekreuzigte und auferweckte Jesus zu Gott erhöht wird. Lukas drückt dies mit den Vorstellungsmitteln seiner Zeit aus: als Auffahrt zum Himmel.

Pfingsten: Das jüdische Pfingstfest, sieben Wochen nach dem Pascha, ist ursprünglich ein Erntedankfest für die Weizenernte. Später kamen andere Festgedanken hinzu: Dank für den Bundesschluss am Sinai und die Übergabe des Gesetzes. Das jüdische Pfingsten erinnert also an den Bund Gottes mit den Menschen. Daran schließt die christliche Deutung an: Durch Jesus wird ein neuer Bund geschlossen, der an Pfingsten durch Gottes Geist besiegelt wird. Pfingsten ist so das Fest des neuen Volkes Gottes, der Kirche. Die Pfingsterzählung ist kein historischer Bericht, sondern eine Erzählung, die rückblickend das Geschehen am Anfang der Kirche bildhaft deutet.

Pfingsten

Als der Pfingsttag gekommen war, befanden sich alle Jüngerinnen und Jünger am gleichen Ort. Da kam plötzlich vom Himmel her ein Brausen, wie wenn ein heftiger Sturm daherfährt, und erfüllte das ganze Haus, in dem sie waren. Und es erschienen ihnen Zungen wie von Feuer, die sich verteilten; auf jeden von ihnen ließ sich eine nieder. Alle wurden mit dem Heiligen Geist erfüllt und begannen, in fremden Sprachen zu reden, wie es der Geist ihnen eingab.

In Jerusalem aber wohnten Juden, fromme Männer aus allen Völkern unter dem Himmel. Als sich das Getöse erhob, strömte die Menge zusammen und war ganz bestürzt; denn jeder hörte sie in seiner Sprache reden.

Sie gerieten außer sich vor Staunen und sagten: »Sind das nicht alles Galiläer, die hier reden? Wieso kann sie jeder von uns in seiner Muttersprache hören? Parther, Meder und Elamiter, Bewohner von Mesopotamien, Judäa und Kappadozien, von Pontus und der Provinz Asien, von Phrygien und Pamphylien, von Ägypten und dem Gebiet Libyens nach Zyrene hin, auch die Römer, die sich hier aufhalten, Juden und Proselyten, Kreter und Araber, wir hören sie in unseren Sprachen Gottes große Taten verkünden.«

Alle gerieten außer sich und waren ratlos. Die einen sagten zueinander: »Was hat das zu bedeuten?« Andere aber spotteten: »Sie sind vom süßen Wein betrunken.«

Apostelgeschichte 2,1-13

René Magritte,
Die große Familie, 1963

Die Pfingstpredigt des Petrus

Petrus trat auf, zusammen mit den Elf; er erhob seine Stimme und begann zu reden: »Ihr Juden und alle Bewohner von Jerusalem! Dies sollt ihr wissen, achtet auf meine Worte! Diese Männer sind nicht betrunken, wie ihr meint; es ist ja erst die dritte Stunde am Morgen; sondern jetzt geschieht, was durch den Propheten Joël gesagt worden ist:
›In den letzten Tagen wird es geschehen, so spricht Gott:
Ich werde von meinem Geist ausgießen über alles Fleisch.
Eure Söhne und eure Töchter werden Propheten sein,
eure jungen Männer werden Visionen haben,
und eure Alten werden Träume haben.
Auch über meine Knechte und Mägde
werde ich von meinem Geist ausgießen
in jenen Tagen und sie werden Propheten sein.
Und es wird geschehen:
Jeder, der den Namen des Herrn anruft, wird gerettet.‹
Israeliten, hört diese Worte: Jesus, den Nazoräer, den Gott vor euch beglaubigt hat durch machtvolle Taten, Wunder und Zeichen, ihn habt ihr durch die Hand von Gesetzlosen ans Kreuz geschlagen und umgebracht. Gott aber hat ihn von den Wehen des Todes befreit und auferweckt; denn es war unmöglich, dass er vom Tod festgehalten wurde. Diesen Jesus hat Gott auferweckt, dafür sind wir alle Zeugen.
Nachdem er durch die rechte Hand Gottes erhöht worden war und vom Vater den verheißenen Heiligen Geist empfangen hatte, hat er ihn ausgegossen, wie ihr seht und hört. Mit Gewissheit erkenne also das ganze Haus Israel: Gott hat ihn zum Herrn und Messias gemacht, diesen Jesus, den ihr gekreuzigt habt.«
Als sie das hörten, traf es sie mitten ins Herz, und sie sagten zu Petrus und den übrigen Aposteln: »Was sollen wir tun, Brüder?«
Petrus antwortete ihnen: »Kehrt um und jeder von euch lasse sich auf den Namen Jesu Christi taufen zur Vergebung seiner Sünden; dann werdet ihr die Gabe des Heiligen Geistes empfangen. Denn euch und euren Kindern gilt die Verheißung und all denen in der Ferne, die der Herr, unser Gott, herbeirufen wird.«
Die nun, die sein Wort annahmen, ließen sich taufen. An diesem Tag wurden ihrer Gemeinschaft etwa dreitausend Menschen hinzugefügt. Sie hielten an der Lehre der Apostel fest und an der Gemeinschaft, am Brechen des Brotes und an den Gebeten.

aus Apostelgeschichte 2,14-42

Das Leben der jungen Gemeinde

Alle wurden von Furcht ergriffen; denn durch die Apostel geschahen viele Wunder und Zeichen. Und alle, die gläubig geworden waren, bildeten eine Gemeinschaft und hatten alles gemeinsam. Sie verkauften Hab und Gut und gaben davon allen, jedem so viel, wie er nötig hatte. Tag für Tag verharrten sie einmütig im Tempel, brachen in ihren Häusern das Brot und hielten miteinander Mahl in Freude und Einfalt des Herzens. Sie lobten Gott und waren beim ganzen Volk beliebt. Und der Herr fügte täglich ihrer Gemeinschaft die hinzu, die gerettet werden sollten.

Apostelgeschichte 2,43-47

Die Urgemeinde

Die Gemeinde der Gläubigen war ein Herz und eine Seele. Keiner nannte etwas von dem, was er hatte, sein Eigentum, sondern sie hatten alles gemeinsam. Mit großer Kraft legten die Apostel Zeugnis ab von der Auferstehung Jesu, des Herrn, und reiche Gnade ruhte auf ihnen allen. Es gab auch keinen unter ihnen, der Not litt. Denn alle, die Grundstücke oder Häuser besaßen, verkauften ihren Besitz, brachten den Erlös und legten ihn den Aposteln zu Füßen. Jedem wurde davon so viel zugeteilt, wie er nötig hatte.

Apostelgeschichte 4,32-35

Urgemeinde: (»ur« = »am Anfang liegend, zuerst«, auch »alt, älteste«) Die älteste christliche Gemeinschaft in Jerusalem vom Anfang an (also nach der Auferstehung Jesu und dem Pfingstereignis etwa im Jahr 30) bis zur Auflösung der Gemeinde durch Flucht ihrer Mitglieder anlässlich des jüdischen Aufstandes gegen die Römer und der Zerstörung Jerusalems ab dem Jahr 66. Die Urgemeinde setzt sich aus Juden- und Heidenchristen zusammen. Die Apostel Petrus und Jakobus prägen die Anfangszeit der Gemeinde in besonderer Weise. In der Urgemeinde werden Weichen für die Ausbreitung des Evangeliums gestellt, im Apostelkonzil etwa geht es um die Frage, ob das jüdische Gesetz für Heiden verpflichtend ist, die in die Gemeinde aufgenommen werden wollen. Über die Urgemeinde erzählt vor allem die Apostelgeschichte, wichtige Hinweise erhalten wir aber auch aus einigen Paulusbriefen.

Steinigung: In Israel und anderen Völkern des Orients gebräuchliche Todesstrafe für besonders schwere Vergehen vor allem im religiösen Bereich. Dazu zählten Gotteslästerung, Götzendienst, Sabbatschändung. An der Steinigung war die ganze Gemeinde beteiligt; die Zeugen gegen den Verurteilten mussten die ersten Steine werfen. Auch Propheten wurden gesteinigt, etwa Sacharja. Jesus verhindert die Steinigung einer Frau wegen Ehebruchs (Johannes 8, 2-11, vgl. Seite 196), er selber kann der Steinigung nur knapp entgehen (Lukas 4,29, vgl. Seite 178).

Die Wahl der Sieben

In diesen Tagen, als die Zahl der Jünger zunahm, begehrten die griechisch sprechenden Mitglieder der Urgemeinde gegen die hebräisch sprechenden auf, weil ihre Witwen bei der täglichen Versorgung übersehen wurden.
Da riefen die Zwölf die ganze Schar der Jünger zusammen und erklärten: »Es ist nicht recht, dass wir das Wort Gottes vernachlässigen und uns dem Dienst an den Tischen widmen. Brüder, wählt aus eurer Mitte sieben Männer von gutem Ruf und voll Geist und Weisheit; ihnen werden wir diese Aufgabe übertragen. Wir aber wollen beim Gebet und beim Dienst am Wort bleiben.«
Der Vorschlag fand den Beifall der ganzen Gemeinde, und sie wählten Stephanus, einen Mann, erfüllt vom Glauben und vom Heiligen Geist, ferner Philippus und Prochorus, Nikanor und Timon, Parmenas und Nikolaus, einen Proselyten aus Antiochia. Sie ließen sie vor die Apostel hintreten und diese beteten und legten ihnen die Hände auf.
Und das Wort Gottes breitete sich aus und die Zahl der Jünger in Jerusalem wurde immer größer; auch eine große Anzahl von den Priestern nahm gehorsam den Glauben an.
Apostelgeschichte 6,1-7

Stephanus

Stephanus, voll Gnade und Kraft, tat Wunder und große Zeichen unter dem Volk. Doch einige Leute erhoben sich, um mit Stephanus zu streiten; aber sie konnten seiner Weisheit und seinem Geist nicht widerstehen.
Da stifteten sie Männer zu der Aussage an: »Wir haben gehört, wie er gegen Mose und Gott lästerte.« Sie hetzten das Volk, die Ältesten und die Schriftgelehrten auf, drangen auf ihn ein, packten ihn und schleppten ihn vor den Hohen Rat. Und sie brachten falsche Zeugen bei, die sagten: »Dieser Mensch hört nicht auf, gegen diesen Tempel und das Gesetz zu reden. Wir haben ihn nämlich sagen hören: Dieser Jesus, der Nazoräer, wird diesen Ort zerstören und die Bräuche ändern, die uns Mose überliefert hat.«
Als alle, die im Hohen Rat saßen, auf Stephanus blickten, erschien ihnen sein Gesicht wie das Gesicht eines Engels. Er aber sprach:
»Brüder und Väter, hört mich an!« Und er erinnerte die Versammelten an all das, was Gott mit Israel getan hat, angefangen bei Abraham, Jakob und Josef über Mose und Aaron bis

Richard Baus,
Stephanus' Fenster zum
Himmel (Apg 7,56a),
2000

hin zu David, Salomo und den Propheten. Dann schloss er seine Rede: »Ihr Halsstarrigen, ihr, die ihr euch mit Herz und Ohr immerzu dem Heiligen Geist widersetzt, eure Väter schon und nun auch ihr. Welchen der Propheten haben eure Väter nicht verfolgt?«
Als die Schriftgelehrten das hörten, waren sie aufs Äußerste über ihn empört und knirschten mit den Zähnen.
Er aber, erfüllt vom Heiligen Geist, blickte zum Himmel empor, sah die Herrlichkeit Gottes und Jesus zur Rechten Gottes stehen und rief: »Ich sehe den Himmel offen und den Menschensohn zur Rechten Gottes stehen.«
Da erhoben sie ein lautes Geschrei, hielten sich die Ohren zu, stürmten gemeinsam auf ihn los, trieben ihn zur Stadt hinaus und steinigten ihn. Die Zeugen legten ihre Kleider zu Füßen eines jungen Mannes nieder, der Saulus hieß.
So steinigten sie Stephanus; er aber betete und rief: »Herr Jesus, nimm meinen Geist auf!«
Dann sank er in die Knie und schrie laut: »Herr, rechne ihnen diese Sünde nicht an!« Nach diesen Worten starb er. Saulus aber war mit dem Mord einverstanden.

aus Apostelgeschichte 6,8-8,1

Verfolgung der Urgemeinde
An jenem Tag brach eine schwere Verfolgung über die Kirche in Jerusalem herein. Alle wurden in die Gegenden von Judäa und Samarien zerstreut, mit Ausnahme der Apostel. Fromme Männer bestatteten Stephanus und hielten eine große Totenklage für ihn. Saulus aber versuchte die Kirche zu vernichten; er drang in die Häuser ein, schleppte Männer und Frauen fort und lieferte sie ins Gefängnis ein.

Apostelgeschichte 8,1-3

Paulus: (römischer Name des jüdischen Saul[us]) Geboren im kleinasiatischen Tarsus war Paulus gläubiger Jude, hatte aber von Geburt an das römische Bürgerrecht. Er wurde als Pharisäer (vgl. S. 147) streng jüdisch erzogen und wurde in der Anfangszeit der Kirche zum Verfolger der Christen in Jerusalem und an anderen Orten. Als er nach Damaskus unterwegs war, um auch dort Christen zu verfolgen, begegnete er in einem Offenbarungsgeschehen Jesus. Dies führte ihn in eine enge Beziehung zu Jesus, dem gekreuzigten und auferstandenen Herrn, sodass er sein ganzes weiteres Leben unter das Zeichen des Kreuzes stellt. In Damaskus wird Paulus getauft und zum Apostel, zum Gesandten Jesu, der Menschen zu Christus führt, neue Gemeinden in den Ländern des östlichen Mittelmeerraums gründet und diese Gemeinden durch sein Wirken, durch Besuche und Briefe aufbaut. Paulus wird auf seinen Missionsreisen zu *dem* Missionar der jungen Kirche. Die Theologie des Paulus in seinen Briefen kreist um die Themen Kreuz und Verherrlichung Jesu, ist also österliche Theologie, die dem Menschen Hoffnung über den Tod hinaus geben will. Das vorösterliche Leben und Lehren Jesu ist Paulus nicht so wichtig. Paulus wird am Ende seines Lebens als Gefangener nach Rom gebracht und soll dort wegen seines Glaubens hingerichtet worden sein. Die Apostelgeschichte berichtet sowohl von seinen Missionsreisen wie von der Gefangennahme und Reise nach Rom und zeigt so, wie die Botschaft des Evangeliums von Jerusalem ausgehend Rom erreicht.

Die Bekehrung des Saulus

Saulus wütete immer noch mit Drohung und Mord gegen die Jünger des Herrn. Er ging zum Hohenpriester und erbat sich von ihm Briefe an die Synagogen in Damaskus, um die Christen, die Anhänger des neuen Weges, zu fesseln und nach Jerusalem zu bringen.

Unterwegs aber, als er sich bereits Damaskus näherte, geschah es, dass ihn plötzlich ein Licht vom Himmel umstrahlte. Er stürzte zu Boden und hörte, wie eine Stimme zu ihm sagte: »Saul, Saul, warum verfolgst du mich?«

Er antwortete: »Wer bist du, Herr?«

Dieser sagte: »Ich bin Jesus, den du verfolgst. Steh auf und geh in die Stadt; dort wird dir gesagt werden, was du tun sollst.«

Seine Begleiter standen sprachlos da; sie hörten zwar die Stimme, sahen aber niemand.

Saulus erhob sich vom Boden. Als er aber die Augen öffnete, sah er nichts. Sie nahmen ihn bei der Hand und führten ihn nach Damaskus hinein. Und er war drei Tage blind und er aß nicht und trank nicht.

In Damaskus lebte ein Jünger namens Hananias. Zu ihm sagte der Herr in einer Vision: »Hananias!«

Er antwortete: »Hier bin ich, Herr.«

Der Herr sagte zu ihm: »Steh auf und geh zur sogenannten Geraden Straße und frag im Haus des Judas nach einem Mann namens Saulus aus Tarsus.«

Hananias antwortete: »Herr, ich habe von vielen gehört, wie viel Böses dieser Mann deinen Heiligen in Jerusalem angetan hat. Auch hier hat er Vollmacht von den Hohenpriestern, alle zu verhaften, die deinen Namen anrufen.«

Der Herr aber sprach zu ihm: »Geh nur! Denn dieser Mann ist mein auserwähltes Werkzeug: Er soll meinen Namen vor Völker und Könige und die Söhne Israels tragen. Ich werde ihm auch zeigen, wie viel er für meinen Namen leiden muss.«

Da ging Hananias hin und trat in das Haus ein; er legte Saulus die Hände auf und sagte: »Bruder Saul, der Herr hat mich gesandt, Jesus, der dir auf dem Weg hierher erschienen ist; du sollst wieder sehen und mit dem Heiligen Geist erfüllt werden.«

Sofort fiel es wie Schuppen von seinen Augen und er sah wieder; er stand auf und ließ sich taufen. Und nachdem er etwas gegessen hatte, kam er wieder zu Kräften. Einige Tage blieb er bei den Jüngern in Damaskus; und sogleich verkündete er Jesus in den Synagogen und sagte: »Er ist der Sohn Gottes.«

Alle, die es hörten, gerieten in Aufregung und sagten: »Ist das nicht der Mann, der in Jerusalem alle vernichten wollte, die diesen Namen anrufen? Und ist er nicht auch hierher gekommen, um sie zu fesseln und vor die Hohenpriester zu führen?«
Saulus aber trat um so kraftvoller auf und brachte die Juden in Damaskus in Verwirrung, weil er ihnen bewies, dass Jesus der Messias ist.
So verging einige Zeit; da beschlossen die Juden, ihn zu töten. Doch ihr Plan wurde dem Saulus bekannt. Sie bewachten sogar Tag und Nacht die Stadttore, um ihn zu beseitigen. Aber seine Jünger nahmen ihn und ließen ihn bei Nacht in einem Korb die Stadtmauer hinab.
Als er nach Jerusalem kam, versuchte er, sich den Jüngern anzuschließen. Aber alle fürchteten sich vor ihm und konnten nicht glauben, dass er ein Jünger war. Barnabas jedoch nahm sich seiner an und brachte ihn zu den Aposteln. Er erzählte ihnen, wie Saulus auf dem Weg den Herrn gesehen habe und dass dieser mit ihm gesprochen habe und wie er in Damaskus mutig und offen im Namen Jesu aufgetreten sei.

aus Apostelgeschichte 9,1-27

Ernst Wilhelm Nay,
Mit dunkelgrauer Bogenform, 1966
Ein Lichtstrahl von oben, vom Himmel, vertreibt das Dunkel – ein Bild für das unbegreifliche Geschehen vor Damaskus und für die tiefe Glaubenserfahrung, die Paulus in der Begegnung mit dem auferstandenen Christus machte und die sein Leben grundlegend veränderte.

Die Kirche in ganz Judäa, Galiläa und Samarien hatte nun Frieden; sie wurde gefestigt und lebte in der Furcht vor dem Herrn. Und sie wuchs durch die Hilfe des Heiligen Geistes.

Apostelgeschichte 9,31

Rein/unrein: Die Juden und somit auch die ersten Christen, die aus dem Judentum stammten, hatten strenge Vorschriften, was den Umgang mit Heiden anging. Weil diese nicht Jahwe, den Gott des Bundes, verehrten, hielt man sich von ihnen fern und betrachtete sie als »Unreine«. Juden durften die Häuser solcher »unreinen« Heiden nicht betreten und auch nicht mit ihnen zusammen essen. Diese strenge Abgrenzung wurde für die ersten christlichen Gemeinden zum Problem: Wie sollten sie Menschen aus den heidnischen Völkern zu Christus führen? Wie sollten sie miteinander Eucharistie feiern und das Brot teilen? Umgekehrt aber wollten sie die Bindung an das Judentum nicht verlieren. In der Erzählung von Kornelius wird deutlich, dass Gott alle Menschen ruft und zu sich einlädt – ohne Unterschied.

Judenchristen/Heidenchristen: Aus dem Judentum stammende Christen der ersten Zeit (der Urgemeinde und der ersten christlichen Gemeinden im Mittelmeerraum) werden Judenchristen genannt. Christen, die sich aus dem Heidentum, also von anderen Religionen, zum Christentum bekehrten, werden Heidenchristen genannt. Die Zusammenführung von Judenchristen und Heidenchristen in einer Gemeinde führte in der Anfangszeit der Kirche zu Schwierigkeiten, weil die Judenchristen auf der Befolgung des jüdischen Gesetzes bestanden, die Heidenchristen sich dazu aber nicht verpflichten wollten. Im Rückblick der Apostelgeschichte wird diese Spannung an einigen Stellen deutlich, aber auch die Lösung, zu der die Verantwortlichen der Kirche dann kamen: Gott nimmt Juden wie Heiden in seine Gemeinde auf. Ein Umweg über den jüdischen Glauben ist für Heidenchristen nicht nötig.

Karel Appel, Mensch und Tiere, 1949

Die Taufe des Kornelius

In Cäsarea lebte ein Mann namens Kornelius, Hauptmann in der Italischen Kohorte; er war ein Heide, lebte aber fromm und gottesfürchtig, gab dem Volk reichlich Almosen und betete beständig zu Gott.

Kornelius sah in einer Vision, wie ein Engel Gottes bei ihm eintrat und zu ihm sagte: »Kornelius! Deine Gebete und Almosen sind zu Gott gelangt. Schick jetzt Männer nach Joppe und lass Simon herbeiholen, der den Beinamen Petrus hat.« Als der Engel weggegangen war, schickte Kornelius drei Männer nach Joppe. Am folgenden Tag, als jene noch unterwegs waren, stieg Petrus auf das Dach, um zu beten. Da wurde er hungrig und wollte essen.

Während man etwas zubereitete, kam eine Verzückung über ihn. Er sah den Himmel offen und eine Schale auf die Erde herabkommen, die aussah wie ein großes Leinentuch, das an den vier Ecken gehalten wurde. Darin lagen alle möglichen Vierfüßler, Kriechtiere der Erde und Vögel des Himmels. Und eine Stimme rief ihm zu: »Steh auf, Petrus, schlachte und iss!«

Petrus aber antwortete: »Niemals, Herr! Noch nie habe ich etwas Unheiliges und Unreines gegessen.«

Die Stimme richtete sich ein zweites Mal an ihn: »Was Gott für rein erklärt, nenne du nicht unrein!« Das geschah dreimal, dann wurde die Schale in den Himmel hinaufgezogen.

Petrus war ratlos und überlegte, was diese Vision wohl bedeutete. Inzwischen standen die von Kornelius gesandten Männer am Tor. Sie fragten, ob Simon mit dem Beinamen Petrus hier zu Gast sei.

Petrus stieg zu den Männern hinab und sagte: »Ich bin der, den ihr sucht. Aus welchem Grund seid ihr hier?«

Sie antworteten: Der Hauptmann Kornelius, ein gerechter und gottesfürchtiger Mann, hat von einem heiligen Engel die Weisung erhalten, dich in sein Haus holen zu lassen und zu hören, was du ihm zu sagen hast.«

Tags darauf machte sich Petrus mit ihnen auf den Weg. Kornelius erwartete sie schon und hatte seine Verwandten und Freunde zusammengerufen. Er ging Petrus entgegen und warf sich ehrfürchtig vor ihm nieder. Petrus aber richtete ihn auf und sagte: »Steh auf! Auch ich bin nur ein Mensch.«

Im Haus fand Petrus viele Menschen versammelt. Da sagte er zu ihnen: »Ihr wisst, dass es einem Juden nicht erlaubt ist, mit einem Nichtjuden zu verkehren oder sein Haus zu betreten; mir aber hat Gott gezeigt, dass man keinen Menschen unheilig oder unrein nennen darf. Darum bin ich auch ohne Widerspruch gekommen, als nach mir geschickt wurde. Nun frage ich: Warum habt ihr mich holen lassen?«

Da sagte Kornelius: »Vor vier Tagen stand plötzlich ein Mann in einem leuchtenden Gewand vor mir und sagte: ›Kornelius, dein Gebet wurde erhört. Schick jemand nach Joppe und lass Simon, der den Beinamen Petrus hat, holen.‹ Jetzt sind wir alle hier vor Gott zugegen, um all das anzuhören, was dir vom Herrn aufgetragen worden ist.«

Da begann Petrus zu reden und sagte: »Wahrhaftig, jetzt begreife ich, dass Gott nicht auf die Person sieht, sondern dass ihm in jedem Volk willkommen ist, wer ihn fürchtet und tut, was recht ist.«

Noch während Petrus dies sagte, kam der Heilige Geist auf alle herab, die das Wort hörten. Die gläubig gewordenen Juden, die mit Petrus gekommen waren, konnten es nicht fassen, dass auch auf die Heiden die Gabe des Heiligen Geistes ausgegossen wurde.

Petrus aber sagte: »Kann jemand denen das Wasser zur Taufe verweigern, die ebenso wie wir den Heiligen Geist empfangen haben?« Und er ordnete an, sie im Namen Jesu Christi zu taufen.

aus Apostelgeschichte 10

Petrus predigt bei Kornelius

»Ihr wisst, was im ganzen Land der Juden geschehen ist, angefangen in Galiläa, nach der Taufe, die Johannes verkündet hat: wie Gott Jesus von Nazaret gesalbt hat mit dem Heiligen Geist und mit Kraft, wie dieser umherzog, Gutes tat und alle heilte, die in der Gewalt des Teufels waren; denn Gott war mit ihm.

Und wir sind Zeugen für alles, was er im Land der Juden und in Jerusalem getan hat. Ihn haben sie an den Pfahl gehängt und getötet. Gott aber hat ihn am dritten Tag auferweckt und hat ihn erscheinen lassen, zwar nicht dem ganzen Volk, wohl aber den von Gott vorherbestimmten Zeugen: uns, die wir mit ihm nach seiner Auferstehung von den Toten gegessen und getrunken haben.

Und er hat uns geboten, dem Volk zu verkündigen und zu bezeugen: Das ist der von Gott eingesetzte Richter der Lebenden und der Toten.«

aus Apostelgeschichte 10,37-42

Die Gemeinde in Antiochia

Bei der Verfolgung, die wegen Stephanus entstanden war, kamen die Versprengten bis nach Phönizien, Zypern und Antiochia; doch verkündeten sie das Wort nur den Juden.

Einige aber von ihnen, die aus Zypern und Zyrene stammten, verkündeten, als sie nach Antiochia kamen, auch den Griechen das Evangelium von Jesus, dem Herrn. Die Hand des Herrn war mit ihnen und viele wurden gläubig und bekehrten sich zum Herrn.

Die Nachricht davon kam der Gemeinde von Jerusalem zu Ohren und sie schickten Barnabas nach Antiochia. Als er ankam und die Gnade Gottes sah, freute er sich und ermahnte alle, dem Herrn treu zu bleiben, wie sie es sich vorgenommen hatten. Denn er war ein trefflicher Mann, erfüllt vom Heiligen Geist und von Glauben. So wurde für den Herrn eine beträchtliche Zahl hinzugewonnen.

Barnabas aber zog nach Tarsus, um Saulus aufzusuchen. Er fand ihn und nahm ihn nach Antiochia mit. Dort wirkten sie miteinander ein volles Jahr in der Gemeinde und unterrichteten eine große Zahl von Menschen.

In Antiochia nannte man die Jünger zum ersten Mal Christen.

Apostelgeschichte 11,19-26

Die Hinrichtung des Jakobus

Um jene Zeit ließ König Herodes Agrippa einige aus der Gemeinde verhaften und misshandeln. Jakobus, den Bruder des Johannes, ließ er mit dem Schwert hinrichten.

Als er sah, dass es den Juden gefiel, ließ er auch Petrus festnehmen. Das geschah in den Tagen der Ungesäuerten Brote. Er nahm ihn also fest und warf ihn ins Gefängnis. Die Bewachung übertrug er vier Abteilungen von je vier Soldaten. Er beabsichtigte, ihn nach dem Paschafest dem Volk vorführen zu lassen.

Petrus wurde also im Gefängnis bewacht. Die Gemeinde aber betete inständig für ihn zu Gott.

Apostelgeschichte 12,1-5

William Congdon, Kruzifix Nr. 2

Die Befreiung des Petrus

In der Nacht, ehe Herodes ihn vorführen lassen wollte, schlief Petrus, mit zwei Ketten gefesselt, zwischen zwei Soldaten; vor der Tür aber bewachten Posten den Kerker.
Plötzlich trat ein Engel des Herrn ein und ein helles Licht strahlte in den Raum. Er stieß Petrus in die Seite, weckte ihn und sagte: »Schnell, steh auf!« Da fielen die Ketten von seinen Händen.
Der Engel aber sagte zu ihm: »Gürte dich und zieh deine Sandalen an!« Er tat es.
Und der Engel sagte zu ihm: »Wirf deinen Mantel um und folge mir!«
Dann ging er hinaus und Petrus folgte ihm, ohne zu wissen, dass es Wirklichkeit war, was durch den Engel geschah; es kam ihm vor, als habe er eine Vision.
Sie gingen an der ersten und an der zweiten Wache vorbei und kamen an das eiserne Tor, das in die Stadt führt; es öffnete sich ihnen von selbst. Sie traten hinaus und gingen eine Gasse weit; und auf einmal verließ ihn der Engel.
Da kam Petrus zu sich und sagte: »Nun weiß ich wahrhaftig, dass der Herr seinen Engel gesandt und mich der Hand des Herodes entrissen hat und all dem, was das Volk der Juden erhofft hat.«
Als er sich darüber klar geworden war, ging er zum Haus der Maria, der Mutter des Johannes mit dem Beinamen Markus, wo nicht wenige versammelt waren und beteten.
Als er am Außentor klopfte, kam eine Magd namens Rhode, um zu öffnen. Sie erkannte die Stimme des Petrus, doch vor Freude machte sie das Tor nicht auf, sondern lief hinein und berichtete: »Petrus steht vor dem Tor.«
Da sagten sie zu ihr: »Du bist nicht bei Sinnen.«
Doch sie bestand darauf, es sei so. Da sagten sie: »Es ist sein Engel.«
Petrus aber klopfte noch immer. Als sie öffneten und ihn sahen, staunten sie.
Er gab ihnen mit der Hand ein Zeichen zu schweigen und erzählte ihnen, wie der Herr ihn aus dem Gefängnis herausgeführt hatte. Er sagte: »Berichtet das den Brüdern!« Dann verließ er sie und ging an einen anderen Ort.
Als es Tag wurde, herrschte bei den Soldaten große Aufregung darüber, was wohl mit Petrus geschehen sei. Herodes aber ließ ihn suchen, und da man ihn nicht fand, verhörte er die Wachen und befahl, sie abzuführen.

Apostelgeschichte 12,6-19

Paulus in Antiochia

Paulus und seine Begleiter wanderten nach Antiochia. Dort gingen sie am Sabbat in die Synagoge und setzten sich. Nach der Lesung aus dem Gesetz stand Paulus auf und sagte:
»Ihr Israeliten und ihr Gottesfürchtigen, hört! Der Gott Israels hat Jesus als Retter geschickt. Doch die Einwohner von Jerusalem und ihre Führer haben ihn nicht erkannt, sie haben ihn verurteilt. Als alles vollbracht war, nahmen sie ihn vom Kreuzesholz und legten ihn ins Grab. Gott aber hat ihn von den Toten auferweckt, und er ist viele Tage hindurch denen erschienen, die jetzt vor dem Volk seine Zeugen sind. So verkünden wir euch das Evangelium: Gott hat die Verheißung, die an die Väter ergangen ist, an uns, ihren Kindern, erfüllt, indem er Jesus auferweckt hat.«
Am folgenden Sabbat versammelte sich fast die ganze Stadt, um das Wort des Herrn zu hören. Als die Juden die Scharen sahen, wurden sie eifersüchtig und widersprachen Paulus.
Paulus aber erklärte: »Euch musste das Wort Gottes zuerst verkündet werden. Da ihr es aber zurückstoßt, wenden wir uns jetzt an die Heiden. Denn so hat uns der Herr aufgetragen: Ich habe dich zum Licht für die Völker gemacht, bis an das Ende der Erde sollst du das Heil sein.«
Als die Heiden das hörten, freuten sie sich und priesen das Wort des Herrn; und alle wurden gläubig, die für das ewige Leben bestimmt waren.

aus Apostelgeschichte 13,14-52

Apostelkonzil: Um das Verhältnis von Judenchristen und Heidenchristen (vgl. Seite 214) zu klären, kamen nach der Erzählung der Apostelgeschichte die führenden Mitglieder der Kirche in Jerusalem zusammen. Die Apostel waren versammelt, die Ältesten der Jerusalemer Gemeinde, aber auch Paulus und Barnabas, die deshalb eigens von Antiochia nach Jerusalem reisten.

Es wird von Streit und heftigen Auseinandersetzungen berichtet – die Frage, ob Heiden zuerst Juden werden müssten, bevor sie Christen werden können, war für viele Judenchristen äußerst wichtig.

Den Ausschlag zu einer zukunftsweisenden Entscheidung gab schließlich Petrus, als er auf seine Erfahrungen (vgl. die Erzählung von der Taufe des Kornelius, Seite 214-215) hinwies und sagte: »Brüder, wie ihr wisst, hat Gott schon längst die Entscheidung getroffen, dass die Heiden durch meinen Mund das Wort des Evangeliums hören und zum Glauben gelangen sollen. Und Gott machte keinerlei Unterschied zwischen uns und ihnen.«

Danach beschlossen die Apostel und die ganze Gemeinde, dass den Neuchristen aus dem Heidentum nicht die Last der jüdischen Gesetze und Gebote auferlegt werden soll (Apostelgeschichte 15). Diese Entscheidung öffnete die Tür für eine gezielte Heidenmission (durch Paulus und andere): Die christliche Kirche war nicht länger eine »jüdische Gruppe«, sondern wurde eine eigenständige Religion in allen Völkern.

Paulus kommt nach Europa

Paulus und Silas kamen nach Troas. Dort hatte Paulus in der Nacht eine Vision. Ein Mazedonier stand da und bat ihn: »Komm herüber nach Mazedonien und hilf uns!«
Auf diese Vision hin wollten wir sofort nach Mazedonien abfahren; denn wir waren überzeugt, dass uns Gott dazu berufen hatte, dort das Evangelium zu verkünden. So fuhren wir auf dem kürzesten Weg nach Neapolis.
Von dort gingen wir nach Philippi, in eine Stadt im ersten Bezirk von Mazedonien, eine Kolonie. In dieser Stadt hielten wir uns einige Tage auf. Am Sabbat gingen wir durch das Stadttor hinaus an den Fluss, wo wir eine Gebetsstätte vermuteten. Wir setzten uns und sprachen zu den Frauen, die sich eingefunden hatten.
Eine Frau namens Lydia, eine Purpurhändlerin aus der Stadt Thyatira, hörte zu; sie war eine Gottesfürchtige und der Herr öffnete ihr das Herz, sodass sie den Worten des Paulus aufmerksam lauschte.
Als sie und alle, die zu ihrem Haus gehörten, getauft waren, bat sie: »Wenn ihr überzeugt seid, dass ich fest an den Herrn glaube, kommt in mein Haus und bleibt da.«

aus Apostelgeschichte 16,8-15

Paulus in Athen

In Athen stellte sich Paulus in die Mitte des Marktplatzes und sagte: »Athener, nach allem, was ich sehe, seid ihr fromme Menschen. Denn als ich umherging und mir eure Heiligtümer ansah, fand ich auch einen Altar mit der Aufschrift: »Einem unbekannten Gott«. Was ihr verehrt, ohne es zu kennen, das verkünde ich euch.
Gott, der die Welt erschaffen hat und alles in ihr, er, der Herr über Himmel und Erde, wohnt nicht in Tempeln, die von Menschenhand gemacht sind. Er lässt sich auch nicht von Menschen bedienen, als brauche er etwas: er, der allen das Leben, den Atem und alles gibt.
Er hat aus einem einzigen Menschen das ganze Menschengeschlecht erschaffen. Sie sollten Gott suchen, ob sie ihn ertasten und finden könnten; denn keinem von uns ist er fern. Denn in ihm leben wir, bewegen wir uns und sind wir: Wir sind von seiner Art.«
Einige Männer schlossen sich ihm an und wurden gläubig, außerdem eine Frau namens Damaris und noch andere.

aus Apostelgeschichte 17,16-34

Paulus in Rom

Nach der Ankunft in Rom erhielt Paulus die Erlaubnis, für sich allein zu wohnen. Drei Tage später rief er die führenden Männer der Juden zusammen und sagte zu ihnen: »Brüder, ich bin von Jerusalem aus als Gefangener den Römern ausgeliefert worden. Um der Hoffnung Israels willen trage ich diese Fesseln.«
Sie antworteten: »Wir wünschen von dir zu hören, was du denkst.« Vom Morgen bis in den Abend erklärte Paulus ihnen das Reich Gottes und versuchte, sie für Jesus zu gewinnen. Die einen ließen sich durch ihn überzeugen, die andern blieben ungläubig. Er verkündete das Reich Gottes und trug frei die Lehre über Jesus Christus, den Herrn, vor.

aus Apostelgeschichte 28,16-31

Von Jerusalem nach Rom – das ist der Weg, den die Botschaft des Evangeliums genommen hat. Es ist auch der Weg, den die Apostelgeschichte beschreibt: von den ersten Anfängen der Urgemeinde bis hin zu christlichen Gemeinden im Mittelmeerraum. Die folgenden Apostelbriefe geben uns einen Einblick in Leben und Glauben dieser Gemeinden.

Stadt: Das Thema Stadt findet sich in der Bibel auf unterschiedliche Weise: Babel wird genannt als Sinnbild für den Hochmut der Menschen und ihre Zertrennung (vgl. Seite 23). Jerusalem dagegen ist die Stadt der Hoffnung und des Bundes zwischen Gott und den Menschen (vgl. Seite 229).
Die Apostelgeschichte setzt einen anderen Akzent: Sie beschreibt den Weg christlichen Glaubens, von Jerusalem nach Rom, von der Stadt Davids und auch Jesu bis hin zur Mitte des damaligen Römischen Reiches. So wird ausgedrückt, dass der christliche Glaube für alle Völker bedeutsam ist: Christus ist der Herr.
Die Stadt Jerusalem ist in der Bibel auch ein Sinnbild für Hoffnung und Vollendung der Welt am Ende der Zeiten. Das prophetische Buch der Offenbarung spricht von der heiligen Stadt Jerusalem, die von Gott her aus dem Himmel herabkommt. Dann wohnt Gott mitten unter den Menschen.

Max Ernst, Die ganze Stadt, 1936

Die Briefe des Paulus: In früheren Zeiten wurden vierzehn Briefe des Neuen Testaments Paulus zugeschrieben. Inzwischen hat die Bibelwissenschaft herausgefunden, dass nur bei sieben Briefen sicher ist, dass sie von Paulus stammen. Die anderen Briefe stammen wohl von Paulusschülern oder – wie der Hebräerbrief – sogar von Autoren, die nicht mit Paulus in Verbindung standen. Dennoch geben alle diese Briefe und auch die anderen Briefe ein vielschichtiges Bild von der Anfangszeit der Kirche wieder, dies unabhängig davon, wer wirklich ihr Autor gewesen ist.

Römer, Brief an die (Röm): Paulus will (etwa im Jahr 56) nach Rom reisen, um in den westlichen Mittelmeerländern zu missionieren. In Rom gab es bereits eine weithin judenchristliche Gemeinde, die nicht von Paulus gegründet war. Dieser Gemeinde will sich Paulus mit dem Römerbrief vorstellen. Dabei geht es ihm um das grundsätzliche Thema des Verhältnisses von Judentum und Christentum, von jüdischem Gesetz und christlicher Freiheit vom (jüdischen) Gesetz. Beide, Heiden wie Juden, stehen unter Gottes Gericht, werden aber auch von Gottes Barmherzigkeit und Gnade erreicht. Der Mensch wird allein durch den Glauben gerechtfertigt, das jüdische Gesetz ersetzt dies nicht.

Die Briefe:
Leben nach dem Wort

Im Neuen Testament finden sich viele Briefe, die an einzelne Gemeinden (in Rom, Korinth ...) oder an Einzelpersonenn (Timotheus, Titus) gerichtet sind. Sieben Briefe sind von Paulus, andere von seinen Schülern, wieder andere von Schriftstellern, die sich auf Paulus oder Petrus oder Johannes berufen und so ihren Worten mehr Gewicht geben. Einige sind Rundbriefe, die von einer Gemeinde an andere weitergegeben wurden, andere richten sich an eine einzelne Person. Die Briefe behandeln wichtige Punkte christlichen Glaubens und des Lebens in den ersten christlichen Gemeinden.

Einleitung des Römerbriefs

Paulus, Knecht Christi Jesu, berufen zum Apostel, auserwählt, das Evangelium Gottes zu verkündigen, das Evangelium von seinem Sohn, der dem Fleisch nach geboren ist als Nachkomme Davids, der dem Geist der Heiligkeit nach eingesetzt ist als Sohn Gottes in Macht seit der Auferstehung von den Toten, das Evangelium von Jesus Christus, unserem Herrn.
Durch ihn haben ich das Apostelamt empfangen, um in seinem Namen alle Heiden zum Glauben zu führen; zu ihnen gehört auch ihr, die ihr von Jesus Christus berufen seid.
An alle in Rom, die von Gott geliebt sind, die berufenen Heiligen: Gnade sei mit euch und Friede von Gott, unserem Vater, und dem Herrn Jesus Christus.
Zunächst danke ich meinem Gott durch Jesus Christus für euch, weil euer Glaube in der ganzen Welt verkündet wird. Ich sehne mich danach, euch zu sehen; ich möchte euch geistliche Gaben vermitteln, damit ihr dadurch gestärkt werdet, oder besser: damit wir, wenn ich bei euch bin, miteinander Zuspruch empfangen durch euren und meinen Glauben.
Ihr sollt wissen, Brüder, dass ich mir schon oft vorgenommen habe, zu euch zu kommen, aber bis heute daran gehindert wurde; denn wie bei den anderen Heiden soll meine Arbeit auch bei euch Frucht bringen.
Griechen und Nichtgriechen, Gebildeten und Ungebildeten bin ich verpflichtet; so liegt mir alles daran, auch euch in Rom das Evangelium zu verkündigen.

aus Römerbrief 1,1-15

Leben aus dem Geist

Eure Liebe sei ohne Heuchelei. Verabscheut das Böse, haltet fest am Guten! Seid einander in brüderlicher Liebe zugetan, übertrefft euch in gegenseitiger Achtung! Seid fröhlich in der Hoffnung, geduldig in der Bedrängnis, beharrlich im Gebet! Helft, wenn jemand in Not ist; gewährt jederzeit Gastfreundschaft! Segnet eure Verfolger; verflucht sie nicht! Freut euch mit den Fröhlichen, und weint mit den Weinenden! Seid untereinander eines Sinnes; strebt nicht hoch hinaus! Vergeltet niemand Böses mit Bösem! Seid allen Menschen gegenüber auf Gutes bedacht! Soweit es euch möglich ist, haltet mit allen Menschen Frieden! Lass dich nicht vom Bösen besiegen, sondern besiege das Böse durch das Gute!

aus Römerbrief 12,9-21

Die Liebe Gottes

Denn ich bin gewiss: Weder Tod noch Leben, weder Engel noch Mächte, weder Gegenwärtiges noch Zukünftiges, weder Gewalten der Höhe oder Tiefe noch irgendeine andere Kreatur können uns scheiden von der Liebe Gottes, die in Christus Jesus ist, unserem Herrn.

Römerbrief 8,38-39

Paul Gauguin, Pape moe (Geheimnisvolle Quelle), 1893

Auf seinen Tod getauft

Wisst ihr denn nicht, dass wir alle, die wir auf Christus Jesus getauft wurden, auf seinen Tod getauft worden sind?
Wir wurden mit ihm begraben durch die Taufe auf den Tod; und wie Christus durch die Herrlichkeit des Vaters von den Toten auferweckt wurde, so sollen auch wir als neue Menschen leben.
Wenn wir nämlich ihm gleich geworden sind in seinem Tod, dann werden wir mit ihm auch in seiner Auferstehung vereinigt sein.
Sind wir nun mit Christus gestorben, so glauben wir, dass wir auch mit ihm leben werden.
Wir wissen, dass Christus, von den Toten auferweckt, nicht mehr stirbt; der Tod hat keine Macht mehr über ihn.

aus Römerbrief 6,3-9

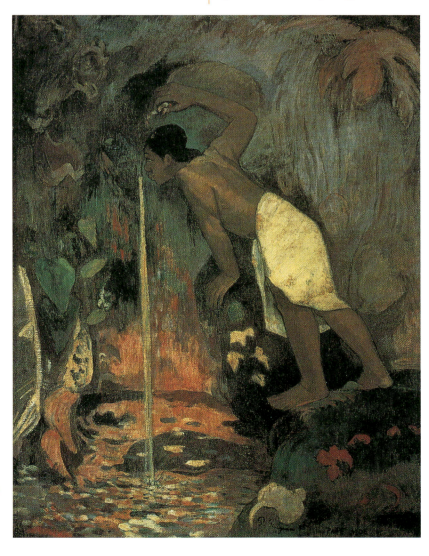

Die vielen Geistesgaben

Richard Baus,
Versammlung der Charismen, 1996
(Charismen = Geistesgaben)

Auch über die Gaben des Geistes möchte ich euch nicht in Unkenntnis lassen.

Es gibt verschiedene Gnadengaben, aber nur den einen Geist. Es gibt verschiedene Dienste, aber nur den einen Herrn. Es gibt verschiedene Kräfte, die wirken, aber nur den einen Gott: Er bewirkt alles in allen.

Jedem aber wird die Offenbarung des Geistes geschenkt, damit sie anderen nützt. Dem einen wird vom Geist die Gabe geschenkt, Weisheit mitzuteilen, dem andern durch den gleichen Geist die Gabe, Erkenntnis zu vermitteln, dem dritten im gleichen Geist Glaubenskraft, einem andern die Gabe, Krankheiten zu heilen, einem andern Wunderkräfte, einem andern prophetisches Reden, einem andern die Fähigkeit, die Geister zu unterscheiden.

Das alles bewirkt ein und derselbe Geist; einem jeden teilt er seine besondere Gabe zu, wie er will.

Denn wie der Leib eine Einheit ist, doch viele Glieder hat, alle Glieder des Leibes aber, obgleich es viele sind, einen einzigen Leib bilden: So ist es auch mit Christus.

Durch den einen Geist wurden wir in der Taufe alle in einen einzigen Leib aufgenommen, Juden und Griechen, Sklaven und Freie; und alle wurden wir mit dem einen Geist getränkt. Auch der Leib besteht nicht nur aus einem Glied, sondern aus vielen Gliedern.

Ihr aber seid der Leib Christi und jeder Einzelne ist ein Glied an ihm.

So hat Gott in der Kirche die einen als Apostel eingesetzt, die andern als Propheten, die dritten als Lehrer; ferner verlieh er die Kraft, Wunder zu tun, sodann die Gaben, Krankheiten zu heilen, zu helfen, zu leiten, endlich die verschiedenen Arten von Zungenrede.

Strebt aber nach den höheren Gnadengaben!

aus 1 Korinther 12,1-30

Seid einmütig
Ich ermahne euch aber, Brüder, im Namen Jesu Christi, unseres Herrn:
Seid alle einmütig und duldet keine Spaltungen unter euch; seid ganz eines Sinnes und einer Meinung.

1 Korinther 1,10

Das Hohelied der Liebe

Ich zeige euch noch einen anderen Weg,
einen, der alles übersteigt:
Wenn ich in den Sprachen der Menschen und Engel redete,
hätte aber die Liebe nicht,
wäre ich dröhnendes Erz oder eine lärmende Pauke.
Und wenn ich prophetisch reden könnte
und alle Geheimnisse wüsste und alle Erkenntnis hätte;
wenn ich alle Glaubenskraft besäße
und Berge damit versetzen könnte,
hätte aber die Liebe nicht, wäre ich nichts.
Und wenn ich meine ganze Habe verschenkte
und wenn ich meinen Leib dem Feuer übergäbe,
hätte aber die Liebe nicht, nützte es mir nichts.
Die Liebe ist langmütig, die Liebe ist gütig.
Sie ereifert sich nicht, sie prahlt nicht, sie bläht sich nicht auf.
Sie handelt nicht ungehörig,
sucht nicht ihren Vorteil,
lässt sich nicht zum Zorn reizen,
trägt das Böse nicht nach.
Sie freut sich nicht über das Unrecht,
sondern freut sich an der Wahrheit.
Sie erträgt alles, glaubt alles, hofft alles, hält allem stand.
Die Liebe hört niemals auf.
Für jetzt bleiben Glaube, Hoffnung, Liebe, diese drei;
doch am größten unter ihnen ist die Liebe.

aus 1 Korinther 12,31–13,13

Die Auferweckung von den Toten

Christus ist für unsere Sünden gestorben und ist begraben worden. Er ist am dritten Tag auferweckt worden und erschien dem Petrus, dann den Zwölf. Danach erschien er mehr als fünfhundert Brüdern zugleich. Als Letztem von allen erschien er auch mir, der »Missgeburt«. Denn ich bin der geringste der Apostel, weil ich die Kirche Gottes verfolgt habe. Wenn aber verkündigt wird, dass Christus von den Toten auferweckt worden ist, wie können dann einige von euch sagen: Eine Auferstehung der Toten gibt es nicht? Wenn es keine Auferstehung der Toten gibt, ist auch Christus nicht auferweckt worden. Ist aber Christus nicht auferweckt worden, dann ist unsere Verkündigung leer und euer Glaube sinnlos.

aus 1 Korinther 15,3–14

Korintherbriefe (1 Kor, 2 Kor): Die beiden erhaltenen Korintherbriefe des Paulus geben nur einen Teil eines umfangreicheren Briefwechsels wieder, den Paulus vor allem während seines Aufenthalts in Ephesus (54–57) mit der Gemeinde in Korinth pflegte.
Mit dem *ersten Brief an die Korinther* antwortet Paulus auf verschiedene Probleme, die sich in der Gemeinde ergeben haben. Es geht um die Einheit der Gemeinde und die Überwindung jeglicher Spaltung, um Missstände beim Gottesdienst, um die verschiedenen Dienste (Geistesgaben) in der Kirche. Wichtig sind in diesem Brief Kapitel 13 mit dem (neutestamentlichen) Hohelied der Liebe und Kapitel 15 mit dem Thema Tod und Auferstehung.
Der *zweite Brief an die Korinther* besteht aus Teilen mehrerer Paulusbriefe, die in nachpaulinischer Zeit zusammengefügt wurden. Paulus wendet sich gegen verschiedene Gegner, die die Einheit der Gemeinde bedrohen. Beeindruckend ist das Verständnis des Paulus von seinem Dienst: »Wir verkünden nicht uns selbst, sondern Jesus Christus als den Herrn, uns aber als eure Knechte um Jesu willen« (2 Kor 4,5).

Der Gekreuzigte
Wir verkündigen Christus als den Gekreuzigten: für Juden ein empörendes Ärgernis, für Heiden eine Torheit, für die Berufenen aber, Juden wie Griechen, Christus, Gottes Kraft und Gottes Weisheit.

1 Korinther 1,23–24

Philipperbrief (Phil): Der Brief des Paulus an die von ihm gegründete Gemeinde in Philippi ist wahrscheinlich während seines Gefängnisaufenthaltes in Ephesus im Jahr 55 geschrieben. Paulus bedenkt in diesem Schreiben seine Gefangenschaft und den möglichen Tod. Er mahnt die Gemeinde zu Einheit und Liebe. Dies soll nach dem Vorbild Jesu geschehen. Paulus nimmt in den Brief einen urchristlichen Hymnus auf, der den Weg Jesu von Gott und wieder zurück zu Gott deutet.

Galaterbrief (Gal): In der jungen Christengemeinde Galatiens wollten Prediger das jüdische Gesetz auch für Heidenchristen verbindlich machen und verlangten die Beschneidung. Paulus wendet sich in seinem Brief mit aller Schärfe dagegen: Rettung kommt für ihn nicht durch die Werke des Menschen (durch das Halten des Gesetzes), sondern allein durch die Gnade Gottes. Wer diese Gnade erfährt, wird rechtschaffen leben.

Thessalonicherbriefe (1 Thess, 2 Thess): Der *erste Brief* ist die älteste Schrift des Neuen Testaments, von Paulus etwa im Jahr 50 von Korinth aus geschrieben. Vor allem geht es um die Wiederkunft Christi und das Leben nach dem Tod. Aufgrund der christlichen Hoffnung auf Auferstehung gilt es wachsam und dem Glauben treu zu bleiben. – Der *zweite Brief* ist wahrscheinlich von einem Paulusschüler geschrieben, der Teile des ersten Briefes übernimmt.

Jesus Christus ist der Herr

Im Philipperbrief hat Paulus ein altes Loblied der christlichen Gemeinden, einen Hymnus, aufgenommen:

Seid untereinander so gesinnt,
wie es dem Leben in Christus Jesus entspricht:
Er war Gott gleich,
hielt aber nicht daran fest, wie Gott zu sein,
sondern er entäußerte sich
und wurde wie ein Sklave
und den Menschen gleich.
Sein Leben war das eines Menschen;
er erniedrigte sich
und war gehorsam bis zum Tod,
bis zum Tod am Kreuz.
Darum hat ihn Gott über alle erhöht
und ihm den Namen verliehen,
der größer ist als alle Namen,
damit alle im Himmel, auf der Erde und unter der Erde
ihre Knie beugen vor dem Namen Jesu
und jeder Mund bekennt:
»Jesus Christus ist der Herr«
zur Ehre Gottes, des Vaters.

Philipper 2,5-11

Ihr alle seid einer in Christus

Ihr seid alle durch den Glauben Söhne Gottes in Christus Jesus. Denn ihr alle, die ihr auf Christus getauft seid, habt Christus wie ein Gewand angelegt. Es gibt nicht mehr Juden und Griechen, nicht Sklaven und Freie, nicht Mann und Frau; denn ihr alle seid »einer« in Christus Jesus. Wenn ihr aber zu Christus gehört, dann seid ihr Abrahams Nachkommen, Erben kraft der Verheißung.

Galaterbrief 3,26-29

Die Frucht des Geistes

Die Frucht des Geistes aber ist Liebe, Freude, Friede, Langmut, Freundlichkeit, Güte, Treue, Sanftmut und Selbstbeherrschung.

Galater 5,22

Gott ist in uns aufgeleuchtet

Wir verkündigen Jesus Christus als den Herrn, uns aber als eure Knechte um Jesu willen. Denn Gott, der sprach: ›Aus Finsternis soll Licht aufleuchten!‹, er ist in unseren Herzen aufgeleuchtet, damit wir erleuchtet werden zur Erkenntnis des göttlichen Glanzes auf dem Antlitz Christi.

2 Korinther 4,5-6

Freut euch allezeit

Freut euch im Herrn zu jeder Zeit! Noch einmal sage ich: Freut euch! Eure Güte werde allen Menschen bekannt. Der Herr ist nahe. Sorgt euch um nichts, sondern bringt in jeder Lage betend und flehend eure Bitten mit Dank vor Gott! Und der Friede Gottes, der alles Verstehen übersteigt, wird eure Herzen und eure Gedanken in der Gemeinschaft mit Christus Jesus bewahren. Schließlich, Brüder: Was immer wahrhaft, edel, recht, was lauter, liebenswert, ansprechend ist, was Tugend heißt und lobenswert ist, darauf seid bedacht! Und der Gott des Friedens wird mit euch sein.

aus Philipper 4,4-9

Die Hoffnung der Christen

Brüder, wir wollen euch über die Verstorbenen nicht in Unkenntnis lassen, damit ihr nicht trauert wie die anderen, die keine Hoffnung haben.
Wenn Jesus – und das ist unser Glaube – gestorben und auferstanden ist, dann wird Gott durch Jesus auch die Verstorbenen zusammen mit ihm zur Herrlichkeit führen.
Tröstet also einander mit diesen Worten!

1 Thessalonicher 4,13-14.18

Oskar Kokoschka,
Die Macht der Musik, 1918

Epheserbrief (Eph): Der wohl von Paulusschülern geschriebene Brief ist ein Rundschreiben an die Gemeinden in Kleinasien, der heutigen Türkei. Der Brief ist eine feierliche Predigt, bei der es um die Kirche und die Einheit der Gemeinden geht. Haupt der Kirche ist Christus. Die Christen werden zum Glauben und zu einem Leben aus christlicher Liebe gemahnt: »Lebt als Kinder des Lichtes« (Epheser 5,8).

Kolosserbrief (Kol): Der von einem Paulusschüler abgefasste Brief wendet sich gegen eine Irrlehre, dass die Welt durch Geister und Dämonen bedroht ist und man diese Gefahr nur durch bestimmte Riten überwinden kann. Der Kolosserbrief verweist auf Christus, den Grund aller Schöpfung. In einem Hymnus wird Christus als der Erstgeborene aller Schöpfung bezeichnet. Er hat am Kreuz alle bösen Mächte besiegt.

Petrus, Briefe des (1 Petr, 2 Petr): Der *Erste Petrusbrief* ist ein Rundschreiben an kleinasiatische Gemeinden, die wegen ihres Glaubens verfolgt werden. Der Brief eines unbekannten Verfassers (ein Presbyter der römischen Gemeinde) macht im Namen des Petrus der bedrängten Gemeinde Mut, treu zum Glauben zu stehen.
Der *zweite Petrusbrief* ist als die späteste Schrift des Neuen Testaments um das Jahr 120 von einem unbekannten Verfasser geschrieben worden, der sich auf den Apostel Petrus beruft. Es geht ihm angesichts zunehmender Irrlehren um den rechten Glauben.

Der neue Mensch

Legt den alten Menschen ab, ändert euer früheres Leben und erneuert euren Geist und Sinn! Zieht den neuen Menschen an, der nach dem Bild Gottes geschaffen ist in wahrer Gerechtigkeit und Heiligkeit.
Legt deshalb die Lüge ab und redet untereinander die Wahrheit; denn wir sind als Glieder miteinander verbunden. Lasst euch durch den Zorn nicht zur Sünde hinreißen! Die Sonne soll über eurem Zorn nicht untergehen. Der Dieb soll nicht mehr stehlen, sondern arbeiten und sich mit seinen Händen etwas verdienen, damit er den Notleidenden davon geben kann. Über eure Lippen komme kein böses Wort, sondern nur ein gutes, das den, der es braucht, stärkt und dem, der es hört, Nutzen bringt. Jede Art von Bitterkeit, Wut, Zorn, Geschrei und Lästerung und alles Böse verbannt aus eurer Mitte! Seid gütig zueinander, seid barmherzig, vergebt einander, weil auch Gott euch durch Christus vergeben hat.
Ahmt Gott nach als seine geliebten Kinder und liebt einander, weil auch Christus uns geliebt hat.

aus Epheser 4,22-5,1

Christus, das Ebenbild Gottes

Christus ist das Ebenbild des unsichtbaren Gottes,
der Erstgeborene der ganzen Schöpfung.
Denn in ihm wurde alles erschaffen
im Himmel und auf Erden,
das Sichtbare und das Unsichtbare,
Throne und Herrschaften, Mächte und Gewalten;
alles ist durch ihn und auf ihn hin geschaffen.
Er ist vor aller Schöpfung,
in ihm hat alles Bestand.
Er ist das Haupt des Leibes,
der Leib aber ist die Kirche.
Er ist der Ursprung,
der Erstgeborene der Toten;
so hat er in allem den Vorrang.
Denn Gott wollte mit seiner ganzen Fülle
in ihm wohnen,
um durch ihn alles zu versöhnen.
Alles im Himmel und auf Erden
wollte er zu Christus führen,
der Friede gestiftet hat am Kreuz durch sein Blut.

Kolosser 1,15-20

Christus, der Eckstein

Ihr habt erfahren, wie gütig der Herr ist. Kommt zu ihm, dem lebendigen Stein, der von den Menschen verworfen, aber von Gott auserwählt und geehrt worden ist. Lasst euch als lebendige Steine zu einem geistigen Haus aufbauen, zu einer heiligen Priesterschaft, um durch Jesus Christus geistige Opfer darzubringen, die Gott gefallen. Für jene aber, die nicht glauben, ist dieser Stein, den die Bauleute verworfen haben, zum Eckstein geworden, zum Stein, an den man anstößt, und zum Felsen, an dem man zu Fall kommt. Sie stoßen sich an ihm, weil sie dem Wort nicht gehorchen.
Ihr aber seid ein auserwähltes Geschlecht, eine königliche Priesterschaft, ein heiliger Stamm, ein Volk, das sein besonderes Eigentum wurde, damit ihr die großen Taten dessen verkündet, der euch aus der Finsternis in sein wunderbares Licht gerufen hat. Einst wart ihr nicht sein Volk, jetzt aber seid ihr Gottes Volk; einst gab es für euch kein Erbarmen, jetzt aber habt ihr Erbarmen gefunden.

aus 1 Petrus 2,3-10

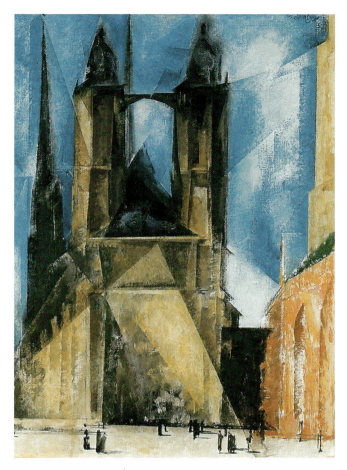

Lyonel Feininger, Die Marktkirche zu Halle 1930

Gott ist die Liebe

Ich schreibe euch ein neues Gebot, denn die Finsternis geht vorüber und schon leuchtet das wahre Licht. Wer sagt, er sei im Licht, aber seinen Bruder hasst, ist noch in der Finsternis. Wer seinen Bruder liebt, bleibt im Licht; da gibt es für ihn kein Straucheln. Wer aber seinen Bruder hasst, ist in der Finsternis. Er geht in der Finsternis und weiß nicht, wohin er geht; denn die Finsternis hat seine Augen blind gemacht.
Liebe Brüder, wir wollen einander lieben; denn die Liebe ist aus Gott und jeder, der liebt, stammt von Gott und erkennt Gott. Wer nicht liebt, hat Gott nicht erkannt; denn Gott ist die Liebe. Die Liebe Gottes wurde unter uns dadurch offenbart, dass Gott seinen einzigen Sohn in die Welt gesandt hat, damit wir durch ihn leben. Liebe Brüder, wenn Gott uns so geliebt hat, müssen auch wir einander lieben.

1 Johannes 2,7-11; 4,7-9.11

Johannesbriefe (1 Joh, 2 Joh, 3 Joh): Im ersten Brief ermahnt ein christlicher Lehrer um das Jahr 100 dazu, am Glauben festzuhalten. Die wahre Erkenntnis Gottes ergibt sich für ihn aus der Liebe: »Gott ist die Liebe«. – Der zweite Brief ist von einem unbekannten Verfasser an eine Gemeinde in Kleinasien gerichtet. Er warnt vor Irrlehren und mahnt zur Liebe: Wer aus der Liebe lebt, erfüllt das Gebot Gottes. – Der kurze dritte Brief ist vom gleichen Verfasser an einen Gaius gerichtet. Dieser hat sich gegenüber christlichen Wandermissionaren großzügig gezeigt.

Offenbarung des Johannes (Offb): (manchmal auch Apokalypse [griechisch »Enthüllung«] genannt)
Die Textsorte der Apokalypse ist zur Zeit Jesu im östlichen Mittelmeerraum weit verbreitet. In ihr wird in Visionen, Träumen und Weissagungen über das Ende der Welt nachgedacht.
Die Offenbarung des Johannes ist von einem unbekannten Lehrer in einer kleinasiatischen Gemeinde etwa im Jahr 96 geschrieben worden; es ist nicht der Verfasser des Johannesevangeliums oder der Johannesbriefe.
Es hatte eine große Christenverfolgung in Kleinasien gegeben. Die Christen nahmen am Kaiserkult nicht teil, weil sie nur Christus, nicht aber den römischen Kaiser als Gott verehren wollten. Doch weigerten sie sich, dem Glauben an Christus abzuschwören, drohte ihnen der Tod – solche Erfahrungen mit der römischen Macht klingen in der Offenbarung an.
Der Verfasser versteht sich als Empfänger himmlischer Botschaften, durch die die gegenwärtige Bedrängnis der Christen gedeutet wird. Der Text ist zudem eine Mahnung, in Verfolgung am Glauben festzuhalten.
Die bildhafte Sprache und die alttestamentlichen Zitate machen ein Verständnis des Textes schwierig. Das Ziel des Buches ist die Verkündigung Jesu als des »Königs der Könige«. Er ist das Lamm Gottes, das sein Leben für die Menschen hingegeben hat. Am Ende des Buches wird auf das himmlische Jerusalem verwiesen, das von Gott her in die Welt kommt und in dem alles Leid ein Ende findet.
Die Offenbarung ist als »Brief« an sieben Gemeinden in Kleinasien geschrieben. Deshalb ordnen wir sie hier im Kapitel Briefe ein.

Das Lamm

Und ich sah eine Buchrolle, in der Gottes Plan mit der Welt verzeichnet war; sie war innen und außen beschrieben und mit sieben Siegeln versiegelt. Und ich sah: Ein gewaltiger Engel rief mit lauter Stimme: »Wer ist würdig, die Buchrolle zu öffnen und ihre Siegel zu lösen?«
Aber niemand im Himmel, auf der Erde und unter der Erde konnte das Buch öffnen und es lesen. Da sagte einer von den Ältesten: »Gesiegt hat der Löwe aus dem Stamm Juda, der Spross aus der Wurzel Davids; er kann das Buch und seine sieben Siegel öffnen.«
Und ich sah: Zwischen dem Thron und den Ältesten stand ein Lamm; es hatte sieben Augen; dies sind die sieben Geister Gottes, die über die ganze Erde ausgesandt sind. Das Lamm trat heran und empfing das Buch aus der rechten Hand dessen, der auf dem Thron saß. Als es das Buch empfangen hatte, fielen die vierundzwanzig Ältesten vor dem Lamm nieder. Und sie sangen ein neues Lied:
»Würdig bist du, das Buch zu nehmen und seine Siegel zu öffnen; denn du hast mit deinem Blut Menschen für Gott erworben aus allen Stämmen und Sprachen, aus allen Nationen und Völkern.«

aus Offenbarung 5,1-10

Gott wohnt unter den Menschen

Dann sah ich einen neuen Himmel und eine neue Erde; denn der erste Himmel und die erste Erde sind vergangen, auch das Meer ist nicht mehr.
Ich sah die heilige Stadt, das neue Jerusalem, von Gott her aus dem Himmel herabkommen; sie war bereit wie eine Braut, die sich für ihren Mann geschmückt hat.
Da hörte ich eine laute Stimme vom Thron her rufen: »Seht, die Wohnung Gottes unter den Menschen! Er wird in ihrer Mitte wohnen, und sie werden sein Volk sein; und er, Gott, wird bei ihnen sein. Er wird alle Tränen von ihren Augen abwischen: Der Tod wird nicht mehr sein, keine Trauer, keine Klage, keine Mühsal. Denn was früher war, ist vergangen.«
Er, der auf dem Thron saß, sprach: »Seht, ich mache alles neu. Wer durstig ist, den werde ich umsonst aus der Quelle trinken lassen, aus der das Wasser des Lebens strömt.
Wer siegt, wird dies als Anteil erhalten: Ich werde sein Gott sein und er wird mein Kind sein.

aus Offenbarung 21,1-7

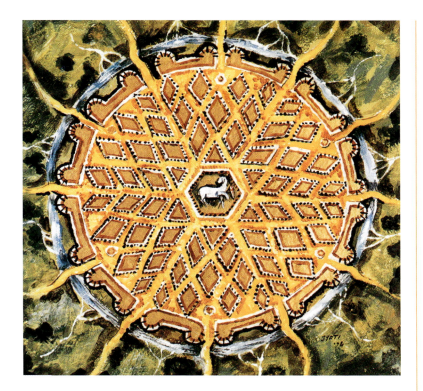

Jyoti Sahi,
Lamm Gottes

Das neue Jerusalem

Einer der Engel zeigte mir die heilige Stadt Jerusalem, wie sie von Gott her aus dem Himmel herabkam, erfüllt von der Herrlichkeit Gottes. Sie glänzte wie ein kostbarer Edelstein. Die Stadt hat eine hohe Mauer mit zwölf Toren und zwölf Engeln darauf. Auf die Tore sind die Namen der zwölf Stämme Israels geschrieben. Die Mauer der Stadt hat zwölf Grundsteine; auf ihnen stehen die Namen der zwölf Apostel des Lammes.
Die Länge, Breite und Höhe der Stadt sind gleich: zwölftausend Stadien. Ihre Mauer ist aus Jaspis gebaut und die Stadt ist aus reinem Gold. Die Grundsteine der Stadtmauer sind mit edlen Steinen geschmückt. Die zwölf Tore sind zwölf Perlen; jedes der Tore besteht aus einer einzigen Perle. Die Straße der Stadt ist aus reinem Gold, wie aus klarem Glas. Einen Tempel sah ich nicht in der Stadt. Denn der Herr, ihr Gott, der Herrscher über die ganze Schöpfung, ist ihr Tempel, er und das Lamm. Die Stadt braucht weder Sonne noch Mond, die ihr leuchten. Denn die Herrlichkeit Gottes erleuchtet sie. Die Völker werden in diesem Licht einhergehen. Es wird keine Nacht mehr geben und sie brauchen weder das Licht einer Lampe noch das Licht der Sonne. Denn der Herr, ihr Gott, wird über ihnen leuchten.

aus Offenbarung 21,9-22,5

Heilig ist der Herr

Vor dem Thron waren vierundzwanzig Älteste und vier Lebewesen. Das erste Lebewesen glich einem Löwen, das zweite einem Stier, das dritte sah aus wie ein Mensch, das vierte glich einem fliegenden Adler. Und sie riefen: »Heilig, heilig, heilig ist der Herr, der Gott, der Herrscher über die ganze Schöpfung; er war und er ist und er kommt. Würdig bist du, unser Herr und Gott, Herrlichkeit zu empfangen und Ehre und Macht.«

aus Offenbarung 4

Der erste Satz der Bibel:

Im Anfang schuf Gott Himmel und Erde.

Der letzte Satz der Bibel:

Die Gnade des Herrn Jesus sei mit allen.

Register

Schriftstellenregister

Hier ist eine Zusammenstellung aller Schriftstellen mit der Seitenzahl in Klammern. Unter manchen Textstellen findest du den Vermerk »aus ...«. Dann ist hier nur eine gekürzte Fassung des Textes abgedruckt, die vollständige Fassung ist in einer Vollbibel zu finden, ebenso die Kapitel und Verse, die in diesem Buch nicht aufgenommen werden konnten.

Genesis (Gen)

1,1-2,4	Erste Schöpfungserzählung (16, 230)
2,4-25	Zweite Schöpfungserzählung (18)
3	Die Schuld des Menschen (19)
4,1-16	Kain und Abel (20)
6-7	Noach und die Sintflut (21)
8-9	Der Bund Gottes mit Noach (22)
11,1-11	Der Turmbau zu Babel (23)
12,1-7	Abram (24)
15	Die Verheißung (25)
16	Hagar und Ismael (26)
17,1-12	Der Bund Gottes mit Abraham (25)
18,1-14	Gott zu Gast bei Abraham (27)
21,1-21	Isaak und Ismael (28)
22	Abrahams Opfer (29)
25,19-34	Esau und Jakob (30)
27	Der Erstgeburtssegen (30)
28,10-19	Jakobs Traum von der Himmelsleiter (32)
32,23-31	Jakobs Kampf mit Gott (33)
37	Josef und seine Brüder (34)
40	Josef im Gefängnis (36)
41,1-36	Der Traum des Pharao (36)
42-45	Josefs Brüder in Ägypten (38)

Exodus (Ex)

1,1-14.22	Die Unterdrückung in Ägypten (40)
2	Mose (41)
3,1-4,20	Gott begegnet dem Mose (42)
12	Das Pascha (44)
13-14	Der Weg in die Freiheit (45)
15,1-21	Das Lied des Mose (46)
15-16	Brot vom Himmel (46)
17,1-7	Wasser aus dem Felsen (47)
19-20	Der Bundesschluss am Sinai (48)
31-32	Das Goldene Kalb (49)
33,18-23	Nur meinen Rücken kannst du sehen (51)

Levitikus (Lev)

19,33-34	Ein Fremder in deinem Land (41)

Numeri (Num)

6,22-27	Der Aaronitische Segen (50)
9,15-18	Gott mitten unter seinem Volk (50)

Deuteronomium (Dtn)

6,1-24	Höre, Israel (50)
30	Gott verheißt das Land (52)
31,1-8	Mose setzt Josua ein (52)
34	Der Tod des Mose (52)

Josua (Jos)

1,1-9	Der Herr ist mit Josua (54)
24	Die Erneuerung des Bundes (54)

Richter (Ri)

4	Die Richterin Debora (56)
6-7	Der Richter Gideon (57)
13-16	Simson (58)

Rut

1,1-5	Die Familie Ruts (60)
1,6-4,17	Rut (60)

1 Samuel (1 Sam)

1	Die Geburt Samuels (62)
2,1-8	Das Danklied der Hanna (63)
3	Gott ruft Samuel (63)
9-10	Samuel salbt Saul (64)
16,1-12	Samuel salbt David (65)
16,14-23	Saul und David (67)
17	David und Goliat (66)
18,10-16	Sauls böser Geist (67)
18-20	David und Jonatan (67)

2 Samuel (2 Sam)

5,1-5	David wird König (68)
5,6-12	David in Jerusalem (69)
11-12	David und Batseba (70)
12,1-4	Natans Gleichnis (71)
23,1-5	Die Worte Davids (68)

1 Könige (1 Kön)

3,5-15	Salomo wird König (72)
3,16-28	Die Weisheit Salomos (73)
6; 8	Der Tempel in Jerusalem (74)
12	Der Zerfall des Reiches (76)
16-17	Achab und Elija (78)
17,8-16	Elija in Sarepta (79)
17,17-24	Der Sohn der Witwe (79)
18	Jahwe ist der wahre Gott (80)
19,1-13	Elija am Horeb (81)
19,19-21	Die Berufung Elischas (82)

2 Könige (2 Kön)

2,1-18	Die Entrückung Elijas (82)
4,8-37	Die Totenerweckung (83)
4,42-44	Die Brotvermehrung (84)
18-20	Hiskija (77)
24-25	Die Zerstörung Jerusalems (92)

Esra

1,1-5	Heimkehr aus dem Exil (96)

Nehemia (Neh)

8,1-12	Das Volk nimmt das Gesetz Gottes neu an (96)

Tobit (Tob)

1-2	Tobits Erblindung	(114)
3,7-15	Sara	(115)
4-5	Der Reisegefährte	(114)
6,1-9	Der Fisch	(115)
6-7	Tobias und Sara	(116)
8,1-9	Die glücklichen Brautleute	(116)
10-11	Die Heimkehr	(116)
13	Rafael – Gott heilt	(117)
13	Tobit lobt Gott	(117)

Ester (Est)

1-8	Ester	(118)

Ijob

1-2	Die Erzählung von Ijob	(102)
30-31	Klage und Anklage	(104)
38-40	Die Gottesrede	(104)
40; 42	Ijob antwortet	(105)
42,12-17	Neues Glück	(103)

Das Buch der Psalmen

1	Die beiden Wege	(120)
8	Das Lob des Schöpfers	(17)
18	Dank für die Rettung	(107)
23	Der Herr ist mein Hirte	(65)
24	Dem Herrn gehört die Erde	(99)
27	Der Herr ist mein Licht	(121)
31	Gott, die sichere Zuflucht	(121)
46	Gott, unsere Burg	(59)
51	Gott, sei mir gnädig	(70)
67,1-8	Gott segne uns	(30)
79	Klage über Jerusalem	(93)
84	Wie liebenswert ist deine Wohnung	(74)
91	Unter dem Schutz des Höchsten	(122)
92	Ein Loblied auf Gott	(120)
93	Der Herr ist König	(64)
96	Der Herr ist König	(98)
100	Der Herr ist gütig	(122)
104	Ein Loblied auf den Schöpfer	(122)
107	Das Danklied der Erlösten	(97)
115	Gott und die Götter	(81)
130	In tiefster Not	(104)
133	Brüder in Eintracht	(38)
137	Erinnerung an Jerusalem	(93)
138	Dank für Gottes Hilfe	(123)
139	Der Mensch vor Gott	(108)
146	Ich will den Herrn loben	(61)
150	Halleluja	(123)

Sprichwörter (Spr)

2,1-22	Der Segen der Weisheit	(112)

Kohelet (Koh)

3,1-8	Alles hat seine Zeit	(105)

Hohelied (Hld)

2,8-17	Mein Geliebter kommt	(111)
4	Schön bist du, meine Freundin	(110)
5,9-16	Ich bin krank vor Liebe	(111)
8,6-7	Stark wie der Tod ist die Liebe	(111)

Weisheit (Weish)

11,23-26	Gott, der Freund des Lebens	(113)

Jesus Sirach (Sir)

6,5-17	Das Lob der Freundschaft	(113)

Jesaja (Jes)

1,10-17	Die Kritik Jesajas	(89)
2,1-5	Die Verheißung Jesajas	(89)
6,1-8	Die Berufung Jesajas zum Propheten	(88)
9,1-6	Ein Kind wird uns geboren	(127)
11,1-9	Der Geist Gottes erfüllt ihn	(126)
25,6-8	Er besiegt den Tod	(124)
29,17-20	Friede und Glück in Israel	(89)
32,15-20	Die Wüste wird zum Garten	(89)
41,1-7	Das erste Lied vom Gottesknecht	(125)
43; 49	Die Hoffnung des Deuterojesaja	(95)
55,8-9	Meine Gedanken	(105)
60; 64; 66	Die Hoffnung des Tritojesaja	(95)
61,1-2	Der Geist Gottes ruht auf mir	(125)
65,16-25	Das Heil kommt	(127)

Jeremia (Jer)

1,4-10	Die Berufung Jeremias zum Propheten	(90)
7,1-15	Die Tempelrede	(91)
23,5-6	Ein König wie David	(90)
31,31-34	Ich werde ihr Gott sein	(91)

Klagelieder (Klgl)

1	Gefangen ist Juda im Elend	(93)

Ezechiel (Ez)

36,26-28	Ein neuer Geist	(94)
37,1-14	Die Vision von der Auferweckung Israels	(94)

Daniel (Dan)

1	Daniel am Hof des Königs	(98)
2	Nebukadnezzars Traum	(98)
3	Die drei jungen Männer im Feuerofen	(100)
3,51-90	Der Lobgesang der drei jungen Männer	(100)
6	Daniel in der Löwengrube	(101)

Hosea (Hos)

1	Gottes Auftrag an Hosea	(86)
2,18-22	Der neue Bund	(87)
6,1-3	Das Bußgebet des Volkes	(87)
11,1-9	Gottes große Liebe zu Israel	(86)

Joël

3,1-5	Der Geist Gottes erfüllt alle	(126)

Amos (Am)

5,7-24	Die Anklage des Amos	(85)
8,11-12	Der wahre Hunger	(85)
9,13-15	Die Verheißung des Heils	(85)

Jona

1	Jonas Flucht (106)	
2	Die Rettung (107)	
3	Jona in Ninive (108)	
4	Der Prophet muss lernen (108)	

Micha (Mi)

2,1-5	Man übt nicht mehr für den Krieg (126)
2,3; 3,2-4; 6,8	Die Botschaft des Micha (87)

Sacharja (Sach)

2,1-10	Sacharjas Aufruf an die Verbannten in Babylon (97)
9,9-16	Dein König kommt zu dir (125)

Matthäus (Mt)

1,18-25	Die Geburt Jesu (154)
2,1-12	Die Sterndeuter (155)
2,13-15	Die Flucht nach Ägypten (156)
2,16-18	Der Kindermord in Betlehem (156)
2,19-23	Die Rückkehr aus Ägypten (156)
3,1-13	Johannes der Täufer (163)
4,1-11	Die Versuchung Jesu (157)
4,12-24	Die Verkündigung Jesu (157)
5,1-12	Die Seligpreisungen (158)
5,13-16	Salz der Erde – Licht der Welt (158)
5,21-24	Vom Töten (159)
5,43-48	Von der Feindesliebe (159)
6,2-4	Vom Almosen (160)
6,5-13	Vom Beten (160)
6,14-15	Von der Vergebung (160)
7,1-5	Vom Richten (160)
7,12	Die Goldene Regel (160)
7,24-29	Das Gleichnis vom Hausbau (161)
13,10-17	Vom Sinn der Gleichnisse (164)
13,24-43	Das Gleichnis vom Unkraut (164)
13,31-46	Vom Senfkorn, vom Sauerteig, vom Schatz und der Perle (165)
14,3-12	Der Tod des Johannes (163)
14,22-33	Habt Vertrauen (162)
15,14-29	Das Gleichnis von den Talenten (168)
16,13-20	Das Bekenntnis des Petrus (162)
18,20	Ich bin bei euch (162)
18,21-35	Das Gleichnis vom unbarmherzigen Gläubiger (166)
20,1-16	Das Gleichnis von den Arbeitern im Weinberg (166)
21,28-31	Von den beiden Söhnen (168)
25,1-13	Das Gleichnis von den Jungfrauen (165)
25,31-46	Vom Weltgericht (169)
27,45-56	Der Tod Jesu (170)
28,1-8	Die Botschaft des Engels (170)
28,16-20	Der Auftrag Jesu (171)

Markus (Mk)

1,1-11	Johannes der Täufer und die Taufe Jesu (132)
1,14-15	Glaubt an das Evangelium (133)
1,16-20	Die ersten Apostel (133)
1,29-34	Die Heilung von Kranken (134)
1,40-45	Die Heilung des Aussätzigen (134)
2,1-11	Die Heilung des Gelähmten (134)
3,1-6	Die Heilung am Sabbat (136)
3,13-18	Die Zwölf (133)
3,31-36	Die wahren Verwandten Jesu (133)
4,1-20	Das Gleichnis vom Sämann (142)
4,26-29	Das Gleichnis vom Wachsen der Saat (143)
4,30-32	Das Gleichnis vom Senfkorn (143)
4,35-41	Der Sturm auf dem See (141)
5,21-43	Die Tochter des Jaïrus (137)
6,1-6	Jesus wird in seiner Heimat abgelehnt (141)
6,6-13	Die Aussendung der Jünger (140)
6,30-43	Die große Speisung (140)
7,31-37	Die Heilung des Taubstummen (136)
8,27-30	Du bist der Messias (139)
8,34-37	Der folge mir nach (143)
9,2-10	Die Verklärung (145)
9,17-27	Die Heilung des besessenen Jungen (139)
9,30-32	Ankündigung von Leiden und Auferstehung (145)
9,33-37	Der Rangstreit der Jünger (144)
10,13-16	Die Segnung der Kinder (144)
10,17-27	Vom Reichtum und der Nachfolge
10,35-45	Vom Herrschen und Dienen (144)
10,46-52	Die Heilung des blinden Bartimäus (138)
11,1-11	Der Einzug in Jerusalem (146)
11,15-18	Die Tempelreinigung (147)
14,1-2	Der Beschluss, Jesus zu töten (147)
14,3-9	Die Salbung in Betanien (147)
14,12-16	Die Vorbereitung des Mahls (148)
14,17-25	Das Abendmahl (148)
14,26-42	Getsemani (149)
14,10-11	Der Verrat des Judas (149)
14,43-50	Die Gefangennahme (149)
14,53-65	Das Verhör vor dem Hohen Rat (150)
14,54-71	Die Verleugnung durch Petrus (150)
15,1-15	Die Verhandlung vor Pilatus (150)
15,16-20	Die Verspottung (150)
15,20-39	Die Kreuzigung (151)
15,42-47	Das Begräbnis Jesu (151)
16,1-8	Die Botschaft des Engels (152)

Lukas (Lk)

1,5-25	Die Verheißung der Geburt des Johannes (172)
1,26-38	Die Verheißung der Geburt Jesu (173)
1,46-55	Magnificat (173)
1,57-66	Die Geburt des Johannes (174)
1,67-79	Lobgesang des Zacharias (174)
2,1-20	Die Geburt Jesu (174)
2,21-40	Darstellung Jesu im Tempel (176)
2,41-52	Der zwölfjährige Jesus im Tempel (177)
4,14-30	Jesus in der Synagoge von Nazaret (178)
6,27-36	Aus der Feldrede Jesu (179)
6,37-42	Vom Richten (179)
7,11-17	Der Jüngling von Naïn (179)
10,25-37	Der barmherzige Samariter (180)
12,13-25	Von der Sorge um das Leben (181)
14,12-24	Das Gleichnis vom Festmahl (181)
15,1-10	Vom verlorenen Schaf und der verlorenen Drachme (182)
15,11-32	Vom guten Vater und verlorenen Sohn (182)
17,11-19	Dein Glaube hat dir geholfen (185)
17,20-21	Das Reich Gottes ist unter euch (182)

18,9-14	Pharisäer und Zöllner (184)	
19,1-10	Zachäus (184)	
20,9-19	Das Gleichnis von den bösen Winzern (185)	
22,14-20	Das Abendmahl (186)	
23,26-49	Die Kreuzigung (187)	
24,13-35	Die Emmausjünger (188)	
24,50-53	Zu Gott emporgehoben (189)	

Johannes (Joh)
1,1-14	Überschriftslied (190)
1,35-39	Die ersten Jünger (191)
2,1-11	Die Hochzeit in Kana (191)
3,1-18	Nikodemus (192)
3,16-17	Der Kern des Evangeliums (190)
4,3-42	Die samaritische Frau (192)
6,1-14	Die große Speisung (194)
6,26-59	Ich bin das Brot des Lebens (195)
6,66-69	Zu wem sollen wir gehen? (194)
8,2-11	Jesus und die Ehebrecherin (196)
9,1-38	Die Heilung des Blindgeborenen (197)
10,11-16	Der gute Hirte (196)
11,1-44	Die Auferweckung des Lazarus (198)
13,1-15	Die Fußwaschung (200)
14-17	Aus den Abschiedsreden Jesu (200)
19,1-30	Der Tod Jesu (202)
20,1-10	Das leere Grab (203)
20,11-18	Maria von Magdala (203)
20,19-23	Die Beauftragung der Jünger (204)
20,24-29	Jesus und Thomas (204)
20,30-31	Abschluss des Evangeliums (205)
21,1-14	Der Auferstandene am See (204)
21,15-19	Jesus und Petrus (204)

Apostelgeschichte (Apg)
1,8-14	Die Himmelfahrt Jesu (206)
1,15-26	Die Wahl des Matthias (207)
2,1-13	Pfingsten (208)
2,14-42	Die Pfingstpredigt des Petrus (209)
2,43-47	Das Leben der jungen Gemeinde (209)
4,32-35	Die Urgemeinde (209)
6,1-7	Die Wahl der Sieben (210)
6,8-8,1	Stephanus (210)
8,1-3	Verfolgung der Urgemeinde (211)
9,1-27	Die Bekehrung des Saulus (212)
9,31	Die Kirche hatte Frieden (213)
10	Die Taufe des Kornelius (214)
10,37-43	Petrus predigt bei Kornelius (215)
11,19-26	Die Gemeinde in Antiochia (216)
12,1-5	Die Hinrichtung des Jakobus (216)
12,6-19	Die Befreiung des Petrus (217)
13,14-52	Paulus in Antiochia (217)
16,8-15	Paulus kommt nach Europa (218)
17,16-34	Paulus in Athen (218)
28,16-31	Paulus in Rom (219)

Römerbrief
1,1-15	Einleitung des Römerbriefes (220)
6,3-9	Auf seinen Tod getauft (221)
8,38-39	Die Liebe Gottes (221)
12,9-21	Leben aus dem Geist (221)

1 Korinther (1 Kor)
1,10	Seid einmütig (222)
1,23-24	Der Gekreuzigte (223)
12,1-30	Die vielen Geistesgaben (222)
12,31-13,13	Das Hohelied der Liebe (223)
15,3-14	Die Auferweckung von den Toten (223)

2 Korinther (2 Kor)
4,5-6	Gott ist in uns aufgeleuchtet (225)

Galater (Gal)
3,26-29	Ihr alle seid einer in Christus (224)
5,22	Die Frucht des Geistes (224)

Epheser (Eph)
4,22-5,1	Der neue Mensch (226)

Philipper (Phil)
2,5-11	Jesus Christus ist der Herr (224)
4,4-9	Freut euch allezeit (225)

Kolosser (Kol)
1,15-20	Christus, das Ebenbild Gottes (226)

1 Thessalonicher (1 Thess)
4,13-18	Die Hoffnung der Christen (225)

1 Petrus (1 Petr)
2,3-10	Christus, der Eckstein (227)

1 Johannes (1 Joh)
2; 4	Gott ist die Liebe (227)

Offenbarung (Offb)
4	Heilig ist der Herr (229)
5,1-10	Das Lamm (228)
21,1-7	Gott wohnt unter den Menschen (228)
21-22	Das neue Jerusalem (229, 231)

Karten

26	Vorderer Orient
52	Ägypten und Sinai
55	Kanaan zur Zeit der Landnahme
76	Nordreich Israel und Südreich Juda
135	Palästina zur Zeit Jesu

Stichwortregister

Seitenzahlen stehen in Klammern.

Aaron (47)
Abendmahl (186)
Abraham (24)
Abrahamitische Religionen (24)
Adam (18)
Ägypten (36)
Ammon/Ammoniter (71)
Amos (85)
Apostel (133)
Apostelgeschichte (206)
Apostelkonzil (218)
Auferstehung (152)
Baal (80)
Babel (23)
Babylonisches Exil (92)
Barmherzigkeit (180)
Bergpredigt (158)
Beschneidung (25)
Bet-El (32)
Bibel, der Name (8)
Briefe des Paulus (220)
Brot (84)
Brot und Wasser (47)
Bund (28)
Bundeslade (50)
Christus (139)
Chronik, Die Bücher der (77)
Dämonen (139)
Daniel (98)
Darstellung im Tempel (176)
David (65)
Deuteronomium (52)
Elija (78)
Elischa (82)
Endzeit/Endgericht (169)
Engel (27)
Epheserbrief (226)
Erscheinung (188)
Erstgeborener/Erstgeburt (31)
Erzählen im Orient (115)
Esra (96)
Ester (118)
Eva (18)
Exodus (46)
Exodus, das Buch (40)
Ezechiel (94)
Feuer und Wolke (51)
Galaterbrief (224)
Gastfreundschaft (27)
Gegner Jesu (147)
Geld/Münzen (168)
Gelobtes Land (55)
Genesis (16)
Glaube (193)

Gleichnis (142)
Gleichnisse, die Botschaft der (166)
Goldenes Kalb (49)
Gott der Befreiung (45)
Gott erfahren (33)
Gott heilt (117)
Gott prüft Abraham (29)
Götter (80)
Gottesknechtlieder (125)
Hagar (28)
Heidenchristen (214)
Heiland (200)
Heimat Jesu (134)
Herodes (155)
Herr (199)
Herr über Leben und Tod (179)
Herrlichkeit (191)
Himmel (207)
Himmelfahrt (207)
Himmelsleiter (32)
Hohelied (110)
Horeb/Sinai (42)
Hosea (86)
Ich-bin-Worte (195)
Ijob (102)
Isaak (28)
Ismael (28)
Israel (33)
Jahwe (43)
Jeremia (91)
Jeremia, das Buch (90)
Jerusalem (69)
Jesaja (88)
Jesus Sirach (113)
Johannesbriefe (227)
Johannesevangelium (190)
Johannes der Täufer (163)
Jona (106)
Josef in Ägypten (35)
Josefsgeschichte (34)
Josua (54)
Josua, das Buch (54)
Judenchristen (214)
Jünger, Jüngerinnen (140)
Kanaan (55)
Kindheitsgeschichten (155)
Klagelieder (92)
König (66)
König am Kreuz (170)
Kohelet (105)
Könige, Bücher der (72)
Kolosserbrief (226)
Korintherbriefe (223)
Kreuz (187)
Kreuzigung (187)
Krieg (57)
Krippe (175)
Landnahme (54)
Lehrer (161)
Lehrschriften (115)
Leidensgeschichte (146)
Levitikus (52)
Licht (138)

Liebe (159)
Lukasevangelium (172)
Manna (47)
Maria (177)
Markusevangelium (132)
Matthäusevangelium (154)
Menschensohn (197)
Messias (139, 201)
Micha (87)
Mirjam (47)
Moab/Moabiter (60)
Mose (40)
Mose, Fünf Bücher des (52)
Nachkommenschaft (25)
Nehemia (96)
Noach (21)
Nomaden (25)
Nordreich (76)
Nordreich, der Untergang (77)
Numeri (52)
Offenbarung des Johannes (228)
Palästina (55)
Paradies/Garten Eden (19)
Paulus (212)
Paulusbriefe (220)
Petrusbriefe (226)
Pfingsten (208)
Pharao (36)
Pharisäer (147)
Philipperbrief (224)
Philister (58)
Pietà (202)
Pilatus (150)
Prophet (78, 86)
Propheten und Politik (91)
Psalmen (120)
Purimfest (118)
Reich Gottes (167)
Rein/unrein (214)
Richter (56)
Richter, das Buch (56)
Römerbrief (220)
Rut (60)
Sabbat (16)
Sacharja (96)
Sadduzäer (147)
Salomo (73)
Samariter (192)
Samuel (63)
Samuel, die Bücher (62)
Sara (28)
Satan/Teufel (157)
Saul (64)
Schöpfung (16)
Schriftgelehrter (147)
Schuld des Menschen und Fürsorge
  Gottes (19)
Segen (30)
Sinai (42)
Sintflut (21)
Sirach, Jesus (113)
Sohn Gottes (198)
Spätschriften des AT (118)

Sprichwörter, das Buch der (113)
Stadt (219)
Steinigung (210)
Südreich (76)
Synagoge (178)
Synopse/Synoptiker (172)
Tempel (75)
Thessalonicherbriefe (224)
Teufel (157)

Tobit (114)
Umkehr (183)
Urgemeinde (210)
Vätergeschichten (39)
Vaterunser (160)
Verheißung (55)
Verklärung (145)
Versuchung (157)
Vorderer Orient (26)

Weisheit (73)
Weisheit, das Buch (113)
Weltgericht (169)
Wunder (136)
Wunder der Propheten (83)
Wunder im AT und im NT (137)
Zehn Gebote (48)
Zehn Plagen (44)
Zöllner (184)

Bildregister

Appel, Karel
    Mensch und Tiere (214)
Barlach, Ernst
    Lesender Klosterschüler (8)
Baus, Richard
    Schöpfungsmorgen (17)
    Stufen (31)
    Exodus (46)
    Feuerwand (51)
    Du hast mein Herz ver-rückt (88)
    Die Rettung kommt von oben (109)
    Wer wälzt uns den Stein vom Grab? (119)
    Die Segel setzen (123)
    Hoffnungsgarten (124)
    Eine Tür tut sich auf (153)
    Bergpredigt (159)
    Die Finsternis weicht (176)
    Stephanus' Fenster zum Himmel (211)
    Versammlung der Charismen (222)
Beckmann, Max
    Christus und die Ehebrecherin (196)
Beuys, Joseph
    Irisches Kreuz (171)
Bomberg, David
    Vision Ezechiels (94)
Brauer, Arik
    Simson zerreißt den Löwen (58)
Chagall, Marc
    Exodus (3)
    Jude mit Thora (15)
    Das Paradies (18)
    Abraham empfängt die drei Engel (27)
    Isaaks Opferung (29)
    Jakobs Traum (32)
    Josef deutet die Träume Pharaos (37)
    Der brennende Dornbusch (42)
    Israeliten essen das Pessach-Lamm (44)
    Mose empfängt die Gesetzestafeln (49)
    Das Leben (53)
    Rut zu Füßen von Boas (61)
    Saul empfängt von Samuel die Salbung zum König (64)
    Ein Lied Davids (71)
    Der Psalm Salomos (72)
    Der Sonnenwagen (82)
    Jeremias (90)
    Der Prophet Sacharja spricht mit dem Engel (97)

    Der schützende Engel (100)
    Ijob im Gebet (104)
    Liebespaar vor rotem Hintergrund (110)
    Pieta (202)
Congdon, William
    Kruzifix Nr. 2 (216)
Dalí, Salvador
    Jesus bei der Rede auf dem Berg (161)
Delaunay, Robert
    Kreisformen (129, 231)
Dine, Jim
    Vergnügungspalette (11)
Dix, Otto
    Saul und David (67)
Dulcic, Ivo
    Mahl in Emmaus (189)
Ernst, Max
    Die versteinerte Stadt (92)
    Ubu Imperator (99)
    Die ganze Stadt (219)
Feininger, Lyonel
    Die Marktkirche zu Halle (227)
Gauguin, Paul
    Der gelbe Christus (151)
    Pape moe (Geheimnisvolle Quelle) (221)
Gogh, Vincent van
    Sternennacht (25)
    Der Sämann (142)
    Der rote Weingarten (167)
Grosz, George,
    Kain oder Hitler in der Hölle (20)
Habdank, Walter
    König David (68)
    Der Prophet (78)
    Jona im Fischleib (106)
    In terra pax (127)
    Zachäus (184)
Hofer, Carl
    Der Rufer (163)
Hundertwasser, Friedensreich/Bro, René
    Der wunderbare Fischfang (205)
Itten, Johannes
    Begegnung (57)
Jawlensky, Alexej von
    Dornenkrone (186)

237

Kandinsky, Wassily
    Berg (13, 230)
Klee, Paul
    Nekropolis (41)
    Feuer-Quelle (112)
    Engel, übervoll (117)
    Bäumchen (120)
Köder, Sieger
    Ich werde von meinem Geist ausgießen (131)
Kokoschka, Oskar
    Verkündigung an Maria (173)
    Die Macht der Musik (225)
Kupka, Frantisek
    Newtons Scheiben (191)
Macke, August
    Kinder am Brunnen (193)
Magritte, René
    Das Versprechen (Titel, 4, 22)
    Die große Familie (208)
Maschkow, Ilja
    Stillleben Brot (84)
Modersohn-Becker, Paula
    Liegende Mutter mit Kind (86)
    Anbetung der Könige (155)
    Der barmherzige Samariter (180)
Morgner, Wilhelm
    Einzug in Jerusalem (146)
Muer, Guido
    Die blutflüssige Frau (137)
    Tanzender Christus (199)
    Fußwaschung (201)

Nay, Ernst Wilhelm
    Sonnenzirkel (38)
    Lichtes Lied (138)
    Geteilter Tag (168)
    Mit dunkelgrauer Bogenform (213)
Nolde, Emil
    Josef erzählt seine Träume (34)
    Christus und die Kinder (144)
    Abendmahl (148)
Picasso, Pablo
    Mutter und Kind am Meer (62)
    Weinende Frau (103)
    Der alte Jude (114)
    Die Familie (175)
Rainer, Arnulf
    Ich brenne und ich strahle (207)
Sahi, Jyoti
    Licht des Lebens (81)
    Aus Samen und Geduld (165)
    Gottes Mitteilung (194)
    Lamm Gottes (229)
Sameer, Hany
    Die heilige Familie auf dem Nil (156)
Scott, Joseph
    Der verlorene Groschen (182)
Varghese, Hanna Cheriyan
    Schweig, sei still! (141)
Weber, Max
    In der Talmudschule (178)

Abbildungsverzeichnis

Umschlagabbildung : René Magritte, La promesse, 1959 © VG Bild-Kunst, Bonn 2004.
S. 3, 4, 11, 13, 15, 18, 20, 22, 27, 29, 32, 37, 42, 44, 49 (o.), 53, 57, 61, 64, 67, 68, 71, 72, 78, 82, 90, 92, 97, 99, 100, 104, 106, 110, 127, 171, 173, 184, 186, 196, 202, 208, 214, 219, 225, 227, 230, 186 © VG Bild-Kunst, Bonn 2004.
S. 8 © Ernst Barlach, Lizenzverwaltung Ratzeburg.
S. 17, 31, 46, 51, 88, 109, 119, 123, 124, 153, 159, 176, 211, 222 © Richard Baus, Niederbreitbach.
S. 23 © Staatliche Museen zu Berlin, Preußischer Kulturbesitz, Vorderasiatisches Museum, Foto Jürgen Liepe.
S. 26, 50, 52, 55, 76, 135 © Patmos Verlag, Düsseldorf.
S. 34, 144, 148 © Stiftung Seebüll, Ada und Emil Nolde, Neukirchen.
S. 38, 138, 168, 213 © Ernst Wilhelm Nay.
S. 41 Paul Klee, Nekropolis, 1929, (S1), 38 x 25 cm, Ölfarbe auf Nesselstoff auf Sperrholz; Originale Rahmenleisten, Privatbesitz, Schweden. © VG Bild-Kunst, Bonn 2004.
S. 49 (u.) © Alfons Senfter, Gschnitz.
S. 58 © beim Künstler
S. 62 Pablo Picasso, Mutter und Kind am Meer, © Succession Picasso/VG Bild-Kunst, Bonn 2004.
S. 69 Foto: Heinz Schmitz, Köln.
S. 74 © AKG-Images, Foto: Peter Connolly.
S. 81, 165, 194, 229 © Internationales katholisches Missionswerk, Aachen.
S. 94 © Tate Britain Millbank, London.
S. 103 Pablo Picasso, Weinende Frau, 1937, © Succession Picasso/VG Bild-Kunst, Bonn 2004.
S. 112 Paul Klee, Feuer-quelle, 1938, 132 (J 12), 70 x 150 cm, Ölfarbe auf Grundierung auf Zeitungspapier auf Jute auf Keilrahmen, doppelte Rahmenleisten, Privatbesitz, Schweiz, © VG Bild-Kunst, Bonn 2004.
S. 114 Pablo Picasso, Der alte Jude, © Succession Picasso/VG Bild-Kunst, Bonn 2004.
S. 117 Paul Klee, Engel, übervoll, 1939, 896 (WW 16), 52,5 x 36,5 cm, Aquarell und Bleistift auf Papier auf Karton, Privatbesitz, Schweiz, © VG Bild-Kunst, Bonn 2004.
S. 120 Paul Klee, Bäumchen, 1919, 250, 32 x 23,3 cm, Ölfarbe auf Papier, oben und unten Randstreifen mit Aquarell und Feder, auf Karton, Privatbesitz, Schweiz, VG Bild- Kunst, Bonn 2004.
S. 129, 231 © L & M Services B. V. Amsterdam 20040602
S. 131 © Sieger Köder, Pfingsten.
S. 133 © Richard Cleave.
S. 137, 199, 201 © Guido Muer, Münster.
S. 141, 156, 182, 89 © O' Grady.
S. 161 Salvador Dali, Jesus bei der Rede auf dem Berg, © Salvador Dali, Foundation Gala- Salvador Dali/VG Bild-Kunst, Bonn 2004.
S. 163 © beim Künstler.
S. 175 Pablo Picasso, Die Familie, © Sucession Picasso / VG Bild-Kunst, Bonn 2004.
S. 191 © beim Künstler.
S. 205 J. Harel, Wien.
S. 207 © Arnulf Rainer, Wien.
S. 216 © beim Künstler.

Einheitsübersetzung der Heiligen Schrift
© **1980 Katholische Bibelanstalt Stuttgart**

Bibliografische Information Der Deutschen Bibliothek
Die Deutsche Bibliothek verzeichnet diese Publikation in der Deutschen Nationalbibliografie;
detaillierte bibliografische Daten sind im Internet über http://dnb.ddb.de abrufbar.

© 2004 Patmos Verlag GmbH & Co.KG, Düsseldorf
Alle Rechte vorbehalten
Satz und Layout: Hermann-Josef Frisch
Druck und Bindung: CS-Druck, CornelsenStürtz GmbH & Co. KG, Berlin
ISBN 3-491-79731-4
www.patmos.de

Das Bibellexikon
von Hermann-Josef Frisch

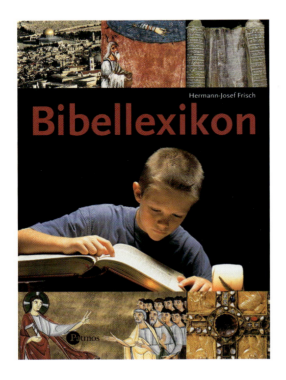

Mehr als 500 Artikel erläutern biblische Namen, Orte und Begriffe

Informationen auf dem neuesten Stand der bibelwissenschaftlichen Forschung

Zahlreiche Kunstabbildungen, Fotos und Karten

Dieses Lexikon führt an die Bibel heran. Weit über 500 Artikel bieten Informationen, um die fremde Welt der Bibel besser zu verstehen. Dabei werden geschichtliche Zusammenhänge deutlich und die biblischen Schriften ihrer Entstehungszeit zugeordnet. Sachkundige Erklärungen eröffnen zeitgemäße Wege zum großen Schatz der biblischen Gedanken und Geschichten.

Das Lexikon erleitert den Zugang zum Buch der Bücher, der heiligen Schrift der Juden und Christen.

ISBN 3-491-79720-9